Eberhard Kolb

Bergen-Belsen

Geschichte des Holocaust

Band 6

LIT

Eberhard Kolb

BERGEN-BELSEN

Geschichte des „Aufenthaltslagers“
1943 – 1945

LIT

Gedruckt auf alterungsbeständigem Werkdruckpapier entsprechend
ANSI Z3948 DIN ISO 9706

Nachdruck aus dem Jahr 1962

Bibliografische Information der Deutschen Nationalbibliothek
Die Deutsche Nationalbibliothek verzeichnet diese Publikation in der Deutschen Nationalbibliografie; detaillierte bibliografische Daten sind im Internet über http://dnb.d-nb.de abrufbar.

ISBN 978-3-643-11067-1

Verlagskontakt:
Fresnostr. 2 D-48159 Münster
Tel. +49 (0) 2 51-620 320 Fax +49 (0) 2 51-922 60 99
e-Mail: lit@lit-verlag.de http://www.lit-verlag.de

Auslieferung:
Deutschland: LIT Verlag Fresnostr. 2, D-48159 Münster
Tel. +49 (0) 2 51-620 32 22, Fax +49 (0) 2 51-922 60 99, e-Mail: vertrieb@lit-verlag.de

Österreich: Medienlogistik Pichler-ÖBZ, e-Mail: mlo@medien-logistik.at

Schweiz: B + M Buch- und Medienvertrieb, e-Mail: order@buch-medien.ch

Inhalt

Abkürzungen

Für die Abkürzungen in den Fußnoten s. Quellen- und Literaturverzeichnis, S. 325; im Text der Darstellung finden folgende Abkürzungen Verwendung:

AA	Auswärtiges Amt
AL	Aufenthaltslager
BB	Bergen-Belsen
BdS	Befehlshaber der Sicherheitspolizei und des SD
HSSuPF	Höherer SS- und Polizeiführer
IRK	Internationales Rotes Kreuz
KL	Konzentrationslager
LR	Legationsrat
RF-SS	Reichsführer-SS (Himmler)
RSHA	Reichssicherheitshauptamt
WVHA	Wirtschaftsverwaltungshauptamt

SS-Ränge

Daneben wird der dem jeweiligen SS-Rang entsprechende Wehrmachtsrang angegeben:

SS-Obergruppenführer	=	General
SS-Gruppenführer	=	Generalleutnant
SS-Brigadeführer	=	Generalmajor
SS-Oberführer	=	—
SS-Standartenführer	=	Oberst
SS-Obersturmbannführer	=	Oberstleutnant
SS-Sturmbannführer	=	Major
SS-Hauptsturmführer (HSTF)	=	Hauptmann
SS-Obersturmführer	=	Oberleutnant
SS-Untersturmführer (USTF)	=	Leutnant

Vorwort

Für zahllose Menschen in vielen europäischen und außereuropäischen Ländern besitzt der Name „Bergen-Belsen“ Bedeutung und Rang eines Symbols; dieser Name Bergen-Belsen steht für die Greuel und die ganze unmenschliche Barbarei des nationalsozialistischen Konzentrationslagersystems. So kommt es, daß das Lager Bergen-Belsen eines der meistgenannten und meistbekannten der nationalsozialistischen Schreckenslager ist, und die auf dem einstigen Lagergelände errichtete „Gedenkstätte Bergen-Belsen“ – in jedem Jahr von Zehntausenden von Menschen aus aller Welt besucht – hält die Erinnerung an die Opfer der nationalsozialistischen Terrorherrschaft wach und lebendig. Wer daran interessiert ist, nähere Einzelheiten über die Geschichte dieses Lagers Bergen-Belsen zu erfahren, der wird jedoch sehr bald die Feststellung machen, daß Bergen-Belsen in keiner der bisher vorliegenden Untersuchungen über das nationalsozialistische Konzentrationslagersystem und die Judenverfolgung eine der Bedeutung des Lagers und seiner großen Symbolgeltung entsprechende eingehende Darstellung gefunden hat.

Dieser Sachverhalt hat zweierlei Ursachen. Einmal ist die Quellenlage für keines der nationalsozialistischen Konzentrationslager so ungünstig wie für das Lager Bergen-Belsen, weil – im Unterschied zu nahezu allen übrigen Konzentrationslagern – in Bergen-Belsen die gesamte Lagerregistratur vor der Befreiung des Lagers durch die Engländer im Frühjahr 1945 vernichtet wurde; auch die Zahl der Erlebnisberichte ehemaliger Lagerinsassen steht hinter derjenigen aus anderen Konzentrationslagern weit zurück. Zum anderen nahm das Lager Bergen-Belsen eine Sonderstellung innerhalb des nationalsozialistischen Konzentrationslagersystems ein; die Einbeziehung Bergen-Belsens in historische Darstellungen über andere Konzentrationslager oder in Deutungen des Konzentrationslagersystems allgemein bereitet deshalb gewisse Schwierigkeiten: Bergen-Belsen war zunächst – so sehr es heute auch vielerorts als Prototyp des

„nationalsozialistischen Konzentrationslagers" schlechthin gelten mag – kein typisches Konzentrationslager wie etwa Buchenwald oder Mauthausen, Dachau oder Sachsenhausen, es war auch kein typisches Vernichtungslager wie etwa Auschwitz oder Treblinka, Chelmno oder Sobibor; Bergen-Belsen entstand 1943 als ein „Vorzugslager" – wie es im SS-Jargon euphemistisch bezeichnet wurde –, als ein „Aufenthaltslager" für einige wenige Gruppen europäischer Juden, die aus ihren Heimatländern von den SS-Schergen nicht sofort nach Auschwitz oder in ein anderes Vernichtungslager des Ostens deportiert und dort ermordet wurden, sondern die zunächst in einem besonderen Lager konzentriert werden sollten, um vor ihrer Deportierung in die Vernichtungslager noch einige Zeit für eventuelle „Austauschzwecke" zur Verfügung zu stehen; erst im Laufe der Jahre 1944/45 verwandelte sich Bergen-Belsen in jenes Lager, in dem Zehntausende von Menschen ein furchtbares Ende fanden.
Dieser doppelten Schwierigkeit sah sich der Verfasser gegenüber, als er im Januar 1960 von der niedersächsischen Landesregierung mit der Erarbeitung einer wissenschaftlichen Monographie und Dokumentation über das Lager Bergen-Belsen beauftragt wurde. Durch eingehende Quellenstudien in mehreren in- und ausländischen Archiven und Instituten war es möglich, eine Materialbasis zu schaffen, die ein – wenigstens einigermaßen abgerundetes – Bild der Lagerentwicklung zu zeichnen erlaubte[1]). Die Sonderstellung Bergen-Belsens innerhalb des nationalsozialistischen Konzentrationslagersystems schloß es jedoch aus, die Lagergeschichte Bergen-Belsens als paradigmatische Darstellung eines „typischen" deutschen Konzentrationslagers zu entwickeln; es sei deshalb an dieser Stelle ausdrücklich betont, was auch in der Untersuchung mehrfach hervorgehoben wird: Die Zustände im Lager Bergen-Belsen in den ersten Monaten nach der Gründung, der Aufbau und der Zweck dieses Lagers können in keiner Hinsicht als symptomatisch für die nationalsozialistischen Konzentrationslager überhaupt gelten, und es ist deshalb unmöglich, die betreffenden Feststellungen und Ergebnisse stillschweigend auf andere Konzentrationslager zu übertragen. Die Forschung hat hier noch ein weites Feld zu bearbeiten; bei näherer Beschäftigung mit dem Thema der Konzentrationslager ergibt sich nämlich, daß trotz zahlreicher Veröffentlichungen viele wichtige Probleme nicht wissenschaftlich geklärt, wesentliche Detailfragen überhaupt noch nicht in Angriff genommen sind, so daß bei manchen Problemkreisen auf keinerlei Vorarbeiten aufgebaut werden konnte. Aus diesem Grunde war es nicht zu umgehen, im Rahmen der Lagergeschichte Bergen-Belsens einige allgemeinere Probleme des nationalsozialistischen Konzentrationslagersystems zu erörtern, z. B. die Frage der Verantwortlichkeit bei der Evakuierung der Konzentrationslager, die verwaltungstechnische Durchführung der Lebensmittelversorgung in den Konzentrationslagern u. a. Angesichts der ungünstigen Quellenlage war es bei einigen

[1]) Über die der Untersuchung zugrunde liegenden Quellen und über die Quellenlage s. S. 323 ff.

Einzelfragen nicht möglich, zu mehr als hypothetischen Ergebnissen zu gelangen; wo das der Fall ist, wird dies im Text unmißverständlich zum Ausdruck gebracht.
Die Arbeit an dieser Untersuchung über die Geschichte des Lagers Bergen-Belsen wurde geraume Zeit vor der Ergreifung Adolf Eichmanns begonnen, das Manuskript wurde in den Apriltagen 1961 abgeschlossen, unmittelbar nach Beginn des Eichmann-Prozesses. Die Verhandlungen und Dokumentenunterlagen des Prozesses konnten deshalb nicht mehr mit herangezogen werden, sie erbringen aber – soweit die Presseberichte über den Eichmann-Prozeß einen solchen Schluß zulassen – keine für die hier behandelten Zusammenhänge neuen Aspekte oder neuen Tatsachen. Dieselbe Feststellung gilt in erhöhtem Maße für die Mehrzahl der anläßlich des Eichmann-Prozesses erschienenen Publikationen, die (abgesehen von der Buchausgabe des Kastner-Berichts) ernsthaftes wissenschaftliches Interesse nicht beanspruchen können.
Es ist die Schwierigkeit jeder wissenschaftlichen Bemühung um die Geschichte des Dritten Reiches – insbesondere der nationalsozialistischen Judenvernichtung –, daß sich diese Bemühung nicht in einer – wissenschaftlich und methodisch einwandfreien – Faktensummierung und -verknüpfung erschöpfen kann und darf, sondern daß eine unzweideutige moralische Position bezogen werden muß, ohne daß dadurch die wissenschaftliche Sachlichkeit der Argumentation und Diktion beeinträchtigt wird. Das rechte Maß von sachlicher Wissenschaftlichkeit und moralischem Engagement zu finden, ist nicht leicht; eine generelle Festlegung kann es hier nicht geben, sondern dieser Versuch muß von Fall zu Fall immer wieder neu unternommen werden. Auch das Generationsproblem wird in diesem Punkt in nicht unwesentlicher Weise wirksam.

Mein Dank gilt an dieser Stelle zunächst den Archiven und Instituten, ohne deren Entgegenkommen dieses Buch nicht hätte geschrieben werden können – den Direktoren und allen Mitarbeitern der Wiener Library (London), des Rijksinstituut voor Oorlogsdocumentatie (Amsterdam), des Yad Washem (Jerusalem), des Instituts für Zeitgeschichte (München), des Internationalen Suchdienstes (Arolsen) und des Staatlichen Archivlagers Göttingen. Zu Dank bin ich ferner verpflichtet Herrn Prof. Dr. R. Nürnberger und Herrn Dr. J. Leuschner (Göttingen), die den Fortgang der Arbeit mit Rat und Anregungen begleitet haben, und dem Direktor der Niedersächsischen Landeszentrale für Politische Bildung, Herrn Oberregierungsrat Ebbighausen, und seinem Mitarbeiter Herrn Dr. Loebel, die die Forschungsarbeit in verständnisvoller Weise gefördert haben.

Göttingen, im August 1961 E. K.

1. Kapitel

Voraussetzungen und Hintergründe der Schaffung eines „Aufenthaltslagers" im Frühjahr 1943

Das „Aufenthaltslager", das in Bergen-Belsen (BB) im Frühjahr 1943 auf Anordnung des Reichsführers-SS, Heinrich Himmler, errichtet wurde, unterschied sich in mancherlei Hinsicht von den übrigen nationalsozialistischen Konzentrationslagern (KL) in Deutschland und in den von deutschen Truppen besetzten europäischen Ländern; diese Sonderstellung BBs bringt es mit sich, daß gerade eine Darstellung der Entstehung dieses Lagers nicht der geeignete Ort ist, das deutsche Konzentrationslagersystem eingehend zu beschreiben, und auch jener durch die Stichworte „Endlösung" und „Gaskammern" bezeichnete düstere Gesamtkomplex der nationalsozialistischen Judenpolitik kann im Rahmen einer Lagergeschichte von BB nicht in voller Breite aufgerollt werden. Es sind vielmehr nur einige Aspekte dieses Gesamtkomplexes, die im Zusammenhang mit der Vorgeschichte und der Begründung des Lagers BB ausführlicher erörtert werden müssen, und gerade diese Aspekte besitzen im Gesamtbild der nationalsozialistischen Judenvernichtung nur eine sehr periphere Bedeutung: Es handelt sich um eine Reihe von Ausnahmeregelungen, durch die einzelne Gruppen von Juden zeitweilig von den konsequent durchgeführten „allgemeinen Judenmaßnahmen" ausgenommen wurden. Gegenüber dem Millionenheer europäischer Juden, die in den Vernichtungslagern ermordet wurden, war es eine minimal kleine Zahl, der diese Ausnahmeregelungen zugute kamen; wenn diesen hier eine recht ausführliche Behandlung zuteil wird, so darf die relative Breite der Darstellung nicht über die wahren Proportionen und Zusammenhänge hinwegtäuschen: So wie die von den Ausnahmeregelungen betroffene Zahl europäischer Juden sehr klein war, so besaßen diese Regelungen selbst eine bestimmte Funktion innerhalb des Planes der „Endlösung"; sie waren aus außenpolitischen Gründen erforderliche, taktisch bedingte Zugeständnisse, um das Programm der „Endlösung" ungestört durchführen zu können – es erzeugte sie derselbe hemmungslose Vernichtungswille, der die Gaskammern hervorbrachte.

I. Die Behandlung der Auslandsjuden in Deutschland

Bei der Volkszählung am 16. Juni 1933 wurden in Deutschland 499 682 Glaubensjuden gezählt; 98 747 (d. h. 19,8 %) von ihnen besaßen nicht die deutsche Staatsangehörigkeit, sondern waren staatenlos (19 746) oder Angehörige fremder Staaten. Unter den Juden fremder Staatsangehörigkeit bildeten die polnischen Juden die stärkste Gruppe (56 480), gefolgt von österreichischen (4647), tschechischen (4275), ungarischen (2280) und rumänischen Juden (2210); zahlenmäßig kleiner war der Anteil der westeuropäischen und amerikanischen Juden [1]).

Die Behandlung dieser Juden fremder Staatsangehörigkeit stellte sich den Nationalsozialisten sofort nach der Machtübernahme als Problem: Sie hatten in ihrer Agitation nie einen Unterschied zwischen deutschen und ausländischen Juden gemacht, und es war nichts weiter als eine selbstverständliche Konsequenz ihrer fanatischen Rassenmetaphysik, daß sie in den ausländischen Juden in erster Linie die ihnen verhaßten Juden sahen, erst in zweiter Linie fremde Staatsangehörige, für deren persönlichen Schutz die Reichsregierung auf Grund zwischenstaatlicher Abmachungen die Verantwortung trug. Aber gerade die schwache außenpolitische Position der neuen Regierung zwang Hitler und seine Gefolgsleute dazu, zunächst alles zu vermeiden, was als offenkundige Verletzung bestehender Verträge den ausländischen Mächten einen Anlaß zum Eingreifen geboten hätte; in der ersten Zeit nach der Machtergreifung dominierte daher in der Behandlung der ausländischen Juden nicht die konsequente Durchführung der nationalsozialistischen Rasseprinzipien, sondern die taktische Anpassung an das in der außenpolitischen Situation Mögliche.

Bei der ersten großangelegten und zentral gelenkten antijüdischen Aktion nach der Machtergreifung, beim Boykott jüdischer Geschäfte am 1. 4. 1933, hieß es daher in den Anordnungen der Parteileitung ausdrücklich: „Die Aktionskomitees sind verantwortlich für den höchsten Schutz aller Ausländer ohne Ansehen ihrer Konfession und Herkunft oder Rasse. Der Boykott ist eine reine Abwehrmaßnahme, die sich ausschließlich gegen das deutsche Judentum richtet“ [2]).

Auch die gesetzgeberischen antijüdischen Maßnahmen der Jahre 1933/34, die die Ausschaltung der Juden aus dem politischen und kulturellen Leben, aus Verwaltung und Justiz zum Ziele hatten, dürften sich nur in ganz wenigen

---

[1]) Die Zahlenangaben nach den Tabellen bei S. Adler-Rudel, Ostjuden in Deutschland 1880 bis 1940, Tübingen 1959, S. 165 f.

[2]) Völkischer Beobachter v. 30. 3. 1933.

Einzelfällen gegen ausländische Juden ausgewirkt haben, da die meisten dieser Positionen auch vor 1933 nur für denjenigen erreichbar gewesen waren, der die deutsche Staatsangehörigkeit besaß. Diskriminierung und Schikanen jedoch hatten die ausländischen Juden genauso zu erdulden wie die deutschen. Diese Taktik sprach Göring einmal offen aus: „Solche Juden, die wirklich Ausländer waren und geblieben sind, sind natürlich nach den Gesetzen zu behandeln, die wir mit diesem Land haben. Aber auch hier ist dafür Sorge zu tragen, daß sie freiwillig, durch sanften oder stärkeren Druck, durch geschickte Manöver hinausmanövriert werden“ [3]).

Als durch das Reichsbürgergesetz 1935 und die zahlreichen Durchführungsverordnungen zu diesem Gesetz die Bewegungsfreiheit und die Betätigungsmöglichkeiten der Juden in Deutschland immer stärker eingeschränkt wurden, verhinderte Hitler persönlich, daß irgendwelche Ausnahmebestimmungen zugunsten ausländischer Juden Aufnahme in diese Verordnungen fanden [4]): Er wollte vollständig freie Hand behalten, um den Druck auf die ausländischen Juden verstärken zu können, sobald die außenpolitische Situation ihm dies erlaubte.

Die volle Wucht der nationalsozialistischen Judenmaßnahmen bekamen die ausländischen Juden erst zu verspüren, als mit Beginn des Jahres 1938 die Ausschaltung der Juden aus der Wirtschaft immer intensiver vorangetrieben wurde [5]). Am 26. 4. 1938 wurde die Verordnung zur Anmeldung des Vermögens der Juden herausgegeben; in den folgenden Wochen legten zahlreiche Staaten Einspruch gegen eine Anwendung dieser Verordnung auf ihre Staatsangehörigen ein: USA, England, Frankreich, Belgien, Schweiz, Polen, Lettland, Litauen, Tschechoslowakei. Der Staatssekretär des Auswärtigen Amtes (AA), v. Weizsäcker, hatte daher am 31. 5. 1938 den Eindruck, „daß eine restlose Anwendung der Verordnung und der aus ihr resultierenden Bestimmungen auf Ausländer, vor allem ein etwaiger Einsatz des anmeldepflichtigen jüdischen Vermögens für die deutsche Wirtschaft ... Nachteile außenpolitischer Art zur Folge haben würde, die in keinem angemessenen Verhältnis zu dem erwarteten Nutzen stehen

---

[3]) zit. bei Graml, Die Behandlung von Juden fremder Staatsangehörigkeit in Deutschland, in: Gutachten des Instituts für Zeitgeschichte, München 1958, S. 85.

[4]) NG–3940: Schreiben des Reichs- und Preußischen Ministers des Innern ans AA v. 20. 6. 1937 betr. 3. VO zum Reichsbürgergesetz: „Der Führer hat sich auch gegen die Aufnahme einer Vorschrift ausgesprochen, die Ausnahmen zugunsten ausländischer Juden ermöglichen sollte, um dadurch den zwischenstaatlichen Vereinbarungen Rechnung tragen zu können.“

[5]) Einen Hinweis auf die Position der ausländischen Juden im deutschen Wirtschaftsleben geben die Zahlen über die angemeldeten jüdischen Vermögen: gegenüber 135 750 Juden deutscher Staatsangehörigkeit, die Vermögenswerte von über 7 Milliarden RM angemeldet hatten, brachten 9567 Juden ausländischer Staatsangehörigkeit 415 Millionen RM und 2269 staatenlose Juden 73 Millionen RM zur Anmeldung (NG–1793). Eine Vergleichszahl: das gesamte Volkseinkommen im Großdeutschen Reich (also einschließlich Österreichs) betrug im Jahr 1938 86,7 Milliarden RM (ohne Österreich: 82 Milliarden), s. Stat. Jb. f. d. Deutsche Reich, 59. Jg. (1941/42), S. 604.

würden"[6]). Man folgte daher bei der Formulierung der Durchführungsverordnung Weizsäckers Vorschlag, daß ausländische Juden, die ihren Wohnsitz in Deutschland hatten, nur ihr inländisches Vermögen anmelden mußten. Aber Hitler verbot jede *generelle* Ausnahmebestimmung zugunsten ausländischer Juden: Im Juli 1938 erfolgte ein „Führerentscheid", der auch für die Folgezeit Geltung behielt und sehr deutlich zeigt, daß die Respektierung einer fremden Staatsbürgerschaft bei Juden lediglich eine Funktion der – notwendigen oder überflüssigen – außenpolitischen Rücksichtnahme war: „*Grundsätzlich* sind die ausländischen Juden allerdings *als Juden zu behandeln,* da die Judenfrage als Rassenfrage unabhängig von der Staatsangehörigkeit ist. Das Auswärtige Amt hat gegenüber Protesten fremder Staaten auch stets an dem Grundsatz festgehalten, daß ausländische Juden ebenso der deutschen Rassengesetzgebung unterliegen wie Juden deutscher Staatsangehörigkeit. Gleichwohl kann aber im *Einzelfall* aus zwingenden außenpolitischen Gründen eine *verschiedene Behandlung* ausländischer und inländischer Juden notwendig sein. So können Rechtstitel in Verträgen mit fremden Staaten, die die Anwendung bestimmter Vorschriften der deutschen Rassengesetzgebung auf die Angehörigen dieser Staaten ausschließen, zu einer besonderen Behandlung ausländischer Juden führen"[7]).

Wenige Monate später, Ende Oktober 1938, wurde die erste große Aktion gegen eine Gruppe von ausländischen Juden durchgeführt: Die Abschiebung von rund 17 000 Juden polnischer Staatsangehörigkeit nach Polen[8]). Auch beim Novemberpogrom wurden zahlreiche ausländische Juden durch die Ausschreitungen in Mitleidenschaft gezogen, so daß sich eine ganze Reihe von Staaten gezwungen sah, energische Proteste beim AA einzulegen: England, Niederlande, Ungarn, Brasilien, Litauen, Sowjetunion, Guatemala, Lettland, Finnland, Polen, USA, Italien[9]). Insbesondere die USA traten, nachdem sie aus Protest ihren Botschafter zurückberufen hatten, in einen scharfen Notenwechsel mit der deutschen Regierung ein[10]). Diese schnelle und eindeutige Reaktion des Auslandes zwang die nationalsozialistische Regierung zu einem vorsichtigeren

---

[6]) NG—3802: Schnellbrief des AA (gez. Weizsäcker) v. 31. 5. 1938.

[7]) NG—1526: Schreiben des Reichsministers und Chefs der Reichskanzlei (gez. Lammers) v. 21. 7. 1938; Unterstreichungen im Original.

[8]) Vgl. dazu: Heiber, Die Ausweisung von Juden polnischer Staatsangehörigkeit im Oktober 1938, in: Gutachten, S. 90–93; Heiber, Der Fall Grünspan, in: Vierteljahrshefte für Zeitgeschichte 1957, S. 134 ff.; S. Adler-Rudel, S. 152 ff.; Reitlinger, Die Endlösung, Berlin[3] 1960, S. 10 ff.

[9]) Graml in: Gutachten, S. 85.

[10]) NG–1413: mehrere Protestnoten des Botschafters der USA und die Antwortnoten der deutschen Regierung; vgl. für den gesamten Zusammenhang die entsprechenden Abschnitte der deutschen und amerikanischen Aktenveröffentlichung (Akten zur deutschen auswärtigen Politik, Serie D, Bd. 4, S. 561—594; Foreign Relations of the US 1938 II [Washington 1955], bes. S. 395–418).

Vorgehen bei der Einbeziehung der ausländischen Juden in ihre Judenmaßnahmen: Die „Sühneleistung" von 1 Milliarde RM hatten nur die Juden deutscher Staatsangehörigkeit aufzubringen [11]), auch die Versicherungsansprüche für Glasschäden wurden nur von Juden deutscher Staatsangehörigkeit zugunsten des Reichs beschlagnahmt [12]), und in der „Verordnung über den Einsatz des jüdischen Vermögens" vom 3. 12. 1938 [13]) wurden ausländische Juden von einigen Bestimmungen ausgenommen (Depotzwang für Wertpapiere, Verbot des Erwerbs oder der freien Veräußerung von Juwelen, Schmuck- und Kunstgegenständen). In den wichtigsten Punkten jedoch (gewerbliche Betriebe, land- und forstwirtschaftliche Betriebe, Grundeigentum und sonstige Vermögen) wurde auch in dieser Verordnung die Stellung der ausländischen Juden nicht generell geregelt, sondern die verantwortlichen Instanzen behielten sich die Entscheidung von Fall zu Fall vor; in § 21 hieß es: „Verfügungen der höheren Verwaltungsbehörde, durch die ein Jude fremder Staatsangehörigkeit betroffen wird, sollen nur mit Zustimmung des Reichswirtschaftsministers ergehen" [14]).
Welche Gesichtspunkte bei derartigen Entscheidungen maßgebend sein würden – darüber konnte es von vornherein keine Zweifel geben und darüber bestand volle Einigkeit auf der wichtigen Sitzung über die Ausschaltung der Juden aus dem deutschen Wirtschaftsleben am 12. 11. 1938, zu der Göring (als Beauftragter für den Vierjahresplan) Vertreter der verschiedenen beteiligten Ministerien eingeladen hatte. Der Vertreter des AA berichtete über diese Sitzung dem Außenminister in einem Telefonat: „Habe Frage der Behandlung ausländischer Juden angemeldet und Beteiligung AA an allen Maßnahmen generell und im Einzelfall sichergestellt. Ausgangspunkt dabei, daß Rücksicht auf Ausland nur zu nehmen ist, wenn vorwiegendes Reichsinteresse dazu zwingt; Zusage der Berücksichtigung vertraglicher Verpflichtung" [15]).

Obwohl bis zum Kriegsausbruch die ausländischen Juden von einigen Bestimmungen der drückenden Judengesetze des nationalsozialistischen Staates ausgenommen waren und sich außerdem unter dem Schutz ihrer Staaten wußten, verließen sie zu Tausenden das deutsche Reich; bei der Volkszählung am 16. 5. 1939 befanden sich noch rund 26 000 ausländische Juden im „Altreich" (Gebietsumfang des Reichs 1933), sie machten 11,6 % der 221 000 (im „Altreich") gezählten Glaubensjuden aus, ihre Abnahme war also prozentual stärker als die

---

[11]) RGBl 1938, I, S. 1579.
[12]) RGBl 1938 I, S. 1581.
[13]) RGBl 1938 I, S. 1709.
[14]) Am 30. 12. 1938 wies das Reichswirtschaftsministerium die zuständigen Organe an, von einer zwangsweisen Schließung von Einzelhandelsgeschäften und Handwerksbetrieben *vorläufig* abzusehen, wenn der jüdische Inhaber eine fremde Staatsangehörigkeit besitze. Eine Bestandsaufnahme dieser Geschäfte wurde jedoch angeordnet (NG—1793).
[15]) NG–3565: Telefonat für RAM (gez. Woermann) v. 12. 11. 1938.

der deutschen Juden. Unter den ausländischen Juden war 1939 die stärkste Gruppe die der Staatenlosen (13 000), es folgten die polnischen Juden (10 000), die ungarischen Juden (800), „andere Länder" (1800)[16].
Nach dem Kriegsausbruch und den ersten militärischen Erfolgen Deutschlands hielten es Hitler und die nationalsozialistischen Führungsinstanzen jedoch nicht mehr für notwendig, die bisherige taktische Rücksichtnahme weiterhin zu üben: Während die ausländischen Juden mit der Staatsangehörigkeit eines feindlichen Staates größtenteils in Internierungslager kamen, konnten auf die deutschen Satellitenstaaten (Serbien, Slowakei, Kroatien) jetzt massive Pressionen, auf die verbündeten Staaten (Italien, Bulgarien, Ungarn, Rumänien) ein starker Druck ausgeübt werden, sich an den im Reich lebenden Juden ihrer Staatsangehörigkeit zu desinteressieren, damit diese in die deutschen Judenmaßnahmen einbezogen werden konnten, die nunmehr – in unterschiedlichem Tempo und unterschiedlicher Intensität – auch auf die von den deutschen Truppen besetzten Gebiete ausgedehnt wurden.
Während die Judenmaßnahmen gegen die deutschen Juden und gegen die Juden in den besetzten Ostgebieten ausschließlich von den inneren Stellen veranlaßt, festgelegt und durchgeführt wurden, insbesondere von dem für alle „sicherheitspolizeilichen" Fragen und für die Durchführung der „Endlösung" zuständigen Reichssicherheitshauptamt (RSHA), war das bei Maßnahmen gegen ausländische Juden im Reichsgebiet und bei der Ausdehnung der „allgemeinen Judenmaßnahmen" auf die Juden in den verbündeten und abhängigen Staaten und in den besetzten Westgebieten nicht möglich. Hier konnte das RSHA nur mit Zustimmung und mit Hilfe des AA tätig werden, das die offiziellen Beziehungen zu diesen Ländern unterhielt und für die diplomatischen Folgen der getroffenen Maßnahmen verantwortlich war. Innerhalb des AA wurden alle mit der Judenfrage zusammenhängenden Probleme von 1940 bis Februar 1943 federführend in der „Abteilung Deutschland" behandelt, die eng mit dem RSHA zusammenarbeitete (besonders mit Eichmanns Referat IV B 4); in wichtigen Fragen wurden aber auch die Stellungnahmen anderer Abteilungen des AA eingeholt (z. B. der Politischen Abteilung, der Rechtsabteilung). Wenn im folgenden von der Aktivität des AA die Rede ist, so ist jedoch in erster Linie die Tätigkeit der „Abteilung Deutschland" im AA angesprochen.
Von 1940 bis Februar 1943 wurde die „Abteilung Deutschland" von Unterstaatssekretär Martin Luther geleitet. Dieser einstige Spediteur hatte als kleiner nationalsozialistischer Parteifunktionär in Berlin-Dahlem Ribbentrops Bekanntschaft gemacht, war von diesem in das „Büro Ribbentrop" aufgenommen worden und hatte es verstanden, sich als Mitarbeiter unentbehrlich zu machen; als Ribbentrop zum Reichsaußenminister avancierte, holte er daher Luther ins AA – obwohl dieser keinerlei diplomatische Schulung und Erfahrung hatte –,

---

[16]) Adler-Rudel, S. 165 f.

und dort machte Luther eine erstaunliche Beamtenkarriere: Im Laufe von zwei Jahren baute er – immer von Ribbentrop gefördert – das Referat „Deutschland" zu einer selbständigen Abteilung aus und sicherte sich selbst die Stellung eines Abteilungsleiters und Unterstaatssekretärs[17]). Luthers engster Mitarbeiter in allen Judenangelegenheiten war während dieser Jahre der Leiter des Referates D III, Legationsrat F. Rademacher[18]).

Eine riesige Zahl von Dokumenten läßt keinen Zweifel daran, daß Luther einer der hemmungslosesten Judenhasser unter den mit der „Endlösung" betrauten Funktionären war; er konzentrierte seine ganze Energie darauf, die „Endlösung" möglichst schnell auf möglichst viele Juden der europäischen Länder auszudehnen. Während in manchen Fällen – den Willen dazu vorausgesetzt – gerade vom AA aus mit dem Argument der „außenpolitischen Rücksichten" hinhaltend hätte operiert werden können, benützte Luther seine Stellung im Gegenteil dazu, jeden Widerstand gegen die radikalsten Maßnahmen aus dem Weg zu räumen, sowohl gegenüber den fremden Regierungen wie innerhalb des AA selbst, so daß die höheren Beamten des AA zwar Mitwisser und – zum großen Teil widerwillig – Mithelfer bei den Aktionen wurden, aber gegen Luthers dynamische Persönlichkeit ihre gemäßigten Ansichten nicht durchzusetzen vermochten. Im Winter 1942/43 jedoch verlor Luther Ribbentrops Gunst und im Februar 1943 auch seinen Posten: Er hatte sich offen gegen seinen früheren Gönner aufgelehnt und in Konspiration mit Himmlers Geheimdienstchef Schellenberg den Versuch unternommen, Reichsaußenminister Ribbentrop zu stürzen. Der Versuch schlug fehl, und Ribbentrop unterbreitete die Angelegenheit Hitler persönlich, der die Einlieferung Luthers in ein Konzentrationslager verfügte.

Im März 1943 wurde nach Luthers Ausscheiden die „Abteilung Deutschland" umgebildet, aus ihr ging die „Gruppe Inland" hervor, die von März 1943 bis zum Kriegsende für die Judenfrage zuständig war. Die „Gruppe Inland" wurde vom Vortragenden Legationsrat Horst Wagner geleitet, einem ehemaligen Sportlehrer[19]); der eigentliche Sachbearbeiter für Judenangelegenheiten war der Leiter des Referates „Gruppe Inland II", Legationsrat Eberhard von

---

[17]) Über Luthers Persönlichkeit, Tätigkeit und Sturz s. Reitlinger, S. 82 f.; Seabury, The Wilhelmstraße, Berkeley 1954, S. 131 ff.; Schellenberg, Memoiren, Köln 1959, S. 207 f; E. Kordt, Nicht aus den Akten, Stuttgart 1950, S. 288; an ungedruckten Dokumenten s. bes. F. XI: V. Dok. We Nr. 16, 92, 95, 336 und V. Dok. Steengr. Nr. 3, 4, 5, 6, 119, 140; Prot. F. XI, S. 9931 ff. (Steengracht).

[18]) Über Rademachers Laufbahn s. Reitlinger, S. 83; einige Angaben zur Person Franz Rademachers auch in dessen NSDAP-Personalakten (NG–2458).

[19]) Wagner über seinen Werdegang: Prot. F. XI, S. 2691 ff. (Realgymnasium, Hochschule für Politik, Diplomexamen an der Hochschule für Leibesübungen, Sportlehrer, 1936 Eintritt in die SS, Betreuung ausländischer Gäste bei den Olympischen Spielen 1936, nach Beendigung der Olympischen Spiele Eintritt in die „Dienststelle Ribbentrop", von 1936 an ständig beim Stab Ribbentrop).

Thadden[20]). In einer Denkschrift vom Herbst 1944 umschrieb v. Thadden seinen Aufgabenbereich folgendermaßen[21]): *„Gesamtabschirmung der deutschen Judenmaßnahmen gegenüber Einsprüchen und Interventionen ausländischer Staaten“;* z. B. laufende Behandlung einer großen Anzahl von Interventionen wegen angeblicher oder tatsächlicher Einbeziehung ausländischer Staatsangehöriger in die deutschen Judenmaßnahmen; laufende Zurückweisung unberechtigter Interventionen neutraler Staaten zugunsten deutscher Juden oder Juden aus den besetzten Gebieten; laufende Überprüfung, gemeinsam mit inneren Stellen, von zahllosen Interventionen neutraler Staaten, in denen unter Vorlage gefälschter oder neu ausgestellter Staatsangehörigkeitspapiere bei Juden innerhalb unseres Machtbereichs nachträglich ein Interventionsrecht eines Feindstaates oder neutralen Staates konstruiert werden soll; zur *„Unterstützung der Judenmaßnahmen“* trug Inland II bei durch Verhandlungen mit ausländischen Staaten, deren Juden in die Judenmaßnahmen aus politischen Gründen nicht einbezogen werden konnten, wegen Heimschaffung dieser Juden zwecks Entfernung aus dem deutschen Machtbereich. Ferner war Inland II zuständig für laufende Abstimmung mit dem RSHA und den Gesandtschaften, um „die Durchführung der Judenmaßnahmen zu fördern“ unter gleichzeitiger Berücksichtigung der außenpolitischen Belange.

Das also waren die Männer und die Dienststellen innerhalb des AA, die in erster Linie die diplomatische Vorarbeit leisteten für die Ausdehnung der antijüdischen Sondergesetze auf jene jüdischen Angehörigen der verschiedenen europäischen Staaten, die in Deutschland oder in den von den Deutschen besetzten Gebieten lebten; und sie leisteten gleichzeitig die Vorarbeit für die Einbeziehung dieser Länder selbst in die Maßnahmen der „Endlösung“. Zwar drängte das Judenreferat des RSHA, die berüchtigte Abteilung IV B 4 unter Eichmann, beim AA immer wieder darauf, die Verhandlungen mit den fremden Staaten möglichst rasch zu einem positiven Abschluß zu bringen – aber immerhin: *solange* diese Verhandlungen nicht abgeschlossen waren, konnten die Beamten Eichmanns nicht mit den Deportationen beginnen. Wie peinlich genau man im RSHA darauf achtete, gegenüber ausländischen Juden nicht ohne vorherige Zustimmung des AA vorzugehen, wird aus vielen Stellen in den Akten deutlich; so heißt es beispielsweise in einem Aktenvermerk über eine Tagung im RSHA am 28. 8. 1942: „Vom RSHA wurde erklärt, daß zunächst nur staatenlose Juden abgeschoben werden dürfen, wegen der übrigen ausländischen Juden sind noch Verhandlungen mit dem AA im Gange und bis jetzt noch nicht abgeschlossen ...

---

[20]) Angaben zur Person Eberhard von Thaddens: NG–1401 (geb. 1909 in Berlin, Abitur, kaufmännische Lehre, Jurastudium, 1932 Referendarexamen, 1. 5. 1933 Eintritt in die NSDAP, Januar 1936 Eintritt in die „Dienststelle Ribbentrop“, September 1936 Mitglied der SS, 1. 11. 1937 Eintritt ins AA als Attaché, 1942 Legationsrat).

[21]) F. XI: V. Dok. Ritter, Nr. 65 (Übersicht über die Aufgaben der Gruppe Inland II und das bei der Gruppe tätige Personal).

Die Einziehung des Vermögens ausländischer Juden kann noch nicht durchgeführt werden, da verschiedene ausländische Vertretungen an dem Vermögen ihrer Juden interessiert sind. In dieser Frage laufen ebenfalls Verhandlungen zwischen dem AA und den auswärtigen Vertretungen“ [22]). Daß man im RSHA bemüht war, außenpolitische Konflikte zu vermeiden – obwohl man möglichst rasch alle ausländischen Juden in die „Endlösung“ einbeziehen wollte –, das ergibt sich nicht zuletzt aus einem ausführlichen Memorandum Luthers vom August 1942: „In der Sitzung am 20. 1. 1942 (gemeint ist die berüchtigte Wannseekonferenz – E. K.) habe ich gefordert, daß alle das Ausland betreffenden Fragen vorher mit dem AA abgestimmt werden müßten, was Gruppenführer Heydrich zusagte und auch loyal gehalten hat, wie überhaupt die für die Judensachen zuständige Dienststelle des RSHA von Anfang an alle Maßnahmen in reibungsloser Zusammenarbeit mit dem AA durchgeführt hat. Das RSHA ist auf diesem Sektor in nahezu übervorsichtiger Form vorgegangen“ [23]). Am kürzesten umschreibt diese Zusammenarbeit zwischen AA und RSHA eine Äußerung Rademachers: „Das AA teilt dem RSHA jeweils mit, wenn gegen die Anwendung der allgemeinen Judenmaßnahmen auf fremde Staatsangehörige keine Bedenken bestehen“ [24]).

Nachdem das AA bereits Anfang 1942 bei den Regierungen der Slowakei, Rumäniens und Kroatiens erreicht hatte, daß diese sich mit der „Abschiebung“ ihrer in Deutschland lebenden jüdischen Staatsangehörigen „in den Osten“ einverstanden erklärten [25]), konnte das RSHA im Frühjahr 1942 einen Runderlaß herausgeben, durch den die Ausdehnung der antijüdischen Gesetze auf die im deutschen Machtbereich lebenden jüdischen Staatsangehörigen nicht nur der besetzten und unterworfenen Länder, sondern auch einiger der abhängigen Staaten verfügt wurde [26]) – und in der Tat wurden im Lauf des Jahres 1942 die Juden von verschiedenen dieser Staaten bereits in die „Endlösung“ einbezogen [27]).

Da dieser Erlaß aber anscheinend nicht klar genug war, brachte das RSHA nach längeren Beratungen mit dem AA am 5. 3. 1943 „zur Behebung aufgetretener Zweifelsfragen“ einen weiteren Erlaß über die Behandlung ausländischer Juden im Reichsgebiet, im Generalgouvernement und in den besetzten Ostgebieten heraus [28]). In diesem Erlaß wurde definitiv festgelegt, daß alle Juden mit der Staats-

---

[22]) NG–1965: Aktenvermerk betr. Tagung im RSHA am 28. 8. 1942, Paris 1. 9. 1942; vgl. auch F. XI: V. Dok. We Nr. 510 b (Aktenvermerk RSHA IV B 4, gez. Eichmann, Dannecker, betr. Endlösung in Frankreich, Paris 1. 7. 1942).

[23]) NG–2586–j: Aufzeichnung AA (gez. Luther) v. 21. 8. 1942.

[24]) NG–4955: Telegramm AA D III (gez. Rademacher) an Dienststelle AA in Brüssel v. 27. 2. 1943.

[25]) NG–2586–j: Aufzeichnung AA (gez. Luther) v. 21. 8. 1942.

[26]) Der Erlaß selbst ist nicht erhalten; Datum (16. 2. 1942) und Bezug gehen jedoch aus dem Erlaß v. 5. 3. 1943 hervor (s. Anm. 28).

[27]) s. dazu die entsprechenden Kapitel bei Reitlinger.

[28]) NG–2652–A u. G: Erlaß des Chefs Sipo und SD v. 5. 3. 1943.

angehörigkeit von Polen, Luxemburg, Slowakei, Kroatien, Serbien, Rumänien, Bulgarien, Griechenland, Niederlanden, Belgien, Estland, Lettland, Litauen, Norwegen nunmehr den Judenstern zu tragen hatten, „sämtlichen damit in Zusammenhang stehenden Maßnahmen wie z. B. Verkehrs- und Verfügungsbeschränkungen“ unterworfen waren und in die „Abschiebungsmaßnahmen“ mit einbezogen werden konnten; zur Verwaltung des Vermögens der abgeschobenen ausländischen Juden sollten geeignete Treuhänder bestellt werden, „da über die Behandlung des Vermögens von Juden fremder Staatsangehörigkeit mit den jeweiligen ausländischen Regierungen noch keine abschließenden Vereinbarungen getroffen werden konnten“. Ausdrücklich hieß es in diesem Erlaß aber noch: „Juden anderer Länder, sowohl von Feindstaaten, neutralen und auch befreundeten, kriegführenden oder nichtkriegführenden Ländern, dürfen in die Judenmaßnahmen nicht einbezogen werden.“ Indessen waren zu diesem Zeitpunkt bereits Verhandlungen eingeleitet, die das Ziel hatten, auch diesen letzten noch einigermaßen frei im deutschen Machtbereich lebenden ausländischen Juden ein weiteres Verbleiben unmöglich zu machen.

II. Die „Heimschaffungsaktion“ 1943

Nachdem die Endlösungsfunktionäre die Ausdehnung der Judenmaßnahmen auf die Juden der unterworfenen und der abhängigen Staaten geregelt hatten, verfolgten sie als nächstes Ziel, auch die Juden der neutralen und der verbündeten Staaten aus dem deutschen Machtbereich zu entfernen. Wie stark die dadurch betroffenen Gruppen von Juden zahlenmäßig waren, läßt sich nicht mit Bestimmtheit sagen; insgesamt dürfte ihre Zahl mindestens einige tausend betragen haben, denn in einem Bericht vom 22. 10. 1942[29]) wird die Zahl allein der italienischen Juden im Reich einschließlich Protektorat mit 200, in Paris mit ca. 500 beziffert, in einem anderen[30]) die Zahl der schweizerischen Juden in den Westgebieten mit ca. 200; in den Niederlanden belief sich die Zahl der Juden aus neutralen Staaten und aus Italien auf 87, die Zahl der ungarischen Juden auf 303[31]).

Eichmanns Judenreferat im RSHA lag sehr daran, daß diese Juden neutraler und verbündeter Staaten *nicht* in ihre Heimatländer zurückkehrten, sondern daß auch sie in die „Endlösung“ einbezogen würden. So wurde bei einer Tagung im RSHA im August 1942 die Direktive ausgegeben: „Eine Rückführung ausländischer Juden in ihre Länder ist keinesfalls erwünscht. Dem Antrag des

---

[29]) NG-4960: Memorandum AA (gez. Luther) betr. Italien und die Judenfrage v. 22. 10. 1942.
[30]) NG-5252: Schreiben AA (gez. Luther) an deutsche Gesandtschaft Bern v. 28. 12. 1942.
[31]) RvO 174 a, Bl. 73/74 (Aktenvermerk BdS Den Haag v. 25. 3. 1943).

Schweizer Konsulats, eine Reihe jüdischer Familien Schweizer Nationalität in die Schweiz abzuschieben, kann nicht stattgegeben werden" [32]). Da die italienischen Konsulate in den von Italien besetzten Gebieten des Balkans und Griechenlands vielen hilfesuchenden Juden die italienische Staatsbürgerschaft erteilten [33]), ersuchte das RSHA darüber hinaus das AA, auf die italienische Regierung einzuwirken, daß diese Einbürgerungen widerrufen würden, und das AA wies tatsächlich am 15. 2. 1943 die Botschaft in Rom an, die italienische Regierung zu veranlassen, „den Erwerb der italienischen Staatsangehörigkeit durch Juden, die nicht im Machtbereich Italiens ansässig sind, mit Wirkung vom italienischen Kriegseintritt rückgängig zu machen, jedenfalls aber ihre Vertretungen anzuweisen, von Einbürgerungen hinfort abzusehen" [34]).

In der Behandlung der Juden neutraler und verbündeter Staaten setzte sich zunächst jedoch nicht der Standpunkt des RSHA in vollem Umfang durch, das prinzipiell keinen einzigen Juden – gleich welcher Staatsangehörigkeit – aus dem deutschen Machtbereich herauslassen wollte; sondern seit Herbst 1942 trat das AA an die Regierungen der neutralen und verbündeten Staaten heran und forderte sie ultimativ auf, bis zu einem bestimmten Zeitpunkt die Juden ihrer Staatsangehörigkeit zurückzuholen, nach Ablauf dieser Frist würden die verbliebenen Juden in alle Judenmaßnahmen (einschließlich „Abschiebung") einbezogen. So kam es zu der sog. „Heimschaffungsaktion" des Jahres 1943.

Hatte das RSHA im August 1942 die Rückkehr von Juden schweizerischer Staatsangehörigkeit in die Schweiz noch kategorisch abgelehnt, so wurde die deutsche Gesandtschaft in Bern durch Schreiben vom 28. 12. 1942 instruiert: „Aus Gründen militärischer Sicherheit sind in den militärisch besetzten Westgebieten (Frankreich, Belgien, Niederlande) nicht nur zahlreiche Juden evakuiert worden, sondern die Reichsregierung ist darüber hinaus an die Regierungen befreundeter und neutraler Mächte herangetreten, um ihnen mitzuteilen, daß aus den erwähnten Gründen eine Ausnahmebehandlung einzelner Gruppen ausländischer Juden nicht mehr länger möglich ist. Von einem bestimmten Zeitpunkt an müßten alle Juden den von den militärischen Befehlshabern angeordneten Maßnahmen einschließlich Kennzeichnung und evtl. Evakuierung unterworfen werden. Es wurde dabei den genannten Regierungen anheimgestellt, ihre Juden zur Rückkehr in ihre Heimatländer zu veranlassen, wobei deutscherseits wohlwollende Prüfung der Ausreise in Aussicht gestellt wurde" [35]). Die Gesandtschaft

---

[32]) NG–1965: Aktenvermerk betr. Tagung im RSHA am 28. 8. 1942, Paris 1. 9. 1942.

[33]) Vgl. Reitlinger, S. 418 f., 426 f.

[34]) NG–4957: Fernschreiben AA (gez. Bergmann) an Botschaft Rom v. 15. 2. 1943; in einem Schreiben ans AA v. 15. 11. 1943 wünschte Eichmann, auch die ausländischen Juden in Griechenland und Italien sollten – mit Ausnahme der zu internierenden Feindstaatsangehörigen – nicht in ihre Heimatländer zurückkehren, sondern in die Abschiebung einbezogen werden.

[35]) NG–5252: Schreiben AA (gez. Luther) an Gesandtschaft Bern v. 28. 12. 1942; Paraphen von Rademacher, Klingenfuß, Strack, Erdmannsdorff und Woermann.

wurde sodann angewiesen, die Schweizer Regierung entsprechend zu informieren; wenn die Schweizer Regierung eine Einbeziehung der ca. 200 Schweizer Juden in die deutschen Maßnahmen vermeiden wolle, müßten diese im Laufe des Januar 1943 in die Schweiz zurückgekehrt sein. Es sollte jedoch ausdrücklich darauf hingewiesen werden – und damit war der Willkür wieder Tür und Tor geöffnet –, daß die deutsche Regierung in jedem Einzelfall prüfen werde, ob die Ausreisegenehmigung für die einzelnen Juden angeblich schweizerischer Staatsangehörigkeit mit den grundsätzlichen deutschen Richtlinien zu vereinbaren sei. Mit denselben Argumenten, wie sie in diesem Schreiben an die deutsche Gesandtschaft in Bern gebraucht wurden, hatte Luther bereits am 6. 10. 1942 den ungarischen Gesandten Sztojay aufgefordert, die ungarische Regierung möge bis zum 31. 12. 1942 der Ausdehnung der angeordneten Judenmaßnahmen auf ihre Staatsangehörigen im deutschen Machtbereich zustimmen oder diese bis zum genannten Termin zurücknehmen. „Nach dem 31. 12. 1942 würde andernfalls mit der Evakuierung aller Juden begonnen werden“ [36]). Als der ungarische Gesandte am 16. 1. 1943 Luther mitteilte, die ungarische Regierung habe die Liste jener ungarischen Juden, die sie aus den Westgebieten zurückführen wolle, noch nicht fertiggestellt und bitte um Aufschub, antwortete Luther, die Frist sei endgültig bis zum 31. 1. 1943 verlängert, nach diesem Termin könne keine Rücksicht mehr geübt werden [37]). An die italienische Regierung wandte sich Ribbentrop persönlich: Am 13. 1. 1943 wies er die Botschaft in Rom an, dem Außenminister Graf Ciano Mitteilung zu machen, daß den Juden italienischer Staatsangehörigkeit der Verbleib im deutschen Herrschaftsbereich noch bis 31. 3. 1943 freigestellt werde, danach müsse sich die deutsche Regierung aus „gewichtigsten Gründen sowohl militärischer als auch politischer Art“ freie Hand gegenüber allen Juden vorbehalten und könne auch bei italienischen Juden keine Ausnahme mehr machen; die italienische Regierung könne bis dahin diejenigen Juden, an denen sie interessiert sei, aus dem von Deutschland beherrschten Raum zurückziehen [38]). Am 29. 1. 1943 teilte das AA dem RSHA mit, die Frist zur Heimschaffung laufe für die italienischen Juden am 31. 3., für Schweizer Juden am 1. 2. ab. „Bezüglich der Juden spanischer Staatsangehörigkeit sind bisher noch keine diplomatischen Schritte getan worden, doch ist dies in Bearbeitung“ [39]).
Während es – wie diese Dokumente zeigen – dem AA und dem RSHA mit der „Entjudung“ des deutschen Herrschaftsbereichs nicht schnell genug gehen konnte, ließen sich die meisten der neutralen und verbündeten Regierungen mit der Rückführung ihrer jüdischen Staatsangehörigen Zeit, so daß dem AA mit Einverständnis des RSHA nichts anderes übrigblieb, als mehrfach die gesetzten

[36]) NG–1800: Vortragsnotiz AA (gez. Luther) v. 6. 10. 1942.
[37]) NG–1798: Vortragsnotiz AA (gez. Luther) v. 16. 1. 1943.
[38]) NG–4961: Telegramm RAM (gez. Ribbentrop) an Botschaft Rom v. 13. 1. 1943.
[39]) IfZ MA 3 (8), F 62.

Fristen stillschweigend oder auch offiziell zu verlängern, schließlich bis zum 1.7.1943: denn offensichtlich wagten die Funktionäre der „Endlösung" trotz aller Bedenkenlosigkeit zunächst nicht, die Staatsangehörigkeit von Juden neutraler oder verbündeter Staaten so vollständig zu ignorieren, daß sie sie ohne offiziell ausgesprochenes Desinteressement der betreffenden Staaten in die Vernichtungsmaßnahmen einbezogen hätten, weil ein solches Vorgehen – besonders hinsichtlich der neutralen Staaten – ein großes außenpolitisches Risiko bedeutet hätte.

Am 5.7.1943 jedoch trat das Referat IV B 4 des RSHA erneut an das AA heran und teilte mit: „Nach dem augenblicklichen Stand der Endlösung der Judenfrage im Reich befinden sich im Reichsgebiet lediglich noch die in deutsch-jüdischer Mischehe lebenden Juden und einige wenige Juden ausländischer Staatsangehörigkeit"; da die Heimschaffungsaktion zum größten Teil abgeschlossen sei, müsse nun den betreffenden Staaten ein Endtermin für die Durchführung der Repatriierung gesetzt werden, „um auf diesem Gebiet zu einer endgültigen Lösung kommen zu können" [40]). Deshalb solle das AA den Regierungen von 10 Staaten (Italien, Schweiz, Spanien, Portugal, Dänemark, Schweden, Finnland, Ungarn, Rumänien, Türkei) mitteilen, daß ihren „im deutschen Machtbereich befindlichen staatsangehörigen Juden" von den deutschen Dienststellen nur noch bis zum 31.7.1943 Ausreisesichtvermerke erteilt würden; die nach dem Ablauf von weiteren drei Tagen im deutschen Machtbereich verbliebenen Juden würden „in jeder Hinsicht" den Juden deutscher Staatsangehörigkeit gleichgestellt. Falls die Repatriierung eines besonders interessierenden Juden bis zu diesem Zeitpunkt nicht mehr möglich sei, könne eine Ausnahmeregelung nur gesichert werden, wenn dieser bis 1.8.1943 dem AA namhaft gemacht sei.

Über dieses Ersuchen des RSHA wurde in den folgenden Tagen im AA verhandelt, und nachdem Ribbentrop die Festsetzung einer endgültigen Schlußfrist gebilligt hatte [41]), wurde dieser Termin für die Schweiz, für Spanien, Dänemark, Schweden, Finnland, Ungarn und Rumänien auf den 26.8., für Italien und die Türkei auf den 10.9. festgelegt. Auch nach Ablauf dieser Frist zögerte man im AA noch, die im deutschen Herrschaftsbereich verbliebenen jüdischen Staatsangehörigen neutraler und verbündeter Staaten sofort in die Deportationen einzubeziehen; die genaue Zahl dieser Zurückgebliebenen ist ebensowenig bekannt wie die der tatsächlich „heimgeschafften" und damit in letzter Stunde geretteten Juden [42]). Am 12.8.1943 wurden die Vertreter des AA in Frankreich, Griechenland, Belgien, Niederlanden, Serbien, Protektorat, Generalgouvernement und Ostland angewiesen: „Es darf gebeten werden, dafür Sorge zu tragen, daß die

---

[40]) NG–2652–E: Schreiben RSHA IV B 4 (gez. Eichmann) an AA v. 5. 7. 1943.

[41]) NG–2652–F: Vortragsnotiz AA (gez. Wagner) v. 12. 7. 1943; Paraphen v. Ribbentrop, Steengracht, Albrecht, v. Thadden.

[42]) Aus den Niederlanden kehrten 133 Juden aus neutralen und verbündeten Staaten in ihre Heimatländer zurück (RvO 172 a, Bl. 190).

zuständigen deutschen Polizeibehörden nicht sofort nach Fristablauf, sondern erst nach einer gewissen Karenzzeit die Einbeziehung der noch zurückgebliebenen und dem AA nicht unter Angabe der Gründe gemeldeten ausländischen Juden in die allgemeinen Judenmaßnahmen durchführen"[43]). Am 23. 9. 1943 verfügte dann – „im Einvernehmen mit dem AA" – ein Erlaß des RSHA[44]), daß nach Abschluß der Heimschaffungsaktion die im deutschen Machtbereich verbliebenen Juden mit der Staatsangehörigkeit der obengenannten zehn Länder ab 10. 10. 1943 in die Abschiebungsmaßnahmen einbezogen werden könnten. Da aus außenpolitischen Gründen die Abschiebung nach dem Osten zur Zeit noch nicht erfolgen könne, sollten die männlichen Juden vorläufig im KL Buchenwald, die Jüdinnen und die Kinder im KL Ravensbrück untergebracht werden. Ob in der Praxis Juden aus neutralen Staaten in Buchenwald und Ravensbrück eingeliefert wurden, läßt sich nicht mehr feststellen, es ist jedoch ziemlich unwahrscheinlich. Dagegen steht fest, daß zahlreiche Juden aus den neutralen Staaten *nicht* in ihre Heimatländer zurückkehren konnten, sondern in Deutschland festgehalten wurden. Mehrere hundert Juden spanischer, türkischer und portugiesischer Staatsangehörigkeit befanden sich seit Anfang 1944 im „Aufenthaltslager BB"; am 27. 1. 1944 wurden vom RSHA ferner die Verhaftung aller im deutschen Machtbereich lebenden argentinischen Juden und ihre Überführung nach BB verfügt[45]). Aus diesem Grunde bedurfte die sog. Heimschaffungsaktion einer Erwähnung im Rahmen der Vorgeschichte des Lagers BB.

III. Der Austauschplan vom Februar 1943

In einem engen Zusammenhang mit der Einbeziehung der Juden ausländischer Staatsangehörigkeit in die Maßnahmen der „Endlösung" steht der Plan eines „Judenaustausches", wie er sich im Februar 1943 im AA herauskristallisierte. Und dieser Austauschplan wiederum war der unmittelbare Anlaß für die Schaffung des „Aufenthaltslagers BB".

Als das RSHA Anfang 1943 den endgültigen Erlaß über die „Behandlung von Juden ausländischer Staatsangehörigkeit" vorbereitete (der dann am 5. 3. 1943 herauskam), wurde im Januar 1943 dem AA der Entwurf dieses Erlasses zur Stellungnahme zugeleitet. Neben anderen Abteilungsleitern lag dieser Entwurf auch dem Leiter der Rechtsabteilung, Dr. Albrecht, vor, der am 4. 2. 1943 be-

---

[43]) RvO FOSD 1513.

[44]) NG–2652–H (identisch mit PS–3319): Schnellbrief RSHA IV B 4 (gez. Müller) v. 23. 9. 1943.

[45]) Fernschreiben des RSHA IV B 4 (gez. Eichmann), Faksimile in: Le Monde Juif, Jg. 15, Nr. 21–22 (Juni 1960).

merkte: „Gegen die Entwürfe bestehen im allgemeinen keine Bedenken.“ Da seit Kriegsbeginn in der Rechtsabteilung das Kriegs- und Gefangenenwesen, die Durchführung von Austauschaktionen, der Verkehr mit den Schutzmächten und dem Internationalen Roten Kreuz federführend bearbeitet wurde[46]), fügte Albrecht seiner Stellungnahme jedoch folgenden Hinweis hinzu: „Unter den Juden, auf die sich die Anordnungen beziehen, befindet sich voraussichtlich eine Anzahl solcher, die doppelte Staatsangehörigkeit besitzen. Soweit diese Juden die englische oder amerikanische Staatsangehörigkeit neben einer anderen Staatsangehörigkeit haben, sollten sie von den Maßnahmen ausgenommen und als englische oder amerikanische Staatsangehörige interniert werden. Dies gibt uns die Möglichkeit, solche Juden zum Austausch für deutsche Staatsangehörige zu verwenden“ [47]). Albrecht legte dann dar, die Rechtsabteilung des AA habe bereits dreimal Austausche internierter deutscher Staatsangehöriger aus Palästina gegen eine viel geringere Zahl von Palästinajuden durchgeführt. „Sobald eine genügende Zahl weiterer englischer Juden zur Verfügung steht, könnten diese Austausche fortgesetzt werden“; da sich die jüdischen Organisationen in England und den USA für die europäischen Juden sehr interessierten, bestünde auf diese Weise die Möglichkeit, die Juden mit englischer oder amerikanischer Staatsbürgerschaft „günstig zu verwerten“. Günstig zu verwerten – ein decouvrierender Ausdruck, der unverhüllt die Absichten ausspricht, die mit diesem Plan verfolgt wurden, und die Mentalität kennzeichnet, aus der heraus dieser Plan konzipiert wurde. Da Albrecht selbst innerhalb des AA nicht zu den Scharfmachern in der Judenfrage gehörte[48]), ist es immerhin nicht ausgeschlossen, daß er diese Formulierung wählte, um seinem Vorgesetzten und den Sachbearbeitern in der „Abteilung Deutschland“ den Austauschplan schmackhaft zu machen. Deren Mentalität allerdings entsprach diese Formulierung durchaus.

Es ist möglich, daß wir in dieser Aufzeichnung Albrechts vom 4. 2. 1943 den Ursprung des Austauschprogrammes erblicken dürfen (zu dessen Durchführung wenig später das Austauschlager Bergen-Belsen errichtet wurde), daß also Albrecht mit seinem Hinweis auf erfolgreich durchgeführte Austauschaktionen unter den führenden Beamten des AA den Wunsch angeregt hat, derartige Austauschaktionen in größerem Stil vorzunehmen; zumindest ist seine Anregung in den uns erhaltenen Akten des AA der erste Anhaltspunkt für einen derartigen

---

[46]) NG–3341: „Entwurf einer Aufzeichnung über die Struktur des AA“ (gez. Rintelen) v. 30. 9. 1944.

[47]) NG–2586–N: Aufzeichnung AA (gez. Albrecht) v. 4. 2. 1943.

[48]) Angaben zur Person Dr. Erich Albrechts: Aff. Albrecht v. 10. 12. 1947, NG–4167 (geb. 1890 in Kronstadt [Rumänien], Studium der Rechte in Leipzig und Berlin, 1912 1. juristische Staatsprüfung in Berlin, 1920 Assessorprüfung, 1922 Landgerichtsrat, 1925 Sekretär des deutsch-englischen gemischten Schiedsgerichtshofes in London, 1929 Legationsrat im AA, 1932 Vortr. LR, 1942 Ministerialdirigent im Rang eines Gesandten I. Klasse; weder Mitglied der NSDAP noch der SS oder SA).

Austauschplan. Es ist natürlich genauso gut denkbar, daß dieser Plan schon einige Zeit im AA diskutiert wurde, ohne daß sich ein schriftlicher Niederschlag darüber erhalten hat.

Wie dem auch sei: Auf jeden Fall kristallisierte sich im Anschluß an Albrechts Aufzeichnung vom 4. 2. 1943 im Februar 1943 der „Austauschplan" heraus. Albrechts Hinweis auf die Juden mit doppelter Staatsbürgerschaft wurde am 8. 2. 1943 vom AA dem RSHA mitgeteilt[49]) und fand Aufnahme im „Erlaß betr. Behandlung von Juden ausländischer Staatsangehörigkeit" vom 5. 3. 1943[50]); dort hieß es darüber hinaus: „Ferner sind Juden, die von einer Schutzmacht als Vertreterin der Interessen eines Feindstaates für den Austausch gegen im feindlichen Ausland befindliche Reichsangehörige benannt worden sind, ohne Rücksicht auf ihre Staatsangehörigkeit (auch Staatenlose) von der Abschiebung auszuschließen, sofort in polizeiliches Gewahrsam zu nehmen und wegen der Frage ihrer Internierung unter Angabe der genauen Personalien an das RSHA ... zu berichten" [51]). Auch dieser Passus ging auf eine Anregung des AA zurück. In einem von der „Abteilung Deutschland" am 20. 2. 1943 herausgegebenen Runderlaß heißt es nämlich: „Das AA hat den Chef der Sipo und des SD gebeten, von der Abschiebung von insgesamt 30 000 Juden holländischer, belgischer, französischer, norwegischer und sowjetrussischer Staatsangehörigkeit zunächst abzusehen, um diese Personen für Austauschzwecke zur Verfügung zu halten. Im Hinblick auf den hierzu noch zu erwartenden Erlaß des Chefs Sipo und SD erscheint es daher empfehlenswert, schon jetzt eine Anzahl für Austauschzwecke in Frage kommende Juden namentlich zu erfassen und dafür Sorge zu tragen, daß sie einstweilen noch nicht abgeschoben werden. Hierfür kommen solche Juden in Frage, die über verwandtschaftliche, freundschaftliche, politische oder kaufmännische Beziehungen zu Angehörigen der Feindstaaten oder zu Personen holländischer, belgischer usw. Staatsangehörigkeit verfügen, die sich zur Zeit in den Feindstaaten aufhalten und dort politisch tätig sind" [52]). In diesem für die Vorgeschichte des Lagers BB außerordentlich wichtigen Dokument wird zum ersten Male das Austauschprogramm klar ausgesprochen und der dafür in Aussicht genommene Personenkreis umrissen. Zwar machte der „Vertreter des AA beim Reichskommissar für das Ostland", Windecker, das AA am 5. 4. 1943 darauf aufmerksam[53]), aus dem Ostland käme wohl kaum jemand für den Austausch

---

[49]) NG–2586–O: Schreiben AA (gez. v. Hahn) an RSHA v. 8. 2. 1943.

[50]) NG–2652–G: Erlaß des RSHA (gez. Kaltenbrunner) v. 5. 3. 1943.

[51]) So lautet der Text des Erlasses; es ist also reichlich großzügig interpretiert, wenn Reitlinger, S. 196, 384 und – ihm folgend – H. G. Adler, Theresienstadt, Tübingen 1955, S. 54 behaupten, Kaltenbrunner habe den Leitern der Sipo in Rußland befohlen, in den Ghettos passende Juden auszusuchen.

[52]) NG–2586–P: Runderlaß AA (gez. Rademacher) v. 20. 2. 1943.

[53]) NG–2652–B: Schreiben VAA beim RK für das Ostland (gez. Windecker) an AA vom 5. 4. 1943.

in Frage, da sonst die Gefahr bestünde, „daß auf diese Weise die hier erfolgten Exekutionen im Ausland gegen uns verwertet werden"; aber das AA hielt an dem Austauschplan fest, da man von vornherein vor allem die westeuropäischen Juden im Auge hatte[54]). Am 17. 4. 1943 kam das AA beim RSHA auf seine Anregung zurück[55]): das AA habe am 2. 3. die Dienststelle Eichmann gebeten, etwa 30 000 für einen evtl. Austausch geeignet erscheinende Juden verschiedener Staatsangehörigkeit nicht in den Osten abzutransportieren, sondern zur Verfügung zu halten; das AA wäre dankbar, wenn es über das in dieser Angelegenheit Veranlaßte bald abschließend unterrichtet würde. Eine Antwort des RSHA auf diese Anfrage des AA ist in den erhaltenen Aktenbeständen nicht zu finden. Aber wir wissen, daß Himmler – wie im 2. Kapitel zu zeigen sein wird – sich zu diesem Zeitpunkt bereits entschlossen hatte, den Vorschlag des AA zu akzeptieren, und schon Weisung erteilt hatte, für die Austauschjuden ein spezielles Lager zu errichten – nämlich das Lager Bergen-Belsen.

Welche Absicht stand hinter diesem von AA und RSHA im Frühjahr 1943 gemeinsam verfolgten Austauschplan? Da in den USA und in den lateinamerikanischen Ländern ebenso wie in Palästina sehr viele deutsche Staatsangehörige interniert waren, während die deutsche Regierung nur sehr wenige Angehörige dieser Staaten in ihrer Hand hatte, war man sowohl im RSHA wie im AA daran interessiert, die Kontingente der in Deutschland internierten Staatsangehörigen von Feindstaaten[56]) aufzufüllen, mochte es sich dabei auch um Juden handeln, deren jeweilige Staatsangehörigkeit man sonst deutscherseits nicht sehr zu respektieren pflegte. Man tat es jedoch in diesen Fällen aus höchst durchsichtigen Gründen; man tat es selbst dann, wenn die betreffenden Juden die jeweilige Staatsangehörigkeit erst vor kurzem erworben hatten, und sogar, wenn die Papiere über den Erwerb dieser Staatsangehörigkeit nicht über jeden Zweifel erhaben waren: die kleineren, von der Rechtsabteilung des AA durchgeführten Austauschaktionen hatten den Beweis geliefert, daß auf diesem Wege tatsächlich Juden gegen internierte deutsche Staatsbürger aus den feindlichen Ländern

---

[54]) Es kann keine Rede davon sein, daß Windeckers Schreiben einen „Sturm" auslöste, wie Reitlinger (S. 384) behauptet. Reitlingers Darstellung des Austauschplanes ist auch sonst höchst ungenau: das AA antwortete Windecker am 10. 5. 1943 auf seine Mitteilung v. 5. 4. (NG-2652–D): „Die ... Mitteilungen zur Frage der praktischen Durchführung der oben erwähnten Erlasse sind dem AA bekannt. Diese Erlasse wurden Ihrer Dienststelle in erster Linie unter Berücksichtigung Ihrer eigenen Wünsche auf umfassende Information hinsichtlich der Behandlung der Judenfrage übermittelt." Reitlinger verwandelt den Satz genau in sein Gegenteil und sagt über den Austauschplan (S. 385): Der Zweck der Sache war, „mehr Informationen über die Behandlung der Judenfrage zu erhalten". (sic!) (Außerdem gibt Reitlinger für dieses Zitat auch eine falsche Belegstelle: NG 2652–G statt NG–2652–D.)

[55]) NG–2652–D: Schreiben AA (gez. v. Thadden) an RSHA v. 17. 4. 1943.

[56]) Dazu wurden auch jene süd- und mittelamerikanischen Staaten gerechnet, die zwar die diplomatischen Beziehungen zu Deutschland abgebrochen, aber noch nicht den Kriegszustand erklärt hatten.

ausgetauscht werden konnten und daß daher diese Aktionen eine – wenn auch bescheidene – Stärkung des deutschen Kräftepotentials im totalen Krieg bewirkten. Wollte man sich dieser Möglichkeiten nicht berauben, so mußten die für den Austausch in Frage kommenden Juden in einem besonderen Lager konzentriert werden, weil die „Endlösung“ jeden Monat Tausende von jüdischen Menschen verschlang und sich daher der Zeitpunkt abzeichnete, an dem keine „Austauschjuden“ mehr verfügbar sein würden.

Rein „ökonomische“ Nützlichkeitserwägungen waren es also, denen der Austauschplan des AA vom Februar 1943 seine Entstehung verdankte. Bei der Konzipierung dieses Planes wurden die Beamten im Judenreferat des AA nicht etwa durch humanitäre Motive bestimmt, die sie nur aus Zweckmäßigkeitsgründen durch ökonomische Argumente kaschierten, weil allein solche Argumente bei den SS-Führern im RSHA eine Resonanz zu finden versprachen und daher der Durchsetzung des Planes dienlich waren. Daß humanitäre Motive bei der Konzipierung des Planes tatsächlich keine Rolle spielten, wird in eindeutiger Weise durch einen Vorgang aus denselben Tagen bewiesen. Derselbe Legationsrat Rademacher, der am 20. 2. 1943 in einem Runderlaß die Bereitstellung von 30 000 Juden für Austauschzwecke ankündigte, telegrafierte am 12. 3. 1943 an den deutschen Gesandten in Bukarest [57]): Nach Pressemitteilungen seien in Palästina 72 jüdische Kinder aus Ungarn angekommen, die über Rumänien, Bulgarien, die Türkei dorthin gebracht worden seien; es handle sich vermutlich um einen Teil des im britischen Unterhaus angekündigten Transports von 270 jüdischen Kindern aus Ungarn und Rumänien. Daß einige Dutzend jüdischer Kinder dem Einflußbereich der deutschen Endlösungsfunktionäre entzogen wurden, ließ Rademacher keine Ruhe; er setzte den ganzen Apparat des AA in Bewegung, um das zu verhindern, und instruierte den deutschen Gesandten in Bukarest, „jeglicher Aus- und Durchreise von Juden nach Palästina größtmöglichen Widerstand entgegenzusetzen und über das Ergebnis zu berichten“. Vor dem Hintergrund einer derartigen Mentalität muß auch der Entwurf des Austauschplanes gewertet werden.

Alle diese Umstände der Entstehung des Austauschplanes machen eines deutlich: daß im AA und im RSHA ein solcher Plan im Frühjahr mehr oder weniger ernsthaft diskutiert und vorangetrieben wurde, bedeutete keineswegs, daß die Funktionäre des RSHA und des AA die Absicht hatten, vom Programm der „Endlösung“ auch nur um Haaresbreite abzuweichen – in jenen Monaten rollte genauso wie in den Monaten davor Todeszug auf Todeszug nach Auschwitz. Der „Austausch“ stellte eine Rettungschance für einen winzigen Bruchteil der verfolgten Judenheit Europas dar und eine Rettungschance nur deshalb, weil sich die deutschen Regierungsinstanzen von diesem Verfahren eine Stärkung des deutschen Potentials versprachen.

---

[57]) NG–2184: Telegramm AA (gez. Rademacher) an Gesandschaft Bukarest v. 12. 3. 1943.

Der Standpunkt des RSHA und des AA ist in dieser Frage die ganzen Jahre hindurch konsequent gewesen. Das RSHA erklärte beispielsweise in einem Schreiben vom 28. 3. 1943 [58]), eine Auswanderung von Juden werde grundsätzlich nicht erlaubt; „lediglich in ganz besonders gelagerten und begründeten Einzelfällen, z. B. bei Vorliegen eines positiven Reichsinteresses, wird vom RSHA der Auswanderung einzelner Juden stattgegeben". Diesen Standpunkt nahm auch das AA ein. Zu einem Plan der rumänischen Regierung, rumänische Juden nach Palästina und Syrien auszusiedeln, erklärte das AA am 9. 1. 1943 [59]): „Dieser Plan stellt innerhalb der von der deutschen Regierung verfolgten Grundlinien einer europäischen Lösung der Judenfrage eine untragbare Teillösung dar, deren Durchführung mit allen Mitteln verhindert werden sollte." Insofern war es völlig zutreffend, wenn im Juli 1944 in einer Vortragsnotiz des AA gesprochen wurde von der „vom Reich bisher konsequent verfolgten Linie in der Judenpolitik, die darauf hinausgeht, eine Auswanderung von Juden möglichst zu unterbinden und – soweit sie zugelassen wird – von einer wertvollen Gegenleistung abhängig zu machen" [60]).

Man hat deshalb sehr genau zu unterscheiden zwischen dem „Austausch", d. h. Ausreise von Juden bei einer Gegenleistung (nämlich Freigabe deutscher Internierter), und der einfachen Ausreise (ohne Gegenleistung). Hinsichtlich der Behandlung dieser beiden Formen der Ausreise von Juden aus dem deutschen Machtbereich gab es zwischen AA und RSHA keine grundsätzliche Meinungsverschiedenheit: der „Austausch" war gegebenenfalls akzeptabel, die einfache Ausreise wurde (bis auf ganz seltene Einzelfälle) abgelehnt [61]). Nur Himmler wich in den letzten Kriegsmonaten von dieser grundsätzlichen Linie ab und gab einige Transporte von Juden ohne Gegenleistung frei, um sich ein Alibi zu verschaffen [62]). Das berechtigt jedoch nicht dazu, diese Bemühungen Himmlers bereits in das Jahr 1943 zu projizieren und in ihm den Urheber des Austauschplanes zu sehen. Die erhaltenen Dokumente zeigen eindeutig, daß die Initiative in diesem Fall vom AA ausging. Es gibt auch keinen Beweis dafür, daß Himmler durch die Erklärung der Vereinten Nationen vom 17. 12. 1942 über die Bestrafung der Kriegsverbrecher so erschreckt wurde, daß er ein „großangelegtes Geschäft mit dem Leben der Juden in Erwägung zu ziehen begann" [63]); es spricht vielmehr alles gegen eine derartige Sinneswandlung bei Himmler zu diesem

---

[58]) NG–3935: Schreiben Oberkommando der Kriegsmarine an AA v. 28. 3. 1942 mit Stellungnahme des Chefs Sipo und SD; ähnlich: NG–1970.

[59]) NG–2200: Schreiben AA (gez. Luther) an Gesandten Killinger, Bukarest, v. 9. 1. 1943.

[60]) NG–2236: Vortragsnotiz AA (gez. unleserlich) v. 6. 7. 1944; über Staatssekr. Vorlage beim RAM.

[61]) Daß das AA jede Ausreise von Juden ohne Gegenleistung ebenso entschieden ablehnte wie das RSHA, zeigte sich eindeutig im Verlauf der sog. „Feldscher-Aktion" – s. Exkurs I, S. 295 ff.

[62]) s. u. S. 93 ff., 151 ff.

[63]) Reitlinger, S. 444.

Zeitpunkt: das gleiche Schriftstück, aus dem wir erfahren[64]), daß Himmler die Errichtung des „Aufenthaltslagers" für die Austauschjuden angeordnet hat, enthält auch Himmlers Direktive für die Judenmaßnahmen in den Niederlanden, und da heißt es lapidar: „Der Reichsführer-SS wünscht, daß in diesem Jahre (gemeint ist das Jahr 1943 – E. K.) an Juden nach dem Osten abtransportiert wird, was menschenmöglich ist."

Zusammenfassend kann also festgestellt werden: Der Austauschplan deutet nicht darauf hin, daß Himmler, das RSHA oder das AA in der Durchführung der „Endlösung" schwankend wurden; dieser Plan war von vornherein nur auf eine – relativ – sehr kleine Gruppe von Juden abgestellt, die man nur deshalb von der „Endlösung" auszunehmen bereit war, weil man dadurch ein besseres Geschäft zu machen hoffte. Wenn hingegen kein „Geschäft" zu machen war – wie etwa bei einer einfachen Ausreise ohne Gegenleistung –, waren die Endlösungsfunktionäre nicht bereit, auch nur einen einzigen Juden freizugeben[65]).

---

[64]) s. u. S. 33.

[65]) Reitlinger geht fehl, wenn er (S. 444) behauptet: „In jedem Monat des Jahres 1943 kam ein neuer Austauschvorschlag, und alle diese Pläne wurden ernstlich in Erwägung gezogen." Es handelte sich in Wirklichkeit um drei genau voneinander abgrenzbare Unternehmungen: Heimschaffungsaktion, Austauschplan vom Februar 1943, Feldscher-Aktion (s. Exkurs I). Die Heimschaffungsaktion wurde durchgeführt, der Austauschplan in Angriff genommen, die Feldscher-Aktion *nicht* „ernstlich in Erwägung gezogen".

2. Kapitel

Die Errichtung des „Aufenthaltslagers Bergen-Belsen"

I. Die Übernahme des Kriegsgefangenenlagers Bergen-Belsen durch das Wirtschaftsverwaltungshauptamt der SS

Eine ganze Reihe von Dokumenten gewährt uns einen recht guten Einblick in die Überlegungen und Absichten, die zur Ausnahmebehandlung von ein paar tausend Juden im deutschen Machtbereich und zur Schaffung eines „Aufenthaltslagers" (AL) führten; hingegen besitzen wir kein einziges Dokument, das eindeutig belegen würde, weshalb dieses AL gerade in Bergen-Belsen errichtet worden ist: in den erhaltenen Aktenbeständen – soweit sie heute der Forschung zugänglich sind – findet sich *kein* Schriftwechsel über die Errichtung dieses AL in Bergen-Belsen und auch *kein* nachträglich verfaßter Bericht, aus dem die Gründe für die Wahl Bergen-Belsens hervorgingen. Wir sind deshalb auf einige sehr verstreute und zufällige Quellenzeugnisse angewiesen, die immerhin einige Anhaltspunkte liefern, so daß aus ihnen der Vorgang im großen und ganzen rekonstruiert werden kann.

Da ist zunächst ein geheimer Runderlaß des Befehlshabers der Sicherheitspolizei und des SD (BdS) für die besetzten niederländischen Gebiete, Dr. Harster, vom 5. 5. 1943; in diesem Runderlaß wurde den Dienststellen mitgeteilt, welche Aktionen in der „Judenbearbeitung" in den nächsten Monaten „auf Grund der letzten Anweisung von SS-Gruppenführer Rauter und der mit dem Vertreter des RSHA geführten Besprechungen" durchgeführt werden sollten[1]). Unter Punkt 8 des Runderlasses heißt es: „Der Reichsführer-SS beabsichtigt, in Deutschland ein Lager für ca. 10 000 Juden französischer, belgischer und niederländischer Staatsangehörigkeit zu errichten, die wegen ihrer Beziehungen zum Ausland als Druckmittel zurückgestellt werden sollen. Gegebenenfalls sollen sie

[1]) RvO E 23: Runderlaß BdS Den Haag IV B 4 (gez. Dr. Harster), 5. 5. 1943. Der BdS Den Haag und seine Dienststelle war das Exekutivorgan der Gestapo (RSHA, Amt IV) in den Niederlanden; rangmäßig war dem BdS der Höhere SS- und Polizeiführer Nordwest (Rauter) übergeordnet, obwohl der BdS einen großen Teil seiner Instruktionen direkt aus Berlin erhielt. Vgl. Crankshaw, Die Gestapo, Berlin 1959, S. 131 f.

später zum Austausch gegen deutsche Heimkehrer auswandern dürfen." Wichtig ist diese Mitteilung deshalb, weil aus ihr hervorgeht, daß Himmler persönlich die Errichtung dieses Lagers befohlen hat und daß er die Zahl der Insassen (10 000 statt der vom AA geforderten 30 000) und die Kriterien für eine Einweisung in dieses Lager festlegte; bemerkenswert ist es auch, daß Himmler die Errichtung des Lagers in *Deutschland* angeordnet hat, denn auf seinen Befehl mußten seit Ende 1942 alle Juden aus den deutschen KL in die KL Lublin und Auschwitz abgeschoben werden[2]): der Wunschtraum der Endlösungsfunktionäre – Deutschland ein „judenfreies" Land – war erst dann erfüllt, wenn auch die KL innerhalb Deutschlands „judenrein" geworden waren. Nun veranlaßte Himmler plötzlich die Errichtung eines KL für Juden in Deutschland – offensichtlich stand dahinter die Absicht, dieses Lager nur für eine begrenzte Zeitspanne aufrechtzuerhalten, sei es, daß der Austausch tatsächlich zustande kam, sei es, daß er scheiterte und dann auch den „Austauschjuden" das Schicksal beschieden sein würde, „nach dem Osten" abtransportiert zu werden.
In jenem Schriftstück vom 5. 5. 1943 wird gesagt, der Reichsführer-SS „beabsichtige" die Errichtung jenes Lagers, dessen Name auch noch nicht genannt wird – da zwischen der Entscheidung Himmlers und der Einfügung des besprochenen Passus in den Runderlaß des BdS Den Haag ein beträchtlicher Instanzenweg zurückzulegen war[3]), besagt diese vage Formulierung nur, daß Himmler seine „Absicht" spätestens im Laufe des April geäußert hat. Zu einer genaueren zeitlichen Festlegung verhelfen einige andere Angaben. Bergen-Belsen als Name des geplanten Lagers taucht auf einem Schriftstück zum ersten Male auf am 27. 4. 1943, und zwar auf dem Verteiler eines Runderlasses des Wirtschaftsverwaltungshauptamtes der SS[4]) (das WVHA unter seinem Chef Pohl war die riesige Wirtschaftsorganisation der SS, in die seit 1942 auch das gesamte Konzentrationslagerwesen eingegliedert war – es wird über diese Organisation gleich noch Näheres zu sagen sein); auf dem letzten vorhergehenden Runderlaß des WVHA vom 12. 4. 1943[5]) ist BB noch nicht aufgeführt. Bereits am 30. 4. 1943 ging ein Transport von 250 Häftlingen aus dem KL Buchenwald nach BB ab, die als eine Art Vorkommando das Lager für die Austauschjuden herzurichten hatten[6]). Denn dieses Lager Bergen-Belsen wurde nicht aus dem Boden gestampft, sondern die SS, vertreten durch das WVHA, *übernahm* ein bereits

---

[2]) NO-2522 und NO-2524: Runderlaß RSHA IV C 2 (gez. Berndorff) v. 5. 11. 1942, bzw. 3. 10. 1942; vgl. ferner Höß, Kommandant in Auschwitz, Stuttgart 1958, S. 112.

[3]) Die Direktive ging von Himmler ans RSHA, von dort entweder direkt oder über den HSSuPFührer Nordwest, Rauter, zum BdS Den Haag.

[4]) PS-1933: Runderlaß WVHA D I (gez. Glücks) an alle KL v. 27. 4. 1943; Bergen-Belsen steht an letzter Stelle auf dem Verteiler und ist als einziges Lager ausgeschrieben, die übrigen Lagernamen sind abgekürzt.

[5]) NO-1533: Runderlaß WVHA D I an alle KL v. 12. 4. 1943.

[6]) ISD IC/2: Transportliste mit 250 Namen.

bestehendes Barackenlager, um dort ihr AL einzurichten: sie übernahm einen Teil des Kriegsgefangenenlagers Bergen-Belsen. Darüber sagte am 13. 2. 1947 in einer eidesstattlichen Erklärung Fritz Meurer aus[7]: „1943 oder Anfang 1944 wurde ungefähr eine Hälfte dieses Lagers auf Verlangen von Pohl an das WVHA abgegeben" – die andere Hälfte erhielt das WVHA erst im Januar 1945 [8]). Die Zeitangabe ist wegen ihrer Ungenauigkeit unbrauchbar, auf sie kommt es jedoch in dieser Aussage auch gar nicht an: wichtig ist, daß hier ausdrücklich festgestellt wird, daß Pohl mit dem Chef des Kriegsgefangenenwesens verhandelt hat, um einen Teil des Kriegsgefangenenlagers BB für das WVHA zu bekommen.

Faßt man diese – gewiß spärlichen – Zeugnisse zusammen, so ergibt sich doch ein einigermaßen abgerundetes Bild: Im Laufe des April 1943 muß sich Himmler – wohl nachdem das RSHA Stellung genommen hatte – dazu entschlossen haben, den Austauschplan des AA zu akzeptieren und Juden für den Austausch bereitzustellen, allerdings nicht 30 000, wie das AA wollte, sondern 10 000[9]). Himmler beauftragte dann Pohl vom WVHA, möglichst schnell ein geeignetes Lager in Deutschland ausfindig zu machen, und dieser wandte sich an den Chef des Kriegsgefangenenwesens mit der Frage, ob irgendein Kriegsgefangenenlager augenblicklich nicht benötigt werde, worauf der Chef des Kriegsgefangenenwesens die eine Hälfte des Lagers BB zur Verfügung stellte. Diese Verhandlungen dürften wohl in der zweiten Aprilhälfte stattgefunden haben[10]), auf jeden Fall waren sie bis 27. 4. 1943 so weit gediehen, daß spätestens zu diesem Zeitpunkt die Errichtung des AL in Bergen-Belsen feststand und bereits wenige Tage später ein kleiner Häftlingstransport dorthin geschickt werden konnte. Am 10. 5. 1943 teilte ein Runderlaß des WVHA die Errichtung des „Zivilinternierten-Lagers BB" mit[11]). Auffallend am ganzen Ablauf ist, wie eilig man es hatte, das Projekt des Austauschlagers zu verwirklichen – diese Eile bei der Errichtung des Lagers steht in merkwürdigem Kontrast zu der läßlichen Art, in der man sich nachher um das Zustandekommen von Austauschtransporten bemühte. Auf diese Eile mag es auch zurückzuführen sein, daß man das Austauschlager im erstbesten zur Verfügung stehenden Lager einrichtete, zumal man im

---

[7]) NO–1980: Aff. Fritz Meurer v. 13. 2. 1947; Meurer war vom 1. 10. 1944 bis Kriegsende Leiter des Stabes beim Chef des Kriegsgefangenenwesens. „Diese Vorgänge sind mir auf Grund meiner Dienststellung bei Berger bekannt geworden."

[8]) s. u. S. 128 f.

[9]) Von einem Fassungsvermögen von 10 000 Personen war auch bei einer Besprechung im RSHA (IV B 4) Anfang Juli 1943 die Rede (RvO 172 a, Bl. 138/39).

[10]) Das AA fragte am 17. 4. 1943 beim RSHA an, was hinsichtlich des Austauschplanes veranlaßt sei – s. o. S. 29 –, hatte also zu diesem Zeitpunkt noch keine Kenntnis von der Bereitstellung des Lagers.

[11]) Der Erlaß ist nicht erhalten; Datum und Bezug gehen aus dem späteren Erlaß hervor (NO–1291), s. Anm. 17.

RSHA und im WVHA sicherlich der Ansicht war, ein derartiges AL werde wohl nur kurze Zeit bestehen und dann wieder aufgehoben werden.
An dieser Stelle muß kurz darauf eingegangen werden, welchen Zwecken das Lager BB diente, ehe dort im Frühjahr 1943 das AL eingerichtet wurde[12]). Die Anfänge der Barackensiedlung reichen in die Jahre 1935/36 zurück. Damals wurden in der Heide bei Bergen große Flächen vom Reich aufgekauft, die dort ansässigen Bauern ausgesiedelt, und im Herbst 1935 begann man – im Rahmen der deutschen Wiederaufrüstung – mit der Anlage eines Truppenübungsplatzes, der nach den zu dieser Zeit modernsten Gesichtspunkten aufgebaut wurde und in möglichst kurzer Frist fertiggestellt sein sollte. Es war daher notwendig, Tausende von Handwerkern und Bauarbeitern aus dem ganzen Reichsgebiet in der Gegend von Bergen zusammenzuziehen, damit die mehr als 100 Kasernen und Verwaltungsgebäude rasch errichtet werden konnten. Für einen Teil dieser Arbeiter wurde, sieben Kilometer von Bergen und einige Kilometer vom Truppenübungsplatz entfernt, ein Lager aus Holzbaracken errichtet, das nach dem Abzug der Bauarbeiter (1938) zur Lagerung von Waffen benutzt wurde und nach der Beendigung des Frankreichfeldzuges 1940 als Kriegsgefangenenstammlager (Stalag) für französische und belgische Kriegsgefangene diente. Durch diese Kriegsgefangenen wurde das bestehende Barackenlager ausgebaut und erweitert, außerdem begann man einen weiteren Lagerkomplex zu errichten, der sich tief in die Heide hinein erstreckte. Der Aufbau hatte kaum begonnen, da wurde das Stalag BB nach dem deutschen Überfall auf die Sowjetunion zum Aufnahmelager für russische Kriegsgefangene bestimmt[13]). Von August 1941 an strömten riesige Transporte mit völlig erschöpften russischen Kriegsgefangenen in den erst im Aufbau befindlichen Lagerteil, wo sie größtenteils im Freien kampieren oder in Laubhütten hausen mußten, weil die Baracken noch nicht aufgestellt waren. Angeblich befanden sich im Herbst 1941 bereits etwa 14 000 Russen in diesem neuen Lagerteil. Trotz ständiger Neuzugänge blieb die Zahl der Lagerinsassen einigermaßen konstant, denn in diesen Monaten starben die russischen Kriegsgefangenen zu Tausenden; bereits im August 1941 herrschte eine Ruhrepidemie im Russenlager, Hunger und allgemeine Erschöpfung forderten weitere Opfer[14])!
In der ersten Novemberwoche befanden sich 750 kranke Russen im Lager, 380

[12]) Einige Mitteilungen für den folgenden Abschnitt verdanke ich den Herren Amtsgerichtsrat a. D. Dr. v. Briesen (Bergen), Bezirksvorsteher Jahr (Siedlung Hasselhorst bei Bergen), Maurermeister Hellberg (Bergen). Ferner H. Stuhlmacher, Die Heidmark, Hannover 1939, S. 769 f.

[13]) NO–3415: Runderlaß Chef Sipo und SD v. 21. 7. 1941 mit Anlage: Lager für russische Kriegsgefangene im Wehrkreis XI Stalag 311 (BB) und Stalag 321 (Fallingbostel).

[14]) BB war in dieser Hinsicht kein Ausnahmefall. Über ähnliche Verhältnisse in dem mit russischen Kriegsgefangenen belegten KGL Birkenau, das zum KL Auschwitz gehörte, vgl. Höß, S. 102 ff.; in Auschwitz-Birkenau waren von 10 000 russischen Kriegsgefangenen bis Februar 1942 8500 an Typhus und Entkräftung gestorben oder von den Wachmannschaften getötet; im Sommer 1942 waren nur noch einige hundert russische Kriegsgefangene am Leben.

von ihnen hatten Ruhr, jeden Tag kamen weitere 50 Kranke hinzu; täglich starben etwa 17 Russen an Ruhr, 64 an allgemeiner Schwäche[15]). Das eigentliche Massensterben begann, als am 10. 11. 1941 bei einigen kranken Russen Fleckfieber diagnostiziert wurde, das sofort auf die deutschen Wachmannschaften übergriff. Am 13. 11. wurde über den gesamten Truppenübungsplatz Quarantäne verhängt, Ende November starben im Lager BB täglich ca. 150 Russen (im Lager Fallingbostel sogar 300 täglich), das große Sterben dauerte im Dezember an und hörte auch im Januar noch nicht auf – diese wenigen Angaben mögen genügen, um zu zeigen, daß BB schon vor der Zeit des „Horror-Camp“ im Frühjahr 1945 bereits einmal der Schauplatz einer grausigen Katastrophe war, in der Tausende von Menschen elend zugrunde gingen. Der „Russenfriedhof“ an der Straße von Bergen nach Fallingbostel erinnert an das Sterben der russischen Kriegsgefangenen.

Nach dem Erlöschen der Seuche war der im Herbst und Winter 1941/42 improvisierte Lagerteil fast ganz ausgestorben, die überlebenden russischen Kriegsgefangenen wurden seit Sommer 1942 auf die umliegenden Dörfer zur Landarbeit verteilt, so daß dieser Lagerteil bis zum Frühjahr 1943 allmählich vollständig geräumt war. Im ursprünglichen Stalag wurde dagegen ein Lazarettlager eingerichtet, in dem man Kriegsgefangene aller Nationalitäten, auch russische Kriegsgefangene, unterbrachte. Während dieses Lazarettlager auch in den Jahren 1943 und 1944 bestehenblieb, wurde der bis zum Frühjahr 1943 geräumte Lagerteil vom Chef des Kriegsgefangenenwesens ans WVHA abgetreten. Dieser Lagerkomplex also, in welchem die Baracken in größter Eile aufgestellt worden waren, in welchem es keine Kanalisation und kaum Waschanlagen gab, wurde dazu ausersehen, als „Vorzugslager“ für die Austauschjuden zu fungieren.

II. Die Konstituierung des „Aufenthaltslagers”

Es war eine Entscheidung von folgenschwerer Bedeutung für die weitere Geschichte des AL, daß Himmler dieses Lager für die Austauschjuden sofort bei der Errichtung dem WVHA unterstellte und damit in das vom WVHA verwaltete System der KL eingliederte: In dieser Entscheidung ist die eigentliche und tiefste Ursache für die spätere Lagerentwicklung zu suchen, die in der Katastrophe vom Frühjahr 1945 kulminierte. Denkbar gewesen wäre nämlich auch

---

[15]) Diese Angaben und die folgenden verdanke ich dem Tagebuch von Herrn Studienrat Dr. Stille, Holzminden, der seinerzeit als Sanitätsgefreiter im Lazarett des Truppenübungsplatzes – nicht des Stalag – arbeitete und Einblick in die Berichte hatte.

ein anderer Weg: die Errichtung eines Internierungslagers für die Austauschjuden, den anderen Internierungslagern im deutschen Machtbereich (z. B. Tittmoning, Laufen, Liebenau, Biberach in Deutschland, Vittel in Frankreich) in Aufbau, Verwaltungsorganisation und Art der Führung angeglichen. Daß das *nicht* geschah, ist charakteristisch genug und wirft nochmals ein deutliches Schlaglicht auf die hinterhältige Spekulation, die beim Austauschplan Pate gestanden hat: da auf Grund der Genfer Konvention die Internierungslager von Kommissionen des Internationalen Roten Kreuzes und von Vertretern der „Schutzmächte“ [16]) besucht werden durften, hätte Himmler in einem solchen Internierungslager mit den Austauschjuden nicht ganz nach Belieben schalten und walten können. Es ging ihm und seinen Funktionären aber in Wirklichkeit gerade darum, seine Opfer nicht aus der Hand zu geben und sich von vornherein die Möglichkeit offenzuhalten, diese Austauschjuden jederzeit der Vernichtung in den Lagern des Ostens zuzuführen. Deshalb sprach man wohl von einem „interniertenlagermäßig aufgebauten Lager“, meinte aber das genaue Gegenteil, wie sich bereits in den ersten Wochen zeigte: Am 10. 5. 1943 hatte das WVHA die Errichtung des „Zivilinterniertenlagers Bergen-Belsen“ mitgeteilt, erhielt aber sofort vom RSHA den Hinweis, diese Bezeichnung müsse „aus taktischen Gründen“ ersetzt werden durch die Bezeichnung „Aufenthaltslager“. Am 29. 6. 1943 teilte das WVHA diese Änderung der Lagerbezeichnung mit[17]) und begründete sie mit einem lapidaren Satz, der in seiner knappen Formulierung beredt genug ist: „Diese Änderung ist erforderlich, da Zivilinterniertenlager gemäß der Genfer Konvention internationalen Kommissionen zur Besichtigung zugänglich sein müssen.“

Das AL Bergen-Belsen – einziges seiner Art – wurde also nicht in die Organisation der Internierungslager, sondern in die der KL eingefügt. Die Verwaltungsspitze aller KL[18]) bildete die „Inspektion KL“ in Oranienburg; sie war 1934–1940 dem SS-Hauptamt, 1940–1942 dem SS-Führungshauptamt unterstellt, in beiden Fällen handelte es sich jedoch um eine rein formelle Unterstellung, praktisch war die „Inspektion KL“ eine selbständige Dienst-

---

[16]) Die „Schutzmacht“ ist im Krieg eine neutrale Macht, die auf Ansuchen eines kriegführenden Staates dessen Interessen in einem Feindstaat wahrnimmt; sie bemüht sich vor allem um den Schutz der Zivilinternierten des jeweiligen Staates. Im zweiten Weltkrieg fungierten besonders die Schweiz und Schweden als Schutzmächte.

[17]) NO–1291: Runderlaß WVHA D I v. 29. 6. 1943.

[18]) Die wichtigsten KL: die „alten“ KL Dachau (seit 1933), Sachsenhausen (seit 1933), Buchenwald (seit 1937), Mauthausen (seit 1938), Flossenbürg (seit 1938), Ravensbrück (seit 1938); in den Jahren 1940–1942 wurden neun weitere Lager errichtet: Gusen, Auschwitz (1940), Neuengamme (1941), Natzweiler (1941), Groß-Rosen (1941), Lublin (1942), Niederhagen, Stutthof; vgl. Dok. 129–R. Am 31. 3. 1944 existierten im Reichsgebiet und in den besetzten Gebieten insgesamt 20 KL und 165 Arbeitslager, bis Ende 1944 stieg die Zahl der Außenlager auf über 500, die der KL (Stammlager) ging durch Verlust von Gebieten auf 13 zurück (NO–020, NO–4243).

stelle, die ihre Weisungen unmittelbar vom Reichsführer-SS Himmler empfing. Am 3. 2. 1942 wurde auf Befehl Himmlers die „Inspektion KL“ als „Amtsgruppe D“ ins WVHA eingegliedert[19]), eine Umorganisation, die in unmittelbarem Zusammenhang mit der Mobilisierung aller noch „unausgenutzten“ Arbeitskräfte für die deutsche Kriegswirtschaft stand[20]). Pohl als Chef des WVHA wurde von Himmler beauftragt, den gesamten Arbeitseinsatz der Häftlinge einheitlich und zentral zu lenken, und richtete das Konzentrationslagerwesen von nun an in erster Linie auf diese wirtschaftlichen Aufgaben aus. Am 30. 4. 1942 entwickelte er in einem Schreiben an Himmler seine Auffassung: „Der Krieg hat eine sichtbare Strukturveränderung der KL gebracht und ihre Aufgaben hinsichtlich des Häftlingseinsatzes grundlegend geändert. Die Verwahrung von Häftlingen nur aus Sicherheits-, erzieherischen oder vorbeugenden Gründen allein steht nicht mehr im Vordergrund. Das Schwergewicht hat sich nach der wirtschaftlichen Seite hin verlagert. Die Mobilisierung aller Häftlingsarbeitskräfte zunächst für Kriegsaufgaben (Rüstungssteigerung) und später für Friedensaufgaben schiebt sich immer mehr in den Vordergrund. Aus dieser Erkenntnis ergeben sich notwendige Maßnahmen, welche eine allmähliche Überführung der KL aus ihrer früheren einseitigen politischen Form in eine den wirtschaftlichen Aufgaben entsprechende Organisation erfordern“[21]). In diesen Sätzen wird der für die Tätigkeit des WVHA bestimmende Gesichtspunkt ungeschminkt ausgesprochen: Das WVHA betrachtete es als seine Aufgabe, das deutsche kriegswirtschaftliche Potential dadurch zu steigern, daß es aus den Häftlingen der KL rücksichtslos eine Reservearmee von Rüstungsarbeitern mobilisierte.

Diesem System wurde nun im Frühjahr 1943 das AL BB zugeordnet, dessen Funktion sich in die Zielsetzung der WVHA-Funktionäre so gar nicht einzufügen schien: es lag in der Einsamkeit der Heide, fernab von aller kriegswichtigen Industrie, und seine Insassen durften nicht zur Arbeit herangezogen werden (abgesehen davon hätte in BB auch gar keine Möglichkeit zum Arbeitseinsatz bestanden) – die in kümmerlichstem Spezialistendenken befangenen und nur auf ihre „Aufgabe“ ausgerichteten WVHA-Funktionäre vermochten sich für ein derartiges Lager nicht zu interessieren, nahmen wohl auch an, es werde nur kurze Zeit bestehen und die Investierung von Mitteln lohne sich deshalb nicht –

---

19) F. IV: V. Dok. Pohl Nr. 38 (Befehl Nr. 10 des Chefs des WVHA, Berlin 13. 2. 1942); zu Aufbau und Organisation der Amtsgruppe D s. die Übersicht S. 318/19.

20) Am 21. 3. 1942 wurde Sauckel zum „Generalbevollmächtigten für den Arbeitseinsatz“ ernannt, und man befürchtete in der SS, Sauckel werde auch die KL-Häftlinge heranziehen und damit in den Bereich der SS eingreifen; aus diesem Grunde begann die SS, den Arbeitseinsatz der Häftlinge in eigener Regie durchzuführen; vgl. dazu auch Tenenbaum, Race and Reich, New York 1956, S. 183 ff.

21) Dok. 129–R: Schreiben Pohls an Himmler v. 30. 4. 1942; Himmlers Antwortschreiben v. 29. 5. 1942 – im großen ganzen zustimmend: NO–719.

genug, sie widmeten diesem Lager kein besonderes Augenmerk und bemühten sich nicht um den Ausbau des Lagers und die Herstellung geordneter hygienischer Verhältnisse[22]), denn in ihren Augen waren die Insassen überflüssige Esser, da sie nicht für den Häftlingseinsatz in Frage kamen. Einer der wichtigsten Funktionäre im WVHA, Höß[23]), hat später festgestellt: „Um dieses Lager hatte sich die Inspektion KL bis dahin (gemeint ist der Herbst 1944 – E. K.) gar nicht gekümmert. Es galt vorwiegend dem RSHA für die sogenannten heiklen Juden und war auch nur vorübergehend gedacht" [24]).

Damit ist auch schon das zweite Charakteristikum des „Aufenthaltslagers" bezeichnet: Das RSHA wirkte auf die Gestaltung des AL viel intensiver ein als auf das Geschehen in den andern KL, obwohl auch dort der Einfluß des RSHA bedeutend war. Zuständig für die Verbindung zwischen KL und RSHA war in jedem Lager die „Politische Abteilung", die in ihrem Bereich weitgehend unabhängig von der eigentlichen Lagerführung war[25]). In der Politischen Abteilung wurden die vom RSHA eingelieferten Häftlinge registriert, durch sie wurden Häftlinge begutachtet und die Haftüberprüfungen durchgeführt, durch sie wurden schließlich die vom RSHA befohlenen Exekutionen angeordnet. Im AL BB jedoch ging die Einwirkung des RSHA wesentlich weiter: Schon bei der Errichtung des Lagers spielte das RSHA eine größere Rolle als bei der Gründung anderer KL, da das RSHA die Frage der Austauschjuden exekutiv bearbeitete, nachdem Himmler die Durchführung des Austauschplanes in Erwägung zu ziehen begann. Vom RSHA wurde festgestellt, welcher „jüdische Personenkreis" für eine Verlegung nach BB in Frage kam[26]), vom RSHA wurden die Transporte nach BB angeordnet, wurden die Lagerinsassen in verschiedene Kategorien eingeteilt, die jeweils differenziert zu behandeln waren; vom RSHA wurden schließlich die Austauschtransporte zusammengestellt und die Termine für die Abreise festgelegt. Während die Häftlingstransporte von einem KL zu einem anderen vom WVHA, speziell von der Amtsgruppe D, ohne vorherige Absprache mit dem RSHA angeordnet wurden (von Einzelfällen abgesehen), konnten die Insassen von BB vom WVHA nicht „auf

---

[22]) Aktenvermerk BdS Den Haag IV B 5 v. 20. 9. 1943 (RvO 172 a, Bl. 144): „Nach Rücksprache mit SS-HSTF Haas könnten in kürzester Frist 60 Baracken errichtet werden, wenn vom WVHA die dazu notwendigen Mittel bereitgestellt würden." „Sowohl der Lagerkommandant als auch das RSHA bemühen sich seit längerer Zeit vergeblich um die Anlieferung von Material für den notwendigen Barackenbau" (ebd., Bl. 153 a).

[23]) Höß war 1940 bis November 1943 1. Kommandant von Auschwitz, von November 1943 bis Kriegsende Chef des Amtes D I in der Amtsgruppe D (= Inspektion KL).

[24]) Höß, S. 135.

[25]) vgl. Höß, S. 169.

[26]) s. „Richtlinien zur technischen Durchführung der Verlegung von Juden in das AL BB", herausgegeben von RSHA IV B 4, Berlin 31. 8. 1943 – S. 210 ff. (in dem dazugehörigen Begleitschreiben des RSHA heißt es ausdrücklich, diese „Richtlinien" seien „vom Reichsführer-SS genehmigt").

Transport" geschickt werden, darüber bestimmte in BB ausschließlich das RSHA. Dies alles trug natürlich dazu bei, im WVHA den Eindruck hervorzurufen, daß das RSHA in erster Linie für das AL verantwortlich sei, obwohl das Lager bei der Errichtung klar und eindeutig an das Verwaltungssystem der KL angeschlossen wurde. Da das AL sich jedoch nicht in das einfügte, was die Funktionäre des WVHA als ihre „Aufgabe" verstanden, bildete die enge Verbindung zwischen AL und RSHA ein willkommenes und zusätzliches Alibi für sie, sich nicht weiter um das Lager zu kümmern. So wurde das AL zu einem seltsamen Zwitter: *verwaltungsmäßig* unterstand das AL dem WVHA, von dem es vernachlässigt wurde, weil die Funktion dieses Lagers nicht in die Zielsetzung der Organisation zu passen schien; *politisch* unterstand das AL dem RSHA, das für die Verwaltung nicht zuständig war und sich infolgedessen nicht verantwortlich fühlte.

Dieser „Fall Bergen-Belsen" ist ein äußerst instruktives Beispiel dafür, wie das nationalsozialistische System in der Praxis funktionierte: Bei den Funktionären war das Zuständigkeitsgefühl reduziert auf den winzigen Radius, der das eigene fachliche Ressort umgriff; hier erfüllten sie ihre „Pflicht", ihre „Aufgabe" – oder was sie als solche verstanden –; von hier aus betrieb man die Rivalitäten und Eifersüchteleien mit anderen Institutionen, die von einer anderen Aufgabenstellung her andere Methoden anwandten und andere Ziele verfolgten. Alle über den eigenen Arbeitsbereich hinausgreifenden Perspektiven, jedes Verantwortungsbewußtsein für das Ganze wurden ebenso ausgeschaltet wie alle moralischen Erwägungen. So entstand jenes Vakuum aus Verantwortungslosigkeit, das für das nationalsozialistische Herrschaftssystem so charakteristisch ist.

Es war notwendig, die bei der Konstituierung des AL getroffenen Entscheidungen hier in ihren grundsätzlichen Aspekten eingehender zu erörtern, weil die Kenntnis dieser Zusammenhänge zum Verständnis der späteren Lagerentwicklung beiträgt. Mochte die organisatorische Einordnung des AL sich auch nicht sofort als gefährliches Dilemma enthüllen, so mußte sie sich den verantwortlichen Funktionären doch schon damals als Problem stellen. Bereits die ersten Maßnahmen beim Aufbau des AL machten diese Problematik offenkundig.

Kommandant des AL wurde der Lagerkommandant des im Frühjahr 1943 aufgelösten KL Niederhagen bei der Wewelsburg (Paderborn), SS-Hauptsturmführer Adolf Haas[27]). Niederhagen war das kleinste der deutschen KL, die Zahl der Insassen stieg kaum einmal über 1000; entstanden war dieses Lager aus einem Außenkommando des KL Sachsenhausen, das 1939 auf die Wewelsburg bei Paderborn abgesandt wurde, um die Burg zu einer Kult- und Weihestätte der SS-Führung auszubauen. Im November 1941 wurde das Kommando zu einem selbständigen KL erhoben und direkt der Inspektion KL unterstellt, war aber in Wirklichkeit nie mehr als ein großes Baukommando. Im April 1943

---

[27]) Über Haas s. S. 81 ff.

wurde das Lager aufgelöst[28]). Bei der Dürftigkeit unserer Quellen läßt sich nicht mit Sicherheit feststellen, ob das KL Niederhagen aufgelöst wurde, um das Baukommando nach BB verlegen und dieses Lager einigermaßen für die Austauschjuden herrichten zu können – oder ob dieses zeitliche Zusammentreffen rein zufälliger Natur war und die Häftlinge nach BB gebracht wurden, nachdem das Lager bei der Wewelsburg aus anderen Gründen aufgelöst worden war[29]).

Eines steht hingegen fest: Haas war durch nichts zum Kommandanten eines „Vorzugslagers" prädestiniert. Es ist erwiesen, daß Niederhagen ein schlecht geführtes Lager mit erschütternd hohen Todesziffern war: Bei einer durchschnittlichen Belegstärke von höchstens 1000 Mann verzeichnet das Sterbebuch des Lagers allein für das Jahr 1942 804 Sterbefälle durch Krankheit, 34 durch Erschießen, 10 durch Selbstmord; für die Monate Januar bis April 1943 weist das Sterbebuch 287 Eintragungen auf[30]). Wenn Pohl einen Mann wie Haas zum Lagerkommandanten von BB ernannte, tat er es wohl nicht deshalb, weil Haas ihm für diese Aufgabe besonders „geeignet" erschien, sondern weil er im Augenblick niemand anderes hatte und Haas nach der Auflösung von Niederhagen wieder eine angemessene Stellung geben wollte. Wie bei der Wahl des Kriegsgefangenenlagers BB als Ort für das AL scheint auch bei der Wahl des ersten Lagerkommandanten der Gesichtspunkt maßgebend gewesen zu sein, ohne Rücksicht auf Qualität und Eignung das zu nehmen, was im Augenblick zur Verfügung stand.

Von Juli 1943 an stand Haas als stellvertretender Lagerkommandant ein Mann zur Seite, der Erfahrungen im Umgang mit „Vorzugsjuden" hatte: SS-Hauptsturmführer Dr. Siegfried Seidl[31]), bis Anfang Juli 1943 Kommandant des Ghettos Theresienstadt[32]). Er hatte diese Stellung wohl durch eine Intrige ver-

---

[28]) Der Wewelsburg-Komplex wurde im F. IV. ausführlich erörtert, s. Prot. F. IV., S. 6077 f., 6092, 6578, 7226, ferner V. Dok. Klein, Nr. 7. Jener Runderlaß des WVHA v. 27. 4. 1943 (PS–1933), der BB zum ersten Male erwähnt, verzeichnet Niederhagen nicht mehr im Verteiler. Das Sterbebuch (NO–4764) weist für April noch 32 Eintragungen auf, das spricht für eine Auflösung des Lagers Ende April/Anfang Mai. Am 12. April 1943 wurden 339 Häftlinge von der Wewelsburg ins KL Buchenwald gebracht (Buchenwald, Mahnung und Verpflichtung, Berlin 1960, S. 71), am 3. 5. 1943 war nur noch ein Kommando von 49 Mann auf der Wewelsburg (Buchenwald, S. 308).

[29]) Daß die Auflösung des KL Niederhagen keinesfalls vor Anfang 1943 ins Auge gefaßt worden sein kann, geht aus einer Aufstellung über „Bauvorhaben – KL 1943/44" hervor, die wohl auf Ende 1942/Anfang 1943 zu datieren ist und in der beim Reichsminister für Bewaffnung und Munition (Speer) zum Ausbau des KL Niederhagen für 1943 75 000 RM und für 1944 137 000 RM beantragt wurden; Speer beschwerte sich über die Höhe der für den Ausbau der KL geforderten Summen bei Himmler am 5. 4. 1943 (IfZ MA 3 [8], F 67).

[30]) NO–4764: Analyse der Sterbebücher Wewelsburg-KL Niederhagen.

[31]) DC SS-Personalpapiere Dr. Seidl.

[32]) H. G. Adler, Theresienstadt, S. 143.

loren, denn die Abberufung aus Theresienstadt und die Ernennung zum stellvertretenden Lagerkommandanten von BB waren kein Avancement für ihn[33]). Seidl war SD-Offizier, als Lagerkommandant von Theresienstadt hatte er nur dem RSHA unterstanden und keinerlei Verbindung zum WVHA und zur Inspektion KL besessen; vom RSHA wurde er nunmehr „mit den sicherheitspolizeilichen Aufgaben (im Lager) beauftragt"[34]) und sollte wohl vor allem den Standpunkt des RSHA beim Aufbau des Lagers zur Geltung bringen. Auch in dieser Gestaltung der Lagerführung kommt daher die Zweisträhnigkeit in der organisatorischen Unterstellung des Lagers BB zum Ausdruck. Wie Seidl seinen Auftrag durchgeführt hat, ist nicht feststellbar. Im Februar 1944 wurde er vom RSHA aus BB abberufen und zum SD-Einsatzkommando für Ungarn versetzt. Von nun an regierte Haas allein.

Nachdem Haas mit seinem Stab und einem Baukommando von Häftlingen – wohl im Mai 1943 – von der Wewelsburg nach BB übergesiedelt war[35]), wurde mit der Instandsetzung des Lagers begonnen; ein Teil des Baumaterials (Barakkenteile, Tonröhren, Platten usw.) wurde von der Wewelsburg mitgebracht. Die vorhandenen Baracken befanden sich in einem jämmerlichen Zustand, sie mußten ausgebessert und ausgebaut werden; weitere Baracken mußten errichtet werden. Notwendig war ferner der Bau von Waschanlagen zwischen je zwei Baracken, der Bau einer Notküche, die Verstärkung des Zaunes und die Anlage einer Kanalisation. Erst als im Juli 1943 einige Baracken notdürftig renoviert und die übrigen Bauarbeiten wenigstens in Angriff genommen waren[36]), konnte das Lager die ersten Transporte von Austauschjuden aufnehmen. Das „Aufenthaltslager" war konstituiert.

---

[33]) ebd., S. 143.

[34]) s. Telegramm RSHA IV B 4 (gez. Eichmann) v. 27. 1. 1944 in: Le Monde Juif, 15. Jg., Nr. 21–22 (Juni 1960).

[35]) Ein Transport von 250 Häftlingen aus Buchenwald war bereits am 30. 4. 1943 nach BB abgegangen (s. o. S. 34); die Stärke des Baukommandos von der Wewelsburg dürfte rund 500 Mann betragen haben.

[36]) Noch im September 1943 waren keine sanitären Anlagen vorhanden; in einem Vermerk v. 20. 9. 1943 heißt es: „Sanitäre Anlagen sind nicht vorhanden und werden erst bei Ausbau bzw. bei der Erweiterung des Lagers hergestellt" (RvO 172 a, Bl. 144).

3. Kapitel

Die Ankunft der ersten Gruppen von „Austauschjuden" in BB

I. Die Gruppe der „Amerika-Juden" aus Polen

Anfang Juli 1943 konnte das RSHA damit beginnen, die ersten Transporte von Austauschjuden in das Lager BB zu dirigieren. Bei einer Besprechung im RSHA in den ersten Julitagen wurde der Zweck des Lagers und der für eine Verlegung nach BB in Frage kommende „jüdische Personenkreis" nochmals folgendermaßen umrissen: „Das neue Lager soll ein Fassungsvermögen von 10 000 Personen haben. In diesem Lager sollen sogenannte Protektionsjuden (jüdische Funktionäre und solche Juden, die Verbindungen zum Ausland haben und für einen eventuellen Austausch in Frage kommen) untergebracht werden. Weiterhin sollen prominente Juden für eventuelle Fälle ebenfalls dorthin kommen. Für BB kommen nur Juden aus Europa in Frage" [1]).

Wenige Tage später, Mitte Juli 1943, kam bereits die erste Gruppe von Austauschjuden im AL an: es waren polnische Juden, vor allem aus Warschau, Lemberg und Krakau, die mit zwei Transporten – im Abstand von einer Woche – in BB eintrafen. Die meisten dieser polnischen Juden besaßen Pässe oder sonstige Staatsangehörigkeitspapiere von lateinamerikanischen Staaten, ein kleiner Teil (etwa 250) stand auf der Liste für einen Austausch nach Palästina. Die abenteuerliche Geschichte dieser „Amerika-Juden" aus Polen verdient Aufmerksamkeit, wobei man sich allerdings immer vor Augen halten muß, daß es sich um eine relativ kleine Zahl von Menschen handelte, denen zunächst diese Ausnahmebehandlung widerfuhr und die dann doch ein tragisches Ende fanden – eine winzige Gruppe im Vergleich mit den Hunderttausenden von polnischen Juden, die in denselben Monaten, in den Ghettos zusammengepfercht, elend zugrunde gingen oder in den Vernichtungslagern einen schrecklichen Tod starben. Nathan Eck ist dem Schicksal dieser Gruppe von polnischen Juden mit

[1]) RvO 172 a, Bl. 138/39; vgl. dazu auch die „Bestimmung des jüdischen Personenkreises" in den Richtlinien v. 31. 8. 1943, s. S. 210 ff.

Papieren lateinamerikanischer Staaten nachgegangen und hat darüber einen grundlegenden Aufsatz veröffentlicht[2]).

Als im Juni 1941 die deutschen Armeen in die Sowjetunion einbrachen, rückten hinter der kämpfenden Front die Einsatzkommandos des SD vor und wüteten in beispiellosem Terror gegen die jüdische Bevölkerung, ohne sich darum zu kümmern, welche Staatsangehörigkeit diese Juden besaßen. Nur in Galizien wurden vereinzelt die Juden fremder Staatsangehörigkeit registriert und von den gegen die Juden ergriffenen Maßnahmen ausgenommen. Die Kunde von dieser Ausnahmebehandlung verbreitete sich rasch unter der jüdischen Bevölkerung, und die Inhaber einer derartigen fremden Staatsangehörigkeit informierten ihre Verwandten und Freunde in den alliierten und neutralen Ländern, wie wertvoll diese Papiere für sie seien. Besonders in jüdischen Kreisen der Schweiz (vor allem bei Agudat Israel) beeindruckten diese Berichte, denn hier schien sich plötzlich eine Möglichkeit aufzutun, den verfolgten Juden im deutschen Machtbereich einen gewissen Schutz gegen die antijüdischen Maßnahmen zu verschaffen. Von der Schweiz aus machte man sich deshalb daran, zahlreichen polnischen Juden Staatsangehörigkeitspapiere lateinamerikanischer Staaten zu übermitteln, die von den Konsulaten verschiedener süd- und mittelamerikanischer Staaten in der Schweiz ausgestellt waren. Darüber hinaus gelangten auch Dokumente fragwürdiger Provenienz – teilweise in Warschau selbst hergestellt – in die Hände einzelner polnischer Juden.

In Warschau wurden die jüdischen Staatsangehörigen der USA und des britischen Commonwealth am 14. 4. 1942 aufgefordert, sich bei der Behörde zu melden – etwa drei Monate vor dem Beginn der Deportationen aus dem Warschauer Ghetto ins Vernichtungslager Treblinka. Am 10. 6. 1942 folgte die Registrierung von Juden mit Verwandten in Palästina; ihnen wurde gesagt, sie würden gegen deutsche Staatsangehörige in England ausgetauscht. Am 17. 7. 1942 – fünf Tage vor dem ersten Transport nach Treblinka – wurden etwa 700 polnische Juden, auf Grund echter oder gefälschter Dokumente, als Ausländer interniert und ins Pawiak-Gefängnis eingeliefert (700 Menschen waren ein minimaler Bruchteil der Ghettobevölkerung – im Warschauer Ghetto lebten zu dieser Zeit etwa 380 000 Juden).

In den folgenden Monaten, als aus dem Warschauer Ghetto Zehntausende in das Vernichtungslager Treblinka abtransportiert wurden, bildete das Gefängnis für diese Gruppe von Juden eine Art Asyl, und seit Januar 1943 wurden diese „Feindstaatjuden“ in mehreren kleinen Transporten in die Internierungslager Vittel (Frankreich) und Tittmoning (Bayern) gebracht; auch aus Lemberg und

---

[2]) Nathan Eck, The Rescue of Jews with the Aid of Passports and Citizenship Papers of Latin American States, in: Yad Washem Studies I, Jerusalem 1957, S. 125–152; über diese polnischen „Amerika-Juden“ vgl. ferner Reitlinger, S. 290 f. und Mary Berg, Warsaw Ghetto, New York 1945, S. 158 ff.

Krakau gingen ähnliche Gruppen in die Internierungslager ab. Von den Internierten trafen bald positive Nachrichten in Warschau ein, so daß die noch im Ghetto Lebenden ihre Verwandten und Freunde in den westlichen Ländern immer dringender um Übersendung von „Papieren“ ersuchten. Ganze Listen von Interessenten konnten heimlich ins Ausland übermittelt werden, und laufend trafen in Warschau Papiere ein; sehr häufig waren es keine wirklichen Pässe, sondern sogenannte „Promesas“, Briefe von Konsuln verschiedener Staaten, die besagten, daß die Staatsangehörigkeit des von dem betreffenden Konsul repräsentierten Staates gewährt werde und die Zustellung des Passes demnächst erfolge.

Da viele Personen, auf deren Namen Papiere ausgestellt waren, in der Zwischenzeit verstorben oder deportiert waren, wurden die Papiere an andere interessierte Leute weitergegeben. Dieser Handel mit Dokumenten florierte selbst noch im Juni 1943, als der Aufstand im Warschauer Ghetto seinem Ende entgegenging. Juden, die aus dem brennenden Ghetto auf die „arische Seite“ flüchteten, konnten sich im Hotel Polski „Papiere“ kaufen; denn die Gestapo hatte inzwischen Tausende derartiger Dokumente, die aus der Schweiz nach Polen geschickt wurden und deren Empfänger nicht mehr am Leben waren, gesammelt, und entschloß sich, diese Papiere an andere Juden verkaufen zu lassen. So wurden diese „Papiere“ im Hotel Polski durch jüdische Agenten zu hohen Preisen veräußert. Tausende von Juden versammelten sich im Hotel, unter ihnen befanden sich einige, die sich aus den Ghettos von Provinzstädten und selbst aus Arbeitslagern freigekauft hatten.

Nachdem bereits im Januar und Anfang Mai 1943 zwei Transporte von Besitzern ausländischer Pässe aus Warschau nach Vittel abgegangen waren, wurden nach der Zerstörung des Warschauer Ghettos im Juni 1943 aus den Internierten des Pawiak-Gefängnisses und des Hotels Polski zwei weitere Transporte zusammengestellt, diesmal vorwiegend Inhaber der sogenannten Promesas lateinamerikanischer Staaten (vor allem von Paraguay und Honduras), und außerdem 250 Personen, die auf der Palästina-Liste standen. Diese beiden Transporte gingen jedoch nicht wie die vorhergehenden nach Vittel, sondern nach BB: es handelt sich um jene ersten Transporte von „Austauschjuden“, die im Juli 1943 in BB eintrafen. Insgesamt waren es ca. 2300–2500 Menschen[3]).

---

[3]) Die Zahlenangaben über die Gesamtstärke der beiden Transporte schwanken zwischen 2000 und 3000; Eck beziffert sie (S. 142) mit 2500–3000 wohl etwas zu hoch, denn eine offizielle Statistik des WVHA (1469–PS) gibt die Belegstärke von BB im August 1943 mit 3300 an, dabei sind mindestens 500 nichtjüdische Häftlinge (Baukommando) und 441 griechisch-spanische Juden eingeschlossen, so daß die polnische Gruppe mit 2350 zu beziffern wäre. Mitte September 1943 waren im Lager „über 3000 Juden“ untergebracht (RvO 172 a, Bl. 144) – da in der Zwischenzeit keine weiteren Transporte eingetroffen waren, ergäbe sich eine Zahl von ca. 2500 polnischen Juden. Man wird der Wahrheit am nächsten kommen, wenn man eine Zahl von etwas über 2000 polnischen Juden mit amerikanischen Papieren und 250 Personen der Palästina-Liste annimmt.

Unsere Quellen, die für die erste Periode des AL ohnehin nur spärlich fließen, liefern über den Aufenthalt dieser polnischen Gruppe in BB fast keine konkreten Angaben[4]); wir besitzen lediglich einige ungefähre Anhaltspunkte dafür, wie sich das Schicksal dieser Gruppe gestaltet hat. Die polnischen Juden waren in BB in einem besonderen Lagerteil untergebracht, abgetrennt von den nichtjüdischen Häftlingen des Baukommandos und den übrigen Gruppen von Austauschjuden, die nach ihnen im Lager BB eintrafen. In guter Stimmung warteten sie auf die Bekanntgabe des Termins für die Abreise ins Ausland. Aber es kam anders. Die Augenzeugen berichten[5]), daß Dr. Seidl – vom RSHA mit der „Betreuung" der Austauschjuden in BB betraut – im August oder September 1943 eine peinlich genaue Untersuchung der Dokumente und der Insassen selbst durchführte; die Mitglieder der polnischen Gruppe mußten zu diesem Zweck familienweise auf dem Appellplatz antreten, und dabei bot sich Seidl ein erstaunliches Bild: Im Hotel Polski war nämlich (angesichts der beschränkten Anzahl von Papieren) jedes der Dokumente für eine vielköpfige Familie ausgestellt worden, um eine maximale Zahl von Juden der Verfolgung zu entziehen; Einzelpersonen und kleinere Familien wurden deshalb auf dem Papier zu einer Großfamilie vereinigt und alle Mitglieder derartiger „Familien" mit den notwendigen polnischen Dokumenten ausgestattet, die ihre Identität nachwiesen. Als sie nun „familienweise" auf dem Appellplatz angetreten waren, war es nur zu offenkundig, daß diese „Familien" großenteils durch keinerlei Blutsbande zusammengehalten wurden. Die Folgen ließen nicht lange auf sich warten: einige Wochen später, an einem Tag im Oktober 1943, erhielten etwa 1800 Angehörige der polnischen Gruppe[6]) den Befehl, sich für den Abtransport in ein Lager „Bergau bei Dresden" marschfertig zu machen; ihr Gepäck durften sie nicht mitnehmen, es sollte ihnen einige Tage später nachgeschickt werden. Alle, die diesem Transport zugeteilt wurden, waren Inhaber sogenannter Promesas. Diesem Transport wurden auch 70 weitere polnische Juden angeschlossen, die erst wenige Tage vorher nach BB gekommen waren; sie hatten sich ebenfalls im Hotel Polski Papiere beschafft, ihr Abtransport nach BB hatte sich jedoch um einige Monate verzögert. Nun reisten sie gleich weiter nach „Bergau". Bestimmungsort dieses Transportes war in Wirklichkeit Auschwitz. Es folgten diesem Transport nach einiger Zeit noch zwei kleinere Transporte mit weiteren polnischen Juden[7]); beide Transporte umfaßten ca. 350–400 Personen, die

[4]) Außer der Darstellung bei Eck, S. 142 ff., die auf einigen Erlebnisberichten basiert, handelt es sich um einige weitere Augenzeugenberichte in der Wiener Library, London.

[5]) Eck, S. 142 f.

[6]) Diese Zahl gibt Eck, S. 143; in anderen Berichten wird sie – sicherlich zu hoch – mit 2000, ja sogar mit 2500 angegeben.

[7]) Eck (S. 143) gibt für diese beiden Transporte keine präzise Zeitangabe, nur ein vages „shortly afterwards". Hingegen wird in der Broschüre „Die Judenausrottung in deutschen Lagern, Augenzeugenberichte" (Genf Juni 1945) angegeben: für den zweiten Transport Februar 1944, für den dritten Transport Juni 1944 – diese präzisere Angabe dürfte akzeptabel sein.

restlichen Besitzer von Promesas und südamerikanischen Pässen [8]). Von der polnischen Gruppe blieben nur etwa 350 Personen im Lager BB zurück, der größte Teil von ihnen (ca. 260) gehörte zur Palästina-Liste, die restlichen besaßen Dokumente der USA und südamerikanischer Staaten, die von der Gestapo aus irgendwelchen Gründen als authentisch angesehen wurden.

Das Schicksal dieser Gruppe polnischer „Amerika-Juden" wirft eine Fülle von Fragen auf. Warum wurden diese Juden zunächst auf Grund ihrer Dokumente von den Deportationen ausgenommen, von Polen nach BB transportiert – um einige Monate später dann doch nach Auschwitz gebracht zu werden? Nach welchen Gesichtspunkten wurden diese Dokumente bewertet, da über 2000 Inhaber südamerikanischer Pässe und Papiere nach Auschwitz deportiert, aber etwa 50 in BB zurückblieben? War der Verlauf bedingt durch interne Auseinandersetzungen der deutschen Behörden über Gültigkeit oder Wertlosigkeit der besagten Dokumente? Diese Fragen ließen sich nur dann klar beantworten, wenn die entsprechenden Akten des RSHA oder auch der Schriftwechsel zwischen RSHA und Lagerkommandantur BB als Quellen verfügbar wären: Dann könnte die obige Schilderung des Ablaufs, wie er sich aus der Sicht der Verfolgten darstellte, ergänzt werden durch die Darlegung der Hintergründe jener Entscheidungen, die diesen Ablauf bedingten. Aber diese Quellen sind nicht mehr verfügbar. So bleibt uns auch hier nur der Weg, an Hand verschiedener Zeugnisse eine ungefähre Antwort auf diese Fragen zu ertasten. Als Ausgangspunkt soll dabei die Aussage dienen, die der Leiter des Referates „Gruppe Inland II" im AA, LR v. Thadden, im Jahr 1947 gemacht hat [9]).

Auf die Frage, ob man im AA nicht den Eindruck gehabt habe, daß viele der südamerikanischen Pässe gefälscht seien, antwortete v. Thadden: „Wir hatten leider ganz konkrete Beweise dafür in der Hand. Wir hatten eine Gruppe von Juden, die aus Warschau nach BB gebracht worden sind, die mit argentinischen Pässen ausgestattet waren. Diese Pässe übersandten wir der argentinischen Botschaft; diese schickte sie zurück mit dem Bemerken, daß es sich um Fälschungen handle unter Benutzung rotspanischer Paßformulare. Diese Papiere waren ausgestellt von dem argentinischen Generalkonsulat in Moskau 1934–37, obwohl Argentinien seit 1918 gar kein Konsulat mehr in Moskau gehabt hatte. Die Argentinier haben uns mitgeteilt, daß ihnen die Pässe auch nicht bekannt seien. Ähnliche Fälle [10]) gab es auch bei einem der anderen südamerikanischen Staaten,

---

[8]) Das tragische Schicksal dieser polnischen „Amerika-Juden", die von BB nach Auschwitz deportiert wurden, blieb den Juden in den neutralen und alliierten Ländern unbekannt; Hilfsorganisationen und private Agenten fuhren deshalb fort, solche Dokumente zu beschaffen und in die besetzten Länder zu schicken, nachdem die Inhaber derartiger Papiere längst von BB nach Auschwitz transportiert waren.

[9]) RvO (Vernehmung v. Thaddens durch K. W. Swart, 5. 12. 1947).

[10]) Die Angaben, die v. Thadden hier aus der Erinnerung machte, scheinen zutreffend zu sein: vgl. bei Eck, S. 137 (Anm. 15), S. 139.

wo die Papiere offensichtlich Fälschungen waren." v. Thadden fuhr dann fort, das AA habe in dieser Frage laufend Auseinandersetzungen mit dem RSHA gehabt; das AA wollte nämlich diese Pässe – auch wenn sie gefälscht waren – respektieren, sofern sie von den südamerikanischen Staaten selbst anerkannt wurden; auf diese Weise hoffte man, die vielen in Südamerika internierten Deutschen in den Austausch einbeziehen zu können. Bei den Austauschverhandlungen hätten die südamerikanischen Staaten jedoch die Einbeziehung einzelner Inhaber solcher Papiere in den Austausch abgelehnt, auch wenn diese Papiere nicht gefälscht gewesen seien [11]).

Aus dieser Aussage v. Thaddens geht einigermaßen deutlich hervor, welche Faktoren bestimmend waren für das Schicksal der polnischen „Amerika-Juden" in BB. Daß ein Teil der Papiere gefälscht, ein anderer von fragwürdiger Provenienz sei, war den deutschen Stellen beim Abtransport der polnischen Juden von Warschau nach BB genau bekannt – aber das war in den Augen des AA und des RSHA nicht die entscheidende Frage, denn zu diesem Zeitpunkt waren die deutschen Stellen bemüht, für den projektierten Austausch möglichst viele jüdische Anwärter zusammenzubekommen, mochten die Dokumente, die ihre Anwartschaft begründeten, auch von zweifelhafter Qualität sein. Entscheidend war ausschließlich, ob die südamerikanischen Staaten auf dieser Basis zu einem Austausch bereit waren. Als sich bei den Verhandlungen dann herausstellte, daß die südamerikanischen Staaten die „Gefälligkeitspässe" – wie sie im Sprachgebrauch des RSHA genannt wurden – nicht als vollgültigen Nachweis erworbener Staatsangehörigkeit anerkannten und deren Inhaber nicht im Austausch gegen deutsche Internierte aufzunehmen gewillt waren, hatten RSHA und AA kein Interesse mehr, die polnischen Juden noch länger „zurückzustellen", zumal sie in den Ghettos des Ostens Dinge gesehen und erlebt hatten, die sie zu unbequemen Geheimnisträgern machten. Man darf vielleicht vermuten, daß gerade das der eigentliche Grund dafür war, daß der größte Teil der „Amerika-Polen" im Oktober 1943 aus BB abtransportiert wurde. Für November 1943 war nämlich die Überführung der holländischen „Vorzugsjuden" von Westerbork nach BB vorgesehen – tatsächlich erfolgte sie erst ab Januar 1944 [12]) –, und unter diesen befanden sich zahlreiche Juden, die ähnliche „Gefälligkeitspässe" besaßen wie die „Amerika-Polen"; es standen dem RSHA also genug Austauschjuden mit derartigen Papieren süd- und mittelamerikanischer Staaten zur Verfügung. Die holländischen Inhaber von Gefälligkeitspässen mußten jedoch in den Augen der SS-Funktionäre einen wesentlichen Vorzug gegenüber den polnischen „Amerika-Juden" besitzen: sie wußten nichts von den Ghettos und Vernichtungslagern

---

[11]) Daß die südamerikanischen Staaten 1943 diese Pässe – auch wenn sie echt waren – nicht als vollgültig anerkannten, zeigte das Schicksal der nach Vittel überführten Inhaber solcher Papiere, die aus diesem Grund 1944 ebenfalls von dort nach Auschwitz deportiert wurden, vgl. Eck, S. 146 ff.

[12]) s. u. S. 61.

des Ostens und waren deshalb für einen Austausch – falls er doch noch zustande kommen sollte – viel geeigneter. Tatsächlich blieben die holländischen Inhaber von „Gefälligkeitspässen“ bis zum Kriegsende in BB (einige Dutzend wurden schließlich sogar ausgetauscht), während die polnischen „Amerika-Juden“ im Herbst 1943 und Frühjahr 1944 von BB nach Auschwitz deportiert wurden. Auch aus Vittel wurden im April 1944 polnische Juden mit ebensolchen Dokumenten nach Auschwitz geschickt[13]). Warum einige Dutzend polnische Juden vom Abtransport ausgenommen wurden und in BB zurückblieben, wird man ohne Auffindung der entsprechenden Unterlagen nicht klären können.

In seiner Aussage hat v. Thadden auch auf die Meinungsverschiedenheiten hingewiesen, die in der Frage der Anerkennung oder Nichtanerkennung von „Gefälligkeitspässen“ zwischen AA und RSHA bestanden. Über die Behandlung der Dokumente von polnischen „Amerika-Juden“ besitzen wir leider keinerlei Stellungnahme des RSHA – der schließliche Abtransport spricht dann allerdings eine deutliche Sprache –, es gibt jedoch einige Äußerungen des RSHA über Dokumente derselben Provenienz, die an die holländischen Juden geschickt wurden. Da diese Stellungnahmen grundsätzlich gehalten sind, wird man aus ihnen Rückschlüsse auch auf die Behandlung der Dokumente der polnischen „Amerika-Juden“ ziehen dürfen. Diese Äußerungen des RSHA zeigen, daß das RSHA die Übersendung von Pässen fremder Staaten an Juden im deutschen Machtbereich höchst ungern sah und spätestens seit Mitte 1943 der weiteren Zustellung derartiger Dokumente einen Riegel vorgeschoben hat: Man wollte die Juden lieber vernichten als sie ausreisen lassen.

Wenn in Warschau im Frühjahr und Frühsommer 1943 tatsächlich Gestapoagenten als Vermittler von Pässen und Promesas in Erscheinung getreten sind[14]), kann es sich möglicherweise sogar um die Eigenmächtigkeit unterer Instanzen gehandelt haben. Am 26. 6. 1943 schrieb nämlich Eichmann persönlich an den Leiter des Judenreferates beim BdS Den Haag, Zöpf, auf dessen entsprechende Anfrage: „So unerwünscht es ist, daß Juden, die nach den bestehenden Erlassen abschiebungsfähig sind, die Staatsangehörigkeit eines neutralen Landes erwerben, so muß doch aus außenpolitischen Gründen, wenn der Erwerb der neuen Staatsangehörigkeit gültig ist, von einer Abschiebung Abstand genommen werden. Sofern bekannt wird, daß sich Juden darum bemühen, eine neue Staatsangehörigkeit zu erwerben, braucht hierauf keine Rücksicht genommen zu werden, die betreffenden Personen sind vielmehr bevorzugt nach dem Osten abzutransportieren“[15]). Es war sehr einfach für die Beamten der Sicherheitspolizei, diejenigen Juden herauszufinden, die sich um eine neue Staatsangehörigkeit bemühten: bei der Zensur des Postverkehrs wurden die aus der Schweiz

---

[13]) Eck, S. 149.
[14]) Eck, S. 139 ff.
[15]) RvO 174 c, Bl. 145 (Anfrage Zöpfs: RvO 174 a, Bl. 78).

kommenden Pässe den Empfängern nicht ausgeliefert, sondern eingezogen; die Empfänger – die ja auf diese Weise den Erwerb der neuen Staatsbürgerschaft nicht nachweisen konnten – wurden deportiert. Das geht aus dem Aktenvermerk über eine Besprechung im RSHA Anfang Juli 1943 hervor: „Aus der Schweiz wurden in der letzten Zeit Pässe von Paraguay und von Honduras in großen Mengen nach den Niederlanden versandt. Bei den Empfängern handelt es sich um beliebige jüdische Personen, die dem Adreßbuch entnommen und von den konsularischen Vertretungen der beiden Länder gegen Zahlung eines entsprechenden Betrages versandt werden. Die Pässe werden von der Auslands-Briefprüfstelle dem RSHA zugeschickt, das diese wiederum dem BdS Den Haag zustellt. Die betr. Personen, für die die Pässe ausgestellt sind, sollen von hier aus (gemeint ist BdS Den Haag –E. K.) sofort evakuiert werden. Diejenigen Personen jedoch, die die Pässe bereits erhalten haben, sollen vorläufig vom Arbeitseinsatz zurückgestellt werden“ [16]). Daraufhin wurden in den Niederlanden in der Zeit vom 2. 8. 1943 bis 27. 4. 1944 500 derartige Pässe den Empfängern vorenthalten und diese deportiert [17]). Nachdem sich die Schweizer Postverwaltung mehrfach über den Verbleib der nicht an den Empfänger ausgehändigten Einschreibsendungen erkundigt hatte, mußte ihr auf Weisung des RSHA vom 22. 7. 1944 das Münchener Bahnpostamt schließlich mitteilen, die Sendungen seien durch Kriegseinwirkung verlorengegangen [18]).
Nachdem Eichmann auf diese Weise die Übersendung von „Gefälligkeitspässen“ unmöglich gemacht hatte, unternahm er den nächsten Schritt gegen die Besitzer von südamerikanischen Pässen: das RSHA unterzog die Inhaber der bereits ausgehändigten Papiere nochmals einer genauen Prüfung. In einer Besprechung in Den Haag am 11. 11. 1943 wies Eichmann die Endlösungsfunktionäre in den Niederlanden an: „Die in Westerbork einsitzenden rund 1000 Juden mit Gefälligkeitspässen werden durch einen Fachmann des RSHA überprüft. Sofern es sich um Schwindelpässe handelt, ist Abtransport nach Auschwitz vorgesehen“ [19]). Diese Weisung wurde nur wenige Wochen nach der Verschickung der ersten großen Gruppe polnischer „Amerika-Juden“ von BB nach Auschwitz ausgegeben; man wird daher im Abtransport dieser polnischen Juden mit „Schwindelpässen“ – im Sprachgebrauch des RSHA – und in der Prüfung der südamerikanischen Pässe in Westerbork zwei Maßnahmen *einer* Aktion sehen dürfen. Das von Eichmann und seinen Mitarbeitern angewandte Verfahren bedarf keiner Kommentierung, die Quellenzeugnisse sprechen für sich selbst. Sie zeigen in aller Eindeutigkeit, welch gewaltige Anstrengungen Eichmann und

[16]) RvO 172 a, Bl. 135.
[17]) RvO 182 b, Bl. 166 ff.
[18]) RvO 182 b, Bl. 196.
[19]) RvO E 28; durch diese Prüfung wurde die Zahl der holländischen Juden mit süd- und mittelamerikanischen Papieren zwar erheblich reduziert, es blieben aber mehrere hundert Inhaber dieser „Gefälligkeitspässe“ übrig, die dann nach BB kamen.

das RSHA unternahm, um die umfangreiche Gruppe der Austauschjuden mit süd- und mittelamerikanischen Staatsangehörigkeitspapieren doch noch in die „Endlösung" miteinbeziehen zu können. Insofern ergänzen diese Äußerungen den Bericht über das Schicksal der polnischen „Amerika-Juden" in BB.

II. Spagniolen und griechische Juden aus Saloniki

Von den rund 67 000 griechischen Juden lebten beim deutschen Einmarsch in Griechenland im April 1941 etwa zwei Drittel (46 000) in Saloniki[20]). Diese große jüdische Gemeinde, eine der bedeutendsten im Mittelmeergebiet, wurde innerhalb weniger Monate völlig vernichtet: vom März bis August 1943 – in denselben Monaten also, in denen man im AA und im RSHA so viel Interesse am Austauschplan bekundete – wurden 45 650 Juden von Saloniki nach Auschwitz deportiert und fanden fast alle den Tod in den Gaskammern. Nur eine kleine Gruppe von 441 Juden aus Saloniki mußte nicht den Weg nach Auschwitz antreten, sie wurde nach BB transportiert[21]). Auch bei diesen Juden aus Saloniki handelt es sich also um das Sonderschicksal einer winzigen Minderheit vor dem Hintergrund der totalen Vernichtung einer jüdischen Gemeinschaft.
Unter den Juden Salonikis befanden sich zahlreiche Sephardíten, Nachkommen jener Juden, die einst aus Spanien vertrieben worden waren. Seit Ende des 19. Jahrhunderts begann man sich in Spanien für dieses östliche sephardische Judentum zu interessieren; ein Gesetz ermöglichte es Juden im türkischen Reich, die ihre Abstammung von Spagniolen nachweisen konnten, wieder die spanische Staatsbürgerschaft zu erlangen[22]). Am 20. 12. 1924 erließ dann die spanische Regierung erneut ein Gesetz, auf Grund dessen die Spagniolen die spanische Staatsbürgerschaft verliehen erhielten[23]). Da diese Verleihung in der Praxis jedoch sehr unvollkommen durchgeführt wurde, hatten bis 1942 nur sehr wenige Juden aus früher türkischen Gebieten einen spanischen Paß erhalten, in Saloniki waren es einige hundert. Da sie Staatsangehörige eines neutralen Staates waren, zudem eines Staates, an dessen Freundschaft Deutschland be-

---

[20]) Reitlinger, S. 420; zur Geschichte der jüdischen Gemeinde in Saloniki s. J. Nehama, Histoire des Israélites de Salonique, 1937.

[21]) Molho, In Memoriam, Saloniki 1948, S. 94.

[22]) Reitlinger, S. 427; für die Frage des sephardischen Judentums sei verwiesen auf: J. Mendes dos Remedios, Os Judeus em Portugal, 2 Bde., Coimbra 1895–1928; A. A. Neumann, The Jews in Spain, 2 Bde., Philadelphia 1944; die wichtigste Literatur über die sephardischen Juden verzeichnet Hermann Kellenbenz, Sephardim an der unteren Elbe, Wiesbaden 1958, S. 495–537.

[23]) NG–5352: Schreiben Chef Sipo und SD VI B 4 (gez. Schellenberg) an AA v. 22. 6. 1943.

sonders viel gelegen war, konnten es sich die Funktionäre der „Endlösung" nicht leisten, diese Gruppe der Spagniolen in die Deportation nach Auschwitz miteinzubeziehen. Am 29. 4. 1943, nachdem die Deportationen bereits begonnen hatten, wurde daher die spanische Regierung (neben der türkischen, italienischen, schweizerischen, ungarischen, bulgarischen und portugiesischen Regierung) aufgefordert, die Juden spanischer Nationalität bis spätestens 15. 6. 1943 zurückzuholen [24]) – diese Demarchen gehören in den Zusammenhang der „Heimschaffungsaktion" [25]).

Kurz vor Ablauf der Frist für die „Heimschaffung" stellte die spanische Regierung einen Antrag auf Fristverlängerung, nach Ablauf auch dieser Frist wurde kein Antrag auf Verlängerung mehr gestellt. Im AA war man der Auffassung, die spanische Regierung habe durch ihre Weisungen erkennen lassen, daß sie an einer Übernahme dieser Juden kein Interesse habe, von einem Angehörigen der spanischen Botschaft sei dies dem AA gegenüber ausdrücklich bestätigt worden [26]). Trotzdem hielt man es nicht für opportun, diese Spagniolen jetzt sofort in ein Vernichtungslager zu deportieren, denn man befürchtete, die spanische Regierung werde sich eines Tages doch um eine Ausreisegenehmigung für diese spanischen Juden bemühen. Das AA schlug daher am 24. 7. 1943 dem RSHA eine „Zwischenlösung" vor: die Spagniolen sollten in ein „internierten-lagerähnlich aufgebautes Lager im Reich überführt" werden und dort zunächst etwa drei Monate verbleiben, um die Reaktion der spanischen Regierung abzuwarten [27]). Der Vertreter des AA in Saloniki wurde am 26. 7. 1943 unterrichtet, das RSHA sei gebeten worden, die Abschiebung der spanischen Juden ins Sonderlager BB für Ende dieses Monats vorzunehmen. Das Schreiben enthielt den vielsagenden Passus: „Bitte auf örtliche Einsatzkommandos dahingehend einzuwirken, daß Überführung nach BB nicht in sonst üblicher Art, sondern unter Wahrung einer Form erfolgt, die bei evtl. späterer Ausreise einzelner dieser Juden nach Spanien keinen Anlaß zu Greuelpropaganda bietet" [28]).

Am 29. 7. 1943 wurden in Saloniki alle Juden spanischer Nationalität zusammengerufen, um die Instruktionen über die bevorstehende Reise entgegenzunehmen. Viele befürchteten einen Hinterhalt, nur 180 folgten dem Aufruf [29]). Sie wurden von dem Versammlungsplatz auf Lastwagen zu dem sog. Baron-Hirsch-Ghetto transportiert und dort zusammengepfercht. Nach und nach fanden sich dort weitere Familienangehörige ein, so daß schließlich 367 Spagniolen versammelt waren [30]); am 2. 8. 1943 stand für sie ein Sonderzug bereit. Diesem

---

[24]) NG–5042: Memorandum AA (gez. Wagner) v. 29. 4. 1943.

[25]) s. o. S. 22 ff.

[26]) NG–5050: Telegramm AA (gez. Wagner) an Konsul Saloniki v. 26. 7. 1943.

[27]) NG–5050 Schnellbrief AA (gez. Wagner) an RSHA IV B 4 v. 24. 7. 1943.

[28]) NG–5050: Telegr. AA (gez. Wagner) an Konsul Saloniki v. 26. 7. 1943.

[29]) Molho, S. 96 (auch f. das folgende).

[30]) AA und RSHA hatten mit 600 spanischen Juden in Saloniki gerechnet (NG–5050).

Transport wurden 74 griechische Juden angeschlossen, die als „Privilegierte“ galten; zum überwiegenden Teil waren es jüdische Spitzenfunktionäre, die bei der Deportierung der Saloniki-Juden nach Auschwitz organisatorisch mitgewirkt hatten und nun in ein „besseres Lager“ gebracht wurden, z. B. die beiden Vorsitzenden des Judenrates, Rabbiner Koretz und Albala, ferner Edgar Kunio u. a., mit ihren Familien; es gehörten zu dieser Gruppe aber auch einige Künstler, der Chirurg Dr. Allalouf, ein Fotograf und einige andere Personen, die aus verschiedenen Gründen bis zuletzt von der Deportation verschont geblieben waren. Albala und Kunio wurden von den Deutschen zu Transportleitern bestimmt, am 2. 8. 1943 fuhr der Zug mit 411 Insassen ab und kam nach vierzehntägiger Fahrt in BB an.

Nach der Ankunft in BB wurde die Gruppe durch Dr. Seidl getrennt; die Spagniolen kamen in einen besonderen Lagerabschnitt für die Staatsangehörigen der neutralen Staaten, die griechischen Juden erhielten eine Baracke in jenem Lagerteil, in den einige Monate später mehrere tausend holländische Juden eingewiesen wurden. Erst nach einigen Monaten trat die spanische Regierung auf den Plan. Am 22. 12. 1943 sprach der spanische Botschaftssekretär Diez beim Judenreferenten des AA, v. Thadden, vor, protestierte gegen die Behandlung spanischer Juden in Frankreich und teilte mit, die spanische Regierung habe sich entschlossen, nunmehr endgültig alle spanischen Juden aus den von Deutschland besetzten Gebieten nach Spanien zu übernehmen[31]). v. Thadden erwiderte ihm, dies sei für Frankreich nicht mehr möglich, da einzelne spanische Juden bereits zum Arbeitseinsatz in die Ostgebiete überstellt seien und von dort nicht mehr zurückgeführt werden könnten: sie seien dort „mit Aufgaben beschäftigt, über die Einzelheiten der Feindseite nicht bekannt werden dürfen“. (!) Als Diez den Wunsch vorbrachte, die spanischen Juden in Griechenland, Italien und Frankreich nicht zu inhaftieren, sondern als spanische Bürger zu behandeln und frei ausreisen zu lassen, entgegnete ihm v. Thadden, „daß jeder Jude ein Feind Deutschlands sei, auch wenn er zufällig in dem Besitz eines spanischen Passes wäre. In Italien und Griechenland sei die Erfüllung seines Wunsches auf freie Ausreise rein technisch unmöglich, da Einzelausreisen aus Transportgründen nicht durchgeführt würden. Wenn wir trotzdem die zuständigen inneren Stellen angewiesen hätten, die spanischen Juden in Griechenland und Italien zuvorkommend zu behandeln, ihnen jede mögliche Erleichterung zu gewähren und die etwaigen Sammeltransporte möglichst rasch durchzuführen, so liege hierin bereits ein außerordentliches Entgegenkommen.“

Immerhin kamen nach dieser Besprechung die Verhandlungen über die Rückführung der in BB inhaftierten Spagniolen rasch zum Abschluß. Bereits am 11. 1. 1944 lag die spanische Zustimmung[32]) zu zwei größeren Sammeltranspor-

---

[31]) NG–5262: Notiz AA (gez. v. Thadden) v. 22. 12. 1943.

[32]) NG–5332: Notiz AA (gez. v. Thadden) v. 11. 1. 1944.

ten von BB nach Spanien im AA vor, am 7. 2. 1944 reiste der erste Teil der Gruppe aus BB ab, einige Tage später der zweite[33]). Als „Austauschtransporte" kann man die Ausreise dieser 367 Spagniolen nicht bezeichnen, sondern es handelte sich um einen letzten Transport im Rahmen der „Heimschaffungsaktion". Keine Ausreisegenehmigung mehr erhielt eine weitere Gruppe spanischer Juden, die kurze Zeit nach der Abreise dieser Saloniki-Spagniolen in BB eintrafen. Nachdem die deutschen Truppen in die italienisch besetzte Zone Griechenlands einmarschiert waren und am 10. 12. 1943 Athen eingenommen hatten, begann auch dort die Verfolgung der Juden. Am 25. 3. 1944 fand in Athen eine große Razzia statt, bei der u. a. 155 spanische Juden festgenommen wurden, die zum größten Teil während des Krieges von Saloniki nach Athen geflüchtet waren[34]). Mit den übrigen Opfern der Razzia wurden sie am 2. 4. 1944 in einem Eisenbahnzug Richtung Norden transportiert. Während jedoch die italienischen und griechischen Juden nach Auschwitz kamen, setzten die 155 Spagniolen und 19 Juden portugiesischer Staatsangehörigkeit am vierten Tag die Fahrt fort und kamen nach vierzehntägiger Reise, voll unmenschlicher Qualen in den verschmutzten Waggons, in BB an. Dort wurden sie in das Neutralenlager eingewiesen, wo sie bis zum Kriegsende blieben.

III. Die Transporte von Westerbork (Holland) nach BB

Die Niederlande waren unter allen von den Deutschen besetzten west- und nordeuropäischen Staaten dasjenige Land, in dem die „Endlösung" am radikalsten durchgeführt wurde. Von den ungefähr 140 000 Juden, die man bei der Registrierung im August 1941 zählte, wurden ca. 110 000 deportiert – weniger als 6000 waren es, die nach dem Krieg in die Niederlande zurückkehrten[35]). Im Lande selbst konnten sich nur ca. 30 000 Juden bis zum Schluß des Krieges halten: zum größten Teil waren sie „untergetaucht" und hielten sich versteckt (rund 15 000 – 20 000), der Rest bestand aus jüdischen Partnern in Mischehen (rund 8000) und einigen tausend Juden, die als Spezialfälle galten. Die nationalsozialistische Judenverfolgung und Judenvernichtung in den Niederlanden ist in ihren Einzelheiten sehr genau bekannt. Durch eine Reihe von Zufällen sind die Akten des für die Judenpolitik in den Niederlanden zuständigen Referates IV B 4 beim BdS Den Haag erhalten geblieben, und es ist daher möglich, auf Grund dieser Akten die Durchführung der „Endlösung" in Holland detailliert

[33]) Molho, S. 97; die Gruppe hielt sich bis 14. 6. 1944 in Barcelona auf, wurde von dort nach Casablanca gebracht und kam über ein weiteres Lager nach Palästina.

[34]) Molho, S. 97.

[35]) Reitlinger, S. 372, 287; ferner Dok. 1726–PS.

darzustellen; eine entsprechende Publikation befindet sich in Vorbereitung[36]). Wir dürfen uns deshalb an dieser Stelle mit einem summarischen Überblick über den Ablauf der Judenverfolgung in Holland begnügen[37]); ein solcher Überblick jedoch ist notwendig, um das Sonderschicksal der holländischen Gruppe in BB richtig einzuordnen in das Gesamtschicksal des holländischen Judentums während der Verfolgungszeit.

Das Jahr 1940 verlief für die holländischen Juden – abgesehen von einigen Einzelaktionen – noch relativ ruhig. Anfang 1941 erfolgte mit der Dekretierung der Meldepflicht für Juden der Auftakt zur Entfernung aller Juden aus Holland. 1942 brachte jeder Monat neue einschränkende Bestimmungen, beginnend mit der Einführung des Judensterns am 1. 5. 1942; bereits zwei Monate später, im Juli 1942, setzten die Deportationen nach Auschwitz ein, geleitet durch die „Zentralstelle für jüdische Auswanderung", Amsterdam (SS-HSTF Aus der Fünten). Zunächst wurden ausschließlich junge Leute schriftlich für den „Arbeitseinsatz in Deutschland" einberufen, als der „Ertrag" dieser Aufforderungen jedoch hinter den Erwartungen zurückblieb, wurden wilde Razzien auf Straßen und Häuser veranstaltet. Die Verhafteten schaffte die SS in das einsame Lager Westerbork im Norden des Landes, von wo die Eisenbahnzüge ihre Menschenfracht in die Vernichtungslager des Ostens brachten.

Mit der Zunahme der Verhaftungen häuften sich seit Juli 1942 auch die Anträge auf Rückstellung von der Verhaftung. Die Endlösungsfunktionäre handhabten auch hier jenes Instrument, dessen sie sich andernorts mit Erfolg bedient hatten: sie gewährten einem Teil der Juden eine gewisse Bevorzugung, eine Schonzeit, um diesen Menschen Hoffnungen auf ein besseres Los zu machen und so den anderen Teil in Ruhe deportieren zu können. War das geschehen, dann wurde der Kreis der vermeintlich „Bevorzugten" immer enger gezogen, bis sie schließlich alle den gleichen Maßnahmen unterworfen waren. So auch in Holland.

Im September 1942 teilte die SS die Juden offiziell in zwei Kategorien ein: die einen wurden aus verschiedenen Gründen „vom Arbeitseinsatz vorläufig freigestellt" und erhielten einen entsprechenden Vermerk und einen Stempel mit Nummer in ihren Personalausweis – die anderen erhielten diesen „Rückstellungsvermerk" nicht und wurden infolgedessen sukzessive verhaftet. Es gab sieben derartige „Rückstellungsgruppen"[38]), für die jeweils eine bestimmte Zahl von Rückstellungsnummern reserviert war: 1. Auslandsjuden (mit Stempelnummern zwischen 10 000 und 20 000), 2. evangelisch getaufte Juden (20 000

---

[36]) Das Rijksinstituut voor Oorlogsdocumentatie in Amsterdam wird in Kürze eine umfassende Darstellung der NS-Judenverfolgung in Holland vorlegen.

[37]) Vgl. außer Reitlinger, S. 372 ff., vor allem Wielek, De Oorlog die Hitler won, Amsterdam 1947; Harari, Die Ausrottung der Juden im besetzten Holland, Tel Aviv 1944; Herrmann, Austauschlager Bergen-Belsen, Tel Aviv 1944; Herzberg, Kroniek der Jodenvervolging, Amsterdam 1951.

[38]) RvO 172, Bl. 415 (o. D., ca. Herbst 1942).

bis 30 000), 3. Abstammungsjuden[39]) (30 000–40 000), 4. Protektions- und Angebotsjuden[40]) (40 000–50 000), 5. Rüstungsjuden (60 000–80 000), 6. Angestellte des Judenrats usw. (80 000–100 000), 7. in Mischehe lebende Juden (100 000–110 000). Die Zahl der auf diese Weise zurückgestellten Juden betrug am 15. 10. 1942 22 079 Personen[41]), stieg bis 30. 10. 1942 auf 30 633[42]) und erreichte am 1. 12. 1942 sogar einen Höchststand von 32 655[43]). Am 1. 12. 1942 setzte sich dieser Kreis der „Rückgestellten" folgendermaßen zusammen: 56 Ausländer, 1156 getaufte Juden, 1671 Juden, die Abstammungserklärungen eingereicht hatten, 448 „Angebots- und Protektionsjuden", 213 jüdische Altmetallhändler, 6533 Rüstungsjuden (Wehrmacht), 17 498 Angestellte des Judenrats, 5098 Mischehepartner.

Unterdessen gingen die Deportationen laufend weiter: bis Ende 1942 waren bereits 38 606 Juden aus Holland deportiert[44]). Nachdem man alle Juden, die nicht im Besitz eines Stempels waren, verhaftet und nach Westerbork geschafft hatte, begann im Januar 1943 der „Abbau der Rückstellungsgruppen", d. h. die Verhaftung der listenmäßig erfaßten Inhaber von Rückstellungsvermerken der einzelnen Kategorien[45]). Für Ausnahmefälle der jetzt zu „liquidierenden" Stempelkategorien gab die Zentralstelle einen neuen Stempel heraus, den „120 000er" (Seriennummer ab 120 000), der – verständlicherweise – sehr begehrt war und von der SS durch Mittelsmänner auch gegen hohe Beträge verkauft wurde[46]); wer diesen Stempel kaufte, erbrachte damit den Nachweis, daß er ein „wirtschaftlich wertvoller Jude" war. Der Leiter des Judenreferats beim BdS Den Haag, Zöpf[47]), sagte gelegentlich einer Besprechung am 25. 6. 1943,

---

39) Als „Abstammungsjuden" wurden diejenigen Juden bezeichnet, die nachzuweisen versuchten, daß sie nicht reinjüdischer Abstammung seien; diese Anträge wurden sehr langsam bearbeitet, so daß die betr. Juden inzwischen zurückgestellt wurden.

40) In diese Rubrik wurden Juden eingereiht, die wichtige Aufgaben für die Kriegswirtschaft zu erfüllen hatten, u. a.

41) RvO 172 a, Bl. 7–9.

42) RvO 172 a, Bl. 12.

43) RvO 172 a, Bl. 14 (dort die Summe mit 32 655 angegeben; beim Nachrechnen der Einzelzahlen ergibt sich die Gesamtzahl 32 673).

44) Reitlinger, S. 380.

45) Bereits im Januar 1943 wurden 2500 der im Dezember 1942 tätigen 17 498 Angestellten des Judenrates „abgebaut" (RvO 172 a, Bl. 21–25).

46) Der „120 000-Stempel" mußte in Gold oder Diamanten bezahlt werden; die Angaben über den Preis differieren: Dr. Arons bezahlte 12 000 Gulden in Diamanten und 3000 Gulden in bar für den Vermittler Puttkamer, der Mittelsmann zum Prokuristen der Rotterdamschen Bank war (WL P III h, Nr. 839). Andere Angaben beziffern den Preis auf 50 000–80 000 Gulden (Harari, S. 71). Auf diese Weise suchte die SS die im Land vorhandenen Rohdiamanten zu erfassen und zu verhindern, daß diese auf dem holländischen Schwarzmarkt verschwanden (vgl. RvO 181 b, Bl. 84).

47) Zöpf, geb. 11. 3. 1908 in München, jurist. Studium, Referendar, Assessor, 1. 5. 1933 Mitglied der NSDAP, 1938–1941 Tätigkeit in der SS-Heilanstalt Hohenlychen, dann bei der Polizei, seit Anfang 1942 in Holland Leiter des Referates IV B 4 beim BdS Den Haag.

bei der es um die weitere Behandlung der Inhaber des „120 000-Stempels" ging[48]): der „Stempel 120 000" habe bei den Juden eine große Anziehungskraft gewonnen, obwohl von seiten der Sipo der Judenschaft niemals bekanntgegeben worden sei, welche schließliche Behandlung dieser Stempel garantieren solle; nur in einigen Fällen habe die Zentralstelle angedeutet, daß diese Juden nicht zum „Arbeitseinsatz in den Osten" kommen würden. „Einer Überführung nach dem Lager BB steht jedoch nichts entgegen, da dort kein ‚Arbeitseinsatz im Osten' stattfindet, sondern ein Aufenthaltslager im Sinne von Theresienstadt besteht. Um das Vertrauen der Juden zu erhalten, soll zunächst für alle nicht nach dem Osten, sondern nach Transvaal (Stadtteil in Amsterdam, E. K.), Westerbork und schließlich Bergen-Belsen vorzusehenden Fälle der Stempel der AB-Liste (120 000 und folgende) beibehalten werden, ohne daß nach außen hin Unterteilungen erfolgen." Für die interne Führung der Liste wurde folgende Unterteilung vorgesehen: 1. Juden mit nachgewiesenen Beziehungen zu Feindländern, 2. Juden, die Vermögenswerte abgeliefert haben, 3. Juden, die vorübergehend vom Abtransport zurückzustellen sind, aber nicht ins Ausland auswandern sollen (Diamantarbeiter), 4. Verdienstjuden, die früher nach Theresienstadt geschickt wurden und nunmehr in BB verbleiben sollen.

Nachdem auf diese Weise über das weitere Schicksal der Gruppe mit dem „120 000-Stempel" entschieden war, wurde auch diese Gruppe im September 1943 geschlossen ins Lager Westerbork abtransportiert[49]). In der Zwischenzeit war der Mehrzahl der holländischen Juden ein noch viel furchtbareres Los beschieden: bis Ende Juli 1943 wurden 82 000 Juden aus Holland in die Vernichtungslager Auschwitz-Birkenau und Sobibor (bei Brest-Litowsk) deportiert; von den 34 330 holländischen Juden, die nach Sobibor transportiert wurden, kehrten nach dem Krieg 16 Frauen und drei Männer zurück; von den 20 000 Frauen, die in 29 Transporten nach Auschwitz gingen, überlebte nicht eine einzige den Krieg[50]).

War 1942 der Kampf um die Rückstellung von der Verhaftung gegangen, so ging in Westerbork der Kampf um eine Rückstellung vom Abtransport „nach dem Osten". Das Heer der „Ungesperrten" kam 1942 und 1943 in ununterbrochenem Strom in Westerbork an und verließ das Lager nach kurzem Aufenthalt Richtung Auschwitz und Sobibor. Längere Zeit konnten sich in Westerbork nur diejenigen halten, die auf einer der zahlreichen „Sperrlisten" standen: außer den einstigen „Rückstellungsgruppen" gab es inzwischen noch weitere Listen, die jetzt zum großen Teil attraktiver waren als die früheren Rückstellungsgruppen, weil sie statt des Abtransports die Aussicht auf „Austausch" und Ausreise eröffneten. Außer dem „Stempel 120 000" waren es insbesondere

---

[48]) RvO 172, Bl. 130.

[49]) Herrmann, S. 11.

[50]) Reitlinger, S. 380, 382.

die „Palästinaliste“ [51]), die „Südamerikaliste“ und die „Doppelstaatlerliste“; „Südamerikaner“ waren jene, die 1942/43 einen südamerikanischen Paß erworben hatten [52]), „Doppelstaatler“ solche, die in England oder einem anderen „Feindstaat“ geboren waren und deshalb kraft Geburt die Staatsangehörigkeit dieses Staates zusätzlich zu der von den Eltern erworbenen besaßen [53]). Am 20. 12. 43 befanden sich von 9520 Insassen von Westerbork 6937 in einer dieser Rückstellungsgruppen, nur 2583 waren Kranke und „Transportfreie“ [54]). Die wichtigsten dieser Rückstellungsgruppen waren Ende 1943: Doppelstaatler (ca. 400), Palästinaaustausch (600), 120 000-Stempel (1100), sonstige Rückstellungen für BB (100), Gefälligkeitspässe (300) [55]).

Wie die Aktennotiz über die Besprechung am 25. 6. 43 beweist [56]), war bereits zu diesem Zeitpunkt für einige dieser Rückstellungsgruppen die Überführung ins AL BB beschlossene Sache. Der erste Transport, der von Westerbork nach BB abging, führte indessen keine dieser zunächst vorgesehenen Gruppen mit sich, sondern eine Gruppe, die eigentlich für Theresienstadt bestimmt war.

Am 6. 8. 43 hatte das Judenreferat in Den Haag dem RSHA in Berlin gemeldet [57]), daß eine Gruppe von ca. 200 Personen zum Abtransport nach Theresienstadt bereitgestellt sei. „Es wird um Weisung gebeten, ob das Lager Theresienstadt für diese Juden noch aufnahmefähig ist oder ob diese Juden dem Lager BB zu überstellen sind.“ Das RSHA beorderte den Transport tatsächlich im letzten Augenblick nach BB. So wurden also am 14. 9. 43 in Soltau vom Todeszug nach Auschwitz sieben Waggons mit insgesamt 305 „bevorzugten Juden“ abgehängt [58]); es handelte sich um Juden mit Kriegsauszeichnungen aus dem 1. Weltkrieg (die nach 1933 in die Niederlande emigriert waren), Juden mit „Friedensverdiensten um Deutschland“, langjährige Lagerfunktionäre von Westerbork mit ihren Familienangehörigen. Die Lagerkommandantur BB war von diesem Transport nicht verständigt worden, so daß die geschlossenen

---

[51]) Über die Palästina-Liste s. u. S. 89 ff.

[52]) Bei der Registrierung der holländischen Juden 1941 betrug die Zahl der südamerikanischen Staatsangehörigen nur 36 (Wielek, S. 268); 1942 nahm ihre Zahl täglich zu, vgl. o. S. 49 ff.

[53]) Angeblich war in den achtziger Jahren des 19. Jhs. in einem der Amsterdamer Polizeibüros ein jüdischer Polizeikommissar tätig, der jüdischen Übeltätern den Tip gab, für einige Zeit aus Holland zu verschwinden; diese verstanden den Hinweis richtig, gingen meist nach England und kehrten nach Ablauf der Verjährungsfrist mit ihren Familien nach Holland zurück. Auf diese Weise waren die in England geborenen Kinder nach den englischen Gesetzen „British subjects“ (Harari, S. 68 f.; Vogel, Dagboek uit een kamp, Den Haag 1946, S. 45).

[54]) RvO 172 a, Bl. 164.

[55]) In der Aufstellung vom 23. 11. 1943 (RvO 172 a, Bl. 163) waren noch 600 Gefälligkeitspässe genannt; vielleicht ist die zwischen dem 23. 11. und 20. 12. erfolgte Reduzierung das unmittelbare Ergebnis von Eichmanns entsprechenden Anweisungen, vgl. o. S. 51.

[56]) s. o. S. 57 f.

[57]) RvO 183 b, Bl. 196.

[58]) RvO 172 a, Bl. 144.

Waggons stundenlang auf dem Bahnhof Bergen stehen mußten, bis SS-HSTF Dr. Seidl erschien und den Transport in Empfang nahm. Die Gruppe wurde in jenen Lagerteil eingewiesen, in dem sich bereits die 74 griechischen Juden aus Saloniki eingerichtet hatten, welche zusammen mit den Spagniolen Mitte August in BB eingetroffen waren. Die Theresienstädter Gruppe blieb nur einige Monate in BB: am 25. 1. 44 wurde sie zum ursprünglichen Bestimmungsort Theresienstadt weitertransportiert.

SS-USTF Werner, der als Transportleiter am 14. 9. 43 die erste Gruppe von Westerbork nach BB gebracht hatte, reiste von dort anschließend nach Berlin weiter, um im RSHA die Überführung der weiteren Rückstellungsgruppen ins AL zu besprechen. Von SS-HSTF Nowak im RSHA erfuhr er, welche Kategorien dafür in Frage kamen[59]): die 400 Palästinajuden, die Austauschjuden, die Honduras und Paraguayaner sowie alle Juden mit gekauften Pässen, 500 Doppelstaatler und 700 Barneveldjuden[60]). Daraufhin wurde am 21. 9. 43 in Den Haag der für BB in Frage kommende Personenkreis endgültig festgelegt[61]): außer den bereits genannten Austauschjuden für Palästina, Juden mit doppelter Staatsangehörigkeit oder mit gekauften Pässen der südamerikanischen Staaten wurden vor allem die verschiedenen Kategorien des „Stempels 120 000" miteinbezogen: Juden mit Auslandsbeziehungen; jüdische Spitzenfunktionäre; Juden, die als Geiseln, als politische und wirtschaftliche Druckmittel brauchbar sein könnten; sonstige unter „Stempel 120 000" zurückgestellte oder für einen Austausch in Frage kommende Juden; ferner jüdische Kriegsteilnehmer aus Deutschland, die in dem überfüllten Theresienstadt nicht mehr aufgenommen werden konnten. Alle diese verschiedenen Gruppen umfaßten zusammen ca. 5000 Insassen von Westerbork. Als Eichmann am 11. 11. 43 in Den Haag die „weitere Judenbearbeitung in den Niederlanden" besprach[62]), gab er seine Zustimmung zum sofortigen Abtransport von 2500 Juden nach BB (ca. 1000 jüdische Spitzenfunktionäre, ca. 1000 Juden für Palästinaaustausch und ca. 500 Juden mit doppelter Staatsangehörigkeit).

Die Transporte waren bereits auf 23. und 30. 11. festgelegt[63]), die zum 23. 11. aufgerufenen Juden hatten sich schon zum Abmarsch fertiggemacht, und auch der Eisenbahnzug stand in Westerbork bereit – da fuhr der Zug nach einem Tag ohne Insassen wieder davon. In Westerbork sah man in diesem Ablauf – begreiflicherweise – ein planvolles Täuschungsmanöver der SS, in Wirklichkeit war jedoch Ende November Quarantäne und damit eine Transportsperre über

---

[59]) RvO 172 a, Bl. 145/46.

[60]) Barneveldjuden waren um Holland besonders verdiente Juden; Seyss-Inquart hatte holländischen Ministerialbeamten ursprünglich die Zusage gegeben, diese Gruppe würde niemals aus Holland deportiert.

[61]) RvO 172 a, Bl. 153/54.

[62]) RvO E 28.

[63]) RvO 172 a, Bl. 162.

Westerbork verhängt worden, weil im Oktober einige Fälle von Kinderlähmung im Lager festgestellt wurden[64]). Am 11. 12. 43 wurde die Lagerkommandantur BB verständigt[65]), daß die vorgesehenen Transporte nach Aufhebung der bis 10. 1. 44 bestehenden Waggonsperre aus Westerbork abgehen würden, der erste Transport voraussichtlich am 11. 1. 44.
Tatsächlich ging der erste Transport mit 1037 Juden am 11. 1. 44 nach BB ab, es befanden sich unter ihnen u. a. 385 Personen für den deutsch-britischen Austausch und 436 Personen für den Palästinaaustausch, ferner Juden mit Beziehungen zum feindlichen Ausland[66]). Der Aktenvermerk des Judenreferats weiß bei diesem Transport von einer „ziemlich gehobenen Stimmung unter der Judenschaft" zu berichten. In kurzen Abständen verließen nun weitere Transporte mit den für BB vorgesehenen Rückstellungsgruppen das Lager Westerbork – man arbeitete im Judenreferat in Den Haag mit Hochdruck, um möglichst bald das ersehnte Ziel erreicht zu haben: die „Entjudung der Niederlande".
Hier die Aufstellung über diese Transporte von Westerbork nach BB[67]): 11. 1. 44: 1037 Personen, 1. 2. 44: 773 Personen, 16. 3. 44: 210 Personen, 5. 4. 44: 101 Personen, 19. 5. 44: 238 Personen, 31. 7. 44: 178 Personen – bis Ende Juli 1944 insgesamt 3445 Personen. Am 13. 9. 44 ging ein letzter Transport von Westerbork nach BB, der weitere 225 Juden ins AL brachte.

---

[64]) Wielek, S. 286.
[65]) RvO 182 c, Bl. 5.
[66]) RvO 172 a, Bl. 169.
[67]) RvO 172 a, Bl. 188; 172 c.

4. Kapitel

Das Leben im „Aufenthaltslager" (1943/44)

I. Die Gliederung des Aufenthaltslagers [1]

Mit dem Einsetzen der Transporte aus Westerbork begann im Aufenthaltslager BB eine Periode, in der die Zahl der Lagerinsassen von Woche zu Woche zunahm. Hatte die Lagerstärke im Winter 1943/44 – nach dem Abtransport eines Teils der „Amerika-Polen" – kaum 2000 betragen [2]), so stieg sie in der Zeit von Januar bis Juli 1944 auf über 7000 an. Die Lagerinsassen lebten jedoch nicht in einem einzigen einheitlichen Gesamtverband mit allgemein verbindlicher Lagerordnung – wie es die KL-Häftlinge im „Schutzhaftlager" taten –, sondern das AL gliederte sich in eine Reihe von Lagerabteilungen, die streng voneinander isoliert und durch Stacheldrahtzäune gegeneinander abgegrenzt waren, damit die Bewohner der verschiedenen Abteilungen nicht in Kontakt miteinander treten konnten. Jedes dieser „Lager innerhalb des Lagers" besaß seinen eigenen „Judenältesten" (eine kümmerliche Form von Selbstverwaltung) und seine eigene Lagerordnung, die das Leben im jeweiligen Lagerteil regelte und dessen Sondercharakter festlegte. Diese Gliederung des AL in eine Reihe von Einzellagern entsprach der komplexen Vielfalt von Absichten und Zwecken, deret-

[1]) Der entsprechende Abschnitt bei Reitlinger (S. 385 f.) enthält eine Anzahl falscher und eine Reihe sehr ungenauer Angaben, die z. T. dadurch bedingt sind, daß R. anscheinend keinen Plan des Lagers und seiner Gliederung zur Verfügung hatte und deshalb von der Topographie kein zureichendes Bild gewinnen konnte. Auf diese Ungenauigkeit von R.s Schilderung wird hier hingewiesen, da in der folgenden Darstellung eine explizite Anführung und Widerlegung der von R. über BB gemachten Angaben nicht möglich ist. Durch diese kritische Bemerkung zu einigen Abschnitten in R.s Buch soll die Bedeutung dieser Darstellung der „Endlösung" nicht geschmälert oder ihre allgemeine Zuverlässigkeit in Zweifel gezogen werden; es sei deshalb ausdrücklich betont, daß R.s Buch nach wie vor als das maßgebliche Standardwerk zu dieser Frage zu betrachten ist.

[2]) 411 Spagniolen und Griechen des Transportes v. 2. 8. 1943, 305 Angehörige des Theresienstädter Transportes v. 14. 9. 1943, Rest der Amerika-Polen und Polen mit Palästina-Zertifikat rund 700, rund 500–600 „Häftlinge" (Baukommando).

wegen das RSHA die verschiedenen „Kategorien“ von Juden vom „Abtransport nach dem Osten“ zurückgestellt und in einem Aufenthaltslager zusammengezogen hatte.

Der eigentliche Kern des AL, das zahlenmäßig stärkste der einzelnen Teillager, war das *„Sternlager“*, gelegentlich auch „Allgemeines Lager“ oder „Albala-Lager“ genannt[3]). Den Namen Sternlager verdankte es der Tatsache, daß die Insassen dieses Lagerabschnitts – im Gegensatz zu denen der anderen Abteilungen – an ihrer Kleidung den Judenstern tragen mußten; Albala-Lager nannten es einzelne Lagerbewohner, weil in diesem Teillager der Grieche Albala Judenältester war. Er gehörte derjenigen Gruppe an, die als erste ihren Einzug in das Sternlager gehalten hatte: Das waren jene 74 jüdischen Funktionäre und sonstigen privilegierten griechischen Juden aus Saloniki, die Mitte August 1943 in BB eingetroffen und nach der Ankunft von ihren spagniolischen Reisegefährten abgesondert worden waren[4]). Jacques Albala, der in Saloniki bereits als Vorsitzender des Judenrats fungiert hatte und von den Deutschen zum Transportleiter für den Transport von Saloniki nach BB bestimmt worden war, wurde vom Lagerkommandanten zum Judenältesten des Sternlagers ernannt und konnte nun seinerseits seine Freunde zu Mitgliedern des „Ältestenrats“ vorschlagen. Dieser „Ältestenrat“ war für die Durchführung der Lagerordnung und für die Aufrechterhaltung der Disziplin im Lager verantwortlich und übte die (sehr beschränkten) Funktionen einer Selbstverwaltung der Lagerinsassen aus – „nach den Weisungen der Lagerleitung“, wie es in der offiziellen Vorschrift des RSHA hieß[5]). In der Praxis war es denn tatsächlich so, daß Judenältester und Ältestenrat im wesentlichen die Befehle der SS entgegennahmen und für deren Ausführung im Lager sorgten[6]). Albala und seine Freunde konnten ihre Vormachtstellung selbst noch zu einem Zeitpunkt behaupten, als die griechische Gruppe längst zu einer verschwindenden Minorität gegenüber den anderen Insassen des Sternlagers geworden war: Bis zuletzt bildeten die Griechen die Lageraristokratie im Sternlager, vom Großteil der Lagerbewohner dagegen wurden sie als „korrupt“ betrachtet, insbesondere Albala und der jüdische Arbeitsleiter Edgar Kunio.

Nur für einige Monate hielten sich im Sternlager die für Theresienstadt bestimmten „Verdienstjuden“ auf, die am 14. 9. 43 aus Westerbork angekommen waren[7]); den Winter über wohnten sie mit den Griechen zusammen, am 25. 1. 44 fuhren sie nach Theresienstadt weiter.

Zu diesem Zeitpunkt hatte bereits die Erweiterung des Sternlagers begonnen:

---

3) Die wichtigsten Quellen für das Leben im Sternlager sind die zahlreichen Augenzeugenberichte in der WL (P III h) und im RvO (c–11–).

4) s. o. S. 54.

5) RvO o. S. (Richtlinien v. 31. 8. 1943), s. S. 212.

6) Herrmann, S. 35.

7) s. o. S. 59.

In sieben großen Transporten trafen zwischen dem 11. 1. 44 und dem 31. 7. 44 insgesamt 3445 Juden aus Westerbork im Lager BB ein; bis auf wenige Ausnahmen wurden sie alle ins Sternlager eingewiesen, in dem sie daher die große Mehrheit der Insassen darstellten. Die Griechen erkannten, daß sie ihre Macht nur behaupten konnten, wenn sie sie mit den Holländern teilten, sie willigten daher in die Neubildung des Ältestenrats ein; in dem zehnköpfigen Gremium verfügten die Griechen nunmehr über vier, die Holländer über sechs Vertreter, erster Vorsitzender und damit Judenältester blieb jedoch weiterhin Albala. Sein Stellvertreter wurde der Holländer Hermann Andriesse, der bald durch Joseph Weiß ersetzt wurde, da Weiß perfekt deutsch sprach und daher die Verhandlungen mit den Funktionären der SS-Lagerkommandantur am besten führen konnte. Weiß war ein deutscher Jude, der 1933 nach Holland emigrierte, dort 1942 verhaftet und nach Westerbork transportiert wurde und am 11. 1. 44 als „wirtschaftlich wertvoller Jude" nach BB kam. Weiß hat die gewiß nicht leichte Tätigkeit eines stellvertretenden Judenältesten zur allgemeinen Zufriedenheit der Lagerinsassen ausgeübt – ganz im Gegensatz zu Albala – und sich um die Insassen des Sternlagers außerordentlich verdient gemacht.

Außer den Holländern wurden in der ersten Jahreshälfte 1944 noch weitere Gruppen von Juden aus verschiedenen europäischen Ländern ins Sternlager eingeliefert:

1. In zwei Transporten am 31. 1. und 24. 2. 44 kamen rund 205 nordafrikanische Juden (zum größten Teil aus Tunis, Tripolis, Bengasi)[8]); sie waren nach der Besetzung Norditaliens durch die deutschen Truppen verhaftet worden und wurden aus dem italienischen Durchgangslager Fossoli di Carpi bei Modena und aus Arezzo nach BB abgeschoben, weil sie englische Pässe besaßen und daher für einen Austausch geeignet erschienen; im Lauf des Jahres 1944 verließen sie in vier Transporten (am 18. 2., 28. 6., 15. 11, 17. 11.) wieder das Lager BB mit unbekanntem Ziel.
2. In drei kleinen Transporten (einer im Mai, zwei im Juli) trafen aus Drancy, dem französischen Durchgangslager, insgesamt ca. 200 französische Jüdinnen (meist polnischer Abkunft) in BB ein; es handelte sich um die jüdischen Ehefrauen von französischen Kriegsgefangenen, die in deutschen Kriegsgefangenenlagern festgehalten wurden.
3. Im Juni kamen aus einem Lager bei Zagreb mehrere hundert jugoslawische und albanische Juden, die aus unerfindlichen Gründen in das Lager BB übergeführt wurden; angeblich besaßen auch sie ausländische Pässe.

Durch die Einweisung aller dieser Gruppen ins Sternlager stieg dessen Insassenzahl von 379 am 1. 1. 44[9]) auf rund 4000 am 31. 7. 44[10]); sie hielt sich ungefähr

---

[8]) ISD II G/1 (Namensliste).

[9]) 74 Griechen, 305 Angehörige des Theresienstadt-Transports.

[10]) ISD II G/1 (auch RvO c–11–): Insassenliste des Sternlagers.

in dieser Größenordnung bis Ende 1944, von da an ging sie durch mehrere Abtransporte und durch die zunehmende Sterblichkeit zurück[11]).

Die Insassen des Sternlagers waren die eigentlichen „Austauschjuden", sei es, daß sie als Inhaber eines Palästina-Zertifikats für den Palästina-Austausch in Frage kamen oder auf Grund der gekauften südamerikanischen Staatsangehörigkeit für einen Austausch mit südamerikanischen Staaten, sei es, daß sie als Inhaber einer – wenn auch zweifelhaften – britischen Staatsbürgerschaft für den deutsch-britischen Zivilinterniertenaustausch geeignet erschienen oder wegen enger verwandtschaftlicher oder geschäftlicher Beziehungen zu Juden in den westlichen Ländern – in den Augen des RSHA – einen Wert als Geiseln besaßen und deshalb von der Vernichtung in Auschwitz „vorläufig freigestellt" wurden. Für die Behandlung im Sternlager spielte es jedoch keine Rolle, welcher dieser verschiedenen „Kategorien" die einzelnen Insassen angehörten; sie alle wohnten durcheinandergemengt in den rund 18 Baracken des Sternlagers (später waren es weniger, weil die Bewohner immer enger zusammengepfercht wurden). Frauen- und Männerbaracken waren durch einen Zaun voneinander getrennt, die Familien konnten sich aber den Tag über sehen und auch gemeinsam die Mahlzeiten einnehmen; erst am Abend schloß ein SS-Mann das Tor zwischen den Frauen- und Männerbaracken.

Die Insassen des Sternlagers waren die einzigen „Vorzugsjuden" in BB, die in Arbeitskommandos eingeteilt wurden und anstrengende körperliche Arbeit zu leisten hatten. Das zahlenmäßig stärkste dieser Arbeitskommandos war das „Schuhkommando": waggonweise kamen in BB alte Schuhe, später auch alte Kleider, an, vermutlich die letzte Hinterlassenschaft der in den Vernichtungslagern ermordeten Juden, und die „Vorzugsjuden" in BB saßen nun in einem riesigen Zelt und mußten diese alten Schuhe auftrennen, die noch brauchbaren Lederstücke herausschneiden und aussortieren. Andere Arbeitskommandos waren mit Stubbengraben in den Heidewäldern beschäftigt, mit Erd- und Kanalisationsarbeiten im Lagergelände, mit Kartoffelschälen und Kesselreinigen in der Küche u. a. m.

Die Verpflegung, die die Insassen des Sternlagers erhielten, entsprach „den für KL geltenden Sätzen"[12]) – auch hier waren sie schlechter gestellt als die Bewohner der anderen Abteilungen innerhalb des AL. Unter diesen ist an zweiter Stelle das sog. *„Neutralenlager"* zu nennen, nach den jeweiligen Judenältesten bis Juni 1944 auch als „Schneebaumlager", ab Juni 1944 als „Aufenthaltslager Benadon" bezeichnet[13]). In dieser Abteilung waren die Juden aus neutralen Staaten untergebracht, die aus irgendwelchen Gründen nicht in die „Heim-

---

[11]) s. Übersicht S. 317.

[12]) RvO o. S. („Richtlinien" des RSHA v. 31. 8. 1943), s. S. 212.

[13]) Wichtigste Quelle zum Leben im Neutralenlager: Bericht Dr. Levy (WL P III h, Nr. 294 a u. b).

schaffungsaktion"[14]) miteinbezogen worden waren. Anfang Juni 1944 lebten im Neutralenlager 200 Personen: 155 Spanier und 19 Portugiesen[15]) sowie 26 Argentinier. Am 7. 6. 44 wurden dem Neutralenlager aus dem Sternlager weitere neun Argentinier und 35 Türken und zwei Schweizerinnen überstellt, die mit den Transporten aus Westerbork ins Sternlager gekommen waren; während früher ihre Staatsangehörigkeit vom RSHA nicht anerkannt worden war, wurden sie nunmehr doch dem Lagerteil für die Juden aus neutralen Staaten zugewiesen. Anfang März 1945 war das Neutralenlager auf 366 Insassen angewachsen: 155 Spanier, 19 Portugiesen, 35 Argentinier, 105 Türken, 25 Holländer, 7 Rumänen, 3 Ungarn, 3 Franzosen und einige andere.

Judenältester war in diesem Lager zunächst der Argentinier galizischer Herkunft, Joseph Schneebaum, Chef der ursprünglich stärksten Gruppe der Polen, die auch am frühesten in BB eingetroffen waren. Als Anfang Juni der überwiegende Teil der aus Polen gekommenen Juden teils abtransportiert, teils in einem „Sonderlager" zusammengefaßt wurde[16]) und die Juden spanischer Staatsangehörigkeit zur stärksten Gruppe aufrückten, ernannte der Lagerkommandant von BB den spanischen Athener Benadon zum Judenältesten. Damit begann die Vorherrschaft der spanischen Gruppe im Lager, die alle Mitglieder des Ältestenrates stellte, der wiederum die Funktionäre ernannte und die Arbeitsgruppen für den inneren Dienst aufstellte. Erst als die türkische Gruppe an Zahl ständig zunahm, durfte sie einige Vertreter in den Ältestenrat entsenden. Daneben versuchte der frühere Judenälteste Schneebaum, auf Grund seiner persönlichen Eigenschaften und Beziehungen einen starken Einfluß nach innen und außen auszuüben.

Im Neutralenlager gab es keinen Arbeitszwang, nur die internen Lagerarbeiten mußten erledigt werden: Baracken reinigen, Essen holen usw. Die sanitären Verhältnisse waren besser als im Sternlager, das Essen reichlicher und gehaltvoller, es gab mehr Zigaretten und mehr Brotbelag. Mißhandlungen und drakonische Strafen, wie sie im Sternlager an der Tagesordnung waren, kamen im Neutralenlager so gut wie nicht vor. Insgesamt wird man die Verhältnisse in diesem Lagerteil als die eines schlechten Internierungslagers bezeichnen dürfen; dabei verdient allerdings festgehalten zu werden, daß es eine nur vom Nationalsozialismus geübte und für diesen sehr charakteristische Methode war, Staatsangehörige neutraler Staaten – entgegen allem Völkerrecht – überhaupt zu internieren.

In einem *„Sonderlager"* waren jene rund 350 polnischen Juden verschiedener Staatsangehörigkeit zusammengefaßt, die als einzige von der ursprünglich mindestens 2500 Personen starken polnischen Gruppe in BB zurückgeblieben

---

[14]) s. o. S. 22 ff.

[15]) Mitte April 1944 aus Athen in BB angekommen, s. o. S. 55.

[16]) s. u. S. 67.

waren, nachdem Anfang Juni 1944 ein letzter Transport mehrere hundert der Polen in ein Vernichtungslager gebracht hatte. Dieser Rest der polnischen Gruppe bestand aus 266 Personen mit Palästina-Zertifikaten, 34 Inhabern der Staatsbürgerschaft der USA und rund 50 Besitzern von südamerikanischen Pässen; auf Grund ihrer „Kategorie" hätten diese polnischen Juden also ins Sternlager gehört. Warum sie statt dessen von den Insassen des Sternlagers abgesondert wurden, läßt sich nur mutmaßen; man wird jedoch annehmen dürfen, daß die Lagerleitung unbedingt jeden Kontakt zwischen den polnischen Juden, die die nationalsozialistischen Greuel im Osten erlebt hatten, und den westeuropäischen Juden vermeiden wollte, weil diese bis weit ins Jahr 1944 hinein nur sehr undeutliche Vorstellungen von dem hatten, was sich in den Vernichtungslagern abspielte. Wenn die westeuropäischen Juden bei einem Austausch ins Ausland reisten, konnten sie also über die Judenvernichtung im Osten keine genauen Informationen weitergeben, sofern es gelang, jeden Kontakt zwischen ihnen und den Polen zu unterbinden. Daß diese Überlegung eine Rolle gespielt haben muß, beweist die Tatsache, daß sich beim Palästina-Austausch die ganze ausgetauschte Gruppe aus Leuten des Sternlagers zusammensetzte, während von den polnischen Zertifikatsbesitzern kein einziger ausgetauscht wurde. Warum das RSHA sie aber in BB beließ, als die übrigen Angehörigen der polnischen Gruppe von dort nach Auschwitz deportiert wurden, ja ihnen sogar eine bevorzugte Stellung gegenüber den Insassen des Sternlagers einräumte (besseres Essen, kein Arbeitszwang, kein Judenstern)[17]) – dieser Sachverhalt ist ohne Kenntnis der entsprechenden Unterlagen nicht zu klären. Vielleicht wollte sie das RSHA – trotz ihres gefährlichen Wissens über die Judenvernichtung – für Eventualfälle „aufsparen" und stellte sie nur deshalb vom Arbeitseinsatz frei, weil keine Möglichkeit bestand, sie im Lager zu einer Arbeit einzusetzen, bei der sie nicht in Berührung mit Sternlagerinsassen gekommen wären.

Ganz ließ es sich übrigens nicht verhindern, daß einiges über die nationalsozialistischen Vernichtungsaktionen auch ins Sternlager durchsickerte: Ein kleines Mädchen fand im WC einer Baracke, in der die Angehörigen des Palästina-Austauschs kurze Zeit untergebracht waren, eine französische Inschrift hingekritzelt: „Wir sind Juden aus Warschau. Das ganze Ghetto von Warschau ist niedergebrannt worden. Alle Juden des Ghettos sind getötet durch Gas oder durch . . . Sie haben gekämpft wie Helden. Ehrt sie, die unsere Brüder, unsere Helden sind. Wir hoffen, nach Palästina ausgetauscht zu werden" [18]). Darunter stand: „Wir gehen auf Transport." Der Holländer Dr. Arons berichtet[19]), daß er bereits im ersten Monat seines Aufenthalts in BB von der Existenz der Gaskammern erfuhr; als Arzt im Sternlager mußte er nämlich einige Male ins

---

[17]) Herrmann, S. 33.

[18]) Asscher-Pinkhof, Sterrekinderen, Den Haag 1946, S. 222 f.

[19]) WL P III h, Nr. 839 (Dr. Arons).

„Sonderlager", um dort Patienten zu behandeln; von ihnen hörte er Einzelheiten über die Vernichtungslager, gab dieses Wissen jedoch nicht an die Insassen des Sternlagers weiter. Diese erhielten im allgemeinen über die Gaskammern erst im Herbst 1944 Kenntnis, als die Evakuierungstransporte aus Auschwitz in BB eintrafen[20]).

Anfang Juli 1944 wurde ein weiteres Einzellager innerhalb des AL eröffnet, das *„Ungarnlager"*. Am 8. 7. 44 trafen in BB jene 1683 ungarischen Juden aus Budapest ein, über deren Ausreise gegen Entrichtung eines „Kopfgeldes" zwischen SS und jüdischen Organisationen verhandelt wurde. Über das Schicksal dieser Gruppe wird an anderer Stelle ausführlicher berichtet[21]). Auch die Insassen des Ungarnlagers wurden etwas besser behandelt als die des Sternlagers. Sie trugen zwar ebenfalls den Judenstern, aber sie mußten nicht arbeiten, sie mußten auch nicht die endlosen Zählappelle über sich ergehen lassen, sie wurden reichlicher verpflegt, die Kranken wurden ordentlich betreut[22]). Auch im Ungarnlager bestand eine autonome Leitung. Nach der Abreise dieser Gruppe im Dezember trafen weitere Transporte aus Ungarn ein, so daß das Ungarnlager als Lagerabteilung weiter bestehenblieb.

Außer diesen Einzellagern für die verschiedenen Kategorien der „Vorzugsjuden" bestand in BB vom ersten Tag an das *„Häftlingslager"* (bis Herbst 1944 rund 1000 Insassen). Diese Häftlinge waren keine Juden, sondern KL-Insassen, vorwiegend Russen und Polen, die aus verschiedenen KL ins AL BB geschafft waren, um dort als Baukommando beim Ausbau des Lagers eingesetzt zu werden. Von vornherein wurde dieser Lagerteil wie ein regelrechtes KL verwaltet: Sträflingskleidung, harte Arbeit bis zur Erschöpfung, Kaporegime, grausame Mißhandlungen durch SS und Kapos, hohe Sterblichkeitsziffern waren für das Häftlingslager charakteristisch. Ursprünglich ein Anhängsel zum AL, erhielt das Häftlingslager 1944 eine Sonderfunktion und selbständige Bedeutung neben den anderen Lagerabteilungen, die mit „Vorzugsjuden" belegt waren. Es wurde zum „Erholungslager". Diese Entwicklung wird an anderer Stelle zu untersuchen sein[23]).

---

[20]) RvO Tagebuch Laqueur, 13. 11. 1944; WL P III h, Nr. 14 (Mrs. B.); Herzberg, Tweestromenland, Amsterdam 1960, S. 194 (8. 11. 1944).

[21]) s. u. S. 93 ff.

[22]) Kastner-Bericht, München 1961, S. 252 (138).

[23]) s. u. S. 104 ff.

II. Die „Zwangsgemeinschaft" der Lagerinsassen

„Ich vermochte es nicht zu entdecken, jenes herrliche Gemeinschaftsleben, wo Menschen unter dem Zwang gemeinsamen Schicksals sich eng zusammenschließen, wo der Altruismus regiert und die heroischen Freundschaften des Lebens entstehen. Solche Darstellungen sind Phantasieprodukte, Literatur. Was in Wirklichkeit existierte, das war der Haß auf den Nächsten, die Niedertracht, der Neid oder die Freundschaft aus opportunistischen Motiven. Das war der dauernde Kampf zwischen Menschen, die sich als zum Tode Verurteilte vorkamen und sich miteinander um die letzten Reserven stritten, die ihnen das Überleben ermöglichen sollten. Ist es – unter ähnlichen Umständen – nicht überall so? Man darf diese Tatsache nicht ableugnen wollen oder sie mit romantischen und sentimentalen Redensarten verbrämen. Er war da, der Haß, und er wurde immer stärker. Er war da, der Neid auf jenen, der eine günstigere Position besetzt hielt – und deshalb ein besseres Leben hatte –; der Haß auf denjenigen, der es ablehnte, sich irgendwelche Vergünstigungen zu erkaufen und die schlechten Elemente anzuklagen wagte; der Haß gegen den Intellektuellen, der diesen täglichen Dschungelkrieg verachtete und seine Gedanken auf die einzige Hoffnung konzentrierte, auf den Sieg. Haß zwischen einzelnen und zwischen Gruppen; Zionisten gegen Nichtzionisten, Orthodoxe gegen Liberale, Juden gegen Getaufte. Der Haß gegen den Mitgefangenen überstieg selbst den Haß gegen die Deutschen: Es gab sogar die Denunziation"[24]). Mit diesen Worten hat ein Insasse des AL BB nach seiner Befreiung in greller, schonungsloser Weise seine persönliche Erfahrung der „Zwangsgemeinschaft" im Lager beschrieben[25]). Die „Zwangsgemeinschaft": Seit H. G. Adlers bedeutendem Werk über Theresienstadt[26]) dient dieser Begriff zur Kennzeichnung jenes durch äußeren Zwang konstituierten soziologischen Gebildes einer Lagergemeinschaft, in der Menschen jeden Lebensalters, aus ganz verschiedenen sozialen Schichten stammend, unter einer fiktiven „Selbstverwaltung" und im Würgegriff hemmungslosen Terrors auf engstem Raum zusammenleben müssen. Am Beispiel des „Ghettos" Theresienstadt hat Adler die Soziologie und Psychologie einer solchen Zwangsgemeinschaft – gleichermaßen aus der Unmittelbarkeit eigenen Erlebens und aus der

---

[24]) RvO c (11) 09 Lettre a mes amis en bon souvenir de celui qui partit àjamais de Bergen-Belsen; Verf. unbekannt, Dat. Sept. 1945, 13 S. frz.

[25]) Den Begriff „Zwangsgemeinschaft" für das Lager BB verwandte Dr. Levy bereits 1945 in seinem Bericht (WL P III h, Nr. 294 a u. b).

[26]) H. G. Adler, Theresienstadt 1941–1945, Das Antlitz einer Zwangsgemeinschaft, Tübingen [2] 1960.

Distanz des Forschers heraus – unübertrefflich analysiert; er hat dabei eine Reihe von Kategorien entwickelt, die – über die Beschreibung des Lebens in Theresienstadt hinaus – geeignet sind zur grundsätzlichen Charakterisierung von Verhaltensweise und Psychologie der in einer ähnlichen Zwangsgemeinschaft lebenden Menschen, ihrer individuell verschiedenen Reaktion auf die „Provokation" des Lagerlebens. Insofern ist Adlers Analyse von großer Bedeutung auch für das Verständnis des Lebens im AL BB. Denn wenn Theresienstadt und Bergen-Belsen sich in Aufbau und Funktion auch sehr voneinander unterschieden, so bestand hinsichtlich der Soziologie und Psychologie der Insassen doch eine nicht zu verkennende Verwandtschaft zwischen diesen beiden Zwangsgemeinschaften [27]). Die grundsätzlichen Ergebnisse von Adlers Analyse sind daher auch auf das AL BB anwendbar, nur in einzelnen Punkten ist eine etwas andere Akzentuierung notwendig.

Für denjenigen, der das Dasein in der „Zwangsgemeinschaft" nicht aus eigener leidvoller Erfahrung kennt, wird es kaum möglich und sicherlich nicht angemessen sein, dieses Dasein ausführlich zu beschreiben und zu deuten. Es ist das indessen gerade im Fall des AL BB nicht unbedingt erforderlich, weil zur Deutung der allgemeineren und grundsätzlichen Aspekte des Lebens im AL die Analyse Adlers beiträgt und darüber hinaus für die Akzentuierung und Nuancierung der speziellen Eigenart des AL BB eine ausgezeichnete Quelle zur Verfügung steht: das sind die Tagebücher, die drei der Lagerinsassen in den Monaten ihres Aufenthalts in BB geführt haben. Die Tagebuchschreiber lebten alle im Sternlager, sie gehören etwa derselben sozialen Schicht an, dem holländischen gebildeten Bürgertum, sie unterscheiden sich aber in Alter, Temperament und in ihrer Einstellung zu den Problemen des Lagerlebens. So ergibt sich aus der Zusammenschau dieser Tagebücher – umfangreiche Auszüge sind in der Dokumentation abgedruckt [28]) – ein vielgestaltiges, nuanciertes Bild des Lageralltags, des täglichen Ringens um nackte Selbstbehauptung, der zunehmenden Demoralisierung vieler Lagerinsassen – ein Bild, das jeden redlichen Leser aufs tiefste erschüttern muß. Ihm wird die Lektüre dieser Tagebücher in eindrucksvoller Weise zum Bewußtsein bringen, daß nationalsozialistische Verbrechen gegen das jüdische Volk nicht nur dort geschahen, wo Juden gewaltsam zu Tode gebracht wurden – sei es in den Gaskammern, sei es durch die Exekutionspelotons –, sondern daß auch dort vom nationalsozialistischen Regime und seinen Dienern ein furchtbares Verbrechen an jüdischen Menschen verübt wurde, wo man sie – ihrer Rasse wegen, wie andere Gruppen ihrer politischen oder religiösen Über-

---

[27]) BB weist in dieser Hinsicht sehr viel mehr Ähnlichkeit mit Theresienstadt auf als mit den KL – schon auf Grund der Tatsache, daß auch im AL die Familien nicht völlig voneinander getrennt waren. Die Darstellungen über die Soziologie der Häftlingsgemeinschaft in den KL – allen voran die bedeutenden Werke von Kogon und Kautsky – sind daher für das Verständnis des Lebens im AL weniger ergiebig als die Analyse Adlers über Theresienstadt.

[28]) s. S. 228–292.

zeugung wegen – „nur" ihrer Freiheit und Menschenwürde beraubte, sie in Lagern zusammenpferchte und ihnen auferlegte, in einer „Zwangsgemeinschaft" zu existieren. Wenn dieses jahrelange Leben in der Zwangsgemeinschaft auf die Dauer nicht ohne Wirkung geblieben ist auf die Verhaltensweise des einzelnen und den Zustand der Gemeinschaft selbst, wenn das Leben dieser Gemeinschaft immer stärker durch fortschreitende Demoralisierung und rücksichtslosen, hemmungslosen Selbstbehauptungswillen der einzelnen Insassen gekennzeichnet wurde – und die Tagebücher geben genügend Beispiele dafür –, dann wird jeder denkende Leser dieser Tagebücher erkennen, daß an dieser Entwürdigung der Lagerinsassen die entmenschten Peiniger, nicht ihre Opfer schuld waren.
Unter diesen Voraussetzungen darf sich der Chronist des Lagers BB an dieser Stelle damit begnügen, die Situation im Lager in groben Umrissen zu zeichnen und so die menschliche Problematik des Lebens im AL verständlich zu machen, die sich in den Tagebüchern in unmittelbarer Weise ausspricht.
Da war zunächst die Enge, die ein Maximum an Reibungsmöglichkeiten schuf. Auf einem Raum von noch nicht einmal einem halben Quadratkilometer lebten Tausende von Menschen, Juden zwar alle, aber aus vielen europäischen Ländern und daher stark voneinander unterschieden in Zivilisationsstandard, sozialer Schichtung, kulturell-geistigem Niveau, Mentalität und Gruppencharakter und nicht zuletzt in der Sprache. Die holländischen Juden verband viel mehr mit den Nichtjuden derselben sozialen Schicht ihres Landes als mit albanesischen, nordafrikanischen oder griechischen Juden, mit denen sie jetzt zusammenleben mußten. Als ein Gefüge aus so heterogenen Gruppen war die Lagergemeinschaft erfüllt von einer Vielzahl latenter und offener Spannungen, die dadurch noch mit zusätzlichem Explosivstoff angereichert wurden, daß alle diese Menschen Tag und Nacht in engster Tuchfühlung miteinander leben mußten, ohne die geringste Möglichkeit, vor der Gemeinschaft in eine sinnvolle, befriedigende Tätigkeit zu entfliehen oder sich vor ihr in einen Raum des Privaten zurückzuziehen. Der Raum des „Privaten" beschränkte sich auf die weniger als 2 qm der eigenen Bettstelle, auf der man nicht einmal sitzen konnte, wenn man das Mißgeschick hatte, das erste oder zweite Stockwerk eines der dreistöckigen Betten zugewiesen zu bekommen. Und in den letzten Monaten gab es nicht einmal mehr diesen kümmerlichen Raum des Privaten, denn zwei, manchmal sogar drei Menschen mußten sich in eine einzige Bettstelle teilen. Im Sternlager wohnten bis Juli 1944 in einer Baracke (40×8,5 m) 150 Personen, von da an bis Dezember 1944 waren es ca. 300 Personen, und in denselben Baracken pferchte man von Dezember 1944 an 600 Menschen zusammen; für 3000 Menschen stand ein einziger Waschraum zur Verfügung. (Im Häftlingslager „wohnten" in den letzten Wochen sogar 1000–1500 Personen in einer Baracke.) Renata Laqueur hat die Stimmung in einer solchen Baracke festgehalten in den Sätzen: „180 Menschen, ein einziges WC – obendrein ohne Tür –, Nachtpötte und Eimer offen unter den Betten, in dem schmalen Gang zwischen den dreistöckigen

Betten und an der Decke hängen Wäschestücke, Kleider und anderes Zeug. Staub, Schmutz, Hitze und Gestank"[29]). Und das Tag für Tag und Nacht für Nacht, durch viele Monate hindurch. Schon diese Art der Unterbringung allein bildete eine Zerreißprobe selbst für die stärksten Nerven. Sie führte zu Überreizung und bewirkte einen Psychopathisierungsprozeß großen Ausmaßes[30]).

Neben der Enge war es der ständige Druck psychischer und physischer Art, der die Menschen aufrieb. Jeden Tag führten die SS-Leute Kontrollen durch, in den Baracken und außerhalb, brüllten die Leute an, schlugen rücksichtslos auf sie ein; auf viele Vergehen stand die Strafe der Verschickung in ein KL – und dieses Damoklesschwert hing immer über den Lagerinsassen. Frauen, Kinder und Greise, die nicht zu den Arbeitskommandos eingeteilt waren, mußten beim Zählappell stundenlang stehen, in glühender Sonne oder in Schnee und Regen; am 11. 2. 1944 standen die Insassen des Sternlagers neun Stunden in Schnee und Eis, später verhängten die SS-Leute einige Male sogar eine Appelldauer von zwölf Stunden. Über viele andere Schikanen und Strafen verfügten die SS-Leute – im nächsten Abschnitt wird über ihr Verhalten genauer berichtet.

Das „Prinzip Hoffnung" besaß für die Bewußtseinsstruktur der Insassen des AL eine viel größere Bedeutung als bei den Häftlingen der KL, auch als bei den Bewohnern von Theresienstadt: Für diese gab es nur *eine* Hoffnung, *eine* Chance der Befreiung – die militärische Niederlage Deutschlands. Für die Insassen des AL jedoch gab es eine zweite Hoffnung: den Austausch, der ihnen bei der Überführung nach BB versprochen worden war. Und diese Hoffnung konnte sich – der Möglichkeit nach – jeden Tag realisieren, unabhängig von der Kriegslage. Daß die Hoffnung auf Austausch kein leerer Wahn sei, hatte die Durchführung des Palästina-Austausches bewiesen; schon kurze Zeit nach dem Abgang des Transportes waren in BB Grußkarten aus Istanbul angekommen. Die SS-Instanzen taten alles, um diese Hoffnung lebendig zu erhalten und zu kräftigen: Immer wieder wurden Sonderappelle für die eine oder andere „Kategorie" abgehalten, wurden die Listen überprüft, trafen „Kommissionen" in BB ein. Gerüchte spielten eine bedeutende Rolle im Leben des AL; IPA nannte man sie ironisch, „Jüdische Presse-Agentur". Aber immer wieder erwiesen sich Hoffnungen als Illusionen, und doch erhielt die Hoffnung immer wieder neue Nahrung; Optimismus schlug in Pessimismus um und umgekehrt. So waren die Ausschläge der Stimmungskurve viel größer und abrupter als in den KL, und das ständige Auf und Ab der Stimmung zwischen Hoffnung und Verzweiflung hatte auf die Dauer eine verheerende Wirkung auf die psychische Verfassung der Lagerinsassen.

Im Sternlager, das 1944 etwa zwei Drittel der Insassen des eigentlichen AL

---

[29]) s. S. 228.

[30]) vgl. dazu: J. Tas (Amsterdamer Psychiater), Psychische stoornissen in concentratiekampen en bij teruggekeerden, in: Maandblad voor de gestelijke Volksgezondheit, 2. Jg. (1946), 143–150.

(ohne Häftlinge) umfaßte, bestand Arbeitszwang für alle Männer zwischen 15 und 65 und alle Frauen zwischen 15 und 55 Jahren. Der jüdische Arbeitsleiter des Sternlagers, Kunio, mußte einen bestimmten Teil der Insassen, Männer und Frauen, zu den verschiedenen Arbeitskommandos abstellen. Die offizielle Arbeitszeit betrug wöchentlich 72 Stunden (an den 6 Werktagen 11 Stunden, am Sonntag 6 Stunden), in Wirklichkeit war die Arbeitszeit oft sogar noch länger, selbst ein 18stündiger Arbeitstag war keine Seltenheit, er kam vor allem beim Küchenkommando vor, das um 2.30 Uhr nachts aufstand und mit nur 1–2 Stunden Mittagspause manchmal bis zum Abend durcharbeiten mußte. Auch sonst gab es zusätzliche Arbeiten, die außerhalb der offiziellen Arbeitszeit getan werden mußten: Entladen von Waggons, Durchführung von Erdarbeiten usw. So blieben nur wenige Stunden am Tag für das persönliche Leben zur Verfügung; ein einstiger Lagerinsasse schreibt: „Um 6 Uhr morgens mußte man zum Appell antreten. Dann marschierte man in langem Zuge in Fünferreihen zu den Arbeitsbaracken. Man wurde hineingetrieben und mußte dort bis zum Mittag arbeiten ... Die Mittagspause dauerte 45 Minuten und reichte gerade aus, um in geschlossenem Zuge zurück zum Appellplatz zu marschieren, schnell in die Baracke zu laufen, sich zur Empfangnahme des warmen Essens (meist Kohlrübensuppe, anfangs mit Pellkartoffeln, später ohne) in die Reihe zu stellen, rasch den 3/4 Liter Suppe hinunterzuschlingen, auf einen Sprung zu Frau und Kind zu eilen und schließlich wieder auf dem Appellplatz zum Arbeitsappell anzutreten. Abends kam man um 6.45 Uhr nach Hause. Man wusch sich und eilte (man eilte immer in BB) in die Frauenbaracke, um dort das kärgliche Abendessen, bestehend aus einer Brotration und dem wenigen Belag (eine Zeitlang gab es an einigen Abenden eine dünne Suppe), mit der Frau zusammen zu verzehren. Um 8 Uhr mußte man wieder in seiner eigenen Baracke sein. Dort verbrachte man noch kurze Zeit mit Lesen, Anhören eines Vortrags, Gesprächen über die Chancen der Befreiung und die Kriegslage auf Grund der letzten Lagergerüchte oder mit Streit über interne Barackenangelegenheiten. Dann ging man todmüde schlafen“ [31]). In der zweiten Jahreshälfte 1944 nahm die Zahl der zu den Arbeitskommandos eingeteilten Lagerinsassen ab, dafür dauerten die Zählappelle länger, und das Essen wurde von Tag zu Tag unzureichender.

Das Essen: Für die Insassen des AL bedeutete der Kampf um eine Aufbesserung der zugeteilten täglichen Essensration das Hauptproblem und wurde in den letzten Monaten – die an späterer Stelle beschrieben werden – zum ausschließlichen Daseinsinhalt. Ein Insasse des Sternlagers, der BB im Juli 1944 verließ, konnte noch feststellen: „Nach unseren Lagerbegriffen war das Essen ordentlich und meistens schmackhaft zubereitet. Dem Volumen nach waren die Zuteilungen nicht abnormal klein, jedoch der Nährgehalt des Essens war sehr gering“ [32]).

[31]) WL P III h, Nr. 294 a (Dr. Levy).

[32]) Herrmann, S. 47.

Damals gab es täglich noch 350 Gramm Brot, zum Frühstück etwas Margarine oder Marmelade dazu und genügend ungezuckerten Kaffee, als Hauptmahlzeit einen 3/4 Liter Gemüsesuppe mit 3–4 Pellkartoffeln und etwas Fleisch, zum Abendessen zweimal wöchentlich eine dünne Suppe, an den anderen Tagen Brot. Seit Sommer 1944 jedoch verschlechterte sich die Verpflegung in Quantität und Qualität kontinuierlich, bis im Frühjahr 1945 der Hungertod an der Tagesordnung war. Der Hunger prägte dem Zusammenleben der Lagerinsassen seit Herbst 1944 den Stempel auf, er beherrschte das Fühlen und Denken, die Gespräche und das Handeln, „aus Menschen machte er inferiore Wesen“. Der Hunger vergiftete die Atmosphäre des Gemeinschaftslebens: Neid, Mißgunst, Egoismus und Korruption wurden in seinem Gefolge bestimmende Faktoren im Leben der Zwangsgemeinschaft. Seit Sommer 1944 reichten die zugeteilten Rationen nicht mehr aus, um das Leben zu erhalten. Jeder Lagerinsasse mußte sich daher bemühen, eine – wenigstens kleine – Aufbesserung der Tagesration zu erzielen. Rotekreuzpakete trafen selten im Lager ein. Die jüngeren Leute konnten versuchen, einen Platz im Küchenkommando zu bekommen, wo ihnen zwar anstrengende Arbeit abverlangt wurde, dafür aber die Möglichkeit geboten war, etwas zusätzliche Verpflegung für sich selbst und die Familienangehörigen zu beschaffen.

Daneben gab es den Tauschhandel[33]). In jedem Lagerteil innerhalb des Gesamtlagers gab es einen inneren Markt, der auf der primitivsten Wirtschaft, dem Tauschhandel, basierte. Alle Insassen des AL hatten Kleider und Schmuck und manche anderen Dinge mit ins Lager nehmen dürfen, einzelne Insassen erhielten Pakete, andere hatten die Möglichkeit, sich zusätzliche Nahrungsmittel zu beschaffen – so waren die Voraussetzungen gegeben, daß aus Angebot und Nachfrage ein Tauschhandel entstehen konnte. Man tauschte Brot gegen Suppe oder Brot gegen Zigaretten, man tauschte aber auch Schuhe oder Kleider gegen Lebensmittel. Im Neutralenlager war die Tauscheinheit eine Zigarette, im Sternlager eine Tagesration Brot – auf der Basis dieser Einheiten bildete sich jeweils eine feste Preisskala heraus (z. B. 1 kg Brot = 40 Zigaretten im Neutralenlager, 1 Portion Brot (300 g) = 16 Zigaretten im Sternlager), aber auch hier machte sich das Gesetz von Angebot und Nachfrage bemerkbar und führte zu Preisschwankungen; wenn etwa eine Reihe von Paketen eingetroffen war, gingen die Preise herab, blieb das Brot einmal aus, dann erhöhte sich der Brotpreis sprunghaft. Neben diesem inneren Markt innerhalb der einzelnen Lagerabteilungen bildete sich allmählich auch ein äußerer Wirtschaftsverkehr zwischen den einzelnen Abteilungen heraus. Da man im Neutralenlager größere Rationen an Essen und Zigaretten erhielt und im Sternlager mit seinem schlechten Ernährungszustand ein dringendes Bedürfnis danach bestand, tauschten die Insassen des Sternlagers Kleidungsstücke gegen Essensrationen ein. Diese Transaktionen

[33]) WL P III h, Nr. 294 (Dr. Levy); Tagebuch Laqueur, 22. 4. 1944.

besorgten die wenigen Bewohner des Neutralenlagers, die das Krankenhaus oder die zahnärztliche Sprechstunde im Sternlager aufsuchen durften. Auch zwischen Stern- und Ungarnlager wurden Tauschgeschäfte durchgeführt, später gelegentlich sogar zwischen den Insassen des Sternlagers und den Häftlingen.
Was bei diesen Tauschgeschäften herauskam, war indessen nur ein Tropfen auf einen heißen Stein und reichte nicht aus, eine Sicherung des Existenzminimums zu gewährleisten, zumal bei fortschreitender Hungersnot die meisten Insassen keine vertauschbaren Gegenstände mehr besaßen und der Tauschhandel daher immer mehr an Bedeutung verlor. So kam es, daß die meisten Lagerinsassen ihre sämtlichen Energien mobilisierten, um sich auf andere Weise zusätzliche Nahrungsmittel zu beschaffen. Es gab mancherlei Möglichkeiten in dieser Richtung, reelle und weniger reelle – wenn man sich die Verhältnisse im Lager vor Augen hält, wird man es begreiflich finden, daß jede dieser Möglichkeiten genutzt wurde. Es gab allerdings auch Menschen – das darf nicht vergessen sein –, die dem Sog zur Ausrichtung des ganzen Daseins auf die Sicherung eines Existenzminimums an Lebensmitteln widerstanden und bewundernswerte Beispiele unerschütterlicher Charakterfestigkeit gaben – angesichts der Situation eine Leistung, die zu vollbringen in *jeder* Gesellschaft nur wenigen Menschen vergönnt ist. Die Mehrzahl der Lagerinsassen vermochte das – verständlicherweise – nicht, und so kam es zu jenen Erscheinungen, die die Atmosphäre im Lager vergifteten und das innere Gefüge der Lagergemeinschaft schweren Belastungen aussetzten. Manche begnügten sich damit, diejenigen mit Neid und Mißgunst zu verfolgen, die sich etwas zusätzlich beschaffen konnten oder sonstwie besser gestellt waren. Andere dagegen ließen alle Hemmungen fallen und begingen Diebstahl an den Mitgefangenen, darunter Menschen, die früher nicht der geringsten Inkorrektheit fähig gewesen wären. Ein großer Teil bemühte sich, in ein günstiges Arbeitskommando zu gelangen oder auf dem Weg der Protektion seine Situation zu verbessern.
Es gab sie, die Protektion; und das Bild der Zwangsgemeinschaft BB wäre unvollständig, wenn nicht abschließend kurz die interne Hierarchie der Lagergemeinschaft skizziert würde. Unter den mehreren tausend Lagerinsassen des Sternlagers bildeten ein paar Dutzend die Lagerhierarchie (in den anderen Lagerabteilungen war es entsprechend). Zur Lageraristokratie gehörten die früher bereits erwähnten Mitglieder des Ältestenrats, allen voran der Judenälteste selbst; es gehörten dazu die Barackenältesten und ihr Stab, die Stubendienste, die die Essensrationen an die Barackenbelegschaft austeilten; ihnen stand ein ³/₄ Liter Suppe zusätzlich zu dem üblichen Liter für gewöhnliche Lagerinsassen zu. Auch die Ärzte erhielten gelegentlich Sonderrationen. Zur Aristokratie gehörten ferner die Inhaber der übrigen „Selbstverwaltungs“-Posten, der jüdische Arbeitsleiter, die Vorarbeiter der einzelnen Arbeitskommandos, die Mitglieder der Rechtskommission, die Leiter einzelner „Dienste“ innerhalb des Lagers (Lagerwache, Jugendbetreuung) – sie alle besaßen gewissen Einfluß und

eine gewisse Macht – eine sehr bescheidene und selbstverständlich nur gegenüber ihren Mitgefangenen – und hatten daher eher die Möglichkeit, sich gelegentlich einen Zusatz zur normalen Tagesration zu verschaffen. In größerem Stil machte von diesen Möglichkeiten vor allem die griechische Gruppe Gebrauch (allen voran der Judenälteste Albala selbst), die Griechen litten daher weniger Not als die übrigen Lagerinsassen und galten infolgedessen im Lager als korrupt.

Heute ist es möglich, die Berichte von Insassen des AL mit entsprechenden Berichten über die verschiedenen KL zu vergleichen, und man wird – bei aller gebotenen Vorsicht vor Verallgemeinerungen – feststellen dürfen, daß die Herrschaft der Lageraristokratie und die Korruption im AL nicht jene krassen Formen angenommen hat, wie sie für die verschiedenen KL durch verläßliche Zeugen belegt sind[34]). Gleichwohl bleibt es menschlich verständlich, daß die Insassen die Vormachtstellung einer bestimmten Gruppe und die Herrschaft einer Lageraristokratie überhaupt und deren Besserstellung als eine Provokation empfanden. Vor allem in einer Hinsicht unterschied sich die Lageraristokratie des AL jedoch positiv von den meisten KL: Während dort die SS-Führer es vielfach verstanden, die Gemeinschaft der Häftlinge aufzusplittern und einen Teil der Häftlinge – vor allem die kriminellen – auf ihre Seite zu ziehen, indem sie sie mit „Funktionen" betrauten (sie waren dann häufig mit die schlimmsten Peiniger der anderen Gefangenen), traten im AL die jüdischen Vorarbeiter und Kapos innerlich nicht auf die Seite der SS über und schlugen und mißhandelten ihre Mitgefangenen nur in sehr seltenen Fällen. Daß es gelang, die Verbindlichkeit gewisser Normen in den Beziehungen der Insassen untereinander zu behaupten, war vor allem ein Verdienst der „Rechtskommission", über die A. J. Herzberg in seinem Tagebuch ausführlich berichtet[35]). Die Bestrafung von Verfehlungen gegenüber der Lagergemeinschaft (Diebstahl, Beleidigung, Mißhandlung, Arbeitsverweigerung u. a. m.) stand dem Judenältesten zu, und dieser setzte eine „Rechtskommission" ein, die ihn in allen Fällen, in denen eine Strafe verhängt werden sollte, zu beraten hatte. In der Praxis jedoch fungierte die Rechtskommission als regelrechtes Gericht, sie verhandelte den Fall und sprach ein Urteil, das der Judenälteste generell zu ratifizieren pflegte. Mit der Durchführung und Beaufsichtigung der Strafvollstreckung beauftragte Albala den „Sachwalter für Rechtsangelegenheiten", den holländischen Rechtsanwalt A. J Herzberg[36]), der diese Aufgabe mit großem menschlichem Verständnis erfüllte. Auch die Rechtskommission bestand aus völlig integren Menschen, durchweg erfahrenen Juristen, und erwarb sich infolgedessen eine große Autorität im Lager. Durch die Argumentationen bei den Verhandlungen und durch die Urteile konnten die Mitglieder der Rechtskommission darauf hinwirken, daß auch in der Zwangsgemeinschaft die Existenz gewisser verbindlicher Maßstäbe anerkannt wurde.

[34]) s. bes. die im Literaturverzeichnis genannten Werke von Kogon, B. Kautsky, Burney u. a.

[35]) s. S. 267 ff., 275 ff.

[36]) s. S. 218.

Auch der Ältestenrat war bemüht, im Rahmen seiner Möglichkeiten zugunsten der Lagerinsassen tätig zu werden; da es für die erschöpften und hinfälligen Menschen eine Lebensfrage war, ob sie in einem leichten oder schweren Arbeitskommando arbeiten mußten, verhandelte der Ältestenrat mit der Lagerleitung und erreichte, daß einige neue Arbeitskommandos gebildet wurden, die der Ältestenrat als dringend erforderlich hinstellte, die in Wirklichkeit aber „leichte" Arbeitskommandos waren (Lagerreinigung, Lagerwache, Jugendbetreuung); in ihnen konnten daher einige hundert alte und erschöpfte Menschen untergebracht und der raschen Auspowerung entzogen werden. Auch das positive Wirken des stellvertretenden Judenältesten Joseph Weiß verdient in diesem Zusammenhang nochmals unterstrichen zu werden.

Diese Beispiele sind wichtig – denn *auch dies* gehört zum Bild der Zwangsgemeinschaft: daß der Demoralisierung und Korruption nicht das Feld einfach überlassen war, sondern daß einzelne und kleine Gruppen unter den Lagerinsassen den Kräften der Desintegration entschlossen und erfolgreich entgegenwirkten und von ihrem Platz aus versuchten, ordnend, helfend, vermittelnd tätig zu werden und an das Solidaritätsgefühl der Unterdrückten zu appellieren. Ihre Wirkungsmöglichkeiten wurden aber immer beschränkter; seit Ende Dezember 1944, als Ältestenrat und Rechtskommission ihrer Funktionen enthoben worden waren, konnten sie nicht mehr viel tun. Die Demoralisierung nahm immer mehr zu, die zerstörenden Kräfte gewannen die Oberhand.

Damit sind die wichtigsten Züge im Antlitz der Zwangsgemeinschaft BB beschrieben. Was an diesen Zügen spezifisch jüdisch ist, ist höchstens zweit- oder drittrangig – in den Grundlinien zeichnet sich das Bild einer Lagergemeinschaft ab, die überall und jederzeit entstehen kann und entstehen muß, wenn eine menschliche Gruppe, gleich welchen Volkstums, welcher Rasse, welcher Religion, zu einem Zusammenleben unter denselben Verhältnissen wie in BB gezwungen ist. Das entscheidende Charakteristikum der Zwangsgemeinschaft ist ihre beliebige Wiederholbarkeit an jedem Ort und zu jeder Zeit. Das gibt dem Bild des Lebens im Lager BB eine bestürzende und immer neue Aktualität.

III. Das Verhalten der SS-Leute im AL Bergen-Belsen

Die entscheidende Weichenstellung hinsichtlich Lageraufbau und Behandlung der Insassen war bereits bei der Errichtung des AL erfolgt: indem Himmler das AL der Amtsgruppe D des WVHA unterstellte, wurde es in das System der KL eingegliedert[37]); ein KL-Kommandant erhielt die Lagerführung übertragen, die

[37]) s. o. S. 37 ff.

Verwaltung des Lagers und die Bewachung der Insassen wurden in die Hände „bewährter" SS-Leute aus dem KL-Dienst gelegt. Daraus ergab sich zwangsläufig, daß das „Aufenthaltslager" in seiner inneren Organisation analog einem KL aufgebaut wurde, und es ist daher an dieser Stelle notwendig, diese innere Organisation der deutschen KL zu skizzieren.

Die SS-Leute, die im KL-Dienst tätig waren, gliederten sich in zwei Gruppen, die streng voneinander zu unterscheiden sind: Der größere Teil von ihnen gehörte den *Bewachungsmannschaften* der KL an; sie waren in Kasernen oder Baracken außerhalb des Lagers untergebracht und stellten die Wachposten auf den Lagertürmen und für die Arbeitskommandos außerhalb des Lagers; das eigentliche „Schutzhaftlager" betraten sie selten und benötigten dazu eine spezielle Genehmigung. Zahlenmäßig schwächer als die Bewachungsmannschaften war die andere Gruppe: das *Personal der* verschiedenen *Lagerkommandanturen*, das die Verwaltung des jeweiligen Lagers führte und innerhalb des Schutzhaftlagers „die Ordnung aufrechterhielt"; unter diesen befanden sich jene gefürchteten Sadisten, die den Häftlingen das Leben zur Hölle machten.

Bei Kriegsbeginn standen ungefähr 8000 SS-Männer im KL-Dienst, rund 7400 von ihnen gehörten den Bewachungsmannschaften an, rund 600 verteilten sich auf die Kommandanturstäbe der 6 KL, die damals existierten[38]). Im März 1942 waren es bereits 15 000 Mann Waffen-SS, die in den KL als Wachmannschaften und Kommandanturpersonal verwendet wurden[39]), im April 1945 betrug die Gesamtzahl rund 35 000 Mann, wobei das Verhältnis Kommandanturstab–Wachtruppe jeweils rund 1 : 10 war[40]). Die Bewachungsmannschaften – offiziell hießen sie „SS-Totenkopfwachsturmbanne" – wurden 1942 den Kommandanten der KL direkt unterstellt, die Trennung der Aufgabenbereiche wurde davon jedoch nicht berührt.

Wir betrachten zunächst diese Bewachungsmannschaften etwas genauer. Bis 1942 bestanden die Wachtruppen der KL ausschließlich aus SS-Leuten. Seit 1942 aber wurden diese SS-Männer in zunehmendem Maß an die Front abgegeben; ersetzt wurden sie zunächst durch Volksdeutsche aus Südosteuropa, die zur Waffen-SS eingezogen waren, durch Notdienstverpflichtete aus den Reihen des Kyffhäuserbundes, durch Landesschützen, dann aber auch – vor allem seit Sommer 1944 – durch kleinere Einheiten des Heeres und der Luftwaffe, die zum Bewachungsdienst in die KL abkommandiert und von der Waffen-SS regelrecht übernommen wurden, indem sie SS-Uniformen und SS-Soldbücher erhielten. Unter den rund 30 000 Mann Bewachungsmannschaften im April 1945 befanden sich nur noch rund 6000 eigentliche SS-Angehörige[41]). So bestand beispielsweise das Wach-

[38]) F. IV: V. Dok. Scheide Nr. 33 (Aff. Kaindl, 16. 7. 1946).

[39]) Dok. 750–D, IMT XXXV, S. 493 f. (Aff. Harbaum, 19. 3. 1946).

[40]) ebd.

[41]) F. IV: V. Dok. Scheide Nr. 33 (Aff. Kaindl, 16. 7. 1946); Dok. 747–D, IMT XXXV, S. 488 (Aff. Pauly, 15. 3. 1946); Dok. 748–D, IMT XXXV, S. 490 (Aff. Totzauer, 15. 3. 1946).

bataillon in Dachau nach 1942 zu 80 % aus ausgedienten älteren Soldaten vom Kyffhäuserbund, zu 20 % aus frontuntauglichen Leuten der Allgemeinen SS und der SA[42]); in Groß-Rosen setzten sich die Wachposten zu ca. 50 % aus Volksdeutschen und Litauern zusammen, die andere Hälfte waren ältere Reichsdeutsche, zu einem Teil Leute der Allgemeinen SS[43]). Im KL Gusen schließlich vollzog sich der Prozeß der allmählichen Ersetzung der ursprünglichen SS-Bewachungsmannschaften folgendermaßen: Bis Januar 1942 bestand die Wachtruppe aus Angehörigen der Allgemeinen SS und Angehörigen einer Totenkopfstandarte aus Wien; im Januar 1942 wurde der Wachtruppe als erstes volksdeutsches Kontingent eine Gruppe von Rumäniendeutschen zugeteilt, außerdem einige Leute des Kyffhäuserbundes; Anfang 1943 kamen Volksdeutsche aus Kroatien, im August/September 1943 Volksdeutsche aus Rumänien und Ungarn sowie eine Anzahl Ukrainer; Anfang 1944 wurden der Bewachungsmannschaft die ersten Einheiten der Luftwaffe, der Kriegsmarine und des Heeres eingegliedert, Ende 1944 erhielten diese Einheiten SS-Uniformen und SS-Soldbücher[44]). Ähnlich verhielt es sich mit der Bewachungsmannschaft des AL BB. Anfang 1944 bestand sie aus rund 150 SS-Leuten[45]), zu denen Ende Juni 1944 einige Angehörige der Wehrmacht kamen[46]). Am 12. 8. 1944 gingen 55 SS-Leute weg, dafür trafen weitere 65 Wehrmachtssoldaten ein[47]). Am 23. 11. 1944 wurde eine Gruppe von 30 Wehrmachtssoldaten aus Frankfurt nach BB abgeordnet; ihnen wurde am 25. 1. 1945 das Wehrmachtssoldbuch abgenommen, und am 1. 2. 1945 erhielten sie SS-Soldbuch und SS-Uniform[48]).

Diese Umbildung der Wachmannschaften wirkte sich zugunsten der Häftlinge aus. Die älteren Männer, die nunmehr zum Wachdienst in die KL abkommandiert wurden, verhielten sich im allgemeinen den Häftlingen gegenüber nicht aggressiv, es werden sogar Beispiele eines entgegenkommenden Verhaltens berichtet; solche Beispiele sind auch für BB mehrfach belegt[49]). Im Prozeß gegen die Funktionäre des WVHA sagte der Anklagezeuge Dr. Engler aus: „Diese meist älteren Leute haben die Häftlinge nicht so schlecht behandelt, jedenfalls nicht in dem Ausmaß, wie es die Wachmannschaften getan haben, die in den Jahren bis 1943 im Lager waren. Todesfälle durch Erschlagen, Erschießen, überhaupt durch Mißhandlungen kamen nicht mehr so häufig vor wie früher“[50]).

---

[42]) F. IV: V. Dok. Pook Nr. 20 (Aff. Tunger, 9. 7. 1946).

[43]) F. IV: V. Dok. Pook Nr. 19 (Aff. Klose, 9. 7. 1946).

[44]) F. IV: V. Dok. Pook Nr. 17 (Aff. Weber, 9. 7. 1946).

[45]) Herrmann, S. 33 (H. trennt nicht zwischen Kommandanturpersonal und Bewachungsmannschaft; ohne Kommandanturpersonal ca. 120).

[46]) Herrmann, S. 33; Tagebuch Laqueur, 28. 6. 1944.

[47]) Vogel, 12. 8. 1944.

[48]) The Belsen Trial, London etc. 1949, S. 308 (Mathes); Belsen Trial fernerhin als BT zitiert.

[49]) WL P III h, Nr. 555 (Heilbut), Nr. 803 (Stein); Collis-Hogerzeil, Straight on, London 1947, S. 47, 49; entspr. Zeugnis zugunsten v. Mathes s. BT, S. 479 f.

[50]) Prot. F. IV, S. 697.

Im Lager BB hatten die Lagerinsassen mit den Bewachungsmannschaften ohnehin kaum Berührung, da nur sehr wenige Arbeitskommandos außerhalb des Lagers arbeiteten, wo sie von diesen Mannschaften bewacht wurden; ansonsten sahen die Insassen von der Wachtruppe nur die Wachposten auf den Lagertürmen. In den Augenzeugenberichten über BB findet sich nur ein Fall, wo von den Wachmannschaften ein Übergriff begangen wurde: Weiß berichtet[51]) den Fall Josef Ivienskis, der von einem Posten am 23. 3. 1944 erschossen wurde, als er zur Latrine gehen wollte. SS-Leute legten den Toten dann in die neutrale Zone, um den Anschein eines Fluchtversuchs zu erwecken – dieser Vorgang wurde von 20 Lagerinsassen bezeugt, die vom Bekleidungslager aus zugesehen hatten. Weiß konnte in der Politischen Abteilung sechs Wochen später zufällig ein Dokument lesen, aus dem hervorging, daß gegen den Wachposten eine Gerichtsverhandlung stattgefunden hatte, bei der er freigesprochen worden war, da er in Erfüllung seiner Pflicht gehandelt habe; von den jüdischen Zeugen war keiner zur Verhandlung des SS-Gerichts geladen worden. Da weitere Vorfälle dieser Art nicht bekanntgeworden sind, dürfte es sich hierbei für BB um einen Einzelfall gehandelt haben. Nicht die Wachposten waren es, die den Lagerinsassen von BB das Leben zur Qual machten – das waren die SS-Leute des Kommandanturstabes; nahezu ausschließlich mit ihnen kamen die Insassen des AL in Berührung.

An der Spitze eines KL stand der Lagerkommandant[52]); er hatte volle Verfügungsgewalt über das KL im Rahmen der vom WVHA gegebenen Richtlinien und war diesem verantwortlich. Sein Adjutant sorgte mit der Adjutantur für die Durchführung der Kommandanturbefehle und für den amtlichen Verkehr mit allen vorgesetzten und nachgeordneten Dienststellen. Der Kommandantur unterstand: 1. der Verwaltungsführer, der die wirtschaftlichen Angelegenheiten des Lagers regelte; 2. der Schutzhaftlagerführer, der das Häftlingslager leitete und praktisch der unbeschränkte Herr der Gefangenen war[53]); 3. der Arbeitsdienstführer, dem die Lenkung und Organisation des Arbeitseinsatzes der Häftlinge oblag. Dem Schutzhaftlagerführer unterstand der Rapportführer, und diesem wiederum waren die Blockführer unterstellt; jeder dieser Blockführer hatte eine Anzahl von Baracken zu „betreuen“, d. h., er war für die „Aufrechterhaltung von Disziplin und Ordnung“ in diesen Baracken verantwortlich, führte die Kontrollen durch, überwachte den Appell usw. Diese Blockführer waren bis auf ganz wenige Ausnahmen üble Gesellen, die man ihrer sadistischen Veranlagung wegen für diese Posten ausgesucht hatte; sie terrorisierten die Häftlinge in unbeschreiblicher Weise. Nicht viel besser waren die Kommandoführer, die dem

---

[51]) RvO c (11) (Weiß, 30. 9. 1945).

[52]) Zu diesem Abschnitt vgl. Kogon, S. 60 ff.

[53]) In den größeren Lagern gab es mehrere Schutzhaftlagerführer, die einander täglich in der Leitung abwechselten; zur Funktion des Schutzhaftlagerführers vgl. auch Höß, S. 91 f.

Arbeitsdienstführer unterstanden und die Arbeitskommandos der Häftlinge beaufsichtigten. Blockführer und Kommandoführer waren in allen KL – auch im Lager BB – Leute niedrigen SS-Ranges, meist Rotten- oder Unterscharführer, also im Gefreiten- bzw. Unteroffiziersrang, in ihnen trat den Häftlingen Hitler-Deutschland in spezifischer Ausprägung entgegen. Neben der Lagerführung gab es in jedem KL noch die Politische Abteilung; sie unterstand nicht direkt dem Lagerkommandanten, sondern war für einzelne Bereiche nur an die Weisungen des RSHA gebunden; ihr Einfluß war in BB besonders stark, weil die „Austauschjuden" dem RSHA unterstellt waren. Die Politische Abteilung unter SS-USTF Frericks hatte die einzelnen „Kategorien" der Austauschjuden zu sichten, Austauschlisten aufzustellen – soweit das nicht in Berlin geschah –, Sonderappelle durchzuführen, Überstellungen von einer Lagerabteilung zur andern durchzuführen; in der Politischen Abteilung befand sich die Kartothek der Lagerinsassen, wurden die Sterbefälle beurkundet und die Fakten für die politische Sonderbehandlung registriert. Die Direktiven über das weitere Schicksal der einzelnen Kategorien von Austauschjuden gingen direkt vom RSHA an die Politische Abteilung, sie gehörten nicht zur Kompetenz der Lagerleitung[54]). Das Kommandanturpersonal bestand in den kleineren Lagern – wie BB – insgesamt aus ein paar Dutzend SS-Leuten, in den größeren Lagern, wie z. B. Auschwitz, waren es mehrere hundert. Die Angehörigen der Kommandanturstäbe wurden kaum an die Front versetzt, sie mochten noch so jung und fronttauglich sein. Erst in der letzten Kriegsphase wurden einzelne SS-Leute des Kommandanturpersonals zu Feldeinheiten versetzt und durch ältere, nicht frontdiensttaugliche Männer ersetzt[55]), auch in BB war das der Fall[56]); diese älteren, ruhigen Männer fanden in den Lagern jedoch nur in untergeordneten Verwaltungsstellen Verwendung; die für die Behandlung der Lagerinsassen entscheidenden Positionen, die Blockführer- und Kommandoführerposten, blieben bis zum Schluß in den Händen der „bewährten" Kräfte, ebenso selbstverständlich die gehobeneren Positionen der Rapport-, Schutzhaftlager- und sonstigen Führer.

Wir wissen über die Angehörigen des Kommandanturstabes, die 1943/44 im AL BB regierten, leider nur sehr wenig. Kein einziger von ihnen wurde – soweit bekannt – nach 1945 verhaftet[57]), geschweige denn vor Gericht gestellt. Wir besitzen daher nur die Aussagen in den Augenzeugenberichten. Nur über den Lagerkommandanten Haas haben wir einige Kenntnis der biographischen Fakten, da die SS-Personalakte erhalten ist[58]). Adolf Haas, geb. 14. 11. 1893 in

[54]) vgl. o. S. 40.

[55]) F. IV: V. Dok. Scheide Nr. 33 (Aff. Kaindl, 16. 7. 1946).

[56]) WL P III h, Nr. 282 (Rosenberg), Nr. 555 (Heilbut); Collis-Hogerzeil, S. 47, 49.

[57]) Im „Belsen-Prozeß" standen nur SS-Leute vor Gericht, die erst in den letzten Wochen vor Kriegsende nach BB gekommen waren.

[58]) DC SS-Personalpapiere Adolf Haas.

Siegen, war von Beruf Bäcker und betrieb eine Bäckerei in Hachenburg (Westerwald). Am 1. 12. 1931 wurde er Mitglied der NSDAP, was auf eine einigermaßen fanatische nationalsozialistische Einstellung schließen läßt, weil die NSDAP zu diesem Zeitpunkt im überwiegend katholischen Westerwald noch keinen nennenswerten Anhang besaß. Am 8. 4. 1932 trat er auch der SS bei und baute die SS im Ober- und Unterwesterwaldkreis auf, 1935 wurde er hauptamtlicher SS-Führer. In einer Beurteilung über ihn aus dem Jahre 1937 heißt es allerdings sehr kritisch: „Seine Verwendung in höheren Stäben oder überhaupt höheren Dienststellen ist nicht gegeben. Bei den wachsenden Anforderungen, die an einen SS-Führer gestellt werden müssen, wird jedoch in späterer Zeit auch seine Belassung in der jetzigen Dienststellung in Frage gestellt sein. Sein Können liegt im besonderen in der Beherrschung der Kommandosprache sowie im Exerzierdienst, sein Auftreten führt leicht zu einer Überschätzung seiner Person und seines Könnens." Diese Qualitäten mögen es gewesen sein, denen Haas seine Kommandierung „zur probeweisen Dienstleistung beim Inspekteur KL" am 1. 3. 1940 zu verdanken hatte; bei höheren Dienstgraden der Allgemeinen SS (Haas war damals Sturmbannführer) kam eine Kommandierung in den Kommandanturstab eines KL nicht allzu häufig vor. Und Haas bestand die Probe. Er war kurze Zeit Schutzhaftlagerführer im KL Sachsenhausen, wurde dann Kommandoführer des Außenkommandos Wewelsburg und Lagerkommandant, als dieses Außenkommando in den Rang eines selbständigen KL erhoben wurde. Der Inspekteur KL bescheinigte ihm, daß er sich „als Reserveführer überraschend gut in die Spezziallaufbahn des KL-Dienstes hereingefunden hat". Wie sich dieses „Hereinfinden" in den KL-Dienst in der Praxis ausgewirkt hat, zeigen die Sterbeziffern des KL Niederhagen[59]).
Höß charakterisiert Haas als einen „finsteren, undurchsichtigen Mann, der in BB nach Gutdünken schaltete und waltete und am baulichen Zustand und den trüben hygienischen Verhältnissen nichts änderte"[60]). Ein Insasse des AL, der mit dem Palästina-Austausch Ende Juni 1944 das Lager verließ und noch 1944 einen Bericht publizierte, sieht Haas etwas günstiger: „Er hatte Gefallen an gutem Essen und einigen Gläschen Wein, mehr als an seinen Juden. Er gehörte zu den Typen, die wenig tun, aber immer den Eindruck zu erwecken verstehen, als litten sie sehr unter der Last der Arbeit. Die vier Sterne an seinem Rockkragen gaben ihm die Legitimation für den Besitz eines dicken Bauches. Er war kein Judenfresser, dazu fehlte ihm das Temperament. Die Juden betrachtete er als notwendiges Übel, er hatte mit ihnen nur Arbeit und Ärger. Schimpfworte gegen Juden gebrauchte er jedoch nicht"[61]). Es scheint, daß diese Charakteristik den Lagerkommandanten des AL etwas verharmlost. Zumindest wirkte sich seine Bequemlichkeit höchst verhängnisvoll für das Lager aus. Er vermochte

59) s. o. S. 42.
60) Höß, S. 135.
61) Herrmann, S. 40.

beim WVHA nicht einen schnellen und einwandfreien Ausbau des Lagers durchzusetzen, sondern ließ die Dinge treiben, so daß sich bei seiner Abberufung aus BB das AL hinsichtlich der sanitären Anlagen und der Ausstattung der Baracken in einem wesentlich schlechteren Zustand befand als selbst die eigentlichen KL. Das zugegebenermaßen geringe Interesse des WVHA am Ausbau des AL gibt hier kein überzeugendes Alibi ab, denn als im Sommer 1944 im Lager eine Reihe neuer Baracken gebaut wurde, wies der stellvertretende Judenälteste Weiß Lagerkommandant Haas darauf hin, WC, Latrinen und Waschgelegenheiten zu bauen – Haas lehnte das ab, obwohl sich ausreichend Material für diese Anlagen in den Depots befand und dort bis zum Kriegsende lagerte[62]). Durch das Fehlen sanitärer Anlagen wurde später die Ausbreitung der Epidemien begünstigt. Selbst die unbrauchbar gewordenen Wasserhähne ließ Haas nicht reparieren. Auch für die Art, in der die Insassen des AL durch das SS-Personal behandelt wurden, kann Haas kein Entschuldigungsargument geltend machen. Der Kommandant eines KL hatte in der Führung des Lagers einen wesentlich größeren Ermessensspielraum, als das die nach 1945 angeklagten Lagerkommandanten zugegeben haben; das Ausmaß, in dem die Häftlinge mißhandelt und schikaniert wurden, hing von Verhalten und Einstellung des Lagerkommandanten ab, da er – nicht nur theoretisch, sondern tatsächlich – gegen die ihm unterstellten SS-Männer disziplinarisch vorgehen konnte, wenn diese sich schwerer Übergriffe gegenüber den Häftlingen schuldig machten. Die Insassen des AL (es ist hier und im folgenden hauptsächlich von den Insassen des Sternlagers die Rede, die 1944 die Mehrheit darstellten) wurden durch die Schuld des Lagerkommandanten Haas wie Häftlinge behandelt, sie wurden von den Block- und Kommandoführern geprügelt und schikaniert – obwohl die „Richtlinien" für die Behandlung im AL BB sehr wohl eine mehr den Interniertenlagern angepaßte Behandlung der Insassen erlaubt hätten[63]). Dasselbe gilt für die Praktizierung des Arbeitszwangs. Die „Richtlinien" schrieben nur sehr vage vor: „Die Heranziehung zur Arbeit vollzieht sich in normalen Bahnen." Unter „normalen Bahnen" konnte man vieles verstehen. Haas verstand darunter den Arbeitszwang (im Sternlager) zunächst selbst für 75- und 80jährige Greise, dann für alle Männer zwischen 15 und 65 Jahren, alle Frauen zwischen 15 und 55 Jahren[64]). Es muß jedoch eine Bestimmung bestanden haben, daß nur ein bestimmter Prozentsatz der Insassen zu den Arbeitskommandos eingeteilt werden durfte; denn während 1944 normalerweise 1800 Personen des Sternlagers sich auf die 40 Arbeitskommandos verteilten, wurde diese Zahl jedes Mal auf 600 reduziert, wenn höhere SS- oder Wehrmachtsführer dem Lager einen Besuch abstatteten. Der stellvertretende Judenälteste Weiß erfuhr dazu, daß im Lager

---

[62]) RvO c (11) (Weiß, 30. 9. 1945).
[63]) s. S. 210 ff.
[64]) Herrmann, S. 41 ff.

nur die notwendigsten Arbeiten durch zahlenmäßig beschränkte Kommandos verrichtet werden durften und deshalb bei Besichtigungen nur diese vorgeschriebene Anzahl gestellt wurde[65]).

Verschiedene Anzeichen deuten darauf hin, daß eine bessere Behandlung der Insassen offiziell vorgeschrieben war, daß aber Haas von sich aus seit Anfang 1944 einen stärker konzentrationslagermäßig geprägten Stil der Behandlung anwandte. Einem Angehörigen des „Theresienstädter Transports", der im September 1943 nach BB gekommen war[66]), fiel auf, daß die Neuankömmlinge des großen Transports aus Westerbork vom 11. 1. 1944 von Anfang an schlechter behandelt wurden als die Angehörigen früherer Transporte; es wurden ihretwegen neue Arbeitskommandos gebildet, um sie alle zur Arbeit schicken zu können, und selbst alte Männer mußten anstrengende Außenarbeiten verrichten. Die Wachen verlautbarten dazu, nach der Abreise der „Theresienstädter" (25. 1. 1944) werde ein anderer Wind im Lager wehen. Und er wehte.

Die allerschlimmsten Mißhandlungen zwar waren selten. Auspeitschen auf dem Bock, Totschlagen und sadistisches Zutodequälen, diese Methoden, die in den KL an der Tagesordnung waren, werden aus dem AL BB nicht berichtet. Für das Jahr 1944 mag gelten, was Herrmann sagt: „Anbrüllen, Drohungen, Beschimpfungen gehörten zur täglichen Kost, die Behandlung durch die SS-Leute war ruppig, man wurde getreten und geschlagen. Ernstliche Verletzungen kamen glücklicherweise nicht vor, abgesehen von einem Fall ... Verschiedene Umstände berechtigen zu der Annahme, daß ihnen Mißhandlungen verboten waren"[67]). Dafür bedienten sich die SS-Leute des Kommandanturstabes mit um so größerer Virtuosität einer Vielzahl von Schikanen, die – da sie auch gegen alte und kranke Menschen, gegen Frauen und Kinder angewandt wurden – im Endeffekt den Tod vieler Menschen zur Folge hatten.

Am verhaßtesten bei den Lagerinsassen war der Arbeitsdienstführer Fritz Rau, von Beruf Steinmetz, ca. 30 Jahre alt, der vorher in gleicher Funktion im KL Niederhagen tätig gewesen war; Weiß nennt ihn den „größten Sadisten von allen SS-Leuten, Liebling von Haas"[68]) und ist der Meinung, daß von den 975 Sterbefällen im Sternlager mehr als 50 % indirekt von Rau verschuldet seien – eine Feststellung, die in dem sachlichen Bericht eines so ruhigen Mannes wie Weiß sehr schwer wiegt. Rau holte kranke Häftlinge, die von den Ärzten behandelt wurden, aus dem Krankenbau heraus und schickte sie zur Arbeit; er bediente sich dabei der Hilfe der Blockführer Hamer und Müller, die von den Lagerinsassen besonders gefürchtet wurden, weil sie die wüstesten Schläger waren. Von Rau stammte der Befehl, daß alle Kranken zum Morgenappell erscheinen mußten, ohne Rücksicht auf Fieberhöhe und Witterung. Als Weiß

---

[65]) RvO c (11) (Weiß, 30. 9. 1945); vgl. auch Herzberg, Kroniek, S. 225.

[66]) RvO c (64) 09 (Joseph).

[67]) Herrmann, S. 35 f. (Zeit bis Ende Juni 1944).

[68]) RvO c (11) (Weiß, 30. 9. 1945), c (11) 09 (Marx); ferner: Judenausrottung ..., S. 38.

beim Lagerkommandanten gegen diese Anordnung protestierte, befahl dieser, die Kranken sollten sich morgens vor dem Appell beim Arzt melden. Rau jedoch verfügte: „Wer krank ist, bestimme ich“ und übte Vergeltung, indem er diejenigen, die sich krank melden wollten, im Krankenbau abfing, ehe die Ärzte sie untersuchen konnten, und sie mit Stockschlägen aus dem Krankenbau hinaustrieb. Eine andere seiner Spezialmethoden bestand darin, daß er die Kranken, die sich beim Morgenappell meldeten, stundenlang in Kälte und Regen stehen ließ, während er selbst in der Zwischenzeit die Kommandos losschickte und Besprechungen abhielt. Ohne Anlaß diktierte er manchen Leuten drei oder mehr Tage Brotentzug zu, was bei der schlechten Ernährungslage die Bestraften an den Rand des Abgrunds brachte.

Schutzhaftlagerführer Trenkle, auch ein gefürchteter Schlägertyp, hatte ebenfalls eine Spezialmethode der Mißhandlung: An-den-Zaun-Stellen (auch die anderen SS-Leute konnten diese Strafe verhängen); Dutzende, ja einige Male Hunderte von Menschen ließ er aus nichtigem Anlaß in der Mittagspause zwischen 11.45 und 12.30 Uhr am Zaun stehen oder abends nach der Arbeit – ohne Essen, ohne Jacke auch in der Kälte[69]). Als im August 1944 im Sternlager die zweistöckigen Betten durch dreistöckige ersetzt werden mußten, wollte Weiß einfach aufstocken, da nach oben genug Platz vorhanden war; Trenkle jedoch ordnete an, den Abstand der beiden unteren Stockwerke auf 40–50 Zentimeter herabzusetzen und die Bettpfosten entsprechend abzusägen, so daß die Bewohner des ersten und zweiten Stockwerks auf ihrer Bettstelle nicht mehr sitzen konnten.

Übel betätigten sich auch die Kommandoführer. Der Oberscharführer Gaus, der das Schuhkommando leitete, schlug mit ledernen Riemen und zwang mehrmals die Frauen, die im Schuhkommando arbeiteten, sich auf dem schmutzigen Boden niederzulegen; er verschärfte auch die „Latrinenvorschrift“, indem er den 200 Frauen des Schuhkommandos nur in der Zeit von 9.00 bis 9.10 Uhr und 15.00 bis 15.10 Uhr die Benutzung der 14 primitiven WCs erlaubte[70]). Der Kommandoführer Redderhase (oder Reddhaser), der zeitweilig auch das Schuhkommando leitete, später sogar Rapportführer wurde, trieb die Kommandos stets mit Peitschen- und Stockschlägen an und wurde berüchtigt durch die Bestrafung von zwei Gefangenen, die während eines Fliegerangriffs nicht gearbeitet hatten: Sie mußten zwei Stunden stehen, den Rücken zur Erde gebeugt, mit den Händen den Boden berührend. Er war es auch, der bei Umzügen von einer Baracke in die andere Kinder, Alte und Kranke mit dem Revolver in der Hand aus der Baracke trieb[71]). Die „Umzüge“ waren ein beliebter Sport des Kommandanten; sie wurden ganz plötzlich angeordnet, wenn ein Transport angekommen war, der im Lager untergebracht werden mußte. Die Umzüge

---

[69]) RvO c (11) (Weiß, 30. 9. 1945); Herzberg, Tweestromenland, S. 95 (29. 8. 1944).

[70]) RvO c (11) 09 (Marx), c (11) (Weiß); WL P III h, Nr. 529 (Anonym).

[71]) RvO c (11) 09 (Marx; de Heer; Weiß); WL P III h, Nr. 529 (Anonym).

wurden innerhalb von zwei bis drei Stunden in der brutalsten Weise durchgeführt und hatten jedesmal das Ergebnis, daß die Insassen noch enger zusammengepfercht wurden, als es zuvor der Fall war.
Auch bei der Porträtierung des SS-Personals darf nicht pauschal verallgemeinert werden; in verschiedenen Berichten wird ausdrücklich erwähnt, daß der Küchenchef der Küche I, Scharführer Theo ... (es ist nur der Vorname bekannt), bei den Lagerinsassen beliebt war; er habe für die Gefangenen getan, was er konnte, zum großen Mißfallen von Arbeitsdienstführer Rau[72]). Ähnliches mag auch noch auf den einen oder andern Mann des Kommandanturpersonals zutreffen[73]). Aber das war doch die Ausnahme von einer sehr trüben Regel. Unsere Beispielreihe – die sich beliebig verlängern ließe – zeigt jedenfalls zur Genüge, in welchem Stil die Angehörigen des Kommandanturstabes die Austauschjuden im „Vorzugslager" behandelten.

---

[72]) WL P III h, Nr. 529 (Anonym); Vogel, passim.
[73]) s. die in Anm. 49 genannten Belegstellen.

5. Kapitel

Die Austauschtransporte

I. Der Palästina-Austausch

Für die Insassen des AL besaß das Wort „Austausch“ einen Zauberklang[1]). Vor der Überführung in das Lager BB hatten die SS-Funktionäre ihnen versprochen, von diesem Lager aus würden sie in Kürze gegen deutsche Internierte ausgetauscht werden und ins Ausland reisen. BB erschien ihnen daher zunächst als das Tor zur Freiheit. Aber nur für wenige Insassen des AL erfüllten sich diese Hoffnungen: Für 357 von ihnen wurde der Austausch Wirklichkeit[2]) – das war ein kleiner Bruchteil der 4000–5000 „Austauschjuden“, die sich in BB befanden, und eine unscheinbar winzige Zahl im Vergleich mit den Millionen von Juden, die in den Vernichtungslagern ermordet wurden. Wenn also diese Austauschtransporte im Rahmen der nationalsozialistischen „Endlösung“ eine höchst periphere Bedeutung besaßen, so müssen sie doch innerhalb einer Geschichte des Lagers BB eingehender betrachtet werden: Wenn es auch nur eine sehr kleine Anzahl von Menschen war, die auf dem Wege des Austausches vor der Vernichtung gerettet wurde, so verdient trotzdem das Schicksal dieser Geretteten Beachtung.

Der erste Austauschtransport aus dem Lager BB ging nach Palästina. Daß es zu einem „Palästina-Austausch“ kommen konnte, war nicht von vornherein selbstverständlich: Die offizielle deutsche Palästinapolitik, wie sie vom AA im Einvernehmen mit dem RSHA vertreten wurde, ging von der Prämisse aus, daß Palästina ein arabisches Land sei, und es wurde daher seit Kriegsbeginn von deutscher Seite aus alles getan, um jegliche Einwanderung von Juden aus dem deutschen Machtbereich nach Palästina – den Arabern zuliebe – generell zu

---

[1]) Herrmann, S. 35.

[2]) Diese 357 Insassen wurden wirklich „ausgetauscht“; von BB ins Ausland reisten außerdem die 1685 Ungarn – s. u. S. 93 ff. – und einige hundert neutraler Juden; ferner kamen ein paar hundert Insassen von BB in (relativ) erträgliche Interniertenlager.

verhindern. In dieser Frage bestand völlige Einigkeit zwischen dem RSHA und dem AA – an anderer Stelle wurde gezeigt, welchen Aufwand der Referatsleiter der Abteilung Deutschland im AA, Rademacher, betrieb, um die Ausreise von ein paar Dutzend jüdischen Kindern aus Ungarn und Rumänien nach Palästina unmöglich zu machen[3]). Rademachers Nachfolger v. Thadden gab diesem an Radikalismus und Inhumanität nichts nach: Als das Internationale Rote Kreuz im März 1944 das AA um Freigeleit für ein türkisches Schiff ersuchte, das einige jüdische Kinder aus Rumänien nach Palästina bringen sollte, entwarf v. Thadden eine Weisung an den deutschen Generalkonsul in Genf und bat den Staatssekretär, den Text zu genehmigen: „Deutscherseits kann jüdische Einwanderung nach Palästina nicht unterstützt werden, da Palästina arabisches Land. Gewährung Freigeleits für beabsichtigte Judentransporte kommt daher nicht in Betracht“[4]). Mit dieser Einstellung der Abteilung Deutschland bzw. der Gruppe Inland II ging die Politische Abteilung, in der die alten Beamten dominierten, völlig konform. Der Abteilungsleiter Woermann bestritt im Wilhelmstraßenprozeß diese Tatsache nicht, machte nur geltend, daß in diesem Fall „die politischen Umstände und die politischen Erwägungen zum selben Ergebnis führten wie die aus ganz anderen Motiven entspringenden Gedanken, die die Judenpolitik betrafen“[5]). So subtil diese Argumentation ist, so wenig kann sie darüber hinwegtäuschen, daß – Motive hin, Motive her – die Haltung des AA im Effekt die Rettung einzelner Gruppen von Juden aus den mit Deutschland verbündeten Staaten unmöglich gemacht hat.

Der Anstoß zum Palästina-Austausch kam von einer anderen Seite. Himmler unterstand nicht nur das gesamte Polizei- und Sicherheitswesen, sondern er war in seiner Eigenschaft als „Reichskommissar für die Festigung des deutschen Volkstums“ auch oberster Leiter der deutschen Volksgruppenpolitik[6]). Er interessierte sich aus diesem Grunde für die deutsche Volksgruppe in Palästina, die etwa 2000 Menschen umfaßte. Eine Anzahl dieser Palästinadeutschen war vor Kriegsausbruch zur Erfüllung ihrer militärischen Dienstpflicht nach Deutschland zurückgekehrt und stellte nach Kriegsbeginn beim AA den Antrag, es möchten Schritte unternommen werden, damit sie ihre in Palästina zurückgebliebenen und dort inzwischen internierten Angehörigen nachkommen lassen könnten[7]). Die Rechtsabteilung des AA schlug vor, diese deutschen Familien in Palästina gegen Familienangehörige von Juden, die nach Palästina ausgewandert waren, auszutauschen. Der Plan fand Himmlers Billigung, da Himmler der Auffassung

---

[3]) s. o. S. 30.

[4]) NG-4963: Erlaßentwurf AA (Inland II, gez. v. Thadden) v. 29. 3. 1944.

[5]) Prot. F. XI, S. 11 485; ferner S. 11 364.

[6]) s. darüber: Robert L. Koehl, RKFDV – German Resettlement and Population Policy 1939 – 1945, Cambridge 1957; ferner: H. Buchheim, Die SS in der Verfassung des Dritten Reiches, in: Vierteljahreshefte für Zeitgesch. III (1955), S. 127–157, bes. S. 150 ff.

[7]) F. XI: V. Dok. We Nr. 504 (Aff. Kröning, 6. 10. 1948).

war, die deutsche Volksgruppe könne unmöglich in Palästina bleiben, sondern müsse nach dem Krieg zurückgeführt und mit den Südtiroler Umsiedlern zusammen irgendwo in Mittel- oder Osteuropa „angesetzt“ werden[8]); so stimmte er der Rückführung eines Teils der Palästinadeutschen schon während des Krieges auf dem Wege des Austausches zu.

Da die britische Regierung auf den deutschen Vorschlag einging, reiste ein Beamter der Paßabteilung im RSHA (Oberregierungsrat Kröning) nach Polen und suchte eine entsprechende Anzahl von Familienangehörigen jüdischer Auswanderer nach Palästina, die den Wunsch hatten, nach Palästina auszureisen. Das Vorhaben gelang, und der Austausch kam zustande, Krönings Erinnerung nach im Jahr 1941. Alsbald hinterher fand ein zweiter Austausch auf gleicher Grundlage, aber mit höheren Zahlen statt[9]). Im Juli 1942 befanden sich von den rund 2000 Palästinadeutschen etwa 600 in Deutschland, davon 200 bei der Wehrmacht; die übrigen waren teils in Palästina interniert, teils in Internierungslager nach Australien verbracht worden[10]). Am 13. 11. 1942 traf im Rahmen einer weiteren Austauschaktion eine dritte Gruppe von Palästinadeutschen in Wien ein, die von Beamten des SD sofort genau über die Zustände in Palästina verhört wurde[11]).

Diese drei Austauschaktionen haben eine weitreichende Auswirkung gehabt, weil der Leiter der Rechtsabteilung im AA, Albrecht, sie im Februar 1943 bei der Formulierung des „Erlasses betr. Behandlung von Juden ausländischer Staatsangehörigkeit“ als Beispiele positiv verlaufener Austauschmaßnahmen in den Vordergrund rückte[12]); insofern geht möglicherweise das ganze Austauschprogramm, in dessen Rahmen mehrere tausend Juden aus ganz Europa nach BB kamen, auf diese drei Aktionen zurück.

Die im November 1942 durchgeführte Austauschaktion hat schicksalhafte Bedeutung für mehrere tausend holländische Juden gewonnen, denn durch sie wurden die holländischen Juden erstmalig auf die Möglichkeit eines Palästina-Austausches aufmerksam. Eigentlich war das mehr oder weniger einem Zufall zu verdanken[13]): Beim Schweizer Konsulat in Amsterdam, das in den Niederlanden die Schutzmachtinteressen von etwa 20 kriegführenden Staaten wahrnahm, arbeitete als finanzieller Berater ein 1933 aus Deutschland emigrierter Jude, Helmuth Mainz; an ihn wandte sich im Sommer 1942 eine Bekannte mit

---

[8]) IfZ MA 3 (9), F 97 (Bestand Himmler Pers.-Stab): Schreiben Himmlers v. 2. 5. 1941; im Jahre 1942 entschied Himmler, daß die Palästinadeutschen nach Kriegsende an der Südküste der Krim angesiedelt werden sollten (NO–2209, NO–2417).

[9]) F. XI: V. Dok. We Nr. 504 (Aff. Kröning, 6. 10. 1948).

[10]) NO–2417: Schreiben Gauleiter Frauenfeld an RF-SS v. 27. 7. 1942.

[11]) IfZ MA 3 (9), F 97 (Bestand Himmler Pers.-Stab): Schreiben Chef Sipo und SD (gez. Schellenberg) an RF-SS.

[12]) s. o. S. 26 ff.

[13]) Für das folg.: WL P III h, Nr. 722 (Mainz), YW 03/947 (Weiß, 19. 3. 1958); ferner: Herrmann, S. 12, 16 ff.; Harari, S. 73 ff.

der Frage, ob das Schweizer Konsulat sie auf die Liste für den Palästina-Austausch setzen könne, da sie ein Palästinazertifikat besitze. Solche „Palästinazertifikate“ waren sehr begehrte Dokumente, denn seitdem die britischen Mandatsbehörden 1939 die jüdische Einwanderung nach Palästina rigoros eingeschränkt hatten[14]), konnten längst nicht mehr alle einwanderungswilligen Juden nach Palästina einreisen, sondern man mußte sich lange und intensiv um eine Einreisegenehmigung bemühen. Die von der britischen Regierung zugestandenen Kontingente von Einreisevisa für Juden waren deshalb schon auf lange Sicht vergeben: Das „Palästinazertifikat“ begründete die Anwartschaft auf ein Einreisevisum nach Palästina zu gegebener Zeit. In besagtem Fall leitete Mainz das Gesuch seiner Bekannten weiter, obwohl er sehr skeptisch war, denn diese Frau besaß ja nur ein Einwanderungszertifikat, nicht aber die Staatsbürgerschaft von Palästina, wie das streng genommen bei einer Austauschaktion Voraussetzung hätte sein müssen. Im Oktober 1942 traf die Antwort des RSHA ein: Überraschenderweise wurde angeordnet, diese Frau solle dem Palästinatransport angeschlossen werden, der eben in jenen Tagen in Westerbork zusammengestellt wurde und aus ca. 10–12 Frauen und Kindern bestand, die bereits in Palästina gewohnt hatten. Im November wurde diese Gruppe tatsächlich nach Palästina ausgetauscht.

Mainz hatte seine Bekannte gebeten, weitere Palästinazertifikate für holländische Familien zu besorgen, und stellte Listen von Zertifikatsbesitzern auf, die das Schweizer Konsulat nach Berlin weitergab. Im Dezember 1942 erfuhr Mainz von Legationsrat Bertram beim Vertreter des AA Den Haag, daß die deutsche Regierung an einem Zustandekommen der Austauschaktion zwischen Deutschen aus Palästina gegen Juden ein großes Interesse habe, da viel mehr Volksdeutsche im Ausland als englische Austauschobjekte in Deutschland und den besetzten Gebieten vorhanden seien. Daraufhin erweiterte Mainz den Kreis der für einen Austausch vorzuschlagenden Personen: alle in Holland lebenden Juden, deren Ehegatten, Eltern, Kinder oder sonstige nahe Verwandte in Palästina ansässig waren, außerdem alle Personen, die ein abgelaufenes Palästinazertifikat oder ein Rückreisevisum besaßen.

Von nun an wuchs das Interesse der holländischen Juden an Palästina, das „bis dahin sehr wenig für sie bedeutet hatte“[15]). Die von Mainz erstellten Listen wurden von den deutschen Behörden akzeptiert, die angemeldeten Personen wurden in Westerbork vom Abtransport nach Auschwitz gesperrt und erhielten die Genehmigung, über das Rote Kreuz ihre Angehörigen in Palästina telegrafisch um die Beschaffung eines Zertifikates zu bitten. Nach und nach trafen verschiedene Arten von Palästinadokumenten in Westerbork ein. Am wirkungs-

---

[14]) s. dazu: Schreiben der britischen Regierung an das Generalsekretariat des Völkerbundes v. 20. 5. 1939 (Série de Publication de la Société des Nations VI A, Mandat 1939 VI, A 1).

[15]) Taubes, Persecution of the Jews in Holland 1940–1944, London 1945, S. 18.

vollsten war ein Dokument, aus dem die Erteilung der sog. Zertifikatsnummer hervorging – selbst im Sommer 1943 waren nicht viele derartige Dokumente im Umlauf. Daneben gab es eine Reihe weniger „guter“ Palästinapapiere: ein Schreiben des Palästinaamtes in Genf, daß wegen Erlangung eines Zertifikats Schritte unternommen seien, oder den sog. „Dr.-Albersheim-Brief“, in dem Dr. Albersheim vom Judenrat Amsterdam die Anmeldung zum Austausch bestätigte – von dieser Sorte gab es Mitte 1943 ca. 1200. Insgesamt standen rund 1500 Personen auf den sechs Palästinalisten. Im Juli 1943 wurden in Westerbork alle Palästinadokumente genau überprüft, der „Dr.-Albersheim-Brief“ wurde für hinfällig erklärt, so daß von den rund 1500 „Sperrungen“ für den Palästina-Austausch nur 350 in Kraft blieben. Viele von denen, deren „Sperrung“ jetzt aufgehoben wurde, mußten in den folgenden Monaten die Fahrt nach Auschwitz antreten. Die Zahl der Palästinastempel stieg in der zweiten Hälfte des Jahres 1943 durch das Eintreffen weiterer Zertifikatsnummern wieder an, schließlich waren es 1297 Personen, die wegen eines möglichen Palästina-Austausches gesperrt waren und seit Januar 1944 alle ins AL BB übergeführt wurden [16]).

Man würde gerne Genaueres über die deutsch-britischen Verhandlungen wissen, die dem Palästina-Austausch von 1944 vorangingen. Diese Verhandlungen wurden auf deutscher Seite von der Rechtsabteilung des AA geführt, deren Geheimakten restlos vernichtet wurden [17]), die britischen Akten stehen bis jetzt ebenfalls nicht zur Verfügung, so daß es vorläufig nicht möglich ist, ein Bild vom Verlauf dieser Verhandlungen zu gewinnen. Die indirekte Spiegelung dieser Verhandlungen in der Art der Behandlung, die die deutschen Behörden den Austauschkandidaten angedeihen ließen (Reduzierung und Forcierung der Zahl, Listenaufstellung, Überführung nach BB, bessere und schlechtere Behandlung in BB), ist viel zu undeutlich, als daß sich auf dieser Basis eine Aussage machen ließe. Fest steht nur, daß die Verhandlungen sehr langwierig waren, 19 Monate vergingen zwischen dem Austausch im November 1942 und dem nächsten im Juni 1944. Immerhin deutet ein zufällig erhalten gebliebenes Quellenfragment darauf hin, daß die Verhandlungen bereits im Januar 1944 kurz vor dem Abschluß standen. Am 31. 1. 1944 telegrafierte der BdS Paris an den BdS Den Haag „betr. deutsch-palästin. Austausch“ [18]): Die für den Austausch in Frage kommenden palästinensischen Staatsangehörigen in Frankreich seien aufgefordert worden, mit 30 Kilogramm Gepäck sowie Schmuck und Wertsachen in angemessenem Umfang sich am 4. 2. 1944 im Lager Vittel einzufinden; die aus den Niederlanden in Frage kommenden Palästinenser sollten ebenfalls nach Vittel „überstellt“ werden. Der BdS informierte daraufhin das RSHA in Berlin, alle

---

[16]) s. o. S. 61.

[17]) Documents on German Foreign Policy, Ser. C, vol. I, App. V, p. 956.

[18]) RvO 174 c.

für den Palästina-Austausch vorgesehenen holländischen Juden stünden bereits in BB für den Austausch bereit.

Es dauerte dann aber doch noch etwas länger[19]). Erst am 25. 4. 1944 mußten die 1300 Inhaber von Palästinapapieren im Lager BB zu einem Sonderappell antreten, bei dem in Anwesenheit eines Beamten des RSHA der Lagerkommandant eine Liste mit 272 Namen verlas. Das RSHA hatte diese Personen aus den sieben Palästinalisten ausgewählt[20]); nach welchen Gesichtspunkten diese Auswahl vorgenommen worden war, blieb den Angehörigen der Palästinagruppe verborgen, der Zufall wird eine große Rolle dabei gespielt haben, dann aber vor allem die Absicht, keine wehrfähigen Männer aus dem deutschen Machtbereich herauszulassen: Der größte Teil der Aufgerufenen waren Frauen und Kinder, nur ganz wenige Männer zwischen 16 und 45 Jahren waren darunter. Die Gruppe wurde im Anschluß an den Sonderappell in einer besonderen „Palästinabaracke" untergebracht, die vom Sternlager durch Stacheldraht getrennt war. Die Palästinenser wurden dort als „Privilegierte" behandelt, mußten keine Arbeit mehr leisten, erhielten besseres Essen, wurden nicht geprügelt; sie konnten Kurse in jüdischer Geschichte und Zionismus durchführen und religiöse Feiern abhalten. Am 28. 5. 1944 erschien der Lagerkommandant mit einem Beamten der Politischen Abteilung in der Palästinabaracke; er kündigte an, der Austausch werde in den nächsten Tagen stattfinden, und verlas die endgültige Liste der für den Austausch Bestimmten: Es waren nur noch 222 Namen, 50 Personen waren gestrichen worden – darunter einige bekannte Zionisten – und mußten anschließend ins Sternlager zurückkehren. Den endgültig Nominierten wurden dann die Ausreisebedingungen mitgeteilt: Jeder Erwachsene durfte 40 Kilogramm Gepäck, die Kinder 30 Kilogramm mitnehmen, dazu Devisen in Höhe von 100 RM, die vom Reich in englischen Pfunden zur Verfügung gestellt wurden.

Als am 1. 6. 1944 der Abmarsch zum Bahnhof bereits im Gange war, wurde die Aktion plötzlich abgeblasen, und am 5. 6. kehrte die ganze Gruppe sogar wieder ins Sternlager zurück und wurde einige Tage später auch wieder zur Arbeit eingeteilt: Das ganze Austauschgerede mußte den Lagerinsassen als ein einziges großes Täuschungsmanöver der SS-Funktionäre erscheinen. Tiefe Niedergeschlagenheit breitete sich im Lager aus. Dann wurde jedoch am 29. 6. 1944 plötzlich den 222 für den Austausch ausgewählten Personen befohlen, sich innerhalb von 24 Stunden für die Abfahrt bereitzumachen; noch in der Nacht 29./30. 6. 1944 verließ die Gruppe BB und fuhr in einem D-Zug 2. Klasse über Hildesheim – Fulda – Würzburg – Linz nach Wien. In Wien wurden dem Transport 60 Juden

---

[19]) Für das folgende: WL P III h, Nr. 137 (Kruskal), Nr. 722 (Mainz); RvO c (924) (Tijn); Herrmann, S. 54 ff., Taubes, S. 33 ff.

[20]) Laut Taubes (S. 33): 27 von Liste 1, 86 von Liste 2, 21 von Liste 3, 52 von Liste 4, 60 von Liste 5, niemand von Liste 6, 3 von Liste 7; dazu 21 Personen, die auf keiner Liste standen.

aus dem Internierungslager Vittel angeschlossen. In einem Sonderzug ging es dann weiter über Budapest – Belgrad – Sofia – Istanbul, von dort im Schiff nach Haifa. Schon am 10. 7. befand sich die Gruppe in „Eretz Israel".
Bei denen, die im Lager BB hatten zurückbleiben müssen – und es waren Tausende, während nur 222 abgereist waren –, erweckte die Durchführung des Palästina-Austausches neue Hoffnung: Es war jetzt eine Tatsache, daß es den „Austausch" gab. Einige Lagerinsassen erhielten von Angehörigen des Austauschtransports bereits am 9. 7. 1944 Grußkarten aus Wien[21]); und am 1. 8. 1944 wußte man im Lager BB durch ein Telegramm, daß die Palästinagruppe wohlbehalten in Istanbul angekommen war, die Stimmung im Lager „wurde wieder zu 100 Prozent optimistisch"[22]). Aber diese Hoffnungen erfüllten sich nicht. Der erste Austauschtransport von BB nach Palästina war zugleich auch der letzte.

II. Die Ungarntransporte in die Schweiz

„Austauschtransporte" ganz besonderer Art waren jene zwei Eisenbahnzüge, die im August und Dezember 1944 insgesamt 1685 ungarische Juden von BB in die Schweiz brachten. Hier handelte es sich *nicht* um einen Austausch von Juden gegen deutsche Zivilinternierte, der den Männern im AA zeitweilig so sehr am Herzen lag und in dessen Rahmen das RSHA – wenn auch widerwillig – einigen hundert Juden die Ausreise aus dem deutschen Machtbereich erlaubt hatte. Die ungarischen Juden in BB wurden freigelassen gegen Bezahlung einer Kopfquote von rund 1000 US-Dollar pro Person. Eine derartige Maßnahme stand im Widerspruch zu der von AA und RSHA bis dahin verfolgten „konsequenten" Politik hinsichtlich der Ausreise von Juden aus dem deutschen Machtbereich, die darin bestand, die Ausreise einiger weniger Gruppen von Juden nur in Form des Zivilinterniertenaustausches zuzulassen[23]).
An dieser „konsequenten" Einstellung von AA und RSHA hatte sich jedoch nichts geändert – das zeigte sehr deutlich der Verlauf der Feldscheraktion 1943/1944[24]) –, und es änderte sich daran nichts bis in die letzten Kriegstage; die Ausreise der ungarischen Juden erfolgte nicht auf Initiative des AA oder des RSHA, sondern vielmehr durch die Intervention einer höheren Instanz, deren Entscheidung sich AA und RSHA beugen mußten: Himmler persönlich ordnete die Ausreise der 1685 Juden aus BB an. Dieser Befehl Himmlers war ein Teil-

[21]) Vogel, 9. 7. 1944.
[22]) Tagebuch Laqueur, 1. 8. 1944.
[23]) s. o. S. 31.
[24]) s. Exkurs I, S. 295 ff.

stück seiner seit 1944 unternommenen krampfhaften Bemühungen, in Kontakt mit den westlichen Alliierten zu kommen, um bei ihnen die Möglichkeiten eines deutschen Sonderfriedens im Westen zu sondieren. Die Verhandlungen über die Freilassung der ungarischen Juden wollte er benützen, um diesen Kontakt herzustellen, und gleichzeitig sollte ihm das „großzügige" Angebot der Freilassung ungarischer Juden ein persönliches Alibi verschaffen, auf Grund dessen er – seiner Meinung nach – von den westlichen Alliierten als deutscher Verhandlungspartner akzeptiert werden würde. Die Forderung nach Warenlieferungen und Kopfquoten für die Freilassung der ungarischen Juden war für Himmler daher nur von untergeordnetem Interesse, er benützte sie in erster Linie zur Tarnung seiner eigentlichen Ziele vor seinen eigenen Leuten, vor allem vor Eichmann, aber auch vor dem AA[25]). So also sahen die eigentlichen Motive aus, die Himmler bestimmten, in Verhandlungen mit dem zionistischen Hilfskomitee in Budapest (Waadah) einzutreten, als ihm der Leiter des SD in Ungarn, SS-HSTF Klages, im März/April 1944 berichtete, daß dieses Komitee über ausgezeichnete Verbindungen nach Istanbul und zu alliierten Kreisen verfüge. Diese Verhandlungen, die von Frühjahr bis Herbst 1944 zwischen den Funktionären der „Endlösung" und den Repräsentanten der jüdischen Organisation stattfanden, stellen wohl das abenteuerlichste Kapitel der „Endlösung" dar; durch „Die Geschichte von Joel Brand" ist dieses Kapitel der ungarischen Judenverfolgung auch in weiteren Kreisen bekanntgeworden, so daß es in unserem Zusammenhang genügt, in Umrissen anzudeuten, wie es zu den beiden „Austauschtransporten" kam[26]). Jene beiden Transporte aus BB waren tatsächlich das einzige positive Resultat der Verhandlungen, bei denen es um die Rettung von einer Million Juden ging; rund die Hälfte der 900 000 ungarischen Juden wurde innerhalb weniger Monate von den SS-Schergen in den Gaskammern ermordet, Tausende gingen auf Elendsmärschen und durch Pogrome ungarischer Antisemiten zugrunde.

---

[25]) Für die eifersüchtige Reaktion des AA auf den „Austausch" der ungarischen Juden, vgl. NG–2994.

[26]) Die wichtigste Quelle ist der ausführliche und in den Einzelheiten sehr präzise Bericht, den Dr. Rudolf Kastner über die Arbeit des jüdischen Hilfskomitees und über seine Verhandlungen mit den SS-Funktionären gegeben hat: Der Bericht des jüdischen Rettungskomitees aus Budapest 1942–1945, o. J. (1946), 188 S. Diese wichtige Darstellung existierte bislang nur als Maschinenschrift-Manuskript in wenigen Exemplaren, soeben ist jedoch eine Buchausgabe dieses sog. „Kastner-Berichts" erschienen: Der Kastner-Bericht über Eichmanns Menschenhandel in Ungarn, München (Kindler) 1961 (zitiert wird die Seitenzahl dieser Ausgabe, in Klammern die Seitenzahl des Originalberichts). Hinsichtlich der speziellen Erlebnisse Joel Brands wird Kastners Bericht ergänzt durch: Alex Weißberg, Die Geschichte von Joel Brand, Köln-Berlin 1956. Einige neue Details fügt der Bericht eines weiteren Hauptbeteiligten hinzu: A. Biss, Geschäft mit dem Henker, Die „Endlösung" in Ungarn, in: „Der Monat" 143 (August 1960), S. 57–67 (s. dazu die Erwiderung Joel Brands in: Der Monat 145, Oktober 1960). Für Bechers Perspektive der „Ungarn-Aktion" s. seine Affidavits v. 1. 4. 1946 (NG–2972) u. v. 24. 3. 1948 (NG–5230).

Bis zum März 1944 war es den SS-Funktionären nicht gelungen, die ungarischen Juden in die „Endlösung“ einzubeziehen[27]): Zwar waren die ungarischen Juden seit 1938 durch Judengesetze in ihrer Handlungs- und Bewegungsfreiheit beschränkt und litten unter dem von ungarischen Antisemiten ausgeübten Terror; zwar kam es zu Exzessen gegen die Juden der von Ungarn okkupierten einstigen tschechoslowakischen, rumänischen und jugoslawischen Gebiete; zwar mußten die wehrpflichtigen ungarischen Juden in „Arbeitskompanien“ einen strafdienstähnlichen Arbeitsdienst ableisten und waren einer Vielzahl weiterer Schikanen ausgesetzt[28]) – aber die systematische Judenvernichtung begann in Ungarn erst, als am 19. 3. 1944 deutsche Truppen überraschend Ungarn besetzten und wenige Tage später das „Sonderkommando Eichmann“ in Budapest eintraf. Dieses „Sonderkommando Eichmann“ organisierte „die gründlichste und in ihrer Planmäßigkeit und Schnelligkeit drastischste aller Judenvernichtungsaktionen, die in irgendeinem der im deutschen Machtbereich gelegenen Länder durchgeführt wurde“ [29]).

Ungarn wurde von den Leuten aus Eichmanns Stab in sechs „Zonen“ eingeteilt, in denen die Juden mit Hilfe ungarischer Verwaltungsorgane in „Ghettos“ konzentriert wurden, um dann sukzessive nach Auschwitz abtransportiert zu werden. Bereits am 4. 5. 1944 – noch keine zwei Monate nach der Besetzung Ungarns – konnte der „Bevollmächtigte des Großdeutschen Reiches“, Dr. Veesenmayer, ans AA berichten[30]), die „Ghettoisierungsarbeiten“ in Zone I (Karpathenraum) seien abgeschlossen (in 10 Lagern und Ghettos wurden ca. 200 000 Juden „erfaßt“), jetzt werde mit der Konzentrierung der in Zone II (Siebenbürgen) lebenden 110 000 Juden begonnen; am 4. 5. finde in Wien eine Fahrplankonferenz statt, auf der der Abtransport der 310 000 Juden aus Zone I und II festgelegt werde; ab Mitte Mai sollten täglich vier Transporte mit je 3000 Insassen aus Ungarn nach Auschwitz rollen – und das zu einem Zeitpunkt, als jeder Eisenbahnzug dringend benötigt wurde, um die kämpfenden Fronten mit Nachschub zu versorgen! Der vorgesehene Zeitplan wurde rigoros eingehalten: Als der Judenreferent des AA, v. Thadden, am 24. 5. eine Dienstreise nach Budapest unternahm, konnte er befriedigt feststellen, daß bis zum 24. 5. ca. 116 000 Juden aus Ungarn deportiert waren[31]). Ein Telegramm Veesenmayers meldete am 30. 6. 1944 ans AA, daß nach dem planmäßigen Abtransport

---

[27]) Zur Situation des ungarischen Judentums vgl. die drei Gutachten von M. Broszat: Das deutsch-ungarische Verhältnis und die ungarische Judenpolitik in den Jahren 1938–1941; Die jüdischen Arbeitskompanien in Ungarn; Das deutsch-ungarische Machtverhältnis nach dem 19. 3. 1944 und die antijüdischen Maßnahmen in Ungarn; alle drei in: Gutachten, S. 183 ff.

[28]) Reitlinger, S. 467 ff.

[29]) Broszat bei Höß, S. 161, Anm. 1.

[30]) NG–2262: Telegramm Veesenmayer an AA v. 4. 5. 1944; das Telegramm wurde in 21 Exemplaren dem Staatssekretär, allen Abteilungsleitern und anderen Beamten des AA zur Kenntnis gebracht.

[31]) NG–4089: Bericht v. Thaddens an Wagner betr. Dienstreise nach Budapest v. 25. 5. 1944.

der Juden aus Zone I–III nunmehr insgesamt 340 162 Juden aus Ungarn deportiert seien[32]). Derselbe 30. 6. 1944, an dem Veesenmayer diese schaurige Vollzugsmeldung nach Berlin durchgab, war festgesetzt als Abfahrtstermin eines Judentransportes, der nicht für Auschwitz, sondern für ein „gutes Lager" bestimmt war: Es war ein Eisenbahnzug mit 1685 ungarischen Juden, der tatsächlich am 1. 7. 1944 abging, drei Tage an der deutsch-ungarischen Grenze stehenblieb, dann Richtung Preßburg weiterfuhr, unterwegs wieder umdirigiert wurde und schließlich am 8. 7. 1944 in BB eintraf[33]).

Das Sonderschicksal dieser Gruppe ungarischer Juden steht in engstem Zusammenhang mit dem Verlauf jener Verhandlungen, die Himmler im Sommer und Herbst 1944 durch seine Beauftragten, vor allem durch SS-Standartenführer Kurt Becher und SS-HSTF Klages, mit dem jüdischen Hilfskomitee in Budapest führte. Während nämlich die Leute des „Sonderkommandos Eichmann" in unerhörtem Tempo die Deportationszüge nach Auschwitz füllten, kämpften hinter den Kulissen die Männer des jüdischen Hilfskomitees einen verzweifelten Kampf, um einen Teil ihres Volkes vor der Vernichtung zu retten. Am 25. 4. 1944 hatte Eichmann auf Himmlers Anweisung dem Vertreter des Hilfskomitees, Joel Brand. das Angebot unterbreitet, eine Million Juden freizugeben gegen Warenlieferungen aus dem Ausland; zu diesem Zweck sollte ein Vertreter der jüdischen Organisation ins Ausland reisen, die Verbindung mit den Alliierten herstellen und eine konkrete Offerte mitbringen[34]). Bei weiteren Verhandlungen wurde der „Kaufpreis" auf 10 000 Lastkraftwagen festgelegt.

Die Führung des Hilfskomitees erklärte sich bereit, die Aktion zu unternehmen, denn sie sah hier eine Chance, durch hinhaltend geführte Verhandlungen die Deportation der ungarischen Juden so lange hinauszuzögern, bis diese durch die militärische Situation überhaupt nicht mehr möglich sein würde. Um für die Verhandlungen einen guten Auftakt zu schaffen, verlangte das Hilfskomitee von Eichmann, daß mindestens 1000 ungarische Juden als Vorleistung ins Ausland geschickt werden sollten[35]). Eichmann ordnete an, einen derartigen Transport zusammenzustellen, und Himmler persönlich bestimmte den Preis auf 1000 Dollar pro Kopf. Das jüdische Komitee schlüsselte die schließlich zugestandenen 1300 Plätze mit viel Mühe unter die verschiedenen politischen und religiösen Parteien innerhalb des ungarischen Judentums auf, so daß die Gruppe einen Miniaturquerschnitt der damals in Ungarn lebenden Juden darstellte[36]).
Am 15. 5. 1944 hatte Brand eine letzte Besprechung mit Eichmann, einige Tage

---

[32]) NG–2263: Telegramm Veesenmayer an AA v. 30. 6. 1944; bis zum 10. 7. 1944, als die Deportationen vorläufig eingestellt wurden, waren von den ca. 900 000 ungarischen Juden 437 402 „zum Arbeitseinsatz in den Osten gebracht" (NG–5573).

[33]) Kastner, S. 132 ff. (62 f.).

[34]) Weißberg, S. 109 ff.

[35]) Weißberg, S. 138 f.

[36]) Kastner, S. 130 f. (61); Weißberg, S. 255 ff.

später flog er nach Istanbul[37]). Brand hat ausführlich über diese Reise berichtet, über den Mangel an Verständnis bei den jüdischen Freunden und über die Intransigenz der englischen Verhandlungspartner[38]). Vom Secret Service verhaftet und gefangengesetzt, konnte er keine positiven Verhandlungsergebnisse nach Budapest melden, und so beschloß Eichmann Ende Juni, den „Probezug" nicht ins Ausland zu lassen, sondern in einem Lager – eben in BB – „auf Eis zu legen".

Jener Transport also war es (die Teilnehmerzahl hatte sich inzwischen auf 1685 erhöht), der am 8. 7. 1944 in BB ankam und in speziell für diese Gruppe freigemachte Baracken eingewiesen wurde. Im „Ungarnlager" wurden die Angehörigen dieser Gruppe relativ erträglich behandelt (besser als die Insassen des Sternlagers), ihr weiteres Schicksal aber hing vom Verlauf der Verhandlungen in Budapest ab.

Am 7. 7. 1944 traf aus Istanbul der Text eines „Interimsabkommens" in Budapest ein, das Protokoll der Besprechungsergebnisse zwischen Brand und den Istanbuler Vertretern der Jewish Agency (der offiziellen Repräsentanz der Palästinajuden gegenüber der britischen Mandatsmacht), das diese nach Brands Verhaftung noch einen Monat lang zurückgehalten hatten. Dieses „Interimsabkommen" enthielt das – fiktive – Angebot der Jewish Agency an die Deutschen, Lebensmittel oder Geld für die Herauslassung von ungarischen Juden – in Gruppen zu je 10 000 – ins Ausland zur Verfügung zu stellen[39]).

Dr. Kastner, der an Stelle Brands nunmehr in Budapest die Verhandlungen mit den SS-Funktionären führte, versuchte Eichmann und Becher mit dem Text dieses Interimsabkommens zu beweisen, daß die Jewish Agency grundsätzlich geneigt sei, ihre Zustimmung zum Abschluß eines größeren „Geschäfts" zu geben, regte die Entsendung eines bevollmächtigten SS-Vertreters ins neutrale Ausland an und empfahl, die ungarische Gruppe in BB „zum Beweis des guten Willens" ins neutrale Ausland reisen zu lassen[40]). Als provisorische Deckung für den Transport hinterlegte das Hilfskomitee Geldsummen und Schmuckstücke, deren Wert von Beauftragten der SS – wohlwollend – auf insgesamt 1 600 000 Dollar taxiert wurde, also die verlangten 1000 Dollar pro Kopf des Transportteilnehmers[41]).

Becher akzeptierte Kastners Vorschläge und wollte sie an Himmler weiterleiten, als ein Paukenschlag die ganzen Verhandlungen zu zerschlagen drohte: Am 19. 7. 1944 brachte der Sender London die „Brand-Mission" der Weltöffentlich-

---

37) Weißberg, S. 142 f.

38) Weißberg, S. 150 ff.

39) Text des Interimsabkommens bei Weißberg, S. 174 f.

40) Kastner, S. 148 f. (74); s. dazu das Memorandum von Biss v. 22. 7. 1944 bei Weißberg, Dokumentenanhang.

41) Biss, S. 63 f.

keit zur Kenntnis: „Deutschland will mit jüdischem Blut Geschäfte machen“[42]). Aber selbst durch diese Enthüllungen ließ sich Himmler nicht von weiteren Verhandlungen abhalten. Am 2. 8. 1944 kehrte Becher aus Himmlers Hauptquartier zurück und berichtete Kastner: Himmler sei weiterhin bereit, Juden gegen Warenlieferungen ins Ausland reisen zu lassen, und habe seine Zustimmung gegeben, 500 der ungarischen Juden in BB sofort ausreisen zu lassen, der Rest komme bald an die Reihe[43]). Am 20. 8. 1944 traf Becher mit seinem Stab und mit Kastner in Bregenz ein, wo bereits der Eisenbahnzug mit 318 Juden aus BB wartete; Eichmann hatte – entgegen Himmlers Anordnung – die Zahl der Freizugebenden auf 318 reduziert. Am nächsten Tag rollte der Zug in die Schweiz. Bei dieser Gelegenheit verhandelte Becher auf der Brücke von St. Margarethen mit Sally Mayer, dem Präsidenten einer schweizerischen jüdischen Hilfsorganisation, über Geldzahlungen für die Freilassung von Juden. Das einzige Ergebnis dieser Besprechung war die Verabredung, in einer Woche nochmals zu Verhandlungen zusammenzutreffen[44]).

Doch auch bei der zweiten Begegnung am 1. 9. kam man keinen Schritt vorwärts, aber die Fäden rissen wenigstens nicht ab[45]). Am 28. 9. führte Kastner mit einem Mitarbeiter Bechers eine weitere Besprechung an der Schweizer Grenze, die jedoch ebenfalls keine positiven Ergebnisse erbrachte[46]). Kastner drängte nun fast täglich bei Becher auf die Weiterreise der BB-Gruppe, Becher jedoch erklärte, „er könne so lange nicht bei Himmler die Ausreise der Gruppe vorschlagen, solange aus der Schweiz keine befriedigende Antwort eingelaufen sei. Zumindest müsse er einen günstigen Vorwand haben, um an Himmler telegrafieren zu dürfen“[47]). Dann, am 25. 10., traf endlich ein Schweizer Einreisevisum für Becher ein, und bereits am 29. 10. verhandelte Becher – nachdem er sich bei Himmler Instruktionen geholt hatte – in St. Gallen mit Sally Mayer. Am 2. 11. teilte Becher mit, daß Himmler bereits einen Befehl zur Ausreise der zweiten Gruppe ungarischer Juden aus BB erteilt habe (die Ausreise wurde jedoch wegen Transportschwierigkeiten auf 28.–30. 11. verschoben), und am 4. 11. erklärte Becher in Zürich nochmals die grundsätzliche Verhandlungsbereitschaft Himmlers, außer der BB-Gruppe weitere Gruppen ins Ausland reisen zu lassen und gewisse Kategorien der in den deutschen KL befindlichen Juden als Zivilinternierte bzw. Kriegsgefangene vom Internationalen Roten Kreuz betreuen zu

---

[42]) NG–2994: Aufgefangene Meldung des Senders London; Faksimile der Times-Meldung v. 20. 7. 1944 bei Weißberg, Dokumentenanhang, deutsche Übersetzung S. 212 f.

[43]) Kastner, S. 156 f. (79).

[44]) Kastner, S. 174 ff. (91 f.); das Telegramm, in dem Becher Himmler vom Verlauf der Besprechungen informierte, ist erhalten (IfZ MF 2, F 7, Bestand Himmler Pers.-Stab), der Vergleich dieses Telegramms mit Kastners Bericht zeigt, daß Becher – offensichtlich mit Absicht – Himmler ein viel zu positives Bild über den Verlauf der Besprechung gab.

[45]) Kastner, S. 177 f. (93).

[46]) Kastner, S. 186 f. (98).

[47]) Kastner, S. 192 f. (101).

lassen; andererseits bestehe Himmler auf sofortiger Lieferung der als Gegenleistung vorgesehenen Waren[48]).
Am 5. 11. kam es dann zu der von Himmler so sehr erstrebten Kontaktaufnahme mit einem offiziellen Vertreter der Alliierten: Becher besprach sich mit McClelland, dem Leiter des War Refugee Board in der Schweiz und persönlichen Beauftragten Roosevelts. McClelland gab seine Zustimmung zur Deponierung von 20 Millionen Schweizer Franken für Warenkäufe in der Schweiz, und S. Mayer zeigte Becher ein Telegramm des amerikanischen Staatssekretärs Cordell Hull, daß das State Department dem Joint – der großen jüdischen Hilfsorganisation – die Überweisung von 5 Millionen Dollar in die Schweiz genehmige, die unter Aufsicht des War Refugee Board für Rettungszwecke verwendet werden sollten[49]). Becher glaubte nach dieser Besprechung, das „Geschäft" komme ins Rollen. Aber unerwartete Schwierigkeiten taten sich auf: Als Kastner am 29. 11. mit Bechers Adjutanten an der Schweizer Grenze eintraf, erfuhr er von S. Mayer, daß die in Aussicht gestellten 20 Millionen nicht deponiert waren. Kastner gelang es, Bechers Adjutanten davon zu überzeugen, ein negativer Bescheid würde ihren Chef Becher bei den Radikalen, vor allem bei Eichmann, bloßstellen und liege deshalb nicht in Bechers Interesse; so ging schließlich in der Nacht 1./2. 12. ein Telegramm ab, daß zunächst 5 Millionen Franken deponiert worden seien; die Nichtausreise der BB-Gruppe habe neue Schwierigkeiten bei den Alliierten hervorgerufen[50]). In derselben Nacht ging ein Telegramm des RSHA in Bregenz ein, die ungarische Gruppe werde BB am 4. 12. verlassen und am 6. 12. über Bregenz zur Schweizer Grenze gelangen. Aber am 5. 12. waren die annoncierten 5 Millionen Franken immer noch nicht da, und Bechers Adjutanten, die das Telegramm gezeichnet hatten, wurden sehr unsicher. Es gab lange Diskussionen, als am 6. 12. der Zug mit 1368 ungarischen Juden aus BB an der Grenze eintraf; nach anderthalb Stunden hatten sich die SS-Funktionäre dazu durchgerungen, den Zug in die Schweiz fahren zu lassen. Die letzte Formalität bestand darin, daß der Transportleiter Dr. Fischer mit Kastner einen Empfangsschein über die „Ablieferung von 1368 Juden" unterschreiben mußte[51]). Dann konnte der Zug – nachts um 1/2 1 Uhr – auf neutrales Gebiet weiterfahren, und die 1368 ungarischen Juden befanden sich in Freiheit[52]).
Die 20 Millionen Franken jedoch, die sich die SS mit diesem „Austauschtransport" verschaffen wollte, kamen niemals in ihre Hände. Kastner unternahm

---

[48]) Kastner, S. 207 f. (111).

[49]) Kastner, S. 209 ff. (112 f.); s. auch das Schreiben McClellands v. 6. 2. 1946 im Dokumentenanhang von Kastners Originalbericht.

[50]) Kastner, S. 248 ff. (135 f.).

[51]) Kastner, S. 253 (138); es existiert eine Liste mit Namen, Geburtsdatum, Geburtsort und Beruf der Transportteilnehmer: ISD II F/1.

[52]) Über die Aufnahme der Ungarn im „St.-Galler-Judenlager" brachte der „Wächter am Rhein", St. Margarethen, in seiner Nummer v. 9. 12. 1944 einen Bericht (WL P III k, Nr. 514).

alles mögliche, um wenigstens eine fiktive Deponierung durchzusetzen; Ende Dezember konnte er S. Mayer mit Mühe und Not überreden, einen Brief zu schreiben, in dem die Deponierung bis zur nächsten Grenzbesprechung versprochen wurde; dieser Brief sollte die Depotscheine ersetzen[53]). Aber in den chaotischen Monaten, die folgten, hatten die SS-Funktionäre andere Sorgen, so daß sie sich um diese Angelegenheit nicht mehr kümmern konnten, auch Himmler hatte kein Interesse mehr, auf Deponierung der in Aussicht gestellten 20 Millionen zu insistieren.

Wie immer man die Vorgänge um diese beiden „Austauschtransporte" von BB in die Schweiz beurteilen mag – erfreulich war dieses Handelsgeschäft mit Menschenleben gewiß nicht –, es bleibt die Tatsache, daß auf diese Weise fast 1700 Menschen gerettet wurden, von denen wohl der größte Teil bei einem anderen Verlauf zugrunde gegangen wäre.

III. Der deutsch-amerikanische Austausch

Während wir über das Zustandekommen der beiden Ungarn-Transporte recht gut unterrichtet sind, liegen die Verhandlungen, die zum deutsch-amerikanischen Austausch führten, bisher ebenso im dunkeln wie diejenigen, die dem Palästina-Austausch vorangingen. Genauere Aufschlüsse darüber sind erst zu erhoffen, wenn die entsprechenden englischen, amerikanischen und schweizerischen Akten zugänglich sein werden. Da die Schweiz Deutschland gegenüber die Schutzmachtinteressen Englands und der USA vertrat, wurden alle diese Verhandlungen über die Schweizer Regierung geführt.

Die „Amerikaner", um die es sich bei diesem Austauschtransport aus BB handelt, waren holländische und nach Holland emigrierte deutsche Juden, die in den Jahren 1942 und 1943 Staatsangehörigkeitspapiere verschiedener süd- und mittelamerikanischer Staaten erworben hatten, „Gefälligkeitspässe", wie das RSHA diese Papiere nannte. Von diesen „Gefälligkeitspässen" war im Zusammenhang mit der Gruppe der polnischen „Amerika-Juden" ausführlich die Rede[54]). Während die polnischen Juden, die solche Papiere besaßen, im Herbst 1943 und Frühjahr 1944 von BB nach Auschwitz deportiert wurden, kamen die meisten holländischen Inhaber von Pässen süd- und mittelamerikanischer Staaten seit Januar 1944 von Westerbork nach BB. Über die Gründe, die das RSHA zu dieser verschiedenartigen Behandlung der Inhaber von „Gefälligkeitspässen" bestimmten, lassen sich nur Vermutungen anstellen[55]).

---

[53]) Kastner, S. 259 (142).

[54]) s. o. S. 45 ff.

[55]) s. o. S. 49 f.

Der entscheidende Grund für den Abtransport der polnischen „Amerika-Juden" nach Auschwitz war sicherlich die Tatsache, daß die lateinamerikanischen Staaten im Herbst 1943 die von ihren Konsulaten ausgegebenen Pässe nicht als vollwertige Staatsangehörigkeitspapiere anerkannten und die Einbeziehung ihrer Inhaber in Austauschaktionen ablehnten[56]). Seit Herbst 1943 bemühten sich daher einige jüdische Organisationen (vor allem World Jewish Congress und Rescue Committee of American Agudat Harabbanim), aber auch der von Präsident Roosevelt errichtete War Refugee Board, eine Anerkennung dieser Pässe durch die lateinamerikanischen Staaten herbeizuführen. Es dauerte aber mehrere Monate, bis ein Erfolg zu verzeichnen war: Am 10. 4. 1944 überreichte der Gesandte der Vereinigten Staaten in Bern dem Schweizer Außenminister ein Memorandum, die Schweiz möge in Berlin vorstellig werden, um eine Anerkennung dieser Pässe durch die deutsche Regierung zu erreichen und dadurch deren Besitzer vor dem Tod in den Vernichtungslagern zu bewahren; die amerikanische Regierung gab ferner zu verstehen, daß sie damit einverstanden sei, eine Anzahl von Inhabern solcher Pässe in den nächsten deutsch-amerikanischen Zivilinterniertenaustausch miteinzubeziehen[57]). Diese Intervention zugunsten der Paßinhaber hatten die USA jedoch – laut Feststellung eines hohen Beamten des World Jewish Congress – zunächst nur in eigener Verantwortlichkeit unternommen, ohne von den lateinamerikanischen Staaten zu einem derartigen Schritt autorisiert zu sein[58]). Erst am 31. 5. 1944 erfolgte die offizielle Entscheidung, daß diese Pässe anerkannt würden[59]).

Mit diesen wenigen Fakten, die hinsichtlich der Anerkennung der süd- und mittelamerikanischen Pässe bekanntgeworden sind, stimmen die Angaben, die wir für BB über den deutsch-amerikanischen Austausch besitzen, in zwei wichtigen Punkten zusammen: 1. war die in den Austausch einbezogene Gruppe von Inhabern südamerikanischer Pässe aus BB ein kleines Kontingent innerhalb eines großen Austauschtransports, der vorwiegend aus Staatsangehörigen der USA bestand; 2. waren die ersten Hinweise auf einen bevorstehenden Austausch der „Südamerikaner" im Lager BB einige Zeit nach dem 31. 5. 1944 zu verzeichnen. Am 19. 8. 1944[60]) nämlich mußten die Sternlagerinsassen mit süd- und mittelamerikanischen Pässen zu einem Sonderappell antreten, und einige Beamte, die eigens aus Berlin gekommen waren, verlasen ihre Namen. Dann erfolgte wochenlang nichts. Am 29. 9. 1944 trafen im Sternlager 20 Personen aus

---

[56]) s. o. S. 49; über die Auswirkung dieser Haltung auf die in Vittel internierten Inhaber von Gefälligkeitspässen s. Eck, S. 146 f., 149.

[57]) Eck, S. 150 (Schreiben des Eidgenössischen Politischen Departement, Internationale Organisation, an Eck v. 5. 12. 1955).

[58]) Eck, S. 151.

[59]) Eck, S. 151.

[60]) Datum nach Herzberg, Tweestromenland, S. 81 (19. 8. 1944); nach Tagebuch Laqueur (20. 8. 1944) wäre das Datum 18. 8. 1944.

Theresienstadt ein, die ebenfalls südamerikanische Papiere besaßen[61]). Erst am 12. 11. 1944[62]) erschien im Sternlager wiederum ein hoher Beamter aus Berlin, diesmal SS-HSTF Mös, derjenige Mitarbeiter Eichmanns in dessen Referat IV B 4 im RSHA, der für die Zusammenstellung der Austauschtransporte zuständig war. Mös stellte bei diesem Besuch in BB Listen zusammen mit den Namen der „Südamerikaner" und aller Personen, deren Familien in Nord-, Süd- oder Mittelamerika lebten. Jetzt gingen auch bereits Austauschgerüchte durchs Lager. Sie schienen sich indessen nicht zu bestätigen, denn wochenlang gab es kein weiteres Anzeichen, das auf einen bevorstehenden Amerika-Austausch hindeutete.

Aber am 19. 1. 1945 wurden die „Südamerikaner" ganz unerwartet zusammengerufen: HSTF Mös war da und verlas eine Liste mit 450 Namen. Am 20. 1. wurden die Aufgerufenen durch die Lagerärzte auf ihre „Transportfähigkeit" untersucht, alles mußte wieder antreten, von neuem wurden Namen verlesen, und diesmal waren es nur noch 301[63]). Für diese 301 Auserwählten stand bereits ein Rotkreuzzug auf dem Bahnhof bereit, mit dem die Gruppe am 21. 1. 1945 BB verließ. Aber nicht allen von ihnen war es beschieden, sofort in die Freiheit zu fahren: Als in Biberach/Riß 40 Personen aus dem dortigen Internierungslager dem Transport angeschlossen wurden, befahl der Transportleiter 40 Personen der BB-Gruppe, zur Kompensierung der Teilnehmerzahl auszusteigen und in Biberach zu bleiben. Derselbe Vorgang wiederholte sich eine Stunde später in Ravensburg: 125 Leute der BB-Gruppe waren es, die hier den Zug verlassen mußten. Immerhin konnten sie – ebenso wie die in Biberach Zurückgebliebenen – die letzten Kriegsmonate unter relativ erträglichen Verhältnissen überstehen, während den Insassen von BB die furchtbarsten Monate noch bevorstanden. Andererseits wird aber durch diese Behandlung, die den Transportteilnehmern aus BB zuteil wurde, offenbar, daß die „Südamerikaner" im deutsch-amerikanischen Austausch dasjenige Kontingent darstellten, dessen Bedeutung am geringsten veranschlagt wurde.

So erreichten also nur 136 von den anfänglichen 301 Personen am 25. 1. die Schweiz. Kurz vor der Grenze waren an den Zug noch mehrere Eisenbahnwagen angehängt worden, die mit Staatsangehörigen der USA aus dem Internierungslager Liebenau besetzt waren; die Gesamtstärke des Transports hatte sich dadurch auf ca. 800 Personen erhöht.

Sehr aufschlußreich sind die Berichte der Schweizer Tageszeitungen über die Austauschjuden aus BB: Sie, die ihren Schicksalsgenossen in BB als die Bevorzugten erschienen und als die glücklichen Auserwählten von ihnen beneidet wurden, sie boten – in Konfrontierung mit „normalen" Maßstäben – den

---

[61]) Herzberg, Tweestromenland, S. 163 (30. 9. 1944).

[62]) Datum nach Herzberg, Tweestromenland, S. 197 f. (13. 11. 1944) und Zielenziger (WL P III h, Nr. 1118); nach Tagebuch Laqueur würde das Datum 13. 11. 1944 lauten.

[63]) Vogel, S. 60 f. (19./20. 1. 1945); YW E/1–2–6 (Lesser), auch für das folgende.

Schweizern ein „jämmerliches Bild“. So schrieb z. B. die „Volksstimme“ St. Gallen[64]): Der Transport von 800 Menschen bestehe aus zwei Kategorien, die Mehrzahl seien amerikanische Juden, für welche von Amerika her gut gesorgt sei, Ernährungszustand und Kleidung seien ordentlich, sie führten selbst Musikinstrumente und Kinderwagen mit; die zweite Kategorie dagegen sei ein Transport von Juden „aus dem nun nachgerade bei uns bekannten KZ Bergen-Belsen bei Hannover. Diese Menschen sind in einem jammervollen Zustand zu uns gekommen: entkräftet, abgemagert, gealtert, z. T. todkrank. Gleich nach der Ankunft in der Schweiz sind auch vier von den Menschen gestorben. Einzelne mußten ins St. Gallener Kantonspital gebracht werden, da sie nicht mehr transportfähig waren. Diese Leute schleppten sich nun gestern früh die kleine Wegstrecke vom Gaiserbahnhof nach dem Hauptbahnhof, stiegen langsam die Perrontreppen hinunter, als ob sie sämtlich Greise wären. Kinder und Frauen humpelten davon, und selbst auf Tragbahren mußte man die Menschen in den Zug bringen ... Der Austausch zwischen diesen Juden und den Nazis aus Amerika erfolgt Kopf gegen Kopf, und darum mußten gestern bei der winterlichen Kälte diese Menschen durch die ganze Schweiz und nach Frankreich reisen.“ So also sahen die bevorzugtesten der „Vorzugsjuden“ aus BB im Januar 1945 in den Augen normaler Menschen aus.

Nach fünftägigem Aufenthalt in St. Gallen, während dem sechs Personen aus der BB-Gruppe gestorben waren, fuhr der Transport weiter nach Marseille, jetzt unter Obhut der Amerikaner[65]). In Marseille wurde der Transport aufgelöst, ein Teil (darunter 25 aus der BB-Gruppe) flog nach New York, ein anderer Teil (darunter ca. 90 Leute aus BB) wurde in das UNRRA-Lager Philippeville in Nordafrika gebracht. 15 Leute aus BB waren in der Schweiz zurückgeblieben, da sie nicht transportfähig waren. 15 Nichttransportfähige und 6 Tote bei einer Gesamtzahl von 136 – also über 15 % Ausfälle, ohne Berücksichtigung der Kranken und Entkräfteten –, in diesen Zahlen spiegelt sich überdeutlich, in welchem Zustand sich die Insassen des Lagers BB bereits im Januar 1945 befanden, als ihnen die schlimmste Leidenszeit noch bevorstand.

---

[64]) Volksstimme St. Gallen v. 31. 1. 1945 (WL P III k, Nr. 514).
[65]) YW E/1–2–6 (Lesser).

6. Kapitel

Vom „Aufenthaltslager" zum „Erholungslager"

I. Die ersten Krankentransporte

Das Lager BB hätte schwerlich seine traurige Berühmtheit erlangt, wenn es bis zum Ende des Krieges jenes „Aufenthaltslager" geblieben wäre, dessen Entstehung und Lagercharakter wir zu zeichnen versucht haben: ein Lager, in dem ein paar tausend europäische Juden, denen man die baldige Ausreise ins westliche Ausland versprochen hatte, von SS-Leuten schikaniert und mißhandelt wurden und eine erbärmlich schlechte Verpflegung erhielten. Aber diese erste Periode der Lagerentwicklung ging im Laufe des Jahres 1944 allmählich in eine zweite Periode über, in der das Lager BB ein wesentlich anderes Gepräge erhielt. Zum selben Zeitpunkt, als ca. 300 Insassen im Rahmen des deutsch-amerikanischen Zivilinterniertenaustausches das Lager verließen – eine Aktion, durch die noch einmal, und zum letztenmal, der Charakter des Lagers BB als eines „Aufenthaltslagers" unterstrichen wurde –, zu diesem Zeitpunkt wollte SS-Sturmbannführer Zoepf, der Judenreferent beim BdS in den Niederlanden, einige weitere Austauschjuden von Westerbork nach BB schicken, das ihm auf Grund der früheren Transporte von Westerbork nach BB als Sammellager für alle Austauschjuden bekannt war. Am 23. 1. 1945 kam folgender Bescheid des AA: „Wegen inzwischen eingetretener erheblicher Veränderung des Lagercharakters kommt Aufenthaltslager BB für Aufnahme von Juden und Feindstaatlern aus Holland, die für Austauschaktionen bereitgestellt werden, nicht mehr in Frage ... Sturmbannführer Zoepf ist vom AA gebeten, Rückkehr des z. Z. auf Dienstreise befindlichen ORR Kröning abzuwarten und mit ihm geeignetes Lager ausfindig zu machen" [1]). In der Tat: daß sich der „Lagercharakter erheblich verändert" hatte, war im Januar 1945 offenkundig. Um so schwieriger ist es dagegen, die Antriebe und Entscheidungen aufzudecken, durch die diese

[1]) RvO 174 u (Telegramm Reichskommissar Apeldoorn an Dr. Schoengarth, Zwolle, gez. Bene, 23. 1. 1945).

Veränderung bewirkt wurde. Bei dem Mangel an Quellen sind wir gezwungen, die wenigen Angaben, die wir speziell zu diesem Fragenkomplex besitzen, mit all dem zu kombinieren, was über Aufbau und Funktionsweise des KL-Systems bekannt ist.

Letzten Endes handelte es sich bei der Entwicklung des Lagers BB zum „Erholungslager" um die indirekten Auswirkungen jener grundsätzlichen Entscheidung, die Himmler bei der Errichtung des Lagers traf, indem er das AL der Amtsgruppe D im WVHA (Inspektion KL) unterstellte und damit in das Verwaltungsgefüge der KL eingliederte. An anderer Stelle wurde auseinandergesetzt[2]), wie sich die institutionelle und verwaltungsmäßige Unterstellung des AL unter das WVHA in der Praxis auswirkte: Die Tätigkeit dieses WVHA der SS war ganz darauf ausgerichtet, die Arbeitskraft der KL-Häftlinge in möglichst umfassender Weise der deutschen Rüstungsindustrie „nutzbar" zu machen – und gerade für einen derartigen Arbeitseinsatz kamen die Insassen des AL nicht in Frage. Dieser Sachverhalt allein genügte, um die Grundeinstellung der SS-Funktionäre im WVHA gegenüber dem AL – angesichts ihres engstirnigen Ressortdenkens sogar mit einer gewissen Zwangsläufigkeit – festzulegen: Ein Lager, dessen Insassen bei der Arbeit in den Rüstungsbetrieben nicht „nutzbringend verwendet" werden konnten, stellte in ihren Augen nur eine unnötige Belastung ihrer Organisation dar, und es lohnte sich daher nicht, sich um Aufbau und Ausbau eines derartigen Lagers besonders intensiv zu kümmern. Diese Einstellung war die Ursache dafür, daß das WVHA den Ausbau der Barackensiedlung 1943 nur in sehr schleppender Weise betrieb, trotz mehrfacher Aufforderung seitens des Lagerkommandanten und des RSHA kein Baumaterial bereitstellte und es außerdem unterließ, im Lager geordnete sanitäre Verhältnisse zu schaffen[3]).

Als sich 1944 jedoch zeigte, daß der „Aufenthalt" der Austauschjuden in BB doch wohl länger dauern würde, als man ursprünglich angenommen hatte, daß also das AL noch geraume Zeit weitergeführt werden mußte, wollte man sich im WVHA nicht mehr damit begnügen, dieses Lager eigens der Austauschjuden wegen zu betreiben, über die das RSHA, nicht das WVHA, die Verfügungsgewalt besaß. Man ging deshalb im WVHA daran, dem Lager BB – zusätzlich zu seiner Funktion als „Aufenthaltslager" – auch eine Funktion innerhalb des eigentlichen Aufgabenbereichs des WVHA zuzuweisen. Da BB weitab von allen großen Industriebetrieben gelegen war, konnte man dort keine Häftlinge unterbringen, die in den Betrieben zur Zwangsarbeit eingesetzt werden sollten. Aber man konnte nach BB jene KL-Häftlinge schicken, die durch den Arbeitseinsatz in den Rüstungsbetrieben und durch die mörderischen Bedingungen, unter denen er geleistet werden mußte, schwer erkrankt oder so erschöpft waren, daß sie

---

[2]) s. o. S. 39 ff.

[3]) s. o. S. 40.

keine vollwertigen Arbeitskräfte mehr darstellten und durch andere Häftlinge ersetzt wurden. Für diese erschöpften und kranken Menschen stand seit Frühjahr 1944 das „Erholungslager" BB zur Verfügung – wie dieser „Erholungsaufenthalt" in BB aussah, wird zu zeigen sein.

Das „Erholungslager" entwickelte sich aus jenem Lagerteil, der als „Häftlingslager" seit Errichtung des AL bestand, zunächst jedoch lediglich ein Anhängsel zum AL bildete: Im Häftlingslager war das Baukommando für den Ausbau der Barackensiedlung untergebracht, Häftlinge aus verschiedenen KL, vor allem aus dem aufgelösten KL Niederhagen (Wewelsburg) und aus dem KL Buchenwald. Als der erste Krankentransport Ende März 1944 nach BB kam, trafen die Angehörigen dieses Transports im Lager nur die Austauschjuden an, keine anderen Häftlinge[4]); man wird also annehmen müssen, daß das Baukommando vor Ankunft dieses Transports in ein anderes KL verlegt wurde, um Platz zu schaffen für die kranken Häftlinge, durch die das „Häftlingslager" den Charakter des „Erholungslagers" erhielt.

Dieses „Erholungslager" also war *die* Form, durch die Pohl, der Chef des WVHA, dem AL BB eine Funktion in seinem eigenen System zu geben versuchte. Wir besitzen allerdings weder ein offizielles Schreiben noch einen Vermerk über eine Besprechung o. ä., mit denen aktenkundig belegt werden könnte, *daß* Pohl diese Entscheidung getroffen hat und daß er sie aus den oben skizzierten Motiven heraus getroffen hat. Wir sind bei den oben angestellten Überlegungen, welche Antriebe zur Umgestaltung des Häftlingslagers in ein „Erholungslager" führten, ausschließlich auf Indizien angewiesen, die aber durch eine spätere Aussage eines wichtigen Funktionärs des WHVA gestützt und ergänzt werden. Man wird deshalb die Annahme, daß Pohl aus den besagten Motiven heraus eine entsprechende Entscheidung getroffen hat, wohl nicht als reine Spekulation abtun können. Aus der Aussage des WVHA-Funktionärs Sommer und aus den Indizien ergibt sich folgender Sachverhalt: Ende März 1944 traf der erste Krankentransport in BB ein, dem in unterschiedlichen Zeitabständen weitere Krankentransporte folgten, und etwa zur gleichen Zeit begannen die Bemühungen des WVHA um eine Erweiterung des Lagers – da eine solche der Austauschjuden wegen nicht nötig war, müssen diese Bemühungen deshalb in Zusammenhang mit den oben skizzierten Absichten des WVHA gesehen werden.

Der erste Krankentransport kam in BB am 27. 3. 1944 an; er bestand aus rund 1000 meist tuberkulösen Häftlingen aus dem Lager Dora[5]), einem Außenkommando des KL Buchenwald[6]). Dieses Außenkommando Dora war im Herbst 1943 bei dem Dorf Salza im Kreis Nordhausen (Harz) errichtet worden

---

[4]) BT, S. 361 (Zoddel).

[5]) BT, S. 361, 364 (Zoddel); Fréjafon, Bergen-Belsen: Bagne Sanatorium, Paris 1947, S. 53.

[6]) Dora wurde am 29. 10. 1944 ein selbständiges KL unter dem Namen „Mittelbau"; die Häftlingsstärke betrug zu diesem Zeitpunkt 32 532.

als Lager für die Tausende von Häftlingen, die beim Bau der bombensicheren unterirdischen Fabrikationsanlagen für die Herstellung von V-Waffen eingesetzt wurden und nach der Fertigstellung der Anlagen in großem Umfang bei der V-Waffen-Produktion selbst mitarbeiten mußten. Die Arbeitsbedingungen in diesen Betrieben und die Lebensverhältnisse im Lager waren katastrophal, ein großer Teil der Häftlinge mußte Tag und Nacht in den unterirdischen Stollen zubringen. Die Todeszahlen spiegelten diese Verhältnisse: Von den rund 28 480 Häftlingen starben von Januar bis September 1944 3221 (= 11,3 %), weitere 3000 kranke und erschöpfte Häftlinge (= 10,5 %) wurden mit „Liquidationstransporten" aus dem Lager geschickt[7]). Diese „Liquidationstransporte" wurden auf Befehl des SS-Standartenführers Dr. Lolling durchgeführt, der als Chef des Amtes D III in der Amtsgruppe D für das gesamte Sanitätswesen der KL verantwortlich war[8]). Er ordnete an, „die nicht mehr arbeitsfähigen Häftlinge zu einem Transport zusammenzustellen und ihre Zahl nach Berlin zu melden", es werde dann in einigen Tagen weitere Weisung ergehen[9]). Wenige Tage später ging ein Fernschreiben der Amtsgruppe D ein, es könnten 1000 nicht mehr arbeitsfähige Häftlinge am soundsovielten abgehen. Der Bestimmungsort dieser Transporte wurde in der Regel von den Begleitmannschaften nach ihrer Rückkehr weitererzählt und kam auf diese Weise auch zur Kenntnis der Häftlinge im Lager.

Der erste „Liquidationstransport" aus Dora ging am 15. 1. 1944 ins KL Lublin (Majdanek), von den 1000 Mann kamen aber nur 600 an, der Rest starb bereits während der Fahrt; die Überlebenden wurden isoliert vom Lager untergebracht, erhielten fast keine Verpflegung; als am 6. 2. 1944 ein zweiter „Liquidationstransport" aus Dora in Lublin ankam, war bereits kaum mehr einer von ihnen am Leben[10]). Der dritte „Liquidationstransport" ging nicht nach Lublin, dies war jener Transport, der am 27. 3. 1944 in BB eintraf. Wie sehr das für das Sanitätswesen zuständige Amt D III bemüht war, diese kranken und geschwäch-

---

[7]) NI–363; zu den Verhältnissen in Dora vgl. Tenenbaum, S. 187, und vor allem die umfangreiche und informative Aussage des Arztschreibers Ackermann v. 21. 3. 1947 (NO–2631).

[8]) Angaben zur Person Dr. Enno Lollings: SS-Personalpapiere Lollings, NO–1570 (geboren 19. 7. 1888 in Köln, 1914 Dr. med., 1914–1918 Schiffsarzt, 1919 Praxis in Strelitz, August 1933 Eintritt in die SS, 19. 6. 1936 Gesuch an das Sanitätsamt der SS wegen Einstellung bei der SS, dann Arzt in Dachau (bis 1940) und Oranienburg (bis 1941), 1. 6. 1941 Leitender Arzt der Inspektion KL, 3. 3. 1942 Amtschef D III im WVHA).

[9]) Protokoll F. IV, S. 961 (Ackermann); Ackermann war politischer Häftling in Dora und als Arztschreiber im Krankenhaus tätig; unter Eid bezeugte er, die entsprechenden Befehle Dr. Lollings selbst in der Hand gehabt zu haben. Inhaltlich übereinstimmend mit diesem Zeugnis Ackermanns die Aussage des SS-Lagerarztes Dr. Kahr (NO–2619 und Protokoll F. IV, S. 217 f.); vgl. ferner Dokument 3875–PS (Aff. Geißler, 11. 4. 1946).

[10]) NI–363; Protokoll F. IV, S. 961 (Ackermann). Auch aus dem KL Sachsenhausen gingen „Liquidationstransporte" nach Majdanek, s. Todeslager Sachsenhausen, Berlin 1948, S. 90 (Aussage Rehn nach Prozeßprotokoll).

ten Häftlinge im „Erholungslager" oder „Genesungslager" gesundheitlich wiederherzustellen, das geht am deutlichsten aus der Tatsache hervor, daß mit den 1000 Kranken nicht ein einziger Arzt – auch kein Häftlingsarzt – mitkam, wohl aber üble kriminelle Häftlinge als Kapos und Pfleger, die die Kranken zu Tode peinigten, soweit diese nicht an Entkräftung und Krankheit von selbst starben. Die Zahlen sprechen eine unüberhörbare Sprache: Von den 1000 Angehörigen des Transports aus Dora haben insgesamt 57 (= 5,7 %) das Kriegsende erlebt[11]), von den 200 Franzosen, die in diesem Transport mitkamen, überlebten 13 (= 6,5 %)[12]). Sofort mit dem Eintreffen des Transports aus Dora stieg die Sterbezahl des Gesamtlagers sprunghaft an: Im März 1944 waren im gesamten AL 32 Sterbefälle zu verzeichnen, im April waren es 390, im Mai 217, im Juni 186, im Juli 127[13]). Da die Zahl der Sterbefälle im Sternlager von April bis Juni insgesamt 79 betrug und in den übrigen Lagerabteilungen in diesen Monaten nur sehr wenige Menschen starben, entfallen von den 920 Sterbefällen der Monate April bis Juli 1944 sicherlich mindestens 820 auf das „Häftlingslager".

Auf den Krankentransport aus Dora folgten in unterschiedlichen Zeitabständen weitere, allerdings kleinere Transporte von „nicht mehr Arbeitsfähigen" aus anderen Lagern. Da sämtliche Unterlagen über diese Transporte im Lager BB im April 1945 vernichtet worden sind, wissen wir jedoch weder die Zahl noch die Stärke oder das Herkunftslager dieser Transporte – mit Ausnahme der Transporte aus Buchenwald selbst und seinen Außenkommandos: Am 28. 5. 1944 kamen 154 kranke Häftlinge, größtenteils Russen, von dem Außenkommando Laura[14]) („Laura" war ebenfalls eine V-Waffen-Produktionsstätte im Harz bei Nordhausen, in der ähnliche Zustände herrschten wie in Dora); am 22. 12. 1944 wurden 401 arbeitsunfähige Häftlinge, meist ungarische Juden, vom Kommando Brabag Magdeburg (wo aus Braunkohle Benzin gewonnen wurde) dem Lager BB überwiesen[15]). Nur ein einziges Mal ging ein Transport mit Häftlingen, die wieder zur Arbeit eingesetzt werden sollten, von BB in das KL Buchenwald (200 Mann am 29. 7. 1944)[16]).

Was konnte es angesichts dieser Tatsachen bedeuten, daß das Häftlingslager im AL BB von den Funktionären des WVHA im internen Sprachgebrauch ein „Erholungslager" genannt wurde? War dieser Ausdruck ein zynisches Synonym, um ein Lager zu bezeichnen, in dem man ganz bewußt und planmäßig die nicht mehr arbeitsfähigen Häftlinge zugrunde gehen ließ? Und erschien das Lager BB

---

[11]) Cl. Roy, Saison Violante, Paris 1945, S. 184.

[12]) Fréjafon, S. 93 ff.

[13]) s. Exkurs III, S. 309.

[14]) ISD IC/2; NI–363.

[15]) ISD IC/2; NI–363.

[16]) ISD IC/2.

für diesen Zweck deshalb als besonders geeignet, weil eine „Abschiebung" der arbeitsunfähigen Häftlinge in die Lager des Ostens seit Frühjahr 1944 nicht mehr möglich war (die Russen näherten sich Lublin, in Auschwitz liefen die Gaskammern auf Hochtouren, um das ungarische Judentum auszulöschen) und BB mitten in Deutschland ein verschwiegener Platz war, an dem das Hinsterben der Häftlinge unbemerkt blieb? Die SS-Funktionäre liebten eine blumig verhüllende Sprache, mit der selbst im internen Schriftverkehr der Dienststellen untereinander das wahre Vorhaben verschleiert wurde[17]) – der Ausdruck „Erholungslager" kann also durchaus ein Synonym darstellen für ein Lager, in dem die arbeitsunfähigen Häftlinge vollends zugrunde gehen sollten; denn bei der Unterbringung und „Betreuung", die die kranken Häftlinge in BB genossen, war es ein Ding der Unmöglichkeit, daß sie nach einiger Zeit – wiederhergestellt – von BB zu ihrem Arbeitskommando zurückkehren konnten.

Ehe die Zustände im „Häftlingslager" noch mit einigen Strichen skizziert werden, muß vorher die Aussage des stellvertretenden Amtschefs von D II (Arbeitseinsatz), Sommer, angeführt werden[18]). Er kam – laut eigener Aussage – im Juni 1944 ins Lager BB mit dem Auftrag, „das unmittelbar neben dem Lager BB liegende Kriegsgefangenenlager zu besuchen und mit dem Kommandanten des Truppenübungsplatzes, auf dem das Kriegsgefangenenlager lag, zu besprechen, von welcher Dienststelle des Heeres man dieses Kriegsgefangenenlager freigegeben bekommen könne für Zwecke des KL Belsen. Dieses Kriegsgefangenenlager, das etwa Raum bot für ca. 40 000 Menschen, stand völlig leer, während das Lager Belsen nur sehr klein war und tatsächlich ein Erholungslager sein sollte. Es sollten dort in BB die Häftlinge, die bei den einzelnen Firmen krank wurden, gesundgepflegt werden, um dann wieder für den Arbeitseinsatz zur Verfügung zu stehen. BB sollte darüber hinaus, da es mitten in Deutschland lag, als Einweisungslager für sämtliche nichtjüdischen Häftlinge dienen, damit die Eignungsprüfer der vielen Firmen, die Häftlinge haben wollten, nur noch nach Belsen zu fahren brauchten und nicht mehr von einem Lager zum andern."

Diese Aussage ist deshalb wichtig, weil aus ihr hervorgeht, daß bereits im Juni 1944 – also lange vor dem Einsetzen der Evakuierungstransporte – vom WVHA eine Erweiterung des AL BB angestrebt wurde, nicht um für die Austauschjuden mehr Platz zu schaffen, sondern in erster Linie im Zusammenhang mit der Funktion als „Erholungslager", in zweiter Linie, um dem Lager BB innerhalb des Tätigkeitsbereichs des WVHA noch die weitere Funktion eines „Einweisungslagers" zuzuweisen. Sommer hielt in seiner Aussage an der Fiktion fest, daß BB als ein wirkliches „Erholungslager" gedacht gewesen sei, in dem die kranken Häftlinge „gesundgepflegt" werden sollten: Man kann diese Worte als unerhörten Zynismus deuten, oder man kann unterstellen – was in diesem Fall

[17]) s. dazu in unserem speziellen Fall: NO–2619 (Aff. Dr. Kahr, 19. 9. 1945).

[18]) Protokoll F. IV, S. 3694 f.

vermutlich sogar die größere Wahrscheinlichkeit für sich hat –, daß Sommer subjektiv tatsächlich dieser Meinung war und entsprechend informiert wurde, da er als stellvertretender Leiter des Arbeitseinsatzes das größte Interesse hatte, möglichst viele Arbeitskräfte zur Verfügung zu haben; insofern (und nur insofern) lag ihm durchaus daran, daß die kranken Häftlinge „gesundgepflegt" wurden. Objektiv verhielt es sich allerdings wesentlich anders, als Sommer annahm. Das „Gesundpflegen" wäre nämlich Sache des Amtes D III (Sanitätswesen) und des Lagerkommandanten gewesen, der geordnete Zustände im Häftlingslager hätte herstellen müssen – und da sowohl das Amt D III wie der Lagerkommandant nicht das geringste in dieser Richtung unternahmen, wurde das „Erholungslager" zu einem Sterbelager.

Dieses Beispiel zeigt deutlicher als lange grundsätzliche Erörterungen, wie das Terror- und Vernichtungssystem des SS-Staates in der Praxis funktionierte: Eine peinlich genau durchgeführte und eingehaltene Abgrenzung der Kompetenzen, die Beschränkung der einzelnen Ämter und ihrer Funktionäre auf den eigenen engen Aufgabenbereich – wobei in jedem Bereich die Tätigkeit nach Direktiven erfolgte und an Grundkonzeptionen orientiert war, die mit denen der anderen Bereiche in Widerspruch standen –, schließlich die mangelnde und absichtlich unterlassene Koordinierung dieser verschiedenen Bereiche, alle diese Methoden wurden von den führenden Funktionären der SS bewußt und geschickt angewandt, um die eigenen Untergebenen entsprechend den jeweilig angestrebten Zwecken zu manipulieren und die der Willkür des SS-Regimes unterworfenen Häftlinge zunächst auszunützen und dann zu ermorden oder zugrunde gehen zu lassen.

Da nur sehr wenige Angehörige der ersten Krankentransporte die Zeit im Lager BB lebend überstanden haben, besitzen wir nicht viele konkrete Angaben über die Zustände im Häftlingslager; die wichtigste Quelle ist der Bericht des französischen Arztes Dr. Fréjafon, der am 3. 8. 1944 von Neuengamme nach BB kam[19]). Bis Mitte Januar 1945 bestand das Häftlingslager aus den Blocks 1–6, in denen durchschnittlich je 300–400 Häftlinge untergebracht waren. In Block 1 wohnten vorwiegend Russen und Ukrainer, die noch einigermaßen gesund waren und zu den verschiedenen Arbeitskommandos im Lager eingeteilt wurden; bei ihrer Arbeit verstanden sie es, sich zusätzliches Essen zu organisieren, das sie gegen Suppen oder Zigaretten vertauschten; sie versorgten den Schwarzmarkt innerhalb des Häftlingslagers mit Brennholz, Kohlen und Kartoffeln, die sie sich in den Magazinen zu beschaffen wußten. Alle übrigen Blocks im Häftlingslager waren mit Kranken und Erschöpften belegt: In Block 2 hausten die Arbeitsunfähigen, in Block 4 Leute mit Dysenterie und die chirurgischen Fälle; in Block 5 waren ebenfalls Schwache und Kranke, deren Krankheit sich aber schon

---

[19]) Fréjafons Bericht muß sehr kritisch ausgewertet werden, da er in vielen Angaben ungenau ist und die zeitliche Entwicklung zu wenig berücksichtigt.

in vorgeschrittenem Stadium befand, sie waren vom täglichen Appell dispensiert und lagen fast den ganzen Tag; Block 6 war der Block der Tb-Kranken, das Vorzimmer des Krematoriums; Block 3 bildete ein Durchgangsgebäude, in das die Neuankömmlinge eingewiesen wurden, ehe sie auf die verschiedenen Blocks verteilt wurden. Wohl sprachen die Ärzte – entsprechend dem jeweiligen Krankheitsbild – „Verlegungen" von einem Block zum andern aus, aber Schutzhaftlagerführer und Rapportführer, ja selbst die Blockältesten konnten diese Anordnungen nach Gutdünken modifizieren. Alle Krankheiten waren in diesem „Erholungslager" vertreten, die meisten Opfer forderte die Tb (vor allem vom März bis Oktober 1944), die Dysenterie (vorwiegend Oktober 1944 bis Februar 1945) und seit Februar 1945 der Flecktyphus.

Das Häftlingslager entsprach in seiner inneren Organisation genau einem KL, d. h. die ca. 60–70 von der SS eingesetzten „Funktionshäftlinge" (Lagerältester, Blockälteste, Stubendienste, Kapos usw.) waren mit nahezu unbeschränkter Macht gegenüber ihren Mithäftlingen ausgestattet und übten eine hemmungslose Terrorherrschaft im Häftlingslager aus[20]). Die meisten dieser Funktionshäftlinge waren deutsche kriminelle und asoziale KL-Häftlinge (unter den wenigen Dutzend Häftlingen deutscher Nationalität im Häftlingslager befanden sich kaum politische Häftlinge, während in Buchenwald, Dachau, Sachsenhausen und anderswo die politischen Häftlinge entscheidende Positionen der Lagerselbstverwaltung besetzt hielten). Einige Kapos waren Polen, die an Brutalität gegenüber ihren Mitgefangenen und an Hörigkeit gegenüber der SS den deutschen Kriminellen nicht nachstanden. Von allen diesen Lagerfunktionären hat kaum einer die letzten Monate im Lager und die Befreiung des Lagers überstanden[21]). Am meisten gefürchtet war der Oberpfleger Karl Rothe[22]), ein deutscher Hilfsarbeiter, der wegen zahlreicher Diebstähle und der Ermordung eines jungen Knaben zu Zwangsarbeit verurteilt worden war und für den Posten eines „Oberpflegers" nicht die geringste ärztliche Erfahrung und Schulung mitbrachte; die SS-Leute setzten ihn nichtsdestoweniger in diese Stellung ein und statteten ihn mit fast unbeschränkter Macht gegenüber den kranken Häftlingen aus; diese sahen häufig, wie der Oberpfleger vertrauliche Besprechungen mit dem SS-Lagerführer und dem SS-Lagerarzt hatte. Dieser Oberpfleger Karl war es, der vor allem während der Monate Juni und Juli 1944 bei einer Reihe von Häftlingen interkardiale Phenoleinspritzungen durchführte – er tat dies unter dem Vorwand, ihnen zu einem leichten und schnellen Tod verhelfen zu wollen. Da ihm der SS-Arzt die Wahl der Opfer völlig überließ, konnte Oberpfleger Karl seinen sadistischen Trieben freien Lauf lassen: Häftlinge, die

20) Die Zahl der Funktionshäftlinge nach BT, S. 366 (Zoddel), Charakter der Lager- und Blockältesten bei Fréjafon, S. 31 ff.

21) s. u. S. 166.

22) Fréjafon, S. 59 ff.; Fliecx bei Wormser, Tragédie de la Deportation 1940–1945, Paris 1954, S. 385; BT, S. 695 (Wiesner).

ihm nicht den ganzen Inhalt eines Pakets übergeben wollten, oder junge Männer, die seinen amourösen Anträgen widerstanden, wurden von ihm ebensooft „abgespritzt“ wie jene Todkranken, bei denen die SS diese Tötungsmethode anzuwenden pflegte. Rothes Treiben nahm schließlich ein derartiges Ausmaß an, daß ihn ein Tribunal der Häftlingsfunktionäre wegen Diebstahls, Päderastie und krimineller Verbrechen in Zusammenarbeit mit der SS zum Tode verurteilte und anschließend lynchte[23]). Erst von diesem Zeitpunkt an war es den fünf Häftlingsärzten möglich, eine wirkungsvolle Behandlung der Kranken im Häftlingslager in die Wege zu leiten. Zusammen mit den Pflegern – vor allem Russen und Franzosen – bemühten sie sich um eine Besserung der trostlosen Verhältnisse; nach Dr. Fréjafon waren Ärzte und Pfleger die einzigen Funktionäre des Häftlingslagers, die zum überwiegenden Teil ehrenhafte Männer waren[24]).
Einer wirklichen Betreuung der Kranken standen allerdings zahlreiche Hindernisse im Wege: der Mangel an Medikamenten, die miserablen hygienischen Verhältnisse, die Konfusion innerhalb des Lagers und vor allem die zunehmende Zahl der Kranken. Seit Ende 1944 stieg auch im Häftlingslager die Lagerstärke. Am 10. 1. 1945 – unmittelbar vor dem Eintreffen der ersten großen Evakuierungstransporte aus den Männerlagern – lebten in den 6 Blocks des Häftlingslagers 1823 Häftlinge: 670 Russen und Ukrainer, 336 Polen, 342 ungarische Juden, 191 Franzosen, 95 Deutsche und Österreicher, 45 Italiener, 28 Belgier, 16 Kroaten, 16 Holländer, 15 Letten, 12 Tschechen, 10 Slowenen, 9 Serben und andere[25]).

II. Die Errichtung des Frauenlagers

Neben der Ausgestaltung des Häftlingslagers zu einem „Erholungslager“ war es die Errichtung des Frauenlagers, durch die der Lagercharakter des AL „erheblich verändert“ wurde. Von Mitte August 1944 an trafen in immer neuen Transporten Tausende von polnischen Frauen im Lager BB ein, verließen es aber jeweils einige Tage später wieder; sie wurden den Außenkommandos verschiedener KL zugeteilt, wo sie in den großen Betrieben der Rüstungsindustrie Zwangsarbeit leisten mußten. Das Frauenlager fungierte in der ersten Zeit also als jenes „Einweisungslager“, das der stellvertretende Amtschef des Amtes D II, Sommer, bei seinem Besuch im Juni 1944 vorzubereiten bemüht war[26]).

---

[23]) Fréjafon, S. 62.
[24]) Fréjafon, S. 63.
[25]) Fréjafon, S. 41.
[26]) s. o. S. 109.

Da diese Frauen nur kurze Zeit im Lager BB weilten, steht es sehr schlecht um unsere Kenntnis von Herkunftsort und Zielstation dieser Gruppen. Solange keine Erlebnisberichte dieser polnischen Frauen vorliegen und genauere Informationen liefern[27]), sind wir ausschließlich auf die Beobachtungen der Sternlagerinsassen angewiesen[28]), die nur ein sehr summarisches Bild vermitteln können, da die ankommenden Frauentransporte streng von den übrigen Lagerinsassen isoliert wurden, so daß man im Sternlager eigentlich nur das Kommen und Gehen dieser Transporte zu registrieren vermochte.

Am 7. 8. 1944 machte sich ein Arbeitskommando der Häftlinge daran, hinter dem Sternlager – auf jenem Terrain, auf dem sich die Schuppen des Schuhkommandos und die Werkstätten befanden – eine Anzahl von Zelten zu errichten. Innerhalb weniger Tage baute das Kommando insgesamt 10–12 große Zelte auf, die in besseren Tagen bei den Schützenfesten in der Heide Verwendung gefunden hatten; die Sternlagerinsassen mußten Stroh schleppen. Am 11. 8. wurde dann ein erster Frauentransport in dieses Zeltlager eingewiesen, dem in den nächsten Tagen weitere Transporte folgten; am 15. 8. schätzte ein Insasse des Sternlagers die Zahl dieser Neuankömmlinge bereits auf 4000. Woher diese Frauen kamen, wußte man im Sternlager nur gerüchteweise: Es waren angeblich „arische" polnische Frauen aus Warschau. Am 20. 8. konnte man dann bereits feststellen, daß das Zeltlager ein Durchgangslager war, weil die Bewohner ständig wechselten. Ein Tagebucheintrag Herzbergs vom 21. 8. vermerkt: „Wieder ziehen Tausende von polnischen Frauen vorbei ... Die Frauen – junge, kräftige Gestalten diesmal – schleppen schwere Gepäckstücke und scheinen nicht einmal müde zu sein. Die meisten laufen barfuß, aber sonst sind sie ordentlich gekleidet. Es heißt, sie würden bei der Landarbeit eingesetzt werden, und das hat einige Wahrscheinlichkeit für sich." Am 23. 8. traf zum erstenmal ein Transport von 1000 Frauen aus Auschwitz ein; sie kamen ohne Gepäck – im Gegensatz zu den Frauen der früheren Transporte –, ohne Mäntel, in Häftlingskleidung und kahlgeschoren. Einige Tage später ging das Gerücht um, bei diesen polnischen Frauen handle es sich um Jüdinnen aus Lodz (Litzmannstadt), die über Auschwitz nach BB gekommen seien.

Das sind die spärlichen Angaben über die ersten Frauentransporte, die wir den Tagebüchern einiger Sternlagerinsassen entnehmen können. Es ist sehr wohl möglich, daß man im Sternlager richtig informiert war, wenn man sich erzählte, daß diese Frauen teils Polinnen aus Warschau, teils polnische Jüdinnen aus Lodz seien. Gerade in diesen Wochen wurden nämlich Tausende von Menschen aus Warschau, aus Lodz und anderen polnischen Städten ins Reich deportiert.

---

27) Derartige Erlebnisberichte sind mir nicht bekanntgeworden; möglicherweise könnten Befragungen in Polen hier zu wichtigen Ergänzungen führen.

28) Für das folgende: die entsprechenden Tagebucheintragungen bei Herzberg, Tweestromenland, S. 74 ff. (15., 17., 18., 21., 23., 24., 26. 8., 10. 9.); Vogel, S. 38 ff. (7., 15. 8.); Laqueur (11., 20., 28. 8.).

In einer offiziellen Aufstellung über die Zahl der KL-Insassen vom 15. 8. 1944[29]) wird die „Ist-Stärke der KL-Häftlinge am 1. 8. 1944" mit 524 286 beziffert (379 167 männliche Häftlinge, 145 119 weibliche Häftlinge), und es werden rund 612 000 „Neuzugänge" angekündigt, darunter 400 000 Polen aus Warschau, 60 000 Juden aus dem Ghetto in Lodz, 15 000 Polen aus dem Generalgouvernement, 90 000 Juden aus Ungarn u. a.[30]).

Die Deportierung dieser riesigen Menschenmassen wurde ausgelöst durch den schnellen Vormarsch der sowjetischen Armeen in Polen; da die SS ihre jüdischen Opfer und die polnischen Arbeitskräfte nicht aus der Hand geben wollte, wurden diese in die innerhalb des Reichsgebietes gelegenen KL gebracht[31]). Reitlinger hat festgestellt[32]), daß gegen Ende Juli 1944 ungefähr 27 000 Juden aus 9 Lagern in den Gebieten von Radom und Krakau evakuiert wurden, zusammen mit beinahe 4000 Juden aus dem Lager im ehemaligen Warschauer Ghetto; aus dem Ghetto in Lodz wurden zwischen 21. 8. und 5. 9. rund 60 000 Juden weggeführt. Diese Evakuierungstransporte gingen nur zum Teil nach Auschwitz, und dort fanden nicht alle, die mit diesen Transporten ankamen, den Tod in den Gaskammern, sondern „die meisten ‚Tauglichen' wurden in andere Lager weitergeschickt"[33]). Es ist also ziemlich sicher, daß die Frauentransporte, die im August und September 1944 im Zeltlager in BB eintrafen, im Zusammenhang mit diesen Deportationsmaßnahmen gesehen werden müssen und tatsächlich aus Polinnen und polnischen – und wohl auch ungarischen – Jüdinnen bestanden.

Das Lager BB selbst besaß keine Außenkommandos, hingegen wurden gerade in den Monaten August und September eine ganze Reihe neuer Außenkommandos des KL Buchenwald errichtet, denen insgesamt mehrere tausend weibliche Häftlinge zugewiesen wurden. Da die erkrankten Frauen aus diesen Außenkommandos des KL Buchenwald später nachweislich ins Frauenlager BB „zurücküberstellt" wurden[34]), kann man vermuten – wenn auch nicht eindeutig nachweisen –, daß ein großer Teil der im August und September in BB ange-

---

[29]) NO–399 (identisch mit 1166–PS): Schreiben Amtschef D (gez. Burger) an Amtschef B v. 15. 8. 1944.

[30]) Für die Bewertung dieser Zahlen ist zu berücksichtigen die Aussage von Amtschef B, Loerner, es habe sich bei diesem Schreiben um eine von ihm bei Burger „bestellte Arbeit" gehandelt, in der absichtlich überhöhte Zahlen verwendet worden seien, damit er beim Reichswirtschaftsministerium und beim RF-SS für ein höheres Kontingent an Bekleidung habe intervenieren können (Protokoll F. IV, S. 3011).

[31]) Laut Reitlingers Angabe (S. 509) erfolgte ca. April 1944 ein „Führerentscheid", daß ungarische Juden im Reichsgebiet für den „Jägerplan" (unterirdische Flugzeugwerke) eingesetzt werden sollten; dadurch wurde der Entscheid v. 5. 10. 1942 aufgehoben, nach welchem alle Juden aus den deutschen Lagern in die Lager des Ostens zu verbringen waren. Im Frühsommer 1944 begann daher die Verschiebung von Juden aus Auschwitz nach Deutschland.

[32]) Reitlinger, S. 339, 341 f.

[33]) Reitlinger, S. 342.

[34]) ISD IC/2.

kommenen Frauen diesen Außenkommandos des KL Buchenwald zugeteilt wurde[35]). Ganz sicher ist das bei mehreren Transporten, die seit Oktober BB verließen, denn es liegen genaue Namenslisten von einigen Frauentransporten vor, die vom 19. 10. 1944 an aus BB zu Außenkommandos des KL Buchenwald abgingen[36]). Zwischen 19. 10. und 22. 12. 1944 erfolgten sechs derartige Transporte: am 19. 10. gingen 750 polnische Jüdinnen nach Elsnig/Elbe (Fa. Wasag), am 23. 10. 300 ungarische Jüdinnen nach Markkleeberg/Leipzig (F. Junkers), am 4. 11. 750 ungarische Jüdinnen nach Duderstadt (Fa. Polte), am 2. 12. 300 ungarische und polnische Jüdinnen nach Magdeburg (Fa. Polte), am 6. 12. 300 ungarische Jüdinnen nach Markkleeberg/Leipzig (Fa. Junkers), am 22. 12. 65 ungarische Jüdinnen nach Lippstadt/Westf. (Fa. Westf. Metall)[37]).
Am 5. 9. 1944 mußten die Insassen des Sternlagers zu einem Arbeitsappell antreten und Baracken abladen[38]). Man konnte feststellen, daß diese Ladung am 1. 9. aus Krakau abgegangen war, und da man verschiedene jüdische Schriftzeichen entdeckte, wußte man, daß diese Baracken aus einem Judenlager stammten. Sie kamen aus dem Lager Plaszow bei Krakau. In den folgenden Wochen wurden diese Baracken auf dem Appellplatz des Sternlagers durch Häftlinge aufgebaut. Am 21. 9. standen schon vier Baracken, und unter den Sternlagerinsassen ging das Gerücht, das ganze Sternlager müsse demnächst in diese Baracken umziehen, die sich in denkbar schlechtem Zustand befanden und in denen es von Läusen nur so wimmelte. Anfang Oktober waren dann beide Appellplätze des Sternlagers mit Baracken zugebaut.
Diese Bautätigkeit zeigte deutlich an, daß die Ankunft weiterer Transporte bevorstand. Und diese Transporte ließen nicht lange auf sich warten. Ende Oktober und Anfang November 1944 trafen in zwei großen Transporten mehrere tausend Frauen und Mädchen aus dem KL Auschwitz-Birkenau im Zeltlager ein[39]). Sie wurden größtenteils nicht zum Arbeitseinsatz in Außenkommandos abgestellt, sondern blieben im Lager BB; nach den Erhebungen des Holländischen Roten Kreuzes handelte es sich bei diesen Frauen aus Auschwitz

---

[35]) Aus folgenden Außenkommandos des KL Buchenwald wurden erkrankte Frauen ins Lager BB überstellt (in Klammer Gründungsdatum des Außenkommandos und Zahl der weiblichen Häftlinge im Herbst 1944): Neustadt/Coburg (12. 9. 1944; 400), Allendorf/Marburg (17. 8. 1944; 1000), Schönau/Leipzig (22. 8. 1944; 500), Lippstadt I (2. 8. 1944; 530), Taucha/Leipzig (7. 9. 1944; 1200).

[36]) ISD IC/1.

[37]) Die höchste BB-Häftlingsnummer bei diesen Transporten: 19. 10. 1944: 5000, 23. 10. 1944: 5438, 4. 11. 1944: 5997 – man kann also annehmen, daß bis Anfang November mindestens rund 6000 Frauen durch das Frauenlager „durchgeschleust“ wurden.

[38]) Herzberg, Tweestromenland, S. 117 ff. (Eintragung v. 5. 7., 10., 18., 21., 23. 9., 2. 10.) auch für das folgende.

[39]) Die Angaben in „Auschwitz, Deel VI“ (herausgegeben vom Holländischen Roten Kreuz 1952), S. 13 (1. 10. und 26. 11.) stimmen nicht; der erste Transport mit ca. 2000 Frauen kam wohl 17./18. 10. in BB an, der zweite mit ca. 3000 Frauen am 4. 11.

um „kranke, aber potentiell wiederherstellungsfähige Frauen“[40]), die deshalb bei der Evakuierung des Frauenlagers Birkenau als erste abtransportiert wurden. Als diese kranken und geschwächten Frauen nach mehrtägiger Fahrt in überfüllten Viehwagen völlig erschöpft in BB ankamen, standen noch keine Baracken für sie zur Verfügung; in Herbstkälte und Nässe mußten sie – auf einer dünnen Strohschütte – in den völlig überbelegten Zelten schlafen, in denen es weder Beleuchtung noch Toiletten gab. „Wenn man die offene Latrine vor dem Zelt aufsuchen wollte, war es nicht möglich, sich durch die Menschenmassen zum Ausgang des Zeltes durchzuquetschen“[41]).

Unter diesen „Auschwitz-Frauen“, die unter solchen katastrophalen Bedingungen im Zeltlager hausen mußten, befand sich ein junges Mädchen, das damals die Aufmerksamkeit wohl nur weniger ihrer Schicksalsgefährtinnen auf sich gezogen hat, die aber viele Jahre nach ihrem Tod im Lager BB die berühmteste Insassin dieses Lagers geworden ist, symbolhafte Figur für das Leiden und Sterben der Tausende im Inferno von BB: dieses Mädchen war Anne Frank[42]).

Da die Häftlingskartei vernichtet wurde und die Sterbefälle in den letzten Wochen vor der Befreiung nur noch lückenhaft registriert wurden, wissen wir nur durch die Berichte von Augenzeugen, daß Anne Frank mehrere Monate im Lager BB gelebt hat und dort im Frühjahr 1945 gestorben ist – wie viele tausend andere, namenlos gebliebene Schicksalsgenossen von ihr.

Ein plötzliches Ende fand für die Auschwitz-Frauen das Dasein im Zeltlager, als am 7. 11. 1944 ein schwerer Novembersturm über die Heide fegte und mehrere Zelte wegriß[43]). Stundenlang standen die Frauen in Hagel und strömendem Regen, eine dünne Decke über den Schultern, dann wurden sie unter Schlägen in das Küchenzelt getrieben, wo sie die Nacht verbringen mußten. Am nächsten Morgen kamen sie in die Schuppen des Schuhkommandos, während im Sternlager das Krankenhaus, das Altersheim und zwei weitere Baracken binnen einer Stunde geräumt werden mußten, um Platz zu machen für die Frauen. Die Insassen der zu räumenden Blocks des Sternlagers mußten in die neuen, im Oktober errichteten Baracken übersiedeln, in denen es kein Licht gab, kein Wasser, kein WC und keine Betten. Auf Bahren wurden die Schwerkranken durch den Regen getragen; viele überstanden diesen „Umzug“ nicht. In den folgenden Wochen wurden weitere Blocks des Sternlagers ebenfalls in die neuen Baracken verlegt, so daß nunmehr alle Auschwitz-Frauen im früheren Sternlager unter-

---

[40]) Auschwitz Deel VI, S. 15.

[41]) WL P III h, Nr. 707 (Wallfisch); weitere Augenzeugenberichte dazu: WL P III h, Nr. 454 (Reppenhagen), 158 (Lasker-Allais), 943 (Baker), 1159 (Ehrenberg), 1118 (Zielenziger); RvO c (11) (Ehrlich-Mindus; Schrijver-Jacob).

[42]) Darüber eingehend: Ernst Schnabel, Anne Frank, Spur eines Kindes, Frankfurt-Hamburg 1958 (bes. S. 139 ff.).

[43]) Herzberg, Tweestromenland, S. 194 (8. 11. 1944); WL P III h, Nr. 1118 (Zielenziger); RvO c (11) (Schrijver-Jacob).

gebracht werden konnten und das Zeltlager zu existieren aufhörte. Von den 15 257 Häftlingen und Lagerinsassen, die sich am 1. 12. 1944 im Lager BB befanden, waren rund 8000 Frauen und Mädchen in diesem „Frauenlager" zusammengepfercht.

III. Pläne zur Einrichtung einer Diamantschleiferei im Lager Bergen-Belsen

Das Schicksal der holländischen Diamantarbeiter demonstriert mit aller Deutlichkeit, wie im SS-Staat ein blinder Rassenfanatismus selbst dort die Oberhand behielt, wo die von den SS-Funktionären so hoch veranschlagten rein utilitaristischen, ökonomischen Erwägungen – also keineswegs moralisch-humanitäre Motive, die ihnen fremd waren – verlangt hätten, eine bestimmte jüdische Gruppe im dringenden Interesse der deutschen Kriegswirtschaft vor Deportation und Vernichtung zu bewahren. Um einen solchen Industriezweig von großer wirtschaftlicher Bedeutung handelte es sich bei den Amsterdamer Diamantschleifereien, der bedeutendsten Diamantindustrie der ganzen Welt; in dieser Branche waren – auf Grund einer jahrhundertelangen Tradition – nicht nur die Fabrikanten, sondern auch die Arbeiter nahezu durchweg Juden.

Die Diamantschleifer gehören zu den qualifiziertesten Facharbeitern, da die Bearbeitung der Rohdiamanten ein hohes Maß an Erfahrung und Geschick erfordert. Die Bearbeitung der Diamanten kann nur mittels Augenmaßes vorgenommen werden, wobei die Beurteilung des Rohprodukts von entscheidender Wichtigkeit ist: bei einem fachtechnisch nicht zu verantwortenden Verlust handelt es sich nicht nur um einen Materialverlust, sondern auch das übriggebliebene Gewicht ist im Wert gemindert, da der Wert der Diamanten per Gewichtseinheit im Wert fortlaufend steigt. Neben der Berücksichtigung des Gewichtsfaktors spielt eine große Rolle die Wahl des technischen Bearbeitungsweges, um die beinahe immer vorkommenden Unreinheiten zu entfernen. Das Herausfinden der verschiedenen Fasern erfordert viel Einsicht und Erfahrung, weshalb der Kreis der wirklichen Diamanttechniker sehr klein ist, nicht mehr als etliche Dutzend Personen auf der ganzen Welt umfaßt. Der größte Teil von ihnen arbeitete in den Diamantschleifereien Amsterdams und befand sich daher seit der Besetzung der Niederlande im deutschen Machtbereich. Auch den Diamantfabrikanten, -händlern und -arbeitern drohte damit die Einbeziehung in die „Endlösung", denn ganz Holland sollte „judenfrei" gemacht werden. Eine Auswanderung der Diamantarbeiter wurde strikt verboten, denn da England und USA Rohdiamanten im Überfluß hatten, aber keine Facharbeiter zu ihrer Verarbeitung besaßen, befürchteten die SS-Stellen, daß die ausgewanderten jüdischen Diamantarbeiter sofort Schleifereien in Übersee errichten würden, um das dort liegende Rohmaterial zu verarbeiten[44]). Der Vertreter des „Beauftragten für den Vierjahresplan" in den Niederlanden, Plümer, kaufte eine der Diamantfabriken in Amsterdam für das Reich auf und bemühte sich, die jüdischen Diamantarbeiter allmählich durch „arische Kräfte" zu ersetzen. Er gelangte aber bald zu der Einsicht, daß dieser Prozeß lange Zeit dauern würde, da neue Fachkräfte nur durch jahrelange Unterweisung angelernt werden könnten. Weil das Reich auf die geschliffenen Diamanten zur Beschaffung von Devisen und als Industriediamanten angewiesen war, verlangte Plümer daher im März 1942 beim BdS Den Haag, daß Göring in seiner Eigenschaft als „Beauftragter für den Vierjahresplan" vor der Verbringung der Diamantarbeiter in ein Judenlager gehört werden müsse[45]). Zwischen Wirtschaftsführern und Endlösungsfunktionären kam es in den folgenden zwei Jahren zu einem ständigen Tauziehen, in welcher Weise mit der Amsterdamer Diamantindustrie und mit den jüdischen Diamantarbeitern verfahren werden solle. Wie unter dem nationalsozialistischen Regime nicht anders zu erwarten war, behielten die Endlösungsfunktionäre in dieser Auseinandersetzung die Oberhand.

Am 3. 12. 1942 ordnete Himmler an, im KL Hertogenbosch (Holland) eine Diamantschleiferei zu errichten[46]), damit zunächst wenigstens ein Teil der Diamantarbeiter in einem KL untergebracht werden konnte. Im Januar 1943 bestand dann im WVHA der Plan, im KL Auschwitz Werkstätten für die Diamantschleifer zu errichten, um eine weitere Gruppe von Diamantarbeitern aus Amsterdam abtransportieren zu können[47]). Dieser Plan zerschlug sich jedoch; statt dessen wurde im Juni 1943 vom WVHA die Überführung der Diamantschleifmaschinen ins KL Vught (Holland) angeordnet[48]). Im Gegenzug konnte der Vierjahresplanvertreter Plümer bei einer Besprechung mit dem Judenreferenten Zoepf am 22. 6. 1943 jedoch durchsetzen, daß die Diamanthändler und -arbeiter vorerst von allen Evakuierungsmaßnahmen verschont blieben und – sofern sie bereits in die Lager Westerbork und Vught deportiert waren – wieder nach Amsterdam zurückgebracht wurden. Dadurch sollte verhindert werden, „daß die vorhandenen Bestände (an Rohdiamanten) mehr oder weniger sinnlos an den schwarzen Markt, d. h. durchweg an Niederländer, geraten"[49]).

Mit Erlaß vom 15. 7. 1943 stimmte das RSHA dieser Regelung zu, weil man auch dort der Ansicht war, daß die vorhandenen Rohdiamanten nur dann restlos erfaßt werden könnten, wenn sie von den Diamanthändlern an bestimmte deutsche Stellen verkauft würden, ohne daß von deutscher Seite ein direkter

---

44) RvO 181 b, Bl. 3.

45) ebd.

46) NO–1278: Memorandum Amtschef W I (gez. Mummenthey) v. 8. 6. 1944.

47) RvO 172 a, Bl. 15.

48) RvO 172 b, Bl. 63.

49) RvO 181 b, Bl. 84.

Zwang ausgeübt werde[50]). Die Frist für die „Einkaufsaktion" von Diamanten wurde daher verlängert.

Das ließ nun wieder dem Höheren SS- und Polizeiführer in den Niederlanden, Rauter, keine Ruhe; im Herbst 1943 drängte er beim Reichskommissar darauf, daß die noch in Amsterdam tätigen Diamantspalter und -schleifer im KL Vught „oder sonst irgendwo in einer geschlossenen Werkstatt unter Bewachung des SD eingesetzt werden" [51]). Vermutlich wurde die Angelegenheit von Rauter auch an Himmler persönlich herangetragen, auf jeden Fall besichtigte Himmler im Februar 1944 die Diamantschleiferei im KL Hertogenbosch, befahl den Abtransport der wenigen noch in Amsterdam arbeitenden Diamantschleifer ins Lager Westerbork[52]) und ordnete am 6. 4. 1944 an, sämtliche jüdischen Diamantarbeiter einschließlich der technischen Einrichtungen aus den Niederlanden „in ein noch zu errichtendes Sonderlager in Deutschland zu überstellen" [53]). Daraufhin wurden die Diamantarbeiter und -händler – mit den Familienangehörigen insgesamt 213 Personen[54]) – am 19. 5. 1944 „vorläufig nach dem AL BB eingewiesen, während wegen der Übernahme der Schleifmaschinen noch Verhandlungen mit den zuständigen Firmen aufgenommen werden müssen" [55]). Damit war das Debakel vollkommen: die Schleiferei im KL Hertogenbosch mußte wegen des Abtransports der Arbeitskräfte geschlossen werden, und die Amsterdamer Diamantindustrie war nach der Deportierung der jüdischen Spezialarbeiter nicht mehr arbeitsfähig, so daß auch in den arisierten Betrieben die Arbeit am 18. 5. praktisch zum Stillstand kam. Die „arischen Diamantindustriellen" aus Holland traten deshalb an das WVHA heran und baten darum, daß 80 jüdische Reiber und 18 jüdische Schleifer unter Leitung eines jüdischen Unternehmers in einem Sonderlager Halbfertigfabrikate herstellen dürften; sie erklärten sich bereit, Maschinen und Rohstoffe zu stellen und jedes Risiko in finanzieller und technischer Hinsicht zu übernehmen[56]). Der Chef des Amtes D II (Arbeitseinsatz), SS-Standartenführer Maurer, war der Ansicht, eine solche Schleiferei für ca. 150–200 Spezialarbeiter könne im Lager BB eingerichtet werden und entsandte eine Kommission nach BB. Am 3. 6. 1944 besichtigten SS-HSTF Sommer vom Amt D II, SS-HSTF Schwarz und SS-Obersturmführer Meyer vom Amt W I das Lager, suchten die Hallen zur Auf-

---

[50]) ebd.; bis Juli 1943 waren 11 000 Karat in deutschen Besitz übergegangen, während man insgesamt 60 000 Karat erwartete.

[51]) RvO 181 b, Bl. 93.

[52]) Als letzte kamen 42 Diamantarbeiter der Fa. Asscher am 18. 5. 1944 von Amsterdam nach Westerbork.

[53]) RvO 181 b, Bl. 94.

[54]) RvO 181b, Bl. 145 (112 Diamanthändler, 13 Diamantsäger, 45 Diamantreiber, 32 Diamantspalter, 11 Diamantarbeiter, jeweils einschließlich Familienangehörigen).

[55]) RvO 181 b, Bl. 94.

[56]) NO–1278: Memorandum Amtschef W I (gez. Mummenthey) v. 8. 6. 1944.

stellung der Maschinen aus und bemühten sich, die Aufstellung der Maschinen und die Unterbringung der jüdischen Spezialarbeiter vorzubereiten[57]). Ein positives Ergebnis hatte diese Besichtigung nicht. Die Maschinen kamen zwar nach einiger Zeit an, aber sie wurden nicht aufgestellt – angeblich war kein Zement zu beschaffen, um die Fundamente für die Maschinen zu errichten, außerdem habe es an Rohdiamanten gemangelt[58]). Diese beiden Begründungen vermögen nicht zu überzeugen, zumal die Amsterdamer Diamantindustriellen sich bereit erklärt hatten, die Rohstoffe zu stellen. Das Projekt, in BB eine Diamantschleiferei zu errichten, versandete vielmehr im Widerstreit der Ressortinteressen, der in der letzten Kriegsphase jede weiter ausgreifende Initiative lähmte.

Die „Diamantairs“ waren in BB in einer speziellen Baracke des Sternlagers untergebracht und brauchten keinen Arbeitsdienst in den Kommandos zu leisten[59]). Mehrfach – das erste Mal kurz nach ihrer Ankunft in BB – wurden alle Angehörigen der Gruppe durch den Lagerkommandanten verhört, ob sie noch „schwarze Reserven“ an Rohdiamanten besäßen, im August wurden neue Listen der Diamantgruppe aufgestellt, am 13. 9. 1944 traf ein letzter Transport aus Westerbork im Lager ein, mit dem der Rest der holländischen Diamantarbeiter nach BB kam – aber die Arbeit wurde nicht aufgenommen. Und dann mußten, ganz plötzlich, die Männer der Diamantgruppe – 175 Personen – am 4. 12. 1944 zu einem Sonderappell antreten; schon wenige Stunden später verließen sie das Lager und „gingen auf Transport“ ins KL Sachsenhausen. Am nächsten Tag, am 5. 12. 1944, mußten auch die 165 Frauen und Kinder der Diamantgruppe antreten, sie kamen ins Polizeigefängnis Beendorf bei Magdeburg, wo sie mit 1500 Leuten aus Polen, Ungarn und Deutschland zur Zwangsarbeit eingesetzt wurden.

Die Sternlagerinsassen waren der Meinung, die Ursache für den plötzlichen Abtransport der holländischen Diamantarbeiter sei deren Weigerung gewesen, dem Lagerkommandanten Diamanten auszuliefern. Das war jedoch nicht die wirkliche Ursache, denn die Entscheidung über die Abschiebung der Diamantgruppe konnte nur das RSHA in Berlin treffen, nachdem es wohl seitens des WVHA informiert worden war, daß man dort nicht mehr an den Diamantarbeitern interessiert sei. Zuerst hatte man in der konsequenten Praktizierung eines fanatischen Rassenwahns die holländische Diamantindustrie ruiniert, dann ließ man die eine Zeitlang lässig verfolgten Pläne, in BB eine Diamantschleiferei zu errichten, fallen, und daraufhin konnte man auch die Diamantarbeiter dem raschen Verderben preisgeben. Anders kann man es nicht bezeichnen, denn als

---

[57]) ebd.; Berichte über die Besichtigung: Protokoll F. IV, S. 5264 f., 5336 f. (Schwarz), S. 3774 (Sommer).

[58]) Protokoll F. IV, S. 5264 f., 5336 f. (Schwarz).

[59]) RvO c (11) (Rijsman, v. d. Horst, Frank, Mogendorff).

im Februar 1945 die großen Krankentransporte aus Sachsenhausen ins Häftlingslager BB eingeliefert wurden, da befanden sich unter den Ankömmlingen zahlreiche Diamantarbeiter: durch den Aufenthalt in Sachsenhausen und durch die Entbehrungen während des Transports waren sie völlig entkräftet und zu Tode erschöpft, die meisten von ihnen starben im Häftlingslager in BB[60]).

IV. Der neue Lagerkommandant: Josef Kramer

Jene im Frühsommer 1944 durch die verschiedenen Maßnahmen des WVHA eingeleitete zweite Periode der Lagerentwicklung, in deren Verlauf das Lager BB den ursprünglichen Charakter des „Aufenthaltslagers“ sukzessive verlor und immer stärker dem Normaltypus eines deutschen KL angenähert wurde, jene Transformationsperiode fand ihren Abschluß mit der Ablösung des Lagerkommandanten Haas. Der dubiose Sturmbannführer Haas wurde vom engeren Kreis der höchsten KL-Funktionäre, die seit 1933 hauptberuflich im KL-Dienst standen, in gewissem Sinne als Außenseiter betrachtet, wie die Äußerungen von Höß über Haas sehr klar zeigen[61]). Höß, zu dieser Zeit Amtschef D I in der Amtsgruppe D des WVHA, nennt als Gründe für die Ablösung von Haas, daß er nicht mehr tragbar gewesen sei „durch seine Vernachlässigung des Lagers und durch Weibergeschichten“[62]). Diese Begründung von Höß ist mit Vorsicht aufzunehmen: „Weibergeschichten“ waren in der Geschichte der deutschen KL nie die Ursache für die Absetzung eines Lagerkommandanten; und daß Haas kein fähiger Mann war und beim Ausbau des Lagers versagte, das war schon 1943 deutlich gewesen, ohne daß er deshalb vom Posten des Lagerkommandanten abberufen worden wäre. Nicht sachliche Gründe scheinen es gewesen zu sein, die zur Abberufung von Haas geführt haben, sondern aus den Personalpapieren geht eindeutig hervor, daß Haas 1944 beim Chef des WVHA, Pohl, in Ungnade fiel – er hatte sich eines furchtbaren Vergehens – in den Augen dieses fanatischen Nationalsozialisten – schuldig gemacht: er hatte sich von einem jüdischen Insassen des Lagers BB porträtieren lassen. Am 30. 3. 1944 schrieb Pohl höchstpersönlich an Haas[63]): „Ich habe festgestellt, daß Sie sich mit einer Reihe anderer SS-Führer im AL BB von einem jüdischen Häftling haben malen lassen. Diese Tatsache, die von Ihnen nicht bestritten wurde, ist eines SS-Führers so unwürdig, daß es einem fast die Sprache verschlägt. Entweder haben Sie noch nie eine weltanschauliche Schulung genossen oder aber Sie haben von dieser nur

---

[60]) RvO c (11) 09 (de Heer).

[61]) Höß, S. 135.

[62]) ebd.

[63]) DC SS-Personalpapiere Adolf Haas.

sehr wenig mitbekommen. Ich habe für Ihr und Ihrer SS-Führer Verhalten nicht nur kein Verständnis, sondern bin im höchsten Grade empört. Ich spreche Ihnen und Ihren Führern meine schärfste Mißbilligung aus und ordne hiermit an, daß die von dem Juden gemalten Bilder samt und sonders sofort verbrannt werden. Ich befehle Ihnen, den Inhalt dieses Schreibens den beteiligten SS-Führern als meine Meinung in dieser Angelegenheit bekanntzugeben. Über die Verbrennung der Bilder geben Sie mir bis zum 30. 4. 1944 Vollzugsmeldung. Für die Vernichtung sämtlicher Bilder mache ich Sie persönlich verantwortlich. gez. Pohl." Dieses Schreiben ist ein außerordentlich aufschlußreiches Zeugnis für Mentalität und Geistesverfassung eines führenden Nationalsozialisten und illustriert in grellen Farben, welche Sorgen dieser Chef des WVHA – dem sämtliche Wirtschaftsunternehmungen der SS und der gesamte Häftlingseinsatz unterstanden – im Jahre 1944 hatte.

Nach dieser Maßregelung war die Abberufung von Haas nur noch eine Frage der Zeit, und dieser Zeitpunkt war gekommen, als durch die Evakuierung des KL Auschwitz-Birkenau ein „bewährter" KL-Kommandant für die Aufgabe in BB zur Verfügung stand: SS-HSTF Josef Kramer. Man hat geglaubt[64]), Kramer sei für den Posten in BB speziell deshalb ausgewählt worden, weil er als primitiver, brutaler SS-Funktionär besonders geeignet erschien, das Vernichtungswerk von Auschwitz in BB in anderer Form fortzusetzen, und er habe gewissermaßen den Auftrag erhalten, dort jene katastrophalen Zustände zu schaffen, die zum Tod vieler tausend Menschen geführt haben. Beweisen läßt sich das nicht, und es ist auch nicht wahrscheinlich. Auf Grund des dargelegten Zusammenhanges ist es sehr viel wahrscheinlicher, daß es höchst zufällige Momente waren, die zur Betrauung Kramers mit der Lagerleitung des Lagers BB führten: der Lagerkommandant Haas sollte ersetzt werden, und Kramer war unter allen Kommandanten der großen KL der erste, der durch die Evakuierung seines Lagers (Auschwitz-Birkenau) „arbeitslos" wurde und daher wieder einen entsprechenden Posten erhalten mußte. So schickte ihn der Chef der Amtsgruppe D, Glücks, nach BB, wie er den Kommandanten von Auschwitz I, Baer, nach der Evakuierung von Auschwitz im Januar 1945 zum Lagerkommandanten des KL Mittelbau (Dora) ernannte.

Es gibt kaum ein großes deutsches KL, in dem der am 10. 11. 1906 in München geborene Josef Kramer sich nicht einige Zeit betätigt hat[65]). Kramer hatte die Volksschule besucht und dann in einem Fabrikbetrieb als Angestellter gearbeitet, bis er entlassen wurde und jahrelang arbeitslos blieb. Am 1. 12. 1931 wurde er in Augsburg Mitglied der NSDAP (Mitglieds-Nr. 753 597), am 20. 6. 1932 trat er der SS bei (SS-Nr. 32 217). Nach der Machtergreifung verschaffte ihm die Partei einen Posten als Taggeldangestellter beim Standesamt Augsburg, wo

[64]) Anklage im Belsen-Prozeß: BT, S. 176, 179 u. a. (Backhouse).

[65]) Angaben zur Person nach: DC SS-Personalpapiere Josef Kramer und Aff. Kramer, BT, S. 721 ff.

er – dem später Sein oder Nichtsein von Zehntausenden anvertraut war – die Impfliste für den „Bezirksarzt Augsburg Stadt" schrieb. Er beendete diese Tätigkeit am 13. 2. 1934, „da er zur Dienstleistung nach Dachau berufen wurde". Von nun an blieb er bis zum Schluß hauptberuflich im KL-Dienst und arbeitete sich zäh vom einfachen Wachmann zum Lagerkommandanten hoch. Die einzelnen Stationen dieser „Karriere" waren: 1934–35 KL Dachau (Tätigkeit beim SS-Hilfswerk), 1935–Juni 1936 KL Esterwegen (Arbeit in der Kommandantur des berüchtigten Moorlagers), Juni 1936–Juni 1937 KL Dachau (ebenfalls in der Kommandantur), Juni 1937–August 1938 KL Sachsenhausen (zuerst in der Adjutantur beschäftigt, dann Leiter der Poststelle), August 1938–Mai 1940 KL Mauthausen (Adjutant des Lagerkommandanten), Mai 1940–November 1940 KL Auschwitz (Adjutant des ersten Lagerkommandanten von Auschwitz, des bekannten Höß), November 1940 – April 1941 KL Dachau (Schulung für den Posten eines Lagerführers), April 1941–Mai 1944 KL Natzweiler (zuerst Schutzhaftlagerführer, dann Lagerkommandant). Mit der Ernennung zum SS-HSTF im Juni 1942 und zum Lagerkommandanten im Oktober 1942 trat Kramer in den Kreis der höchsten KL-Funktionäre ein. Er „bewährte" sich in seiner neuen Funktion als Lagerkommandant, denn er besaß die erforderliche Härte und Gefühllosigkeit. Das zeigte sich vor allem im August 1943, als 80 KL-Insassen von Auschwitz nach Natzweiler gebracht wurden: Sie sollten im Lager durch Gas getötet werden, die Leichen waren dem Anatomischen Institut der Universität Straßburg (Prof. Hirt) zu übergeben. Kramer führte persönlich diese Vergasung durch und erklärte später in einem Verhör dazu: „Ich habe bei der Ausführung dieser Dinge kein Gefühl gehabt, weil ich den Befehl erhalten hatte, diese 80 Insassen auf diese Weise zu töten"[66]). Diese Qualitäten der Gefühllosigkeit und des bedingungslosen Gehorsams waren es wohl, denen Kramer im Mai 1944 seine Ernennung zum Lagerkommandanten von Auschwitz-Birkenau zu verdanken hatte, als dort die ersten Transporte von ungarischen Juden eintrafen und die Nerven des damaligen Lagerkommandanten Hartjenstein der seelischen Belastung dieser Massenmordaktion nicht mehr gewachsen waren[67]). Während Hartjenstein nach Natzweiler ging, übernahm Kramer also die Leitung des Frauen-KL Birkenau, auf dessen Terrain die Gaskammern und Krematorien von Auschwitz gelegen waren, in denen 1944 im Verlauf weniger Monate mehrere hunderttausend ungarische Juden ermordet wurden. Als im November 1944 mit der Räumung des Lagers Birkenau begonnen wurde, erhielt Kramer vom Amtsgruppenchef Glücks telegrafisch den Befehl, die Leitung des Lagers BB zu übernehmen und auf dem Weg dorthin

[66]) NO–807: Aff. Kramer, auch bei Mitscherlich-Mielke, Medizin ohne Menschlichkeit, Frankfurt-Hamburg 1960, S. 176 f.; s. ferner Natzweiler Trial (ed. A. M. Webb) London etc. 1949, S. 88 f., 118, 120 ff.

[67]) so auch Reitlinger, S. 484.

sich in Oranienburg zur Entgegennahme genauerer Instruktionen zu melden[68]). Als Kramer am 29. oder 30. 11. 1944 in der Amtsgruppe D in Oranienburg vorsprach[69]), tischte ihm Glücks die Geschichte vom „Erholungslager" BB auf: Es sei beabsichtigt, BB in ein Lager für kranke Häftlinge umzuwandeln; aus allen KL und aus den Arbeitslagern der Industriebetriebe in Nord- und Nordwestdeutschland sollten die kranken Leute nach BB überstellt werden, weil sie für die Firmen eine unnötige Belastung darstellten. Die allgemeine Regel werde sein, daß jeder Häftling, der wegen Krankheit länger als 10–14 Tage der Arbeitsstätte fernbleibe, nach BB abgeschoben werde. Auf Kramers Frage, was mit den wiederhergestellten Leuten geschehen solle, antwortete Glücks: Diese Leute könne er wieder in die Arbeitslager zurückschicken, aus denen sie gekommen seien, oder er könne aus ihnen neue Arbeitskommandos zusammenstellen und werde dann aus Oranienburg Befehle erhalten, wohin diese zu schicken seien. Das war alles, was Kramer als Instruktion für den weiteren Aufbau des „Erholungslagers" mit auf den Weg bekam.
Am 1. 12. 1944 traf Kramer in BB ein. Am nächsten Tag führte Haas ihn durch das Lager, erklärte ihm die Gliederung in die einzelnen Lagerabteilungen, dann übergab er ihm die Lagerführung und verließ einige Tage später BB; am 20. 12. 1944 schied Haas aus dem KL-Dienst aus und übernahm die Führung des SS-Panzergrenadierersatzbataillons 18[70]).
Kramers erste Maßnahmen als Lagerkommandant bestanden darin, das AL endgültig in ein zünftiges KL umzuwandeln. Unter den 15 257 Insassen, die er am 1. 12. 1944 im Lager BB vorfand[71]), befanden sich immerhin noch knapp 6000 „Austauschjuden" – aber von einer Behandlung als privilegierte Lagerinsassen war jetzt keine Rede mehr. Am 10. 12. wurde das Stubbenkommando einem Kapo aus dem Häftlingslager unterstellt, der die Juden nach Belieben prügeln durfte[72]). Noch am selben Abend kam der nächste Befehl Kramers: vier Baracken des Sternlagers mußten innerhalb weniger Stunden geräumt werden, die insgesamt 1356 Bewohner in die überfüllten restlichen Baracken des Sternlagers übersiedeln; da keine weiteren Betten zur Verfügung gestellt wurden, mußten sich jeweils zwei Menschen in eines der 40 cm breiten Betten teilen[73]). Mitte Dezember wurden die Küchenkommandos, die bis dahin vom Sternlager gestellt worden waren, nach Hause geschickt und durch Polinnen ersetzt[74]).

---

[68]) BT, S. 160 (Kramer).

[69]) BT, S. 160 (Kramer), S. 165 (Schreiben Kramer-Glücks v. 1. 3. 1945), S. 731 f. (Aff. Kramer).

[70]) DC SS-Personalpapiere Adolf Haas.

[71]) BT, S. 152 (Winwood), S. 160 (Kramer).

[72]) Herzberg, Tweestromenland, S. 207 (10. 12. 1944).

[73]) ebd., S. 210 (12. 12. 1944).

[74]) Vogel, S. 55 (24. 12. 1944).

Am 22. 12. 1944 fand dann die völlige Aufhebung der spärlichen Formen einer jüdischen Selbstverwaltung im Sternlager statt[75]). Eingeleitet wurde dieser Tag damit, daß Kramer für alle Juden – Männer, Frauen und Kinder –, von denen zu dieser Zeit 50 % an Hungerödemen litten, einen Tag Essensentzug anordnete, ohne irgendeine Begründung für diese Maßnahme zu geben. Dann wurde die neue „Lagerordnung" verkündet: Der Judenälteste Albala wurde abgesetzt, der Ältestenrat aufgelöst, die Rechtskommission aufgehoben. Die Aufrechterhaltung der Ordnung im Lager wurde dem deutschen KL-Häftling Walter Hanke anvertraut, der bis dahin Lagerältester des Häftlingslagers gewesen war und von Kramer jetzt zum 1. Lagerältesten des Gesamtlagers ernannt wurde. Hanke war wegen Fälschung von Unterschriften auf Schecks ins KL gekommen und hatte durch Intelligenz und Skrupellosigkeit rasch die höchste Position erreicht, die ein Häftling im KL einnehmen konnte. Hanke betätigte sich allerdings nicht in dem Maße zuungunsten der Sternlagerinsassen, wie diese zunächst befürchtet hatten[76]). Das war weitgehend auch das Verdienst von Joseph Weiß, bis 22. 12. 1944 stellvertretender Judenältester, der seine Tätigkeit nach dem 22. 12. unter der Oberaufsicht Hankes weiter ausüben durfte. Er war zunächst nur deshalb in seiner Funktion belassen worden, weil er den neuen Funktionären die Arbeit zeigen sollte, er fungierte dann aber stillschweigend als Judenältester und erhielt sogar die Leitung der Administration aller Teillager von BB übertragen, so daß er mit einer Gruppe von Mitarbeitern die „innere Verwaltung" führte[77]). Hanke ließ sich von Weiß in vielen Dingen beraten, und so konnte manches Unheil verhindert werden.
Mit Hanke hielten jedoch auch die Kapos aus dem Häftlingslager ihren Einzug ins Sternlager, und das war viel schlimmer: Von morgens 5 Uhr bis in die Nacht zogen die fünf Kapos von nun an durchs Lager, stellten wie wild den Frauen nach, da sie in ihrer ganzen KL-Zeit nie mit Frauen zusammengewesen waren, suchten Leute für die Arbeitskommandos aus und schlugen bei jeder Gelegenheit mit Stöcken und Peitschen um sich; die beiden polnischen Kapos, der kleine und der große Kasimir, zeichneten sich dabei durch besonders brutales Schlagen aus. Mit der Einführung dieses Kaporegimes drückte Kramer die Insassen des AL vollends auf das Niveau von KL-Häftlingen hinab. Auch das Essen verschlechterte sich weiter von Tag zu Tag. Die Stimmung der Menschen im Sternlager sank unter diesen Umständen in den Weihnachtstagen 1944 auf den Nullpunkt. Man glaubte, schlimmer werde es nicht mehr kommen können. Aber es kam noch viel schlimmer.

[75]) Herzberg, Tweestromenland, S. 213 f. (22. 12. 1944); Vogel, S. 56 (24. 12. 1944) RvO c (II) (Weiß, 30. 9. 1945).
[76]) Über Hanke: Fréjafon, S. 31 f.; RvO c (11) (Weiß, 30. 9. 1945).
[77]) YW 03/947 (Weiß, 19. 3. 1958); RvO c (11) 09 (de Heer).

7. Kapitel

Das Lager Bergen-Belsen in den letzten Kriegsmonaten

I. Die Evakuierung der Konzentrationslager

Als im Oktober 1944 die Selektionen in Auschwitz auf Befehl Himmlers eingestellt wurden, als man die Gaskammern demontierte und die Feuer in den Krematorien löschte[1]), war für die Juden in den KL ihr Leidensweg unter dem nationalsozialistischen Regime noch nicht zu Ende. Zehntausende von Juden, die die Selektionen überstanden hatten, und Zehntausende von nichtjüdischen Häftlingen kamen während der letzten Kriegsmonate durch die Evakuierung der KL ums Leben: sie starben entweder auf den Transporten selbst oder sie gingen in den Aufnahmelagern durch die unmittelbare Auswirkung dieser Evakuierungstransporte zugrunde. Allein im Lager BB stieg die Zahl der Opfer dieser letzten Kriegsmonate in die Zehntausende.

Heute ist auch in weiteren Kreisen bekannt, wie die Vernichtungsmaschinerie funktionierte, mit deren Hilfe die nationalsozialistischen Schergen in den Gaskammern von Auschwitz und in den anderen Vernichtungslagern den perfektionierten Massenmord an den europäischen Juden verübten; wenig verbreitet ist dagegen das Wissen um jenen anderen Massenmord, den die Evakuierung der KL darstellte – denn die Methode, mit der diese Evakuierung der KL durchgeführt wurde, wird man schwerlich anders denn als Mord bezeichnen können: die völlig entkräfteten Häftlinge wurden im eisigen Winter in ihren papierdünnen Häftlingsanzügen, ohne richtiges Schuhwerk, ohne Verpflegung, in tagelangen Fußmärschen über die verschneiten Landstraßen getrieben oder in offenen Güterwaggons zusammengepfercht und tagelang – ohne Schutz vor der Witterung, ohne Essen und Trinken – durch das Land transportiert, so daß ein Viertel der Transportteilnehmer, manchmal sogar noch mehr, während der Fahrt hinstarb und diejenigen, die lebend die Aufnahmelager – wie etwa das Lager BB – erreichten, so erschöpft waren, daß sie eine leichte Beute der Seuchen und

---

[1]) Reitlinger, S. 517 f.; ferner Kastner, S. 242 (132).

der untragbaren hygienischen Verhältnisse in den Lagern wurden. Die Gesamtzahl der Opfer dieser schauerlichen Evakuierungstransporte wird sich nie mehr feststellen lassen, das volle Ausmaß dieser Tragödie wird immer verborgen bleiben. Bis jetzt ist noch nicht einmal zweifelsfrei geklärt, wer von den nationalsozialistischen Führern in erster Linie für die Evakuierung der KL *verantwortlich* war, für die Auslösung der Räumungsbefehle, für die Vorbereitung und Lenkung der Transporte, für die Bereitstellung der Transportmittel und der Verpflegung für die Häftlinge. Fest steht nur, daß Himmler selbst die Rückführung aller marsch- und transportfähigen Häftlinge vor den anrückenden feindlichen Armeen angeordnet hat – vielleicht auf Grund eines direkten Führerbefehls –; umstritten ist hingegen, welche Dienststellen und welche Institutionen des SS-Staates mit der praktischen Durchführung der Evakuierungstransporte betraut waren[2]). Ebenso ungeklärt sind alle Fragen, die mit dem *Verlauf* dieser Evakuierungstransporte zusammenhängen, vor allem derjenigen, die sich aus dem größten Ballungszentrum von Konzentrations- und Arbeitslagern, aus Schlesien, nach Westen wälzten: Zahl und Stärke dieser Transporte, die Etappen der Evakuierung von einem Lager zum anderen und die Aufteilung der Häftlingskontingente auf die im Frühjahr 1945 noch in deutscher Hand befindlichen KL. In der Zentrale, bei der Amtsgruppe D in Oranienburg, wurde der Verlauf dieser Transporte anscheinend nicht aufgezeichnet – zumindest sind derartige Dokumente nicht vorhanden[3]) –, ferner wurde in den meisten Lagern das ständige Ankommen und Abgehen von Transporten nicht mehr registriert, und wenn es der Fall war, wurden die Akten vor der Besetzung der Lager vernichtet. So fehlen alle offiziellen Unterlagen für eine systematische Darstellung des Verlaufs dieser Evakuierungstransporte. Man kann nur versuchen, auf Grund der Berichte von Überlebenden dieser Transporte den Weg und die ungefähre Stärke der einzelnen Transporte zu rekonstruieren, das wird aber erst dann möglich sein, wenn die gesamten Suchdienst- und Wiedergutmachungsakten für eine derartige Untersuchung systematisch ausgewertet werden können. Bisher gibt es keine Vorarbeiten für eine solche umfassende Darstellung der Evakuierung der deutschen KL, und wir müssen uns vorläufig mit der Kenntnis einzelner Schicksale und einiger Teilaspekte begnügen, die durch Augenzeugenberichte mehr oder weniger zufällig bekanntgeworden sind.

Das gilt auch und ganz besonders für das Lager BB. Seit Anfang Februar 1945 wurden in BB sowohl die ankommenden wie die abgehenden Transporte nicht mehr registriert[4]). Da jedoch die gesamte Lagerregistratur vor der Übergabe des

---

[2]) Zur Frage der Verantwortung für die Evakuierungsmaßnahmen s. Exkurs II, S. 299 ff.

[3]) Gewisse Anhaltspunkte könnten die Stärkemeldungen bieten, die jedes KL halbmonatlich der Amtsgruppe D erstattete und bei denen vermerkt wurde, aus welchen Lagern Zugänge erfolgt und in welche Lager Häftlinge abgegangen waren. Diese Stärkemeldungen sind bisher – m. W. – nicht aufgefunden worden.

[4]) RvO c (11) 09 (de Heer).

Lagers an die Engländer vernichtet wurde, fehlen auch die Registrierungen der Transporte, die in den Monaten davor in BB eintrafen oder von dort abgingen. Einige zufällig erhalten gebliebene Aufstellungen [5]) und eine Reihe von Augenzeugenberichten sind die einzigen Materialien, die bisher zur Verfügung stehen, um einen Teil der nach BB einströmenden Evakuierungstransporte näher zu umreißen und das sprunghafte Ansteigen der Lagerstärke darzulegen.

Am 1. 12. 1944 befanden sich 15 257 Häftlinge und Lagerinsassen im Lager BB [6]). Eine einwandfreie Zahl über die Lagerstärke ist erst wieder für den 1. 3. 1945 vorhanden; am 1. 3. 1945 betrug die Zahl der Häftlinge und Lagerinsassen 41 520, davon waren 26 723 weibliche und 14 797 männliche Häftlinge [7]). Aus diesen Zahlen ergibt sich, daß die effektive Lagerstärke sich innerhalb von drei Monaten mehr als verdoppelt hat, wobei die Zahl der Zugänge in Wirklichkeit noch wesentlich größer war, da in der Stärkeziffer vom 1. 3. 1945 die 7000 bis 8000 Sterbefälle der Monate Dezember bis Februar [8]) und die aus BB abgehenden Transporte nicht mitberücksichtigt sind. Man wird daher schätzen dürfen, daß zu den am 1. 12. 1944 gezählten 15 257 Häftlingen in den folgenden drei Monaten mindestens 40 000 – 50 000 weitere Häftlinge hinzukamen, von denen etliche tausend nach einiger Zeit in ein anderes Lager weitertransportiert wurden [9]).

Bereits seit Herbst 1944 waren die Insassen des Lagers BB in unerträglicher Weise in den Baracken zusammengepfercht; selbst bei Anwendung brutalster SS-Methoden wäre es der Lagerleitung nicht möglich gewesen, weitere Zehntausende von Häftlingen in diese rund 50 Baracken hineinzupressen. Die Unterbringung – allerdings eine völlig menschenunwürdige Unterbringung – dieser einströmenden Transporte war überhaupt nur möglich, weil im Januar 1945 ein weiterer Lagerteil mit rund drei Dutzend Baracken in den Lagerbereich des Lagers BB einbezogen wurde: Es handelte sich um jene zweite Hälfte des Kriegsgefangenenlagers BB, die bei der Errichtung des AL nicht dem WVHA unterstellt worden war, sondern als Lazarettlager vor allem für russische Kriegsgefangene in der Organisation des „Chefs des Kriegsgefangenenwesens" ver-

---

[5]) RvO c (11): „Übersicht über Anzahl und Einsatz der männlichen Häftlinge des AL BB am 31. 3. 1945" und . . . „der weiblichen Häftlinge des AL BB am 15. 3. 1945"; diese beiden Aufstellungen wurden gerettet von Erich Marx, deshalb im folgenden kurz als „Marx-Liste" bezeichnet; ferner RvO c (11) Liste der täglichen Lagerstärke und der täglichen Sterbefälle im März 1945, gerettet von de Heer, deshalb im folgenden als „De-Heer-Liste" bezeichnet.

[6]) BT, S. 152 (Winwood).

[7]) RvO c (11): Marx-Liste und De-Heer-Liste (s. Anm. 5).

[8]) s. Exkurs III, S. 308 ff.

[9]) Aus dem Bericht Ijssenagger (RvO c [11] 09) geht hervor, daß am 26./27. 2. 1945 ein Transport von 6000 Mann von BB nach Lauingen (Ulm) abging. Zu Außenkommandos des KL Buchenwald wurden aus BB am 2. 12. und 6. 12. 1944 je 300 weibliche Häftlinge, am 2. 1. und 7. 2. 1945 je 500 weibliche Häftlinge überstellt (ISD IC/1) – diese zufällig erhalten gebliebenen Zahlen und Angaben entbehren jeder Vollständigkeit.

blieb[10]). Das WVHA hatte sich bereits seit Sommer 1944 bemüht, diesen Lagerteil mit einer Reihe großer, geräumiger Baracken zwecks Erweiterung des AL und des „Erholungslagers" vom Chef des Kriegsgefangenenwesens übertragen zu erhalten[11]), aber erst im Winter 1944/45 kamen diese Verhandlungen zum Abschluß. Der Chef des Stabes für das Kriegsgefangenenwesen, Oberst Meurer, sagte darüber aus: „Ende des Jahres 1944, ungefähr im November oder Dezember, fanden Übergabeverhandlungen über die zweite Hälfte des Lagers BB zwischen Chef Kriegsgefangenenwesen und WVHA statt, die zunächst ich und Major Haus führten, und dann ungefähr im Dezember 1944 von den beiden SS-Obergruppenführern Berger und Pohl in unmittelbaren persönlichen Verhandlungen zum Abschluß gebracht wurden. Auf Grund der zwischen Berger und Pohl getroffenen Vereinbarungen wurde dann ungefähr im Dezember 1944 die zweite Hälfte dieses ursprünglichen Kriegsgefangenenlazarettlagers BB an das WVHA abgegeben. Pohl hat dieses Lager als KL gebraucht. Diese Vorgänge sind mir auf Grund meiner Dienststellung bei Berger bekanntgeworden"[12]).
Tatsächlich erfolgte die Einbeziehung dieses einstigen Lazarettlagers in den Lagerbereich des AL BB erst im Januar 1945. Kramer behauptete im Belsen-Prozeß, das russische Kriegsgefangenenlager sei ihm am 20. 1. 1945 einschließlich aller Vorräte für den Winter übergeben worden[13]). Bereits seit Anfang Januar mußten Arbeitskommandos der Sternlagerinsassen die Baracken instand setzen[14]), und von Mitte Januar an siedelten in diese Baracken sukzessive die Frauen aus dem alten Frauenlager (neben dem einstigen Zeltlager) über; außerdem wurden in diesen Lagerteil aber auch alle Frauen der nunmehr fast täglich ankommenden Transporte eingewiesen, so daß sich bald rund 20 000 Frauen in diesem „Großen Frauenlager" befanden[15]).

Was für Transporte waren das, die seit Ende Dezember 1944 in ununterbrochenem Strom in BB eintrafen und die Lagerstärke sprunghaft hochschnellen ließen? Woher kamen diese Transporte? Während die Männertransporte, die in diesem Zeitraum nach BB gelangten, wenigstens einigermaßen erfaßbar sind, stehen für die Frauentransporte bisher keine Unterlagen zur Verfügung, die eine im einzelnen einwandfrei belegbare Aussage über Ankunftstag, Stärke und Herkunftsort dieser Transporte erlauben würden. Wir müssen uns daher an dieser

---

[10]) s. o. S. 37.

[11]) s. o. S. 109.

[12]) NO–1980: Aff. Fritz Meurer, 13. 2. 1947; in einem Schreiben des RF-SS und BdE-Chef Kriegsgefangenenwesen v. 1. 10. 1944 (IfZ, MA 27) ist BB als Kriegsgefangenenlager nicht mehr erwähnt, die Abtretung des restlichen Lagers war also zu diesem Zeitpunkt schon beabsichtigt.

[13]) BT, S. 161 (Kramer).

[14]) Vogel, S. 60 (19. 1. 1945).

[15]) Reitlingers Angabe (S. 520), daß sich aus diesem Frauenlager das berüchtigte Lager I entwickelt habe, ist unrichtig; unter Lager I verstanden die Engländer den gesamten Komplex des Lagers BB.

Stelle mit einigen vagen Angaben begnügen[16]). Der größte Teil der rund 20 000 bis 25 000 Frauen, die zwischen dem 1. 12. 1944 und dem 1. 3. 1945 in BB eintrafen, kam – teils direkt, teils über andere KL (wie z. B. Groß-Rosen) als Zwischenstationen – aus dem KL Auschwitz und seinen zahlreichen Nebenlagern in Schlesien.

Bereits im Oktober, November, Dezember 1944 waren Transporte (vorwiegend mit kranken und entkräfteten Frauen) aus Auschwitz in BB eingetroffen[17]); als am 18. 1. 1945 die Räumung des KL Auschwitz befohlen wurde, ging ein letzter direkter Zugtransport mit Auschwitzer Frauen nach BB ab, der am 20. 1. 1945 dort ankam[18]). Die übrigen Frauen und die männlichen Häftlinge wurden in Richtung KL Groß-Rosen in Marsch gesetzt oder auf offenen Güterwagen, teilweise auf Kohlenwaggons in die KL Buchenwald, Dachau, Sachsenhausen, Mauthausen, Mittelbau (Dora), Flossenbürg, Ravensbrück transportiert[19]). Das ganze Grauen dieser schaurigen Elendsmärsche und Elendstransporte ist in Worten nicht wiederzugeben. Selbst der hartgesottene Höß war bei einer Inspektionsfahrt betroffen über dieses schreckliche Furioso, in dem das von ihm als Amtschef D I maßgeblich mitgeleitete KL-System unterging: „Auf allen Wegen und Straßen Oberschlesiens westlich der Oder fand ich nun Häftlingskolonnen, die sich durch den tiefen Schnee hindurchquälten. Ohne Verpflegung. Die Unterführer, die diese wandelnden Leichenzüge führten, wußten meist gar nicht, wo sie überhaupt hin sollten. Sie wußten nur das Endziel Groß-Rosen. Wie sie aber jemals dahingelangen sollten, war allen rätselhaft. Auf eigene Faust requirierten sie in den Dörfern, die sie durchzogen, Lebensmittel, rasteten einige Stunden und zogen wieder weiter. An ein Übernachten in Scheunen oder Schulen war gar nicht zu denken, alles war vollgestopft mit Flüchtlingen. Die Wege der Leidenszüge waren leicht zu verfolgen, alle paar hundert Meter lag ein zusammengebrochener Häftling oder ein Erschossener ... In der ersten Nacht traf ich auf der Straße in der Nähe von Leobschütz fortgesetzt erschossene Häftlinge, die noch bluteten, also vor kurzem erst erschossen sein konnten. Als ich wieder bei einem Toten aus dem Wagen stieg, hörte ich ganz in der Nähe Pistolenschüsse. Ich lief darauf zu und sah gerade, wie ein Soldat sein Motorrad feststellte und einen an einem Baum lehnenden Häftling erschoß. Ich schrie ihn an, wie er dazu käme, was ihn die Häftlinge angingen. Er lachte mir frech ins Gesicht und fragte

---

[16]) Am wichtigsten: Auschwitz Deel VI; daneben „Rapport de l'Office de Recherches des Crimes de Guerre sur le camp de BB" (RvO c (II) 09; eine Beilage zur Anklageschrift des französischen Anklägers in Nürnberg, ohne Angabe der Materialien, auf denen die Angaben basieren). Beide Aufstellungen sind nicht vollständig einwandfrei; beim Vergleich mit einwandfrei gesicherten Daten ergibt sich, daß die Angaben in diesen Listen in einigen Fällen zutreffend sind, in anderen nicht.

[17]) s. o. S. 115; vgl. Auschwitz Deel VI, S. 13 ff.

[18]) Auschwitz Deel VI, S. 15.

[19]) ebd., S. 15 ff.; Reitlinger, S. 520.

mich, was ich ihm denn zu sagen hätte. Ich zog meine Pistole und schoß ihn kurzerhand über den Haufen. Es war ein Feldwebel der Luftwaffe ... Ich sah auch auf offenen Kohlenwaggons verladene Transporte, total erfroren, irgendwo festliegend, keine Verpflegungsmöglichkeit – irgendwo auf einem Abstellgleis auf offener Strecke“ [20]). Eine Überlebende dieser Leidensmärsche schildert diese furchtbaren Tage und Wochen so [21]): Am 18. 1. 1945 erhielt jeder der Häftlinge in Auschwitz einen Laib Brot, ein Stück Margarine und eine Decke, dann mußten alle, bewacht von SS-Männern und SS-Aufseherinnen mit ihren Hunden, den Marsch über die verschneiten Landstraßen antreten. Acht Tage lang marschierten sie, vom zweiten Tag an gab es nichts mehr zu essen, sie nährten sich von Schnee; wer die Schuhe verloren hatte, ging in Stoffetzen, die er sich vom Mantel abgerissen hatte. Zahlreiche Häftlinge waren so erschöpft und demoralisiert, daß sie sich am Straßenrand niedersetzten und sich von SS-Wachen erschießen ließen; viele andere erfroren oder brachen entkräftet zusammen. Nach achttägigem Marsch wurden die Überlebenden dieser Marschkolonne in offene Güterwagen verladen, die vorher Kohlen transportiert hatten, 150 Menschen wurden in einen Waggon gepfercht, so daß sie kein Glied mehr rühren konnten. Da standen sie, die Gesichter zum Himmel gewandt, mit offenem Mund, um die Schneeflocken, ihre einzige Nahrung, aufzufangen. Die Toten standen aufrecht zwischen den Lebenden, weil die Körper so eng zusammengedrängt waren, daß sie nicht umfallen konnten. So fuhren sie quer durch Deutschland. Einmal während der tagelangen Bahnreise gab es heißes Wasser aus der Lokomotive, ein anderes Mal erhielten sie eine warme Suppe. Sonst gab es nur Schnee, Hunger, Kälte, Schmutz und Müdigkeit. Anfang Februar kam dieser Transport in BB an.

Es gab Transporte, die noch länger unterwegs waren, wie z. B. jener Transport der Frauen aus Christianstadt bei Sorau, einem Außenkommando des KL Groß-Rosen; am 2. 2. 1945 begannen sie ihren 5- bis 6wöchigen Marsch durch Böhmen und das Sudetenland nach Eger, von wo sie mit der Bahn nach BB gebracht wurden; dort kamen sie am 15. 3. an [22]).

Während im „Frauenlager“ von BB der Großteil der weiblichen Häftlinge aus dem KL Auschwitz und seinen Nebenlagern konzentriert wurde, waren die Männertransporte, die zwischen Dezember 1944 und März 1945 nach BB gelangten, größtenteils für das „Erholungslager“ bestimmt, d. h., sie bestanden nahezu ausschließlich aus kranken oder völlig erschöpften Häftlingen anderer Lager. Die Sterbeziffer im Männerlager war daher erschreckend hoch – über diese Bilanz des Grauens wird in einem besonderen Abschnitt berichtet werden müssen. Die zahlenmäßig stärksten Kontingente kranker Häftlinge kamen seit

[20]) Höß, S. 141 f.

[21]) WL P III h, Nr. 1048 (Swarebard).

[22]) RvO c (11) (Wolff; Philippson-Katzenstein); Auschwitz Deel VI, S. 34 f.

Ende Januar aus dem KL Sachsenhausen und aus dem berüchtigten Lager S III (Ohrdruf), einem Außenlager des KL Buchenwald.

Zunächst die Transporte aus Sachsenhausen. Offensichtlich bestand bei den führenden KL-Funktionären schon im Januar 1945 die Absicht, die Häftlinge des KL Sachsenhausen beim Heranrücken der Roten Armee im Fußmarsch zurückzuführen. Da man bei der Evakuierung von Auschwitz im letzten Augenblick knapp 3000 Invaliden aus Mangel an Transportmitteln hatte zurücklassen müssen – sie wurden einige Tage später von der Roten Armee befreit[23]) –, war man in der Amtsgruppe D bemüht, rechtzeitig Vorsorge zu treffen, daß sich bei der Evakuierung von Sachsenhausen eine derartige organisatorische „Panne" nicht wiederholte; daher wurde in Sachsenhausen bereits Ende Januar mit der Verlegung der kranken und marschunfähigen Häftlinge nach BB begonnen. Die Verwirrung unter den Häftlingen in Sachsenhausen war groß, als die Kranken und Alten Ende Januar aufgefordert wurden, sich für die Transporte nach BB zu melden, denn da noch nie ein Transport aus dem Häftlingslager von BB nach Sachsenhausen gekommen war, wußten selbst gutinformierte Häftlingsfunktionäre nicht, ob BB ein „gutes" oder ein „schlechtes" Lager sei, ob es sich also empfahl, für diese Transporte zu optieren[24]). Die Lagerleitung ließ daher durch einige Häftlingsfunktionäre aus den Reihen der kriminellen Häftlinge Gerüchte ausstreuen, in denen das Lager BB in den rosigsten Farben geschildert wurde, damit sich genügend Gebrechliche meldeten[25]).

Seit Anfang Februar wurden dann innerhalb von zwei Wochen rund 5000 bis 6000 Sachsenhausener Häftlinge nach BB geschafft[26]). Der erste Transport ging am 5. 2. 1945 von Sachsenhausen ab, 2500–3000 Personen in 40 Waggons, vorwiegend Invalide, Kranke und Alte, aber auch die Insassen des Strafblocks und des Blocks XIV (Geistliche und Diplomaten); am 6. 2. kam dieser Transport in BB an[27]). Schon zwei Tage später folgte ein weiterer Transport, in dem sich zahlreiche Juden befanden, darunter einige der Diamantarbeiter, die im Dezember 1944 aus dem Sternlager nach Sachsenhausen deportiert worden waren[28]). Der dritte Transport von Sachsenhausen nach BB traf am 10. 2. ein[29]). Unter diesen kranken und entkräfteten Häftlingen, die von Sachsenhausen nach BB gebracht wurden, befand sich eine Anzahl prominenter Gefangener, z. B. der frühere hol-

---

[23]) Reitlinger, S. 522.

[24]) Weiß-Rüthel, Nacht und Nebel, München 1946, S. 146.

[25]) Lienau, Zwölf Jahre Nacht, Flensburg 1949, S. 134 f., 207 f.

[26]) Ankunft der Transporte aus Sachsenhausen in BB nach: Auschwitz Deel VI, S. 34 f. am 6. 2., 8. 2., 10. 2., 21. 2., 25. 2.; falsch die Angaben bei Ballhorn, Die Kelter Gottes, Münster 1946, S. 155, 160. Als Gesamtzahl der von Sachsenhausen nach BB verbrachten Häftlinge nennt Rehn die Zahl 5000 (Aussage im Sachsenhausen-Prozeß, zitiert Todeslager Sachsenhausen, S. 54), Zwart gibt die Zahl 6000 (WL, P III h, Nr. 780).

[27]) RvO c (11) 09 (Ijssenagger; Hegge).

[28]) RvO c (11) 09 (Ijssenagger).

[29]) WL P III h, Nr. 780 (Zwart).

ländische Wirtschaftsminister Verschuur und der frühere belgische Innenminister Vanderpoorten[30]), ferner der Bonner Professor Joh. Maria Verweyen, der einstige sozialdemokratische Ministerpräsident von Braunschweig, Dr. Heinrich Jasper, die einstigen Abgeordneten Julius Adler, Ernst Grube, Clemens Högg, Otto Kilian, Fritz Lewerenz[31]). Prof. Verweyen, Dr. Jasper und die Abgeordneten – sie alle starben in den folgenden Wochen im Lager BB.
Da die aus Sachsenhausen eintreffenden Transporte im Häftlingslager nicht mehr untergebracht werden konnten, wurde ein „Häftlingslager II" eingerichtet. Die Sternlagerinsassen mußten wieder einmal umziehen: Am 7./8. 2. wurden sie in jene Baracken eingewiesen, die sie früher bereits bewohnt hatten, ehe sie sie im November für die Auschwitz-Frauen hatten räumen müssen, und die inzwischen durch die Verlegung dieser Frauen ins „Große Frauenlager" (seit Mitte Januar) wieder frei geworden waren[32]). Im Häftlingslager II, das in diesen Tagen eröffnet wurde und in das alle in den folgenden Wochen eintreffenden Transporte hineingepfercht wurden, herrschten die unbeschreiblichsten Verhältnisse von allen Lagerabteilungen des Lagers BB[33]).
Weitere Krankentransporte kamen vor allem aus einem Außenkommando des KL Buchenwald, aus S III. Anfang 1944 war der Chef der Amtsgruppe C im WVHA, Dr.-Ing. Kammler, beauftragt worden, in die Felshänge auf dem Truppenübungsplatz Ohrdruf (Thüringen) das neue Führerhauptquartier einzubauen; aus Gründen der Geheimhaltung hatte Himmler befohlen, daß bei diesen Bauarbeiten nur Häftlinge verwendet werden durften[34]), die Amtsgruppe D kommandierte deshalb nur Russen, Polen und Juden nach S III ab[35]). Am 20. 11. 1944 traf der erste Transport von 1000 Menschen in Ohrdruf ein, innerhalb eines Monats stieg die Lagerstärke auf 7500 und erreichte am 27. 3. 1945 ein Maximum von 13 726 Gefangenen[36]). Die Lebens- und Arbeitsbedingungen in S III waren katastrophal: anstrengendste Arbeit bei mangelhafter Verpflegung und zerlumpter Kleidung, Wohnen in Behelfsunterkünften, Mangel an Medikamenten und ärztlicher Betreuung. Die Amtsgruppe D rechnete daher von vornherein damit, daß alle nach S III abkommandierten Häftlinge nur einige Wochen arbeitsfähig sein würden, und holte aus diesem Grunde aus sämtlichen Lagern alle nur irgend verfügbaren Häftlinge nach Ohrdruf. Bereits am 12. 12. 1944 kamen 1400 völlig erschöpfte Häftlinge aus S III nach Buchenwald zurück; bei

---

[30]) Ballhorn, S. 160.
[31]) Hammer, Hohes Haus in Henkers Hand, 1956, S. 14, 55; Joh. Hessen, Der geistige Wiederaufbau Deutschlands, Stuttgart 1946, Widmung; Weiß-Rüthel, S. 75; Küstermeier (Wie wir in Belsen lebten) in: Sington, Die Tore öffnen sich, Hamburg 1948, S. 108.
[32]) Herzberg, Tweestromenland, S. 223 (8. 2., 15. 2.); Vogel, S. 63 (7. 2.).
[33]) s. u. S. 138 ff.
[34]) IfZ Höß, Unveröffentlichte Aufz. über Kammler, Bl. 3.
[35]) NO–508: Aff. Schiedlausky, 7. 8. 1945.
[36]) 2171–PS.

der Ankunft in Buchenwald waren 200 bereits tot oder so erschöpft, daß sie ihre Namen und ihre Häftlingsnummern nicht mehr angeben konnten; so vermittelten sie den Lagerinsassen von Buchenwald den ersten Eindruck von den Bedingungen in Ohrdruf[37]). Die nächsten Transporte mit Invaliden gingen nicht mehr nach Buchenwald, sondern direkt ins „Erholungslager" BB. Der seit Anfang 1945 in S III amtierende Lagerarzt Dr. Greunus sonderte in regelmäßigen Zeitabständen die nicht mehr arbeitsfähigen Häftlinge aus; sie wurden in eine Baracke gesperrt, wo sie – im Winter – ohne Decken auf dem nackten Beton schlafen mußten und pro Tag eine Wassersuppe und 80 Gramm Brot erhielten. Waren genügend Häftlinge beisammen, dann ging ein Transport nach BB ab[38]). 1000 „Invaliden" wurden am 30. 1. 1945 von Buchenwald nach BB transportiert, die meisten von ihnen waren vorher in S III gewesen; am 14. 2. und 25. 2. kamen je 500 Erschöpfte von S III direkt nach BB, am 24. 3. weitere 1884[39]). Sie alle waren bei ihrer Ankunft in BB bereits „Muselmänner", wie man in der Häftlingssprache jene in eine Decke gehüllten wandelnden Gerippe bezeichnete, denen der baldige Tod schon im Gesicht geschrieben stand. Kaum einer von ihnen hat die grauenvollen Wochen in BB überlebt.

Im Monat März war die Sterblichkeit im Lager BB so unvorstellbar hoch – 18 168 Menschen starben allein in diesem einen Monat[40]) –, daß sich trotz fortgesetzt einströmender Transporte die Lagerstärke nicht mehr wesentlich erhöhte: 41 520 betrug sie am 1. 3. 1945 (26 723 weibliche, 14 797 männliche Häftlinge), 45 117 am 15. 3. 1945 (30 387 weibliche, 14 730 männliche Häftlinge), 44 060 am 31. 3. 1945 (30 722 weibliche, 13 338 männliche Häftlinge)[41]); bis 6. 4. sank die Lagerstärke sogar auf 39 789[42]).

Große Frauentransporte kamen im März vor allem aus Ravensbrück, Groß-Rosen, Mauthausen, Flossenbürg, Neuengamme und verschiedenen Städten und Gemeinden Mitteldeutschlands (Allendorf/Marburg, Dortmund, Essen, Mühlhausen/Thüringen, Leipzig), wo sich Außenkommandos des KL Buchenwald befanden, die vor den anrückenden feindlichen Armeen nach BB evakuiert wurden[43]). Die großen Männertransporte, die im März in BB eintrafen, kamen – außer einem Transport von S III – aus den verschiedenen Außenkommandos des KL Natzweiler, aus Flossenbürg, Mittelbau und verschiedenen kleineren

---

37) ebd.

38) No–3106: Aff. Dr. Abend, 9. 4. 1947.

39) Buchenwald, S. 81; wie vorsichtig man bei der Benutzung der Affidavits zu verfahren hat, lehrt das Aff. von Dr. Abend (NO–3106), in dem es heißt: „Nach meinen Kenntnissen, die ich im Krankenbau oder im Lager erworben habe, wurden in den sechs Monaten meines Daseins allein 90 000 bis 100 000 Häftlinge zur Vergasung nach BB geschickt." Diese Behauptung ist freie Erfindung.

40) s. Exkurs III, S. 308 ff.

41) RvO c (11): De-Heer-Liste und Marx-Liste.

42) RvO c (11): De-Heer-Liste.

43) RvO c (11): Marx-Liste; Buchenwald, S. 292 ff.; Auschwitz Deel VI, S. 34 f.

Arbeitslagern, die evakuiert wurden[44]). Nach dem 31.3.1945 gelangten zunächst nur noch kleinere Transporte nach BB[45]). In der zweiten Aprilwoche jedoch brandete eine neue Welle von Häftlingstransporten auf das Lager zu: das KL Mittelbau (Dora) mit nahezu 50 000 Insassen wurde vor den anrückenden amerikanischen Truppen evakuiert, der größte Teil der Häftlinge wurde in Richtung BB in Marsch gesetzt. Als die ersten Gruppen am 7.4.1945 in Bergen anlangten, hatte die Wehrmacht einen Teil der Kasernen auf dem Truppenübungsplatz – einige Kilometer vom Lager BB entfernt – bereits geräumt, und dadurch erhielt Kramer die Erlaubnis, die neuankommenden Transporte in diesen Kasernen unterzubringen, statt sie in sein überfülltes, verseuchtes Lager mit 40 000 verhungernden Menschen hineinzunehmen[46]). Bis zum 15.4.1945, als das Lager BB den Engländern übergeben wurde, hatte man fast 30 000 Häftlinge in diesen Kasernen untergebracht, der größte Teil von ihnen stammte aus Dora, der 1. Lagerführer von Dora, SS-HSTF Hoessler, wurde Lagerführer dieses sogenannten „Lagers Nr. II“ (wie es die Engländer dann später bezeichneten)[47]); die übrigen Neuankömmlinge kamen aus verschiedenen Arbeitslagern im Raum Hannover. In diesem Lager Nr. II wurden die Häftlinge nur von sehr wenigen SS-Leuten bewacht, sie blieben in den wenigen Tagen bis zur Ankunft der Engländer auch einigermaßen von Krankheiten verschont, erhielten aber mehrere Tage lang nichts zu essen. Immerhin fanden die Engländer in diesem Lager Nr. II viel bessere Zustände vor als im eigentlichen Lager BB, dem Barackenlager, das sie als Lager Nr. 1 bezeichneten[48]).

Alle diese Angaben über Lagerstärke und Eintreffen von Evakuierungstransporten zeichnen nur ein sehr unvollkommenes, sehr abstraktes Bild des Geschehens im Lager BB; sie vermitteln bestenfalls eine ungefähre Vorstellung der zahlenmäßigen und zeitlichen Größenordnungen und Dimensionen, in denen sich während jener letzten Kriegsmonate die Entwicklung des Lagers BB vollzog. Das wirkliche Lagergeschehen jedoch, das sich hinter den lapidaren statistischen Angaben verbirgt, war geprägt und erfüllt von einem Übermaß unsagbarer menschlicher Leiden und Entbehrungen, die in Zahlen, Ziffern und Daten nicht zu erfassen sind. Wir müssen versuchen, wenigstens in Umrissen dieses wirkliche Geschehen im Lager BB zu verdeutlichen.

---

[44]) RvO c (11): Marx-Liste.

[45]) RvO c (11) (Hegge): vom 21. 3. bis 6. 4. kamen keine Neuankömmlinge mehr ins Häftlingslager II.

[46]) BT, S. 167 f. (Kramer), S. 200 (Hoessler).

[47]) Reitlinger (S. 530) betrachtet irrtümlicherweise als Lager Nr. 2 das „ursprüngliche Musterlager für privilegierte Juden“.

[48]) W. R. F. Collis, Belsen Camp, in: British Medical Journal 1945/1, S. 814.

II. Das Inferno von Bergen-Belsen

„Belsen war das Lager, wo man die Greuel mit Scheinheiligkeit verübte. Hier gab es keine Massenhinrichtungen am Galgen; hier gab es keine Gaskammern. Man starb langsam, aber sicher. Der peinigende Hunger, die organisierte Vernachlässigung der Hygiene, die gewollten Epidemien, die Überfüllung der Unterkünfte, die Mißhandlungen, das Gefühl einer totalen Erniedrigung – das alles sicherte dem Krematorium die Erfüllung seines massiven und regelmäßigen Solls" [49]). So hat einer der französischen Häftlingsärzte die letzten Monate im Lager BB charakterisiert, in denen dieses Lager die Stätte eines langsamen und qualvollen Massensterbens war. Das nationalsozialistische Regime verfügte über viele Methoden, um Gefangene und Verfolgte zu Tode zu bringen – die Gaskammern waren nicht die einzige Methode des Massenmordes. Gegenüber dieser Maschinerie einer perfektionierten Massentötung, die ohne Vorbild in der Weltgeschichte war, sind die anderen Methoden weiteren Kreisen bisher weniger genau bekanntgeworden: das bestialische Wüten der Einsatzkommandos in Polen und Rußland, die planmäßige Aushungerung der polnischen Ghettos, die den Hungertod Zehntausender zur Folge hatte, die absichtliche Auspowerung der Arbeitssklaven durch „erschöpfende Arbeit", durch die in den letzten Kriegsjahren zahllose Häftlinge elend zugrunde gingen. An Grausamkeit standen diese Formen des Tötens dem Mord in den Gaskammern nicht nach. Und schrecklichere Bilder kann sich menschliche Vorstellungskraft und Phantasie nicht ausmalen als diejenigen, die von den Überlebenden des Infernos von BB in ihren Augenzeugenberichten aufgezeichnet worden sind oder von den Engländern nach ihrem Eintreffen in BB für alle Zeiten fotografisch festgehalten wurden: Bilder eines schlechthin universellen Grauens, vergleichbar nur mit den Höllenvisionen eines Pieter Breughel oder Hieronymus Bosch. Denen, die in diesen Monaten in BB lebten und dieses Massensterben überlebten, ist es heute selbst kaum mehr faßbar, daß dieses Inferno von BB einmal schaurige Wirklichkeit war. Heute, wo die Szenerie jenes Geschehens für immer versunken zu sein scheint, wo eine neu herangewachsene und heranwachsende Generation in einer gewandelten Welt das nationalsozialistische Terrorregime nicht mehr aus eigenem Erleben kennt und daher den Bericht über das Massensterben in BB nicht mit dem Extrakt eigener Erfahrungen anreichern kann: Heute ist es nicht mehr möglich, in Wort oder Bild die ganze Schrecklichkeit dieses Geschehens zu beschwören; Worte und Bilder vermögen nur einen schwachen Eindruck von dem

---

[49]) Fréjafon, S. 2.

zu vermitteln, was sich im Lager BB seit Januar 1945 abspielte. Jene Zustände, welche die Engländer in BB antrafen, herrschten nicht etwa erst kurz vor der Übergabe des Lagers – spätestens ab Mitte März bot das Lager BB einen derartigen erschütternden Anblick, wie er in den englischen Bilddokumenten festgehalten ist. Die Lebensbedingungen im Lager BB hatten sich seit Sommer 1944 kontinuierlich verschlechtert, seit Januar 1945 nahm diese Entwicklung ein rapides Tempo an, und im März war bereits ein Niveau der allgemeinen Lebensbedingungen erreicht, das schlechthin nicht mehr zu unterbieten war. Innerhalb weniger Monate forderten die Verhältnisse, die im Lager herrschten, Zehntausende von Opfern; allein im Monat März fanden 18 168 Menschen in BB selbst den Tod oder kamen mit eintreffenden Transporten bereits tot dort an[50]). Die Gesamtzahl der zwischen Anfang Januar 1945 und Mitte April in BB umgekommenen Menschen kann auf rund 35 000 geschätzt werden, weitere 13 000 starben in den folgenden Wochen an Unterernährung und Krankheiten[51]).

Von diesen fast 50 000 Opfern starb nur ein winziger Bruchteil durch die Kugeln der SS-Wachposten oder an den Folgen von Mißhandlungen durch die SS-Männer und SS-Aufseherinnen: der direkten sadistischen Gewaltakte bedurfte es in BB nicht, um die Häftlinge zu Tode zu bringen; diese Arbeit besorgten die Entkräftung, die durch die völlig unzureichende Verpflegung bewirkt wurde, und die Seuchen, gegen die nichts unternommen wurde. Die SS-Leute selbst waren für die Insassen des Lagers in den letzten Monaten „ferne und fast unerreichbare Wesen“ [52]). Sie kümmerten sich nicht mehr um die internen Fragen des Lagers, um Disziplin und Krankheitsbekämpfung, die SS-Blockführer betraten den Schutzhaftlagerbereich im allgemeinen nur noch, um die täglichen Appelle abzuwickeln, und in den letzten Tagen ließen sie sogar das durch die Häftlingsfunktionäre besorgen, weil ihnen ein Verweilen im verseuchten Lager zu gefährlich war. So fingen sie an, „die Kontrolle über das Lager und seine Insassen zu verlieren“ [53]).

Hunger und *Seuchen* waren die Hauptursachen des Massensterbens in BB. Die Seuchen aber konnten sich im Lager nur deshalb so rapid entwickeln und so verheerend auswirken, weil es die KL-Funktionäre unterlassen hatten, rechtzeitig geordnete sanitäre Verhältnisse herzustellen, so daß man das Lager hätte sauberhalten und wenigstens die elementarsten Forderungen der Hygiene hätte befriedigen können. Statt dessen befanden sich die sanitären Einrichtungen im Frühjahr 1945 in einem Zustand, der jeder Beschreibung spottete; Häftlinge, die eine ganze Reihe deutscher KL kennengelernt hatten und dann nach BB kamen, nannten es das schmutzigste und unhygienischste aller deutschen Lager[54]) – was

---

50) s. Exkurs III, S. 308 ff.

51) s. Exkurs III, S. 308 ff.

52) Fréjafon, S. 21.

53) Küstermeier, S. 96; ferner Fréjafon, S. 21; BT, S. 59 (Le Druillenec).

54) RvO c (11) (Weiß, 30. 9. 1945); BT, S. 125 f. (Leo).

gewiß etwas heißen wollte –, den „wahrscheinlich schmutzigsten und verkommensten Platz, der je die Oberfläche der Erde verunzierte“ [55]). Wir müssen deshalb mit der Beschreibung dieser sanitären Verhältnisse beginnen.
Während die Verpflegungsschwierigkeiten zum Teil – allerdings nur zum Teil – objektiv bedingt waren durch den Zusammenbruch des Verkehrs- und Versorgungssystems in den letzten Kriegsmonaten, konnten die Funktionäre des WVHA für die sanitären Verhältnisse in BB nicht eine „höhere Gewalt“ (etwa den Zusammenbruch der Verwaltung) verantwortlich machen: Diese Zustände waren nicht etwa unvermeidliche Konsequenzen der Kriegssituation, sondern typische Erscheinungen des deutschen KL-Systems, wie sie aus der Mentalität der KL-Funktionäre erwuchsen; diese Zustände waren das klar voraussehbare Ergebnis der monatelangen systematischen Vernachlässigung durch die zuständigen Stellen, insbesondere durch die Amtsgruppe D und Lagerkommandant Haas. Als das WVHA im Frühjahr 1943 das Lager BB übernahm, waren keine sanitären Anlagen vorhanden, die die ordnungsgemäße Unterbringung von auch nur ein paar tausend Menschen gestattet hätten. Nur einige notdürftige sanitäre Einrichtungen wurden damals geschaffen, und als das WVHA 1944 das Lager immer stärker belegte, erfolgte kein entsprechender Ausbau der sanitären Anlagen. Es wurde überhaupt nichts mehr in dieser Richtung getan, ja nicht einmal die auftretenden Schäden an den bestehenden Einrichtungen wurden repariert. Diese Unterlassungssünden der Jahre 1943 und 1944 rächten sich im Frühjahr 1945 in furchtbarer Weise: Im Frühjahr 1945 standen in der einen Lagerhälfte für 20 000–25 000 Menschen genauso viele Waschräume und Toiletten zur Verfügung wie im Januar 1944 für 2000 Menschen, ja sogar noch weniger als damals, denn ein Teil der Wasserhähne und sonstigen Anlagen war inzwischen unbrauchbar geworden und nicht repariert worden [56]). Als man im Herbst 1944 eine Reihe neuer Baracken errichtete, wies der stellvertretende Judenälteste Weiß ausdrücklich darauf hin, Waschgelegenheiten und WCs einzubauen und Latrinen anzulegen – es wurde von der Lagerleitung wegen angeblicher Materialknappheit abgelehnt, obwohl sich genügend Material in den Depots befand und noch beim Eintreffen der Engländer dort lagerte [57]). So kam es, daß im Frühjahr 1945 im gesamten Häftlingslager II mit seinen durchschnittlich 8000–10 000 Insassen kein einziges WC und kein einziger Wasserhahn vorhanden war [58]). Die wenigen Latrinengruben waren größtenteils nach kurzer Zeit unbenutzbar und konnten trotz großer Bemühungen verschiedener Häftlinge nicht gereinigt werden; um neue Latrinen anzulegen, waren die Leute zu schwach. Die meisten waren so schwach, daß sie nicht mehr zu den etwas ent-

[55]) BT, S. 65 (Le Druillenec).
[56]) RvO c (11) (Weiß, 30. 9. 1945).
[57]) ebd.
[58]) ebd.

fernt liegenden Latrinen gehen konnten, sondern ihre Bedürfnisse in der Nähe der Baracken verrichteten, und wenn der Schwächezustand ein gewisses Stadium erreicht hatte, war nicht einmal mehr das möglich: dann defäzierten sie einfach, wo sie gerade saßen oder herumlagen; was das bedeutete angesichts der Tatsache, daß die meisten Häftlinge an Durchfall litten, braucht nicht näher ausgeführt zu werden – wie der Häftlingsarzt Dr. Leo in seiner Aussage feststellte, „glich der Lagerteil in seiner Gesamtheit selbst sehr bald einer einzigen Kloake“ [59]). Dieses Bild darf nicht unterdrückt werden, wenn man vom Lager BB in den letzten Kriegsmonaten spricht. Im Sternlager mußten sich 3000 Insassen an zwölf Hähnen waschen, das Wasser lief aber nur eine Stunde täglich und wurde aus Schikane öfter ganz abgestellt [60]). Im Häftlingslager II, wo es keine Wasserhähne gab, konnten die Häftlinge Trinkwasser nur aus einigen verschmutzten Zisternen erhalten, manchmal zwei oder drei Stunden lang am Tag, aber ganze Tage lang stand dann wieder überhaupt kein Wasser zur Verfügung; Wasch- und Badegelegenheiten gab es im Häftlingslager II überhaupt nicht [61]). Einige Tage vor der Übergabe des Lagers an die Engländer hörte die Versorgung des gesamten Lagerbereichs mit Wasser ganz auf; bis dahin war das Wasser von einem Wasserwerk auf dem Truppenübungsplatz ins Lager durchgepumpt worden, aber dieses Pumpwerk fiel jetzt aus, weil ein Bombentreffer das hannoversche Kraftwerk lahmgelegt hatte, mit dessen elektrischem Strom die Pumpstation betrieben wurde [62]). Während die Soldaten des Truppenübungsplatzes mit Wasserwagen versorgt wurden, gab es solche Versorgungsmöglichkeiten für das KL nicht, und die Häftlinge, die in diesen Tagen praktisch nichts mehr zu essen bekamen, mußten nun außerdem noch furchtbaren Durst leiden. Kramer bemühte sich auch gar nicht, diesem unhaltbaren Zustand abzuhelfen, er unternahm nichts, obwohl es einige hundert Meter vom Lager entfernt einen Bach gab. Nach der Übernahme des Lagers legten die Engländer in kürzester Zeit eine Leitung von diesem Bach ins Lager und pumpten Wasser herein; bereits vier Tage nach der Ankunft der Engländer waren alle Küchen an diese Wasserleitung angeschlossen. Das gesamte Material, das zum Bau dieser Leitung verwendet wurde, stammte aus dem Materialdepot des Lagers [63]).

Durch diese wenigen Angaben mag ausreichend angedeutet sein, wie es um die sanitären Anlagen und um die hygienischen Verhältnisse im Lager bestellt war. Die verheerenden Auswirkungen dieser miserablen sanitären und hygienischen Zustände erfuhren eine zusätzliche Potenzierung durch die Art und Weise, in der die Häftlinge untergebracht waren. Hören wir darüber einige Augenzeugen.

---

59) BT, S. 121 f. (Leo); ferner: Küstermeier, S. 95.
60) WL P III h, Nr. 555 (Heilbut).
61) BT, S. 121 (Leo).
62) Sington, S. 33.
63) BT, S. 178 (Backhouse), S. 54 (Berney); Sington, S. 33.

Als Anfang Februar die Häftlinge aus Sachsenhausen ins Häftlingslager II eingewiesen wurden, sahen sie sich vor folgende Situation gestellt: „Die Baracken, in die wir geführt wurden, waren keine Baracken, sondern vier Wände, teils ohne Fenster und Türen, das Dach ließ jeden Regentropfen hindurch, keine Betten, nur Trümmer von solchen, und dann im Februar und kein Ofen, nichts, und wir waren doch alle krank“ [64]). Auch ein anderer Angehöriger der Transporte aus Sachsenhausen vermerkt [65]), daß seine Gruppe bei ihrer Ankunft in den Baracken keine Betten, keine Stühle, keine Bänke, kein Licht vorfand. Man schlief – im Winter – auf dem nackten Fußboden, eng zusammengepreßt, denn in einigen der Baracken waren bis zu 1500 Mann zusammengepfercht [66]). Erst nach zwei Wochen kam diese Gruppe nach mehrmaligem Umzug in einen Block mit Betten, dreistöckigen Betten aus bloßen Brettern, nur auf der einen oder anderen Bettstelle lag ein verlauster Strohsack. Fünf Mann mußten sich in zwei Betten teilen [67]). Insgesamt besaßen 9/10 der Insassen von Häftlingslager II überhaupt kein Bett [68]). In manchen überfüllten Blocks kam es nachts zu regelrechten Schlachten zwischen den verbitterten Menschen, die miteinander um einen Schlafplatz auf dem nackten Fußboden kämpften [69]). Selbst der SS-Lagerarzt Dr. Klein stellte im Belsen-Prozeß später fest [70]): Am schlimmsten sei die schreckliche Überfüllung gewesen; es habe keine Betten, keine Decken und keine Strohsäcke gegeben.

Jeden Morgen um 6 Uhr mußten die Häftlinge die Baracken verlassen und zum Appell antreten, der 4–5 Stunden dauerte; manchmal wurde am Nachmittag nochmals ein ähnlicher Appell von 1–2 Stunden Dauer abgehalten [71]). Ein großer Teil der Häftlinge war zu schwach, um die ganze Zeit zu stehen, sie mußten

---

[64]) RvO c (17. 22) 09 (Protokoll H. Neff, 5. 2. 1946).

[65]) Küstermeier, S. 90 f.

[66]) RvO c (11) 09 (Ijssenagger).

[67]) Küstermeier, S. 91.

[68]) BT, S. 125 (Leo).

[69]) WL P III h, Nr. 494 (Lehmann).

[70]) BT, S. 186 (Klein).

[71]) BT, S. 123 (Leo); die lange Appelldauer in BB ist ein besonders eindeutiger Beweis für die hemmungslose Brutalität und Unmenschlichkeit Kramers und seiner SS-Lagerfunktionäre; denn ein Runderlaß Pohls an die Kommandanten der KL v. 7. 11. 1944 ordnete an: „Die Zählappelle im Freien sind in den Wintermonaten auf die kürzeste Zeitspanne herabzumindern, um Erkältungskrankheiten bei weniger gut eingekleideten Häftlingen unter allen Umständen zu vermeiden. Es geht nicht an, Häftlinge, die z. T. mit Drillichanzug und ohne Mantel ausgestattet sind, lange Zeit ohne jede Bewegung im Freien stehenzulassen.“ (NO–2307.) Wenn – ein ganz seltener Fall – eine übergeordnete SS-Instanz tatsächlich einmal eine Anordnung traf, durch die das Los der Häftlinge zwar nicht erleichtert wurde, durch die aber doch zusätzliche Schikanen untersagt wurden (damit die Häftlinge nicht krankheitshalber für den Rüstungseinsatz ausfielen), dann setzten sich die SS-Funktionäre im Lager – zur Brutalität gegenüber den Häftlingen erzogen – über eine derartige Anordnung einfach hinweg.

sich – da sie ihren Platz nicht verlassen durften – auf der Stelle niedersetzen oder niederlegen. Nach jedem Appell lagen 50–100 tote oder dem Tode nahe Menschen im Gelände, und alle anderen wurden durch diese langen Appelle immer schwächer. Selbst die Kranken mußten auf Befehl Kramers an den Appellen teilnehmen, denn – wie Kramer im Belsen-Prozeß zynisch behauptete: „Diese Leute waren zu faul, auch nur für eine kurze Zeit ihre Baracken zu verlassen, und deshalb sagten alle: ‚Wir sind krank!‘ Ich gab daher den Befehl, daß jeder, der sich krank fühlte, sich vom Arzt untersuchen lassen sollte, und nur mit ärztlichem Attest durfte er dem Appell fernbleiben“ [72]). In Wirklichkeit sah es dann allerdings so aus: Der Andrang bei den Ärzten war viel zu groß, und es dauerte deshalb immer geraume Zeit, bis ein Kranker ein Attest erhalten konnte; in der Zwischenzeit wurde er ohne Rücksicht auf seinen Gesundheitszustand zur Teilnahme am mehrstündigen Appell gezwungen.

Aber selbst in diesem Inferno gab es noch graduelle Unterschiede. Über den Block 10 im Häftlingslager II berichtete der Häftlingsarzt Dr. Leo im Belsen-Prozeß: „Block 10 war der schlimmste Block, den ich während meines zehnjährigen Aufenthalts in verschiedenen KL kennenlernte. Eines Tages kam ein Transport von 2000 Leuten aus Süddeutschland; während der Fahrt waren bereits 400 von ihnen gestorben, die übrigen waren so schwach, daß man ihnen bei jedem Schritt helfen mußte. Alle diese 1600 Leute kamen in den kleineren Teil von Block 10. Dieser Block sollte ein Isolierblock sein wegen Typhusgefahr. In diesen kleinen Räumen lagen sie nun auf dem Steinfußboden; sie waren so schwach, daß sie nicht zu den Latrinen gehen konnten, sondern einfach liegenblieben und in diesen Räumen defäzierten, so daß der Boden bald mit Exkrementen bedeckt war. In diesen Räumen war ein solcher Gestank, daß ich selbst nur zwei Minuten lang darin verweilen konnte. Eine ganze Anzahl dieser Leute war ernsthaft krank, sie hatten hohe Temperatur, offene Wunden und erfrorene Glieder und warteten auf eine Operation. Die Verpflegung dieser Leute war noch schlechter als die für die anderen Lagerinsassen, der Hunger wurde so schrecklich, daß man sich davon keinen Begriff machen kann. Es war dieser Block, in dem die ersten Fälle von Kannibalismus auftraten“ [73]).

Ebenso katastrophal wie die sanitären Verhältnisse und die Art der Unterbringung waren die Zustände in den Krankenblocks der einzelnen Lagerabteilungen. Die Amtsgruppe D, die allen KL das Lager BB als „Erholungslager“ annonciert hatte und aus mehreren KL große Krankentransporte nach BB dirigierte, diese Amtsgruppe D tat überhaupt nichts, um auch nur die elementarsten Voraussetzungen für eine angemessene Unterbringung und Pflege der Kranken zu schaffen. Für die Tausende von Kranken setzte das für das Sanitätswesen der KL zuständige Amt D III nur einen einzigen SS-Arzt als Lagerarzt ein (im Jahr 1944

---

[72]) BT, S. 169 (Kramer).

[73]) BT, S. 122 f. (Leo).

Dr. Jaeger, bis Ende Februar 1945 Dr. Schnabel, dann Dr. Horstmann, wenige Tage vor der Übergabe des Lagers Dr. Klein); medizinische Ausrüstung, Krankenhauseinrichtung, Medikamente wurden nur in völlig unzureichender Weise zur Verfügung gestellt. Als die Krankentransporte aus Sachsenhausen ins Häftlingslager II einzogen, gab es dort in den ersten acht Tagen überhaupt keinen Krankenbau. Erst nach einer Woche wies man den Häftlingsärzten drei Baracken zu, in denen sie Krankenblocks einrichten sollten. Diese drei Baracken befanden sich in unbeschreiblichem Zustand, das Dach leckte, und bis zu einem Meter hoch lag der Abfall. Durch die Bemühungen der Häftlingsärzte wurden diese Blocks allmählich einigermaßen sauber; der SS-Lagerarzt selbst kümmerte sich nicht um diese Dinge, sondern ließ die Häftlingsärzte sich abmühen [74]). Medikamente standen in den ersten vierzehn Tagen überhaupt nicht zur Verfügung, erst nach dieser Zeit erhielten die Ärzte einen gewissen Bestand an Medikamenten und Verbandszeug zugewiesen. Operationen mußten auf einer kleinen Holzbank durchgeführt werden, Instrumente waren kaum vorhanden – den Ärzten blieb deshalb nichts anderes übrig, als sich auf einfachste Operationen zu beschränken; wenn beispielsweise ein Häftling eine Blinddarmentzündung hatte, war er mangels Operationsmöglichkeiten zum Tode verurteilt, obwohl es unter den Häftlingsärzten genügend Chirurgen gab, die die Operation ohne weiteres hätten durchführen können [75]).

Nicht besser stand es im Krankenbau des Frauenlagers. Die Krankenblocks konnten 2200 Patienten aufnehmen, im Frauenlager befanden sich jedoch 15 000 kranke weibliche Häftlinge. Die Versorgung mit Medikamenten war völlig ungenügend: Für eine ganze Woche erhielten die Ärzte beispielsweise 300 Aspirintabletten. Drei oder vier Tage vor der Ankunft der Engländer bekamen Häftlingsärztinnen dann plötzlich zwei weitere Räume für ihre Apotheke zur Verfügung gestellt, und da entdeckten sie riesige Bestände an Medikamenten und Instrumenten [76]). Auch Dr. Klein war in denselben Tagen – bei der Übernahme der Stellung eines Lagerarztes – erstaunt, welch relativ große Mengen an Medikamenten er vorfand [77]).

Im Sternlager war die Situation zwar nicht sehr viel, aber wenigstens etwas günstiger. Der Krankenbau hatte ca. 250 Betten, so daß auch hier Hunderte von Patienten nicht aufgenommen werden konnten. Aber Medikamente standen in etwas größerer Menge zur Verfügung als in den anderen Krankenblocks des Lagers, weil die Leute im Sternlager die „alten Kampinsassen“ waren und es daher den Häftlingsärzten möglich gewesen war, sich im Laufe der Zeit allmählich einen gewissen Vorrat an Medikamenten zuzulegen; weitere Medikamente

---

74) BT, S. 120, 125 (Leo).
75) BT, S. 121 (Leo).
76) BT, S. 70 (Bimko).
77) BT, S. 185 (Klein).

und eine kleine Krankenhauseinrichtung waren bei der Evakuierung des KL Vught (Holland) im Herbst 1944 dem Krankenbau des Sternlagers überwiesen worden, so daß man dort auch Operationen durchführen konnte[78]). Aber im Frühjahr 1945 reichte auch im Krankenbau des Sternlagers der Vorrat an Medikamenten nicht mehr aus, um die täglich wachsende Zahl der Kranken einigermaßen angemessen zu behandeln.

Die Einrichtungen, die im Lager BB zur Behandlung und Pflege der Kranken bestanden, müssen also durchweg als mehr denn unzureichend, als katastrophal und menschenunwürdig bezeichnet werden. Die Tatsache, daß die Amtsgruppe D die kranken Leute aus verschiedenen KL in BB konzentrierte, ohne gleichzeitig die erforderlichen Maßnahmen für eine erträgliche Unterbringung und Krankenversorgung zu treffen, stellt eine Verantwortungslosigkeit größten Ausmaßes dar. Dabei wuchs die Zahl der Kranken täglich weiter an, durch Hunger und Entkräftung, durch Seuchen und Krankheiten, durch die mit den Evakuierungstransporten ankommenden Kranken. Wie sich die Strapazen der tage-, manchmal wochenlangen Transporte auf den Gesundheitszustand der Häftlinge auswirkten, braucht nach der eingehenden Schilderung derartiger Transporte nicht im einzelnen dargelegt zu werden: wer mit diesen Transporten lebendig in BB ankam, war gesundheitlich aufs schwerste mitgenommen, und die Art der Unterbringung war nicht dazu angetan, zur gesundheitlichen Wiederherstellung beizutragen. Aber nicht nur die Neuankömmlinge waren durch die Strapazen der Transporte in katastrophaler gesundheitlicher Verfassung, auch die „alten Lagerinsassen" befanden sich längst in einem vorgeschrittenen Stadium der Entkräftung. Aus einer zufällig erhalten gebliebenen Statistik des Sternlagers von Anfang Dezember 1944 geht hervor[79]), daß im Sternlager bereits im November die Zahl der Kranken gegenüber dem Vormonat um 50 % zugenommen hatte, die durchschnittliche Krankheitsdauer von 3 Tagen auf 2–3 Wochen gestiegen war; Anfang Dezember waren von den 3587 Lagerinsassen 563 Männer und 529 Frauen, zusammen 1092 Personen (also über 30 %), krank oder infolge Alters arbeitsunfähig. Die Zahl der Kranken nahm in den folgenden Monaten rapid zu; Ende März waren von 2800 Sternlagerinsassen 2400 krank, nur 400 konnten als gesund gelten[80]).

Es bedarf keiner näheren Erklärung, daß die entkräfteten und geschwächten Körper dieser Menschen den um sich greifenden Seuchen keine Widerstandskräfte entgegensetzen konnten. Bereits im Sommer 1944 hatte im damaligen Häftlingslager eine *Bauchtyphus*-Epidemie gewütet[81]): Der Bauchtyphus oder Unterleibstyphus (typhus abdominalis) wird erregt durch die Typhusbakterien,

---

[78]) WL P III h, Nr. 839 (Arons).

[79]) Herzberg, Tweestromenland, S. 208 f. (12. 12. 1944).

[80]) WL P III h, Nr. 839 (Arons).

[81]) BT, S. 695 (Wiesner).

Infektionsquelle ist immer der Mensch, die Ansteckung erfolgt durch Aufnahme der Typhusbakterien in den Verdauungskanal durch Exkremente, Trinkwasser oder Speisen – bei den sanitären Zuständen in BB fand die Seuche daher ideale Voraussetzungen für ein rasches Umsichgreifen. Im Winter 1944/45 trat der Bauchtyphus erneut im ganzen Lager auf[82]) und verlor dadurch nicht an Gefährlichkeit, daß man ihm die harmlosere Bezeichnung „Lagerfieber" gab. Angesichts der fürchterlichen hygienischen Verhältnisse war es nicht möglich, die Ansteckungsgefahr herabzumindern. Tausende litten an *Ruhr* (Dysenterie) und *Magenkrankheiten*, für ihre Pflege fehlten alle Voraussetzungen: es gab nur ein geringes Quantum Diätkost, die oft so spät nachts ins Lager kam, daß sie nicht mehr verteilt werden konnte, sondern bis zum nächsten Tag aufbewahrt werden mußte, wo sie dann verdorben war[83]). Auch *Tuberkulose* trat häufig auf, und die Ärzte besaßen keine Möglichkeit, die Erkrankten richtig zu behandeln, ja sie konnten sie nicht einmal isolieren, so daß Leute mit offener Tuberkulose zwischen den anderen Kranken lagen[84]). Neuer Schrecken verbreitete sich im Lager, als sich zu Anfang des Jahres 1945 mit unerhörter Vehemenz eine *Fleckfieber*-Epidemie entwickelte und alle Lagerteile ergriff. Fleckfieber oder Flecktyphus (typhus exanthematicus), eine endemische Infektionskrankheit, war vor dem Krieg in Mitteleuropa praktisch nicht mehr bekannt – die Ärzte hatten deshalb keine Erfahrung in der Behandlung dieser Krankheit –, nur in Ost- und Südosteuropa traten gelegentlich noch Fälle von Fleckfieber in Erscheinung. Verursacht wird das Fleckfieber von Bakterien, die nur durch Kleiderläuse auf den Menschen übertragen werden können – die beste und einfachste Prophylaxe gegen Fleckfieber besteht daher in einer gründlichen Entlausung von Menschen und Kleidern. Bis Ende 1944 waren auch in BB alle eintreffenden Transporte durch ein Desinfektionsbad gegangen, so daß das Lager bis zum Herbst 1944 läusefrei blieb. Wegen eines Schadens an den Brauseanlagen, den man nicht reparierte, wurde dann Ende 1944 erstmals ein Transport ohne Desinfektion in das Lager aufgenommen. Sträflicherweise wurde dieser Transport nicht isoliert, sondern direkt in Block 3 des Häftlingslagers (I) gebracht, von wo die Neuankömmlinge einige Tage später auf alle Baracken verteilt wurden[85]). Dieser Transport brachte Läuse mit, die bis Anfang Februar bereits das ganze Lager überzogen hatten[86]), weil von der Lagerleitung nichts unternommen wurde, um das Lager sofort systematisch zu entlausen. Von nun an mußte man damit rechnen, daß sich beim Auftreten eines Fleckfieberfalles rasch eine Epidemie entwickeln würde. Und tatsächlich wurde Fleckfieber eingeschleppt. Die Angaben

---

82) WL P III h, Nr. 839 (Arons); Vogel, passim.
83) BT, S. 121 (Leo).
84) BT, S. 121 (Leo); WL P III h, Nr. 839 (Arons).
85) Fréjafon, S. 77 f.; Küstermeier, S. 100.
86) Küstermeier, S. 100.

darüber, wann der erste Fleckfieberfall auftrat und aus welchem Lager dieser Transport kam, stimmen nicht überein. Kramer behauptete in seiner Aussage[87]), das Fleckfieber sei von einem Transport aus Natzweiler im Februar eingeschleppt worden. Nach den Feststellungen des englischen Arztes Dr. Glyn-Hughes wurde es von einem Transport ungarischer Häftlinge mitgebracht, der am 5. 2. 1945 in BB ankam[88]). Nach Angabe des Häftlingsarztes Dr. Leo brach das Fleckfieber jedoch bereits im Januar in Häftlingslager I aus und griff Anfang Februar auf Häftlingslager II über[89]). Auf jeden Fall entwickelte sich die Epidemie im Februar mit großer Schnelligkeit und forderte von nun an zahlreiche Opfer, da alles fehlte, was zu einer Bekämpfung nötig gewesen wäre: eine Desinfizierung und Reinigung aller Baracken mit Betten, Kleidern und Insassen wurde unterlassen, die Häftlinge hatten nicht einmal Wasser, um sich richtig zu waschen, von Bademöglichkeiten ganz zu schweigen; saubere Wäsche gab es schon seit Mitte Dezember nicht mehr. Damit hatte die Epidemie freie Bahn, um sich über das ganze Lager zu verbreiten. Am 15. 3. erreichte die Epidemie das Sternlager, am 27. 3. wurde dort bereits in 60 Fällen Fleckfieber, in 40 Fällen Fleckfieberverdacht diagnostiziert, so daß eine spezielle Isolierbaracke für die Fleckfieberkranken eingerichtet werden mußte. Am 31. 3. forderte das Fleckfieber das erste Opfer im Sternlager[90]), während zu diesem Zeitpunkt bereits Hunderte von Menschen im Häftlingslager an Fleckfieber gestorben waren.

Da die Lagerleitung die Dinge völlig treiben ließ und so gut wie nichts unternahm, um die Seuchen einzudämmen, waren die Häftlingsärzte, die Pfleger und die freiwilligen Helfer gezwungen, ohne Unterstützung von oben und mit ganz unzureichenden Mitteln die Seuchenbekämpfung vorzunehmen. Ihren Anstrengungen gelang es, eine noch größere Katastrophe zu verhindern. Während im Lager die Demoralisierung immer schlimmere Formen annahm und sich zu einem Krieg aller gegen alle auswuchs, war diese Seuchenbekämpfung nur möglich durch ein hohes Maß von Solidarität, Opferbereitschaft und Zusammenarbeit zwischen denen, die an dieser Aufgabe mitwirkten. Die Krankenblocks wurden daher in der allgemeinen Auflösung zu Kristallisationspunkten für die besten Kräfte unter den Häftlingen. Küstermeier, der Schreiber im Krankenblock von Häftlingslager I war, berichtet über diese Arbeit[91]): Die Sanierung wurde begonnen mit Hilfe solcher, die schon einmal Fleckfieber gehabt hatten; alles geschah ohne irgendwelche Anteilnahme und Unterstützung durch die SS. „Nach einer Woche hatten wir einige wirkliche Verbesserungen in der Baracke

---

87) BT, S. 163 (Kramer).
88) BT, S 33 (Glyn-Hughes).
89) BT, S. 121 (Leo); auch Küstermeier, S. 100.
90) Herzberg, Tweestromenland, S. 227 (16. 3.); Vogel, S. 81 ff. (27., 28., 31. 3.).
91) Küstermeier, S. 102 ff.

zuwege gebracht. Der Gestank war verschwunden, Gang und Betten waren sauber und wurden saubergehalten.“ Trotzdem nahm die Zahl der Toten zu, das Fleckfieber verbreitete sich unaufhaltsam, so daß die Isolierung der Kranken nicht mehr möglich war. Eines Tages wurden schließlich die Badeanlagen repariert und Desinfizierungen angeordnet. Aber nur ein einziger Block wurde desinfiziert, seine Insassen entlaust und diese Baracke anschließend isoliert. In allen anderen Blocks dagegen blieben die Häftlinge sich selbst überlassen. Im Sternlager befand sich Ende März einige Tage lang ein fahrbarer Entlausungsapparat (Autoklav), der aber ebenfalls nicht sehr gründlich arbeitete: Auch nach der Entlausung waren in den Kleidungsstücken zahlreiche Läuse zu finden [92]).
Trotzdem schätzte Häftlingsarzt Dr. Leo, daß nur 1/10 der gesamten Sterbefälle durch Fleckfieber verursacht wurde – bei der großen Sterblichkeit immerhin eine außerordentlich hohe Zahl –, 9/10 dagegen durch Magenkrankheiten, Durchfall und Verhungern [93]). Der Hunger, der Kampf um die tägliche Essensration war es, der das Leben jedes einzelnen im Lager BB bis in die letzte Regung hinein beherrschte. Loden Vogel hat in seinem Tagebuch in unerbittlicher Selbstanalyse und mit bedingungsloser Offenheit festgehalten, wie sich dieser Kampf gegen das Verhungern auf die Lagergemeinschaft und auf die Mentalität der Insassen auswirkte; er hat – auf Grund der Beobachtungen an sich selbst und an seinen Schicksalsgefährten – detailliert den Vorgang des langsamen Verhungerns und die dadurch bewirkte Umformung der Persönlichkeit beschrieben [94]). Das macht dieses Tagebuch zu einem historischen Dokument hohen Ranges.
Im Februar gab es täglich noch zwei Scheiben Brot, 1/2 Liter Wassersuppe mit Rübenschnitzeln oder Kartoffeln, aber ohne Fleisch und Fett; zweimal wöchentlich einen Teelöffel voll Butter und ein Scheibchen Wurst oder Käse, gelegentlich ein Getränk, sog. „Kaffee“ [95]). Im März wurden die Rationen immer kleiner, seit Mitte März gab es mehrmals tagelang überhaupt kein Brot [96]). In den letzten Tagen vor der Übergabe des Lagers an die Engländer wurde überhaupt kein Brot mehr ausgegeben [97]). Wie es dazu kommen konnte und welchen Anteil der Lagerkommandant Kramer an dieser Versorgungskatastrophe hatte, diese Frage muß an anderer Stelle erörtert werden. Was das Ausbleiben der Verpflegung für die völlig entkräfteten Häftlinge bedeutete, braucht nicht beschrieben zu werden. Der französische Schriftsteller Martin-Chauffier, der Anfang April von Neuengamme nach BB gebracht wurde, gibt seinen ersten Eindruck mit den Worten wieder: „Das Gesetz des Dschungels regierte. Wenn sie noch die Kraft gehabt hätten, diese Unglücklichen hätten sich getötet wegen eines Stückes Brot.

---

[92]) Vogel, S. 79 ff. (25. 3. ff.).
[93]) BT, S. 127 (Leo).
[94]) s. S. 238 ff.
[95]) Küstermeier, S. 94; BT, S. 122 (Leo).
[96]) Herzberg, Tweestromenland, S. 228 ff. (20., 22., 30. 3., 1. 4.); Vogel, S. 78 ff. (21., 31. 3.).
[97]) BT, S. 127 (Leo).

Aber wo gab es noch etwas zu stehlen bei diesem totalen Mangel?" [98]). Die Suppe wurde in alten Holzfässern von der Küche zu den Baracken geschafft; da die Fässer keine Handgriffe hatten, waren sie für vier Männer schwierig zu transportieren. Diese vier Träger mußten von einer fünf Mann starken Wache begleitet werden, „um plötzliche Überfälle zu verhindern, die trotzdem fast täglich vorkamen. Während dieser Angriffe wurde der Inhalt gewöhnlich auf den Boden verschüttet, und in einem wilden Ansturm stürzten Dutzende hungriger Männer auf allen vieren darüber her, um ein wenig aufzukratzen von der Suppe, auf der gleichzeitig herumgetrampelt wurde" [99]). Im Frauenlager stand bei der Verteilung der Suppe die Blockälteste mit einer Peitsche bewaffnet neben dem Faß und überwachte die Ausgabe des Essens. Die Frauen schrien, drängten, stießen; die vordersten aßen auf der Stelle, um nochmals etwas zu bekommen, die hinteren drängten nach vorne, oft bekamen sie nichts mehr ab; und während dieser ganzen Szenen sauste die Peitsche der Blockältesten auf Köpfe, Schultern, Gesichter [100]).

Wo in der Geschichte wurden Menschen so furchtbar erniedrigt, gedemütigt und entwürdigt wie in diesen Wochen im Lager BB? Bis an welchen abgründigen Rand der Existenz, nicht nur der körperlichen, sondern auch der seelischen Existenz, die Opfer des nationalsozialistischen Terrorregimes im Lager BB gebracht wurden, das wird mit erschütternder Deutlichkeit durch die Tatsache in das Bewußtsein gerückt, daß in diesen letzten Wochen Fälle von Kannibalismus im Lager keine Seltenheit waren. Dr. Leo bezeugte, 200–300 Fälle von Kannibalismus gesehen zu haben [101]); auf dem Lagerbüro wurden bis 6. 4. 14 Fälle von Kannibalismus gemeldet [102]). Die Täter schnitten das Fleisch – vor allem Leber, Ohren, Wangen – von frischen Leichen ab, um es entweder sofort roh zu essen oder nachher in einem Kochutensil zu braten. Einige dieser Leute wurden auf frischer Tat ertappt und von den Kapos zur Lagerkommandantur gebracht; die SS ließ sie zur Abschreckung sofort aufhängen. Trotzdem ereigneten sich weiterhin Fälle von Kannibalismus, es waren Hunderte, die auf diese Weise ihr Leben zu verlängern suchten.

Das waren Extremfälle. Tausende verschieden still und apathisch, ohne letztes Aufbäumen, am Morgen fand man sie tot in den Baracken. Jeden Vormittag kamen die Lastautos, um die Leichen wegzuschaffen, nackt wurden sie auf die Wagen geworfen und zum Krematorium gefahren. Aber seit Mitte Februar wurde die Leichenbeseitigung für die Lagerführung zu einem schwierigen technischen Problem: Die Kapazität des Krematoriums reichte nicht aus, um mit

---

[98]) Martin-Chauffier, L'Homme et la Bête, Paris 1948, S. 229.

[99]) Küstermeier, S. 95.

[100]) Stef. Kuder in: Témoignages Straßburgeois, Paris 1947, S. 383 ff.

[101]) BT, S. 123 (Leo); s. auch Leo bei Hardmann, The survivors, London 1958, S. 67.

[102]) RvO c (11) (Weiß, 30. 9. 1945).

den „anfallenden Leichen" fertig zu werden, denn das Krematorium war nur klein, es konnten nicht mehr als drei Leichen gleichzeitig eingeäschert werden[103]). Im März wurden die Leichen zu hohen Stößen aufgeschichtet, zwischen den menschlichen Körpern jeweils eine Lage Holz, dann wurde der ganze Stapel mit Dieselöl übergossen und in Brand gesetzt[104]). Ende März mußte diese Methode der Leichenbeseitigung wieder aufgegeben werden: Die Forstverwaltung verbot die Verwendung von Holz für diesen Zweck, und die Offiziere des Truppenübungsplatzes fühlten sich durch den abscheulichen Gestank belästigt, der kilometerweit die Luft erfüllte. Von nun an blieben die Toten liegen, wo sie gestorben waren; teilweise wurden sie an einigen Stellen zu Haufen aufgetürmt oder in einzelne Baracken getragen und dort aufgestapelt (im Häftlingslager II war Block 11 ein solcher Leichenblock). Bei der hohen Sterblichkeit kamen jeden Tag Hunderte von Toten hinzu, so daß Anfang April Tausende von Körpern im Lagergelände umherlagen – grün und durch die Frühlingssonne aufgeschwollen, in allen Stadien der Dekomposition[105]): ein grauenerregender Anblick. Beim Abzug der Sternlagerinsassen am 9. 4., als das Lagerbüro seine Arbeit einstellte, betrug die Zahl dieser unbeerdigten Toten 5700 (ohne die neuen Toten der an diesem Tag eintreffenden Transporte)[106]), in den folgenden Tagen muß sie sich um mehrere tausend erhöht haben. Als die Übergabe des Lagers an die anrückenden englischen Truppen von Himmler angeordnet worden war, unternahm die SS eine letzte Anstrengung, die Tausende von Leichen zu beseitigen. Vom 11. 4. bis 14. 4. wurden alle noch gehfähigen Häftlinge, auch wenn sie selbst schon wandelnden Leichen glichen, zum „Leichentragen" eingesetzt[107]): In einer abgelegenen Ecke des Lagerterrains hatten Strafgefangene große Massengräber ausgehoben, dorthin wurden die Leichen aus dem Häftlingslager geschafft. In langem Zug schleppten sich die Häftlinge hin, eine Gruppe hinter der anderen, je vier zogen eine Leiche an einem Lappen oder dgl., den sie an Hand- oder Fußgelenk befestigt hatten. Insgesamt waren 2000 Häftlinge zu dieser „Arbeit" eingesetzt, von morgens 6 Uhr bis abends zur Dunkelheit; sie erhielten abends 1/4 Liter Suppe, kein Brot, nichts zu trinken, mußten um ein Stückchen Kohlrübe kämpfen. Vier Tage lang vollzog sich dieses Schauspiel des Grauens, schleppten die ausgemergelten Gestalten die ausgemergelten Körper der toten Mithäftlinge zu den Massengräbern, überwacht von den SS-Leuten, angetrieben von den Stockschlägen der polnischen Kapos, während zwei Häftlingskapellen auf Anordnung Kramers den ganzen Tag hindurch „zur Aufmunterung" Tanzmusik spielten – in der Tat: ein düster-grausiger Danse macabre, ein Totentanz, wie ihn wohl nicht einmal die visionäre Phantasie eines

---

[103]) BT, S. 40 (Glyn-Hughes).
[104]) BT, S. 122 (Leo), 179 (Kramer).
[105]) BT, S. 122 (Leo).
[106]) WL P III h, Nr. 842 (Weiß, 20. 6. 1945).
[107]) BT, S. 60 f. (Le Druillenec); Küstermeier, S. 119 f.; WL P III h, Nr. 494 (Lehmann).

Dichters ersinnen könnte. Einen Tag nach dieser letzten grellen Szene war die Herrschaft Kramers und seiner SS-Leute in BB zu Ende: Das Lager wurde am 15. 4. den Engländern übergeben.

III. Die Liquidierung des „Aufenthaltslagers"

Am 15. 4. 1945 befanden sich keine „Austauschjuden" mehr in BB: Wenige Tage vor der Übergabe des Lagers an die Engländer waren die restlichen Austauschjuden in drei Eisenbahnzügen aus BB abtransportiert worden. Damit wurde auch rein äußerlich dokumentiert, was schon seit Monaten eine Tatsache war: daß das Lager BB nur noch als Sammelplatz für die Evakuierungstransporte fungierte, aber kein „Aufenthaltslager" für „Vorzugsjuden" mehr darstellte, die schon seit langem praktisch kaum besser behandelt wurden als die KL-Häftlinge in den verschiedenen Männer- und Frauenlagern innerhalb des Lagerbereichs. Dieser Abtransport der Austauschjuden erfolgte zwar erst in der zweiten Aprilwoche, er war aber schon seit geraumer Zeit beabsichtigt. Besonders Lagerkommandant Kramer drängte bei der Amtsgruppe D auf die Verlegung der Austauschjuden in ein anderes Lager, weil er auf diese Weise Raum für die Unterbringung weiterer KL-Häftlinge gewinnen wollte. Aber während normalerweise ein Transport von einem KL zu einem anderen von der Amtsgruppe D im WVHA allein veranlaßt werden konnte, war eine Verlegung der Austauschjuden nur mit Zustimmung des RSHA möglich, weil über diese Kategorie von Gefangenen das RSHA, und zwar das Referat Eichmann (bis 1944 IV B 4, von da an IV A 4 b), die Verfügungsgewalt besaß.
In der Tat erschien in der letzten Februarwoche ein Funktionär aus Eichmanns Referat in BB: SS-HSTF Mös, der auch die früheren Austauschtransporte zusammengestellt hatte. Kramer berichtete über diesen Besuch in einem Schreiben an Amtsgruppenchef Glücks am 1. 3. 1945: „SS-HSTF Mös vom RSHA IV A 4 b war in der letzten Woche hier und informierte mich, daß diese (Austauschjuden) in naher Zukunft verlegt würden. Es wäre sehr zu begrüßen, wenn das so bald wie möglich geschehen könnte, denn auf diese Weise könnte dann Raum geschaffen werden für mindestens 10 000 KL-Häftlinge. Wegen der Fleckfiebergefahr ist SS-HSTF Mös nicht bereit, diese Juden zum gegenwärtigen Zeitpunkt von hier wegzunehmen. Diese Juden sollen teils nach Theresienstadt, teils in ein neues Lager nach Württemberg kommen. Der Abtransport dieser Internierten ist besonders dringlich, weil verschiedene jüdische KL-Häftlinge unter diesen ‚Lagerinsassen' ihre nächsten Verwandten entdeckt haben – einige ihre Eltern, einige ihre Brüder und Schwestern. Auch aus rein politischen Gründen – ich erwähne in diesem Zusammenhang die gegenwärtige hohe Sterblich-

keit im Lager – ist es wichtig, daß diese Juden so bald wie möglich von hier verschwinden" [108]). Es scheint, daß in diesen Tagen die Verlegung der Austauschjuden von BB in andere Lager tatsächlich ernsthaft beabsichtigt war. Denn Dr. Kastner erfuhr am 24. 2. 1945 von SS-HSTF Wisliceny, einem engen Mitarbeiter Eichmanns, der zwei Tage vorher aus Berlin zurückgekehrt war: Er, Wisliceny, habe mit Eichmann über die Entlastung des Lagers BB gesprochen und dabei erfahren, daß in Zukunft Transporte mit Juden nur noch nach Theresienstadt geleitet würden; außerdem sei nach BB telegrafiert worden, daß man von dort ebenfalls 3000 Juden nach Theresienstadt überführen solle, vor allem die Juden aus Griechenland und solche mit amerikanischer Staatsbürgerschaft [109]). Am 8. 3. 1945 jedoch berichtete Wisliceny Dr. Kastner [110]), das Lager BB sei wegen Typhus gesperrt, der geplante Transport könne deshalb nicht nach Theresienstadt gebracht werden.

Die Darstellung, die Kramer in seinem Schreiben an Glücks vom Besuch des HSTF Mös und vom Ergebnis dieses Besuches gibt, dürfte daher zutreffend sein [111]).

Von den Insassen des Sternlagers erfuhren nur wenige vom Besuch des HSTF Mös und vom Zweck dieses Besuches; der Judenälteste Weiß und der Häftlingsarzt Dr. Arons waren vom Lagerkommandanten Kramer gerufen worden und hatten den Gesundheitszustand der Insassen als sehr schlecht dargestellt (was er in der Tat war); sie betonten, 85 % der Lagerinsassen seien krank, ein Transport könne daher unmöglich durchgeführt werden. Dr. Arons wies Mös, der bei seiner Ankunft in BB noch nichts von der Fleckfieberepidemie gewußt hatte, außerdem auf die Ansteckungsgefahr für die Deutschen hin und bestärkte dadurch Mös in seinem ohnehin feststehenden Entschluß, angesichts der Epidemie von einer sofortigen Verlegung des Sternlagers Abstand zu nehmen und vier Wochen Wartefrist zu geben [112]). Die führenden Leute des Sternlagers wollten unbedingt einen Abtransport in ein anderes Lager vermieden wissen, weil sie täglich mit ansahen, daß alle Transporte eine riesige Anzahl von Menschenleben kosteten. Sie konnten dabei allerdings nichts davon ahnen, daß die projektierte Verlegung nach Theresienstadt möglicherweise in Zusammenhang stand mit einer Aktion, die die baldige Ausreise dieser Juden in die Schweiz zum Ziele hatte: es muß hier kurz auf diese Musy-Schellenberg-Aktion eingegangen werden, die insofern ein Pendant zur Kastner-Becher-Aktion darstellt, als sich

---

[108]) BT, S. 166.

[109]) Kastner, S. 295 (161).

[110]) Kastner, S. 299 (164).

[111]) Reitlinger (S. 526) schließt aus der angeführten Stelle des Kastner-Berichts, Eichmann habe die Fleckfieberepidemie eine Woche später als „Vorwand" benützt, um die Evakuierung der überlebenden Austauschjuden von BB nach Theresienstadt zu verbieten; dieser Schluß ist aber keineswegs zwingend, vielmehr eine bloße Annahme.

[112]) WL P III h, Nr. 839 (Arons); als Datum allerdings irrtümlich „Anfang März" angegeben.

auch in diesem Fall Himmler eine größere Anzahl jüdischer Menschenleben abhandeln ließ[113]).

Dem Schweizer Altbundespräsidenten Dr. Jean-Marie Musy war es im Frühjahr 1944 gelungen, ein jüdisches Ehepaar aus einem in Frankreich gelegenen KL freizubekommen, und der Oberrabbiner Dr. Sternbuch vom „Exekutivkomitee der Rabbiner der USA" hatte sich daraufhin mit ihm in Verbindung gesetzt und ihn ermuntert, einen weiteren, größer angelegten Versuch in dieser Richtung zu unternehmen. Musy wandte sich nach eigener Aussage schriftlich an Himmler, nach Schellenbergs Bekundung wurde der Kontakt über den Auslandsnachrichtendienst von Schellenberg hergestellt. Auf jeden Fall fand im Oktober 1944 in Wien eine Aussprache zwischen Himmler, Schellenberg und Musy statt, bei der Musy Himmler vorschlug, die KL aus humanitären Gründen abzuschaffen und die in KL festgehaltenen Juden in die Schweiz zu entlassen. Himmlers Stellungnahme war sehr unverbindlich, vor allem wollte er zunächst genauere Angebote über eine Gegenleistung haben. Musy versprach, diese Frage in den nächsten Wochen zu klären. Er wandte sich wieder an Schellenberg, nachdem er von Dr. Sternbuch und McClelland vom War Refugee Board in Bern die Zusage erhalten hatte, daß von amerikanischen jüdischen Organisationen 5 Mill. Schweizer Franken zur Verfügung gestellt und auf einer Schweizer Bank deponiert würden.

Unabhängig von Musy wirkte in denselben Wochen auf Himmler auch dessen „Leibarzt" Felix Kersten ein. Dieser finnische Heilpraktiker deutsch-baltischer Abstammung war eine höchst merkwürdige Erscheinung[114]): er hatte mit seiner „manuellen Therapie", die auf einer Nervenreflexbehandlung beruhte, bereits viele prominente Personen, darunter Prinz Heinrich der Niederlande, mit Erfolg behandelt, als er 1939 auch die Behandlung Himmlers übernahm, der an schweren nervösen Krämpfen in der Magengegend litt und zu diesem Zeitpunkt nur noch mit Spritzen arbeitsfähig erhalten wurde. Mit seiner Massagemethode gelang es Kersten, Himmler weitgehend von seinen Anfällen zu befreien und erneute Krämpfe rasch zum Abklingen zu bringen, so daß Himmler in eine starke Abhängigkeit von seinem Leibarzt Kersten geriet. Kersten erhielt dadurch die Möglichkeit, gelegentlich mit seinen Bitten und Vorschlägen, die die Rettung einzelner vom Regime Verfolgter zum Ziele hatten, auf den Reichsführer-SS einzuwirken, und so konnte er in der letzten Kriegsphase ein großes philantropisches Rettungswerk vollbringen[115]). Im Dezember 1944 bat Kersten den RF-SS u. a. um die Freigabe von 5000 Holländern und um die Freilassung

---

[113]) Zur Musy-Aktion: Schellenberg, S. 349 ff.; F. XI: V. Dok. Schellenberg, Nr. 40 (Göring), Nr. 50 und 51 (Musy, Vater und Sohn); ferner Protokoll F. XI, S. 5321 ff. (Schellenberg), S. 14 613 ff. (Fr. Göring); s. auch Kastner, S. 292 f. (159).

[114]) Über Kersten: Felix Kersten, Totenkopf und Treue, Hamburg o. J., S. 7 ff.; Wilh. Treue, Mit den Augen ihrer Leibärzte, Düsseldorf 1955, S. 442 ff.; ferner: Achim Besgen, Der stille Befehl, München 1960. Anmerkung [115]) siehe Seite 152

jüdischer Häftlinge und bekam am 8. 12. 1944 von Himmler schließlich die Zusage, daß zunächst ein Transport von 2000–3000 Juden von Theresienstadt in die Schweiz entlassen würde[116]). Am 21. 12. 1944 bestätigte Kersten Himmler diese Zusage schriftlich[117]). Als Musy am 12. 1. 1945 in Wildbad (Schwarzwald) dann seine zweite Aussprache mit Himmler und Schellenberg hatte, erteilte Himmler seine Zustimmung zur Ausreise einiger Transporte von jüdischen Häftlingen in die Schweiz und gab eine entsprechende Anweisung an das RSHA. Schellenberg beauftragte am 22. 1. 1945 mit der technischen Durchführung der Transporte den Kriminalkommissar Franz Göring, der sich mit Gestapochef Müller und dem Lagerkommandanten von Theresienstadt in Verbindung setzte und trotz zahlreicher Widerstände in kurzer Zeit den ersten Transport organisierte. Am 5. 2. 1945 fuhren mit einem Sonderzug 1200 Juden aus Theresienstadt in die Schweiz[118]).

Ein zweiter Transport mit 1800 Menschen sollte nicht aus Theresienstadt, sondern aus BB abgehen. Diese Planung ging auf einen Vorschlag von HSTF Mös zurück, der Göring mitgeteilt hatte, Theresienstadt sei ein erträgliches Lager im Vergleich zu BB, wo täglich Hunderte von Menschen den Tod fänden, und es sei daher vordringlich, möglichst viele Leute aus diesem Lager herauszubringen. In Zusammenarbeit mit Mös wurde der Transport von 1800 Menschen aus BB listenmäßig zusammengestellt[119]) – zur Durchführung dieses Transports kam es jedoch nicht. Schuld daran war nicht in erster Linie die Fleckfieberepidemie in BB, die den sofortigen Abtransport der Austauschjuden verhinderte; schuld daran war in erster Linie eine direkte Intervention Kaltenbrunners (des Chefs der Sipo und des SD, d. h. Leiter des RSHA) bei Hitler, der die Ausreise von Juden und Gefangenen kategorisch verbot. Schellenberg berichtet darüber: „Bevor jedoch ein bereits zusammengestellter weiterer Transport mit 1800 Häftlingen abgehen konnte, schaltete sich Kaltenbrunner ein. Ihm waren Presse-

---

[115]) An der Tatsache, daß Kersten die Rettung zahlreicher Menschenleben zu verdanken oder zumindest mitzuverdanken ist, kann auf Grund der Untersuchungsergebnisse der holländischen Regierungskommission nicht mehr gezweifelt werden (vgl. Besgen, S. 48, 66 f.); höchst undurchsichtig ist hingegen nach wie vor das ganze Gewebe der Initiativen und Gegeninitiativen, in welchem die Aktivität Kerstens nur einen Teilaspekt darstellt. Besgen hat sich in seiner gutgemeinten, aber wissenschaftlich unzureichenden, unkritischen und allzu einseitigen Kersten-Biographie um eine Klärung dieser Problematik nicht bemüht. Dringend erforderlich wäre auch eine vollständige, originalgetreue, streng chronologisch aufgebaute Ausgabe der Tagebücher Kerstens.

[116]) Kersten, S. 246, 276 ff.

[117]) Kersten, S. 277 ff.

[118]) Falsch die Angabe bei Reitlinger (S. 525), es habe sich bei dem Transport vom 5. 2. 1945 um 1100 ungarische Juden aus BB gehandelt.

[119]) Arnoldsson, Aux portes des enfers, Paris 1947, S. 77 f. (auf Grund von Mitteilungen Görings); H. G. Adler, Theresienstadt, S. 189, bezeichnet Mös als Exponent der 1944 in der Judenfrage unnachgiebigsten Kräfte um Eichmann, womit dieses Zeugnis allerdings nicht gut zusammenstimmt.

stimmen aus der Schweiz zugetragen worden, die sich abfällig über die mit der Freilassungsaktion verbundenen Bedingungen geäußert hatten. Im gleichen Zeitpunkt dechiffrierte das OKW einen Funkspruch einer an sich unbedeutenden De-Gaulle-Dienststelle in Spanien, aus dem hervorging, Himmler stehe durch seinen Beauftragten Schellenberg mit dem Altbundespräsident Dr. Musy in Verhandlungen mit dem Ziel, gegen Freigabe von Juden für etwa 250 Naziführer Asylrecht in der Schweiz zu erwirken. Und gerade diese erfundene Störmeldung paßte Kaltenbrunner ausgezeichnet in seinen Plan, die Musy-Aktion, die er von vornherein abgelehnt hatte, abzustoppen. Vereint mit Ribbentrop brachte er in einer Unterredung mit Hitler, dem dieses Unternehmen bisher verheimlicht worden war, zuwege, daß der Führerbefehl erging, jeder Deutsche, der einem jüdischen, englischen oder amerikanischen Gefangenen zur Flucht verhelfe, sei sofort hinzurichten" [120]). Diese Bemerkungen Schellenbergs geben eine Andeutung vom Ausmaß der skrupellosen Machtkämpfe, die in der letzten Kriegsphase innerhalb der nationalsozialistischen Führungsgruppe tobten und sogar die erbitterten Führungsrivalitäten früherer Jahre – von jeher waren diese Rivalitäten ein kennzeichnendes Merkmal des nationalsozialistischen Regierungssystems – weit in den Schatten stellten. Diese Macht- und Richtungskämpfe innerhalb der NS-Hierarchie in den letzten Kriegsmonaten – bisher noch nie im Zusammenhang untersucht – haben sich auf die verschiedenen Versuche zur Rettung von Gefangenen und Häftlingen insgesamt höchst ungünstig ausgewirkt [121]). *Wann* durch Kaltenbrunner dieser „Führerbefehl" erwirkt wurde und daher die Sistierung der Transporte in die Schweiz erfolgte, ist nicht bekannt. Auf jeden Fall wurde Himmlers Leibarzt Kersten – auch diesmal ohne genaue Kenntnis der bereits laufenden Musy-Aktion, sondern vielmehr auf Bitte des Stockholmer Vertreters des Jüdischen Weltkongresses, Hilel Storch [122]) – etwa Mitte März zugunsten der Austauschjuden von BB tätig, wobei sich Himmler gegenüber den Vorschlägen Kerstens nicht grundsätzlich abgeneigt zeigte (etwa unter

---

120) Schellenberg, S. 351. Nicht nur Schellenberg und die durch ihn Informierten (Musy, Göring u. a.) bezeichnen Kaltenbrunner als Urheber dieses Ausreiseverbots durch Hitler, sondern auch Becher-Kastner (Kastner, S. 309 [169]). Vielleicht ist sogar ein Satz in Kaltenbrunners Aussage vor dem Nürnberger Militärtribunal so zu deuten: er habe bei Hitler direkt gegen die Aktion protestiert (IMT XI, S. 371); zwar spricht Kaltenbrunner über die Becher-Aktion, aber da er gleichzeitig hinzufügt, zu dieser Zeit sei er bereits in Verbindung mit dem Internationalen Roten Kreuz gestanden, was frühestens ab Mitte März 1945 zutrifft, ist es vielleicht möglich, diese Aussage auf die Musy-Aktion zu beziehen. Für Schellenbergs Behauptung (S. 351), Kaltenbrunner sei zu seiner Gegenaktion gegen die Musy-Aktion durch Becher inspiriert worden, gibt es nicht die Spur eines Beweises; diese Behauptung dürfte Schellenbergs Animosität gegen Becher entspringen.

121) vgl. dazu Reitlinger, S. 524 ff.; H. G. Adler, Theresienstadt, S. 183 ff., 196 ff.; derselbe, Der Kampf gegen die „Endlösung der Judenfrage", Bonn 1958.

122) Kersten, S. 339 f. (Eintragung v. 2. 3. 1945); Kersten stand erst seit 25. 2. 1945 in Kontakt mit Storch.

Hinweis auf einen entgegenstehenden Führerbefehl). In seinem Tagebuch hielt Kersten diese Gespräche fest[123]). 14. 3. 1945: „Heute führte ich mit Himmler eingehende Verhandlungen über die im Lager BB inhaftierten Juden. Sie besitzen sämtlich südamerikanische Pässe und die Einreisegenehmigung nach Schweden. Ich bat Himmler um die Ausreisegenehmigung für diese Juden. Ich machte darauf aufmerksam, daß der Jüdische Weltkongreß auf die Freigabe dieser Juden den größten Wert lege, und übergab ihm das von Storch aufgesetzte Memorandum, das er sehr aufmerksam durchlas. Er gab es mir zurück, ohne jedoch dazu Stellung zu nehmen." 15. 3.: „Bei der heutigen Besprechung erklärte mir Himmler, daß er die Frage der Freilassung bestimmter Kategorien von jüdischen Häftlingen nach Schweden und der Schweiz eingehend prüfen und mir danach weitere Nachricht zukommen lassen würde." 16. 3.: „Heute habe ich mit Himmler noch einmal die Freilassung bestimmter Kategorien von Juden nach Schweden und in die Schweiz besprochen ... Himmler war sehr aufgeschlossen und versprach mir, daß die Frage der Freilassung ernsthaft geprüft werden würde. Ich hatte den Eindruck, daß Himmler zu größeren Zugeständnissen bereit ist. Er schnitt von sich aus bereits die Transportfrage an und machte darauf aufmerksam, daß sie von Schweden und der Schweiz gelöst werden müsse." 17. 3.: „Heute erhielt ich, nachdem ich nochmals die Frage der Freilassung bestimmter Kategorien von jüdischen Häftlingen bei Himmler angeschnitten hatte, von diesem die Zusicherung, daß er 5000 Juden entlassen werde, ihr Abtransport könne nach Schweden oder der Schweiz vorgenommen werden." Diese Zusicherung wurde jedoch nie realisiert, obwohl man in Stockholm im März ein positives Ergebnis erhofft hatte[124]). Immerhin darf man auf Grund der von Kersten festgehaltenen Äußerungen Himmlers vermuten, daß bis Mitte März noch nicht das grundsätzliche Ausreiseverbot Hitlers vorlag. Am 29. 3. 1945 dagegen erfuhr Dr. Kastner von Becher, daß Kaltenbrunner Hitler Meldung erstattet habe über die Musy-Aktion[125]): „Daraufhin habe Hitler die sofortige Einstellung jeg-

---

[123]) Kersten, S. 347, 348, 349, 350 f., 360, 363.

[124]) In diesem Zusammenhang zu erwähnen: nach dem Krieg wurde in den Niederlanden von der Regierung eine Kommission eingesetzt, die zu untersuchen hatte, ob durch Fahrlässigkeit und Uninteressiertheit führender Männer der holländischen Exilregierung hier eine Rettungschance verpaßt wurde, weil man nicht sofort die erforderlichen Transportmittel zur Verfügung stellte; s. Rapport usw., herausgegeben v. Nederlandse Roode Kruis, 1947 (RvO).

[125]) Kastner, S. 309 (169); am 28. 3. ging in London ein Telegramm des holländischen Gesandten in Stockholm ein, daß die Verhandlungen über die Austauschjuden in BB vorläufig ergebnislos abgebrochen seien (Rapport, S. 48). Wie sehr Himmler in den folgenden Wochen einen neuen Wutausbruch Hitlers fürchtete, zeigt eine Bemerkung von ihm, die er im Gespräch mit dem Vertreter des Jüdischen Weltkongresses machte (am 21. 4. 1945), nachdem er sich zur Freigabe von 1000 Jüdinnen aus Ravensbrück bereit erklärt hatte: „Himmler erklärte jedoch, diese Frauen dürften nicht als Jüdinnen, sondern müßten als Polinnen bezeichnet werden, um das von Hitler erlassene ausdrückliche Verbot einer Freigabe von jüdischen Häftlingen zu umgehen." (Kersten, S. 379.)

licher Verhandlungen und Transporte befohlen. Zwischen ihm und Himmler sei es hierbei zu einer schweren Auseinandersetzung gekommen."

Auch nachdem die sofortige Überführung aller Austauschjuden von BB nach Theresienstadt durch die Fleckfieberepidemie unmöglich gemacht worden war und ferner Kaltenbrunners Intervention die Ausreise des bereits zusammengestellten Transports in die Schweiz verhindert hatte, hielt man im RSHA und bei der Amtsgruppe D daran fest, die Austauschjuden so bald wie möglich aus BB zu entfernen.

Bereits am 4. 3. 1945 ging ein Teil des Neutralenlagers (Aufenthaltslager Benadon), das zu diesem Zeitpunkt noch nicht von der Fleckfieberepidemie ergriffen war, auf Transport: Den 105 türkischen Staatsangehörigen wurde am 28. 2. befohlen, sich für einen Austauschtransport fertigzumachen. Am 4. 3. reisten sie tatsächlich über Lübeck – Flensburg – Helsingoer nach Göteborg, von wo sie am 15. 3. mit einem Dampfer nach Istanbul weiterfuhren; dort kamen sie am 10. 4. an[126]).

Am 25. 3. – einem Sonntag – mußten alle Sternlagerinsassen ein Quarantänebad nehmen, und sofort machten wieder einmal – wie schon so oft – Austauschgerüchte die Runde: ein Teil werde in die Schweiz kommen, ein Teil nach Schweden, der Rest nach Theresienstadt[127]). Wirklich erschien am 26. 3. HSTF Mös erneut im Lager und befragte die Ärzte eingehend über den Gesundheitszustand der Sternlagerinsassen[128]). Auf einen Wink des Lagerältesten Hanke und des Judenältesten Weiß, die selbst den schlechten Gesundheitszustand mit Nachdruck herausstellten, sagten die Ärzte die Wahrheit und erklärten, daß im Sternlager 60 Fleckfieberfälle und 40 Fleckfieberverdächtige zu verzeichnen seien. Auch diesmal waren die Häftlingsfunktionäre der Meinung, ein großer Teil der Insassen werde einen Transport nicht lebendig überstehen. Man glaubte im Sternlager auch, es sei tatsächlich gelungen, die Transportgefahr abzuwenden: Mös hatte das Lager verlassen, ohne seine endgültige Entscheidung mitgeteilt zu haben, und an den darauffolgenden Tagen geschah nichts, was auf einen bevorstehenden Transport hingedeutet hätte[129]). Aber am 6. 4. kam die Hiobsbotschaft: Evakuierung aller Austauschjuden.

Am 6. 4. fuhr ein erster Eisenbahnzug mit rund 2500 Juden ab: 1450 ungarische Juden aus dem Ungarnlager, 350 Polen aus dem Sonderlager, 180 Spanier aus dem Aufenthaltslager Benadon, 100 Slowaken und 400 Holländer. Ein zweiter Zug wurde am nächsten Tag vor allem mit Ungarn gefüllt, und am 9. 4. mußten auch die Insassen des Sternlagers abrücken; mit 300 kranken Ungarn zusammen

---

[126]) WL P III h, Nr. 294 a (Levy); Vogel, S. 69 (5. 3.).

[127]) Vogel, S. 79 (25. 3.); Herzberg, Tweestromenland, S. 229 (30. 3.).

[128]) Vogel, S. 81 (26. 3.); Herzberg, Tweestromenland, S. 229 (30. 3.).

[129]) Dagegen hatte der Delegierte des Internationalen Roten Kreuzes bereits am 23. 3. 1945 von Gestapochef Müller erfahren, das Lager BB werde aufgelöst, und alle Juden von Deutschland würden in einem einzigen Lager vereint (CIRC, Genf 1947, S. 96).

war dieser dritte Transport ca. 2400 Personen stark. Eineinhalb Tage lang saßen die Leute des dritten Transports auf dem Bahnhof Bergen in den überfüllten Waggons, dann erst setzte sich der Zug in der Nacht vom 10./11.4. in Bewegung. Als Zielstation wurde bei allen drei Transporten Theresienstadt angegeben, und man darf annehmen, daß eine Überführung nach Theresienstadt wirklich beabsichtigt war. Tatsächlich erreicht hat Theresienstadt jedoch keiner dieser drei Eisenbahnzüge. Der erste Zug, der am 6. 4. Bergen verlassen hatte, blieb schon nach wenigen Kilometern stundenlang stehen und fuhr auch an den folgenden Tagen jeweils nur 3–4 Stunden; täglich mußte er Bombardements über sich ergehen lassen. In sieben Tagen schaffte er die Strecke von Bergen bis Magdeburg, am 13. 4. wurde er bei Farsleben in der Nähe Magdeburgs von amerikanischen Truppen befreit [130]). Noch wesentlich länger war der dritte Transport unterwegs: nach zweiwöchiger abenteuerlicher Fahrt quer durch Deutschland wurde er am 23. 4. bei dem Dorf Tröbitz in der Niederlausitz von den Russen befreit; 198 Menschen waren während der Fahrt an Fleckfieber oder Erschöpfung verstorben; in den folgenden Wochen forderte das Fleckfieber noch zahlreiche weitere Opfer [131]). In seinem Tagebuch hat Dr. Herzberg den Verlauf dieser gespenstischen Reise in prägnanten Schilderungen und Bildern festgehalten [132]). Der zweite Ungarntransport erreichte am 26. April mit 1712 Personen Theresienstadt, nachdem er unterwegs verlustreiche Luftangriffe hatte mitmachen müssen (56 Tote, 250 Verwundete) [133]).

Drei Phantomzüge, die tagelang kreuz und quer durch ein zusammenbrechendes Deutschland rollten, in das die feindlichen Armeen immer tiefer eindrangen – das war das Ende des „Aufenthaltslagers" Bergen-Belsen.

---

[130]) Molho, S. 98; WL P III h. Nr. 46 b (Götz-Leviathan).

[131]) WL P III h, Nr. 839 (Arons); Nr. 842 (Weiß-Arons, 20. 6. 1945).

[132]) Herzberg, Tweestromenland, S. 232 ff. (10. 4. ff.), s. S. 283 ff.

[133]) Herzberg, Tweestromenland, S. 238 (18. 4.).

8. Kapitel

Die Übernahme des Lagers Bergen-Belsen durch die Engländer und der Belsen-Prozeß

I. Der Waffenstillstand von Belsen

Das erste große deutsche KL, das vor den anrückenden feindlichen Armeen nur teilweise geräumt wurde, war das KL Buchenwald; amerikanische Truppen befreiten Buchenwald am 11. 4. 1945[1]). Genau an diesem Tage wurden auch bereits die Verhandlungen eingeleitet, die vier Tage später zur kampflosen Übergabe des Lagers Bergen-Belsen an die englischen Truppen führten. Das Verdienst, die Evakuierung dieser Lager verhindert und Himmler zur kampflosen Übergabe dieser KL bestimmt zu haben, nehmen mehrere Männer aus Himmlers Umgebung für sich in Anspruch: außer Kersten[2]) schreiben es auch Schellenberg[3]) und Becher[4]) der eigenen Aktivität zu, daß Himmler entsprechende Befehle zur kampflosen Übergabe einiger KL erließ. Zweifellos wirkten sie alle – Kersten, Schellenberg und Becher – in dieser Richtung auf Himmler ein, aber den Anteil jedes einzelnen bei diesen Bemühungen genau festzustellen und die letzten Antriebe und Gründe für Himmlers Entscheidung aufzuhellen, ist wohl nicht mehr möglich. Tatsache ist, daß Himmler schließlich seinem Leibarzt Kersten eine schriftliche Zusage gab, von einer Evakuierung der noch in deutscher Hand befindlichen KL in Zukunft abzusehen.

Kersten hatte am 25. 2. 1945 in Stockholm Verbindung mit dem dortigen Vertreter des Jüdischen Weltkongresses, Hilel Storch, aufgenommen und bei dieser Unterredung erfahren, daß nach Informationen des Jüdischen Weltkongresses sämtliche KL mit allen Insassen beim Herannahen der Alliierten laut Führerbefehl in die Luft gesprengt werden sollten[5]). Storch fragte Kersten, ob er

---

1) Kogon, S. 340 ff.; in Buchenwald wurden 21 000 Häftlinge befreit, 26 000 Gefangene waren von der SS in der letzten Woche noch aus Buchenwald abtransportiert worden.

2) über Kersten s. o. S. 151.

3) Schellenberg, S. 382 f.

4) Kastner, S. 313 (172).

5) Kersten, S. 339.

angesichts dieser verzweifelten Situation bereit sei, durch einen direkten Vorstoß bei Himmler persönlich einen Versuch zur Verhinderung dieses Befehls zu unternehmen. Kersten sagte zu, und es wurde verabredet, den Vorstoß bei Himmler zugleich zu einer Großaktion für die in Deutschland inhaftierten Juden auszunutzen mit dem Ziel, den Juden durch Lebensmittel- und Medikamentensendungen zu helfen und den Abtransport möglichst vieler Juden ins neutrale Ausland zu erreichen[6]). Am 2. 3. 1945 überreichte Storch Kersten ein entsprechendes Memorandum, mit dem Kersten am 3. 3. 1945 nach Deutschland zurückreiste[7]). In den folgenden Tagen bearbeitete er Himmler unausgesetzt, um ihn zur Zurücknahme des KL-Befehls zu bewegen. Bereits am 8. 3. 1945 konnte Kersten in seinem Tagebuch vermerken[8]): „Himmler fängt in diesem Punkte an nachzugeben." In den gleichen Tagen verhandelte Kersten mit Himmler über die Ausreisegenehmigung für einige Kategorien jüdischer Gefangener, vor allem der „Austauschjuden" im Lager BB[9]). Am 12. 3. 1945 hatte Kersten Himmler schließlich so weit gebracht, daß dieser ihm schriftlich die ordnungsgemäße Übergabe der KL an die Alliierten zusicherte. Das Schriftstück hatte folgenden Wortlaut[10]):

„Vereinbarung. Hiermit bestätige ich, daß ich mit dem Medizinalrat Felix Kersten, Stockholm, folgende Vereinbarung getroffen habe:

1. Daß ich den Befehl des Führers, die KL beim Herannahen der Alliierten an ein Lager in die Luft zu sprengen, mit sämtlichen Insassen, nicht weitergebe und jede Sprengung verbiete. Ebenfalls die Tötung der Gefangenen.
2. Daß ein KL beim Herannahen der Alliierten ordnungsgemäß mit weißen Fahnen zu übergeben ist.
3. Daß jede weitere Tötung von Juden eingestellt und verboten wird und daß die Juden den anderen KL-Gefangenen gleichgestellt werden.
4. Daß die KL nicht geräumt und die Gefangenen dort gelassen werden, wo sie sich zur Zeit befinden, und daß alle Häftlinge Lebensmittel aus Schweden empfangen dürfen.

Hohenlychen, den 12. März 1945
um 2 Uhr nachmittags gez. Heinrich Himmler
gez. Felix Kersten RF-SS"

Am 16. 3. 1945 erließ Himmler in Kerstens Gegenwart einen Sonderbefehl, in dem erneut jede Art von Grausamkeit gegen jüdische Häftlinge untersagt und die Tötung der Juden verboten wurde: „Von nun an soll jeder Lagerkommandant für den Tod jedes jüdischen Häftlings verantwortlich gemacht werden und

6) ebd., S. 339 f.
7) ebd., S. 340.
8) ebd., S. 329.
9) s. o. S. 153 f.
10) Wortlaut bei Besgen, S. 49; bei Kersten, S. 343, Resumé der vier Punkte.

ist verpflichtet, eine genaue Meldung über die Todesursache zu erstatten"[11]). Während dieser Sonderbefehl Himmlers durch den Chef des WVHA, Pohl, bzw. durch Amtsgruppenchef Glücks den Lagerkommandanten der einzelnen KL tatsächlich einige Tage später persönlich überbracht wurde[12]), scheint die „Vereinbarung" vom 12. 3. 1945 mit den Anstoß zur kampflosen Übergabe der KL Buchenwald und BB gegeben zu haben[13]).

Auf eine besorgte Anfrage von Storch antwortete Kersten diesem am 3. 4. 1945: „Ich darf ferner nochmals mit allem Nachdruck hervorheben, daß ich die feste Zusicherung erhalten habe, daß bei Herannahen der Alliierten keinerlei Evakuierungen vorgenommen werden sollen. Im Gegenteil ist von Herrn Himmler angeordnet worden, daß bei Herannahen der Alliierten die KL ordnungsgemäß übergeben werden sollen"[14]). Und einen Tag später unterstrich Kersten in einem Schreiben an Storch nochmals diese Feststellung, diesmal in spezieller Anwendung auf das Lager BB: Alle Gerüchte über eine evtl. Evakuierung von BB seien völlig aus der Luft gegriffen. „Auf Grund meiner so ausführlichen Besprechungen mit Herrn Himmler gerade über dieses Lager sind alle mir zugesagten Maßnahmen, die ich Ihnen mitteilte, getroffen worden. Falls erforderlich, wird BB bei Heranrücken der Alliierten dieser (sic!) ordnungsmäßig übergeben werden"[15]).

Am 8. 4. 1945 wurde Kersten dann in einem Schreiben von Himmlers persönlichem Referenten Dr. Brandt mitgeteilt, das Lager BB habe einen neuen Kommissar erhalten[16]), und tatsächlich war am 6. 4. 1945 SS-Standartenführer Kurt Becher von Himmler zum „Reichssonderkommissar" für die Angelegenheiten aller jüdischen und politischen Gefangenen ernannt worden[17]). Becher zeigte Dr. Kastner das von Himmler unterzeichnete Dokument: „An SS-Standartenführer Kurt Becher. Angesichts der schwierigen sanitären und Unterbringungslage ernenne ich Sie zum Reichssonderkommissar für sämtliche KL"[18]). Becher entschloß sich, sofort eine Inspektionsreise durch alle KL anzutreten, um an Ort und Stelle die nötigen Maßnahmen zu treffen. Das erste Ziel war das Lager BB. Am 10. 4. 1945 reiste Becher, begleitet von Dr. Kastner, von Berlin ab und traf um 17.30 Uhr in Belsen ein. Becher zog sich mit Kramer zu einer Besprechung

---

[11]) Kersten, S. 349 (Eintragung v. 16. 3. 1945); vgl. dazu Schreiben Dr. Brandts an Kersten v. 21. 4. 1945 bei Kersten, S. 350 (Faks.).

[12]) s. u. S. 192 f.

[13]) Die Publizierung der von den Alliierten in den KL Buchenwald und BB angetroffenen Zustände durch die westliche Presse hat dann Himmler anscheinend veranlaßt, keine KL mehr zu übergeben, vgl. Kersten, S. 350, 377, 385.

[14]) Kersten, S. 367 (Faks.).

[15]) ebd., S. 369 (Faks.).

[16]) ebd., S. 371.

[17]) Kastner, S. 313 (172).

[18]) Kastner, S. 313 (172).

zurück, nach einer Stunde wurde auch Dr. Kastner zugezogen. Kramer gab den beiden einen Bericht über die furchtbaren Zustände im Lager: 1000 Insassen seien augenblicklich an Fleckfieber erkrankt, seit zwei Wochen sei kein Brot mehr verteilt worden, nur noch für acht Tage seien Rüben und Kartoffeln und etwas Fleisch und Fett vorhanden, die Zahl der Toten betrage täglich 500 bis 600[19]). Nach Entgegennahme dieses Berichts war Becher stark deprimiert, und Dr. Kastner schlug ihm als einzige Lösung vor, das Lager unverzüglich kampflos an die Alliierten zu übergeben. Becher war einverstanden und entschloß sich zu sofortigem Handeln. Ohne das eigentliche Schutzhaftlager überhaupt gesehen zu haben, verließen Becher und Dr. Kastner bereits um 19.30 Uhr wieder BB in Richtung Hamburg.

Am 11. 4. 1945 meldete sich Becher in Hamburg beim SD-Oberabschnitt und erstattete Himmler telefonisch Bericht über die Lage in BB; Himmler erteilte daraufhin Becher die Vollmacht, das ganze Gebiet von BB unverzüglich vor der englischen Armee kapitulieren zu lassen[20]). Schon um 14 Uhr fuhr Becher nach BB zurück, um die Ausführung von Himmlers Befehl in die Wege zu leiten. Diesmal führte Kramer sie durch einen Teil des Lagers, und den Augen Dr. Kastners bot sich folgendes Bild: „Die Insassen in ihren Häftlingsmänteln sitzen zu Tausenden auf dem Boden um die Baracken herum. Sie sind nur noch lebende Skelette. Die Leichen und das Krematorium werden uns nicht gezeigt, wohl aber das Lebensmittelmagazin, das mit Rotkreuzpaketen noch vollgestopft ist"[21]). Im Anschluß an diese Lagerbesichtigung nahm Becher die Verhandlungen mit den Offizieren des Truppenübungsplatzes auf.

Über diese Besprechungen, die dem Abschluß des „Waffenstillstandes von Belsen" vorausgingen, liegen zwei Berichte vor, die in manchen Einzelheiten voneinander abweichen: Der eine Bericht, von dem Oberst der Panzerwaffe Hanns Schmidt inspiriert, betont die selbständige Initiative einiger Wehrmachtsoffiziere bei der Neutralisierung des Raumes Belsen[22]), während in der Darstellung Dr. Kastners, die auf den Erzählungen Bechers fußt, mit Nachdruck hervorgehoben wird, daß die kampflose Übergabe des Lagers BB von Himmler verfügt und von Becher gegen den anfänglichen Widerstand der Offiziere durchgesetzt wurde[23]) – womit der Vorgang im ganzen wohl zutreffender wiedergegeben wird als in der von Oberst Schmidt inspirierten Darstellung.

Laut Dr. Kastners Bericht hatte Becher sofort nach seiner Rückkehr aus Ham-

[19]) ebd., S. 315 (173).

[20]) ebd., S. 317 (175).

[21]) ebd., S. 317 (175).

[22]) Klapproth, Kriegschronik 1945 der Stadt Soltau und Umgebung, Soltau 1955, S. 59 ff.

[23]) Kastner, S. 317 f. (175); eine Darstellung des Hauptbeteiligten steht noch aus: Der ehemalige SS-Standartenführer Kurt Becher, heute Inhaber der Großhandelsfirma Kurt A. Becher, Bremen, war trotz mehrfacher Bitten leider nicht bereit, mir einen Termin für eine Aussprache über diese Frage vorzuschlagen.

burg und der Besichtigung des Lagers am Nachmittag des 11. 4. 1945 im Gebäude der Militärkommandantur eine Unterredung mit Oberst Harries, dem stellvertretenden Kommandeur des Truppenübungsplatzes Bergen, und vier weiteren Offizieren. Die Wehrmachtsoffiziere sprachen sich gegen eine sofortige Kapitulation aus, weil – wie Oberst Harries meinte – die Lage noch nicht „reif" sei, die Engländer sich augenblicklich ruhig verhielten und Bergen-Belsen bei einem englischen Angriff tagelang verteidigt werden könne. Demgegenüber bestand Becher auf der Kapitulation. Da eine Einigung nicht erzielt werden konnte, fuhren Oberst Harries, sein Adjutant und Standartenführer Becher zum Armeestabsquartier der Heeresgruppe Nord, das sich in diesen Tagen in Wolterdingen bei Soltau, etwa 25 km nördlich von BB, befand. Bei dieser Beratung setzte Becher – laut Dr. Kastner – seinen Standpunkt durch, und Oberst Schmidt erhielt den Befehl, das Kapitulationsangebot unverzüglich an die Engländer weiterzuleiten. Deutscherseits sollte vorgeschlagen werden, daß das Lagerpersonal von BB zwei Stunden vor der Übergabe in seiner Mehrheit abziehen und nur eine kleine Gruppe zur Aufrechterhaltung der Ordnung zurückbleiben werde. Diese Gruppe – unter Leitung des Lagerarztes – solle sich nach der Kapitulation ebenfalls frei zurückziehen können. Als dieser Vorschlag beschlossen und die Beratung um 19.30 Uhr beendet war, fuhr die Gruppe nach Belsen zurück, und bereits in den frühen Morgenstunden des nächsten Tages durchquerte der deutsche Parlamentär die beiden Frontlinien.
Abweichend von dieser Version Dr. Kastners wird in der auf einem Bericht Oberst Schmidts basierenden Darstellung betont, daß am 11. 4. 1945 schon kurz vor dem Eintreffen Bechers und unabhängig von diesem einige Offiziere sich ins Armeestabsquartier begeben hatten, um die Vollmacht zur Aufnahme von Verhandlungen mit den Engländern einzuholen, und daß bei der anschließenden Besprechung mit Becher keine klare Entscheidung unter Übernahme der vollen Verantwortung getroffen worden sei; Oberst Schmidt und Oberstleutnant Bohnekamp hätten daher – unter schließlicher Duldung des für das zukünftige Kampfgebiet zuständigen Oberst Grosan – die Parlamentärfahrt zum Gegner auf eigene Verantwortung angetreten – eine Version, der gegenüber eine gewisse Skepsis geboten ist, zumal einer der Offiziere des Truppenübungsplatzes mit Nachdruck darauf hingewiesen hat[24]), er habe sich seinerzeit dem Befehl zur Kapitulation erst gefügt, nachdem ihm vom Adjutanten des Oberst Harries die schriftliche Ausfertigung dieses durch Kurier (SS-Standartenführer Becher) überbrachten Befehls vorgewiesen worden sei, durch welchen der Kommandeur des Truppenübungsplatzes eindeutig zum Abschluß eines Waffenstillstandes ermächtigt wurde[25]).

[24]) Schreiben von Herrn Willi Oppermann, Wiesbaden, an den Verfasser, 4. 7. 1960.
[25]) Auch im Text des am 12. 4. abgeschlossenen Waffenstillstandes (s. S. 225 ff.), wird ausdrücklich auf den Befehl des RF-SS Bezug genommen.

Wie dem auch sei – am Morgen des 12. 4. 1945 begaben sich Oberst Schmidt und Oberstleutnant Bohnekamp, begleitet von einem Sanitätsoffizier und einem Dolmetscher, in einem mit weißer Fahne versehenen Auto zu den englischen Linien, von wo die Parlamentäre mit verbundenen Augen zum Stab des VIII. englischen Panzerkorps gebracht wurden[26]). Dort verhandelten sie mit dem englischen Stabschef Brigadier Taylor-Balfour, dessen Forderung auf Neutralisierung eines sehr großen Raumes um das Lager BB und den Truppenübungsplatz von den deutschen Unterhändlern jedoch abgelehnt wurde. Als Oberst Schmidt feststellte, er müsse zunächst weitere Instruktionen von seinem Armeeoberkommando einholen, erklärte sich Brigadier Taylor bereit, sofort ins deutsche Armeestabsquartier mitzufahren. Um die Mittagszeit wurde Standartenführer Becher durch einen Telefonanruf aus Hamburg unterrichtet, daß ein englischer Stabsoffizier im deutschen Hauptquartier eingetroffen sei, um wegen der Übergabe zu verhandeln. Becher wollte sofort dorthin fahren, telefonierte aber vorher noch mit Himmler, der ihm erklärte: „Das ist nicht Ihre Sache, Becher. Die Kapitulation überlassen Sie der Wehrmacht" [27]). So wurden die Verhandlungen zuerst in Wolterdingen, dann in Bergen nur durch Wehrmachtsoffiziere geführt, vor allem durch Oberst Schmidt, Oberst Grosan und Oberst Harries. Der englische Stabschef ließ im Verlauf dieser Verhandlungen seine ursprüngliche Forderung auf Neutralisierung eines sehr großen Gebietes einschließlich der Gemeinde Belsen fallen, so daß noch in der Nacht vom 12./13.4. eine Einigung über die Neutralisierung eines rechteckigen Geländekomplexes von acht Kilometer Länge und sechs Kilometer Breite zustande kam. In Form einer „Vereinbarung" (Agreement) wurden die Modalitäten des Waffenstillstandes für den Raum Belsen schriftlich festgelegt[28]).
In dieser Vereinbarung verpflichteten sich beide Teile, ein Hineintragen des Kampfes in den auf der Karte abgesteckten Raum zu vermeiden, der durch die deutsche Wehrmacht zusätzlich noch durch Schilder mit der Aufschrift „Danger – Typhus" (auf der Innenseite „End of Typhus Area") gekennzeichnet wurde. Die deutsche Wehrmacht übernahm folgende Aufgaben: Bewachung der Häftlinge im KL, nachdem die SS-Wachmannschaften bis 13. 4., 12 Uhr, abgelöst sein mußten; Weiterführung der Versorgungsanlagen; Weiterführung der Telefonzentrale. Die als Wachmannschaften eingesetzten Angehörigen der deutschen und ungarischen Wehrmacht[29]) mußten durch weiße Armbinden gekennzeichnet werden, und englischerseits wurde diesen Wachmannschaften freier Abzug zu den deutschen Linien mit Waffen, Gerät und Fahrzeugen innerhalb von sechs Tagen nach Übernahme des Lagers zugesichert.

---

26) Klapproth, S. 61, auch f. d. folg.
27) Kastner, S. 319 (175).
28) Deutsche Fassung bei Klapproth, S. 62 f.; englische Fassung: BT. S. 396 (s. u. S. 225 ff.).
29) Auf dem Truppenübungsplatz befand sich eine ungarische Kadettenschule, die in den Waffenstillstand einbezogen wurde.

Eine eigentümliche Diskrepanz zwischen der deutschen und englischen Fassung weist die „Vereinbarung" in jenem Punkt auf, der das Wirtschafts- und Verwaltungspersonal der SS betrifft. Die deutsche Fassung bestimmte: „Das Wirtschafts- und Verwaltungspersonal der SS und der SS-Lagerarzt ... werden von der englischen Wehrmacht mit übernommen und führen ihre Aufgabe so lange fort, bis eine ordnungsmäßige Übernahme durch die englische Wehrmacht vorgeschlagen wird." Während in diesem Punkt also nichts über die weitere Behandlung des SS-Wirtschaftspersonals festgelegt war, heißt es im Passus über die von der deutschen Wehrmacht gestellten Wachmannschaften: Die englische Wehrmacht sichere „diesen bewaffneten Wachmannschaften und dem Wirtschaftspersonal" (ohne den Zusatz „der SS") freien Abzug zu. Gegenüber dieser reichlich unklaren deutschen Fassung heißt es in der englischen Fassung: „Das Verwaltungspersonal der SS wird – sofern die Wehrmacht es am Abzug hindern kann – auf seinem Posten bleiben und seine Aufgaben weiterführen (Küche, Verpflegung usw.) und die Registratur übergeben. Wenn die Dienste der SS-Leute nicht mehr benötigt werden, wird die Verfügung über sie von der Wehrmacht den britischen Stellen überlassen." („SS-Administrative personell will – if the Wehrmacht can prevent them running away – remain at their posts and carry on with their duties [cooking, supplies etc.] and will hand over records. When their services can be dispensed with, their disposal is left, by the Wehrmacht, to the British authorities.")
Am Morgen des 13. 4. wurde dem Lagerkommandant Kramer von Oberst Harries mitgeteilt, die SS-Wachmannschaften müßten entsprechend den Waffenstillstandsbedingungen spätestens um 12 Uhr abrücken; nur das Verwaltungspersonal der SS dürfe bleiben[30]). Der größere Teil der SS-Leute und ein Teil der SS-Aufseherinnen verließ daraufhin BB, nur rund 50 SS-Männer und ca. 30 SS-Aufseherinnen blieben im Lager zurück, dessen Bewachung am Nachmittag des 13. 4. von Wehrmachtsangehörigen und vor allem von den ungarischen Soldaten übernommen wurde. Nachdem es am 13. und 14. 4. am Allerübergang bei Winsen und bei Walle, einige Kilometer südlich des neutralisierten Gebietes, noch zu heftigen Kämpfen gekommen war, erreichten die Engländer am 15. 4. – einem Sonntag – um 15.30 Uhr den Truppenübungsplatz, und im Rahmen der getroffenen Vereinbarungen erfolgte die reibungslose Übergabe des neutralisierten Gebietes. Am Spätnachmittag begab sich eine Gruppe englischer Offiziere, geführt von Oberst Taylor, dem zukünftigen Lagerkommandanten, zur Lagerkommandantur BB, wo sie von Kramer, einigen weiteren Offizieren der SS, der Wehrmacht und der ungarischen Armee empfangen wurde[31]). Kramer und seinem Stab wurde mitgeteilt, daß die Engländer die Befehlsgewalt in der neutralisierten Zone nunmehr übernommen hätten. Als

[30]) BT, S. 170 (Kramer).
[31]) Sington, S. 10 ff.; BT, S. 47 (Sington).

Dolmetscher fungierte bei dieser Besprechung Captain Sington, Führer einer britischen Propagandaeinheit, der anschließend als erster Engländer das Schutzhaftlager betrat: Mit einem Lautsprecherwagen fuhr er durch den Lagerbereich und gab den Insassen bekannt, die Engländer seien eingetroffen, das Lager dürfe jedoch nicht verlassen werden, Lebensmittel und ärztliche Hilfe würden unverzüglich herbeigeschafft. Jetzt wußten die Insassen von BB, daß ihre Hoffnungen Wirklichkeit geworden waren: Das Lager war befreit.
Man wird Sington unbedingt zustimmen, wenn er in seinem Bericht die Auffassung vertritt, der Waffenstillstand von Belsen sei vom Standpunkt der Gefangenen aus ein großes Glück gewesen [32]). Eine Räumung des Lagers wäre angesichts der körperlichen Verfassung der meisten Häftlinge wohl überhaupt nicht mehr durchführbar gewesen, die SS-Leute hätten nur einen kleinen Teil der Gefangenen mitführen können und unter den Zurückgebliebenen möglicherweise ein Blutbad angerichtet.
Auch bei einer Verteidigung des Lagerbereichs durch die SS wären viele Gefangene noch bei den Kampfhandlungen getötet worden. Wenn diese Opfer durch den Abschluß des Waffenstillstandes auch erspart blieben – die Zahl jener „Opfer der letzten Stunde" war trotzdem ungeheuer hoch: Die Tage vor und nach der Übergabe des Lagers gehören zu den aufreibendsten, erregendsten Tagen der Lagergeschichte.

II. Die Tage nach der Befreiung des Lagers

Am 15. 4. 1945 war die Herrschaft der SS-Funktionäre im Lager BB gebrochen – aber damit hatte das Inferno von BB noch nicht sofort sein Ende gefunden; auf den Tag der Befreiung folgte eine turbulente Nacht, der sich weitere chaotische Tage anschlossen. Während Tausende von Häftlingen schwerkrank oder zu Tode erschöpft und apathisch in den Baracken lagen – zu schwach, um ihre Befreier auch nur begrüßen zu können –, wurden die meisten Lagerinsassen, die noch einigermaßen bei Kräften waren, ob der wiedergewonnenen Freiheit von einem ekstatischen Freudentaumel erfaßt, von einem wilden Rausch, der in einem nächtlichen Aufruhr gipfelte. Verhängnisvoll wirkte sich in diesen Tagen die Tatsache aus, daß in BB keine funktionierende Häftlingsselbstverwaltung, keine illegale Widerstandsorganisation der Häftlinge existierte, die im Herrschaftsvakuum dieser Tage automatisch die Funktion eines Ordnungsfaktors hätte übernehmen können, wie das in denselben Tagen etwa in Buchenwald der Fall war, wo beim Abzug der SS sofort das illegale Lagerkomitee die Macht über-

[32]) Sington, S. 38.

nahm, ein sorgfältig vorbereitetes Organisationsgefüge in Wirksamkeit setzte und auf diese Weise die Disziplin im Lager aufrechterhielt[33]).
In BB bestanden wesentlich andere Voraussetzungen: Der größte Teil der Häftlinge war erst seit einigen Wochen, z. T. erst seit einigen Tagen im Lager, der langwierige, schwierige Aufbau einer derartigen illegalen Organisation war deshalb schon aus rein zeitlichen Gründen nicht möglich gewesen; außerdem aber war die Zahl der ausgesprochen politischen Häftlinge, die allein eine solche Widerstandsorganisation tragen konnten, in BB sehr klein, und auch die katastrophalen Lebensverhältnisse im Lager waren einem derartigen Unternehmen nicht günstig. So kam es, daß in den Tagen der Lagerübergabe in BB nicht einmal ansatzweise eine Häftlingsorganisation existierte, die gegenüber den Lagerinsassen eine Führungsautorität hätte beanspruchen können, nachdem die Macht der SS gebrochen war, die Engländer jedoch die volle Herrschaftsgewalt nicht sofort effektiv ausüben konnten, weil sie auf die plötzliche Übernahme eines KL nicht vorbereitet waren.
Bereits am Nachmittag des 15. 4. kam es zu ernsten Zwischenfällen, bei denen eine Reihe von Häftlingen einen gewaltsamen Tod fand. Noch während Oberst Taylor mit Kramer die Einzelheiten der Lagerübernahme besprach, wurde durch einen Wehrmachtsoffizier gemeldet, daß in der Umgebung der Küchen eine wilde Schießerei im Gange sei. Als Taylor und Kramer sich dorthin begaben, konnten sie die Ursache dieser Schießerei rasch feststellen: Zahlreiche ausgehungerte Häftlinge hatten versucht, sich in der Küche etwas Eßbares zu beschaffen oder im Kartoffellager einige Kartoffeln zu „organisieren", worauf die SS- und Wehrmachtsposten das Feuer eröffnet und einige Häftlinge getötet, andere verwundet hatten[34]). Kramer zeigte sich über diesen Vorfall nicht sehr betroffen und gebot dem Schießen nicht Einhalt – aber die englischen Offiziere brachten ihm schnell zum Bewußtsein, daß nunmehr *sie* die Herren in BB waren: Sie befahlen Kramer, er solle durch seine Männer die Verwundeten wegtragen lassen, und als Kramer dieser Anordnung nicht sofort nachkam, mußte er selbst einen Verwundeten in den Krankenbau tragen[35]). Auch in den folgenden drei Tagen wurde immer wieder auf die Häftlinge geschossen, wobei sich besonders die ungarischen Wachtposten hervortaten, die – formal unter britischem Kommando – die Küchen „bewachten" und die Wachtürme besetzt hielten, die aber von ihren eigenen Offizieren die Anweisung zu rücksichtslosem Waffengebrauch erhalten hatten; von den Wachtürmen schossen sie ins Lager hinein oder feuerten aus kurzer Entfernung auf die Häftlinge, die Kartoffeln aus dem Keller oder Kartoffelschalen aus den Aschen-Eimern holen wollten, so daß bis zur Ablösung

---

[33]) Kogon, S. 342; Buchenwald, S. 483 ff.
[34]) BT, S. 34 (Glyn-Hughes), 49 (Sington); Sington, S. 21 ff.
[35]) BT, S. 34 (Glyn-Hughes).

der ungarischen Wachen, eine Woche nach der Befreiung des Lagers, noch Dutzende von hungernden Gefangenen getötet wurden [36]).

Nach dem Auftakt am Nachmittag des 15.4. wurden in der Nacht vom 15./16. die Magazine und Kleiderkammern von Häftlingen gestürmt, obwohl vor dem Eingang des Lebensmittelmagazins ein Sherman-Panzer aufgefahren war; die britischen Wachen sahen sich außerstande, den Einbruch zu verhindern, weil sie das nur durch ernsthaftes Schießen vermocht hätten. Am nächsten Morgen war das Lebensmittellager bis auf einige Sack Mehl völlig ausgeraubt und das große Rübenlager in der Nähe des Krematoriums vollständig geleert [37]). Russische und polnische Gefangene brachen in die Schweinestallungen der SS ein und schlachteten 50 Schweine, die noch im Verlauf der Nacht an offenen Feuerstellen gebraten wurden [38]). Hunderte von Männern und Frauen stürmten die Kleiderkammern und kleideten sich neu ein [39]). Vor allem französische Frauen, die einige Wochen vorher aus Ravensbrück gekommen waren, versorgten sich mit Zelten aus den Magazinen der SS und stellten diese am nächsten Morgen im Frauenlager auf, so daß sie aus den überfüllten und verdreckten Baracken ausziehen konnten [40]).

Auch eine Lynchjustiz wurde in den ersten Stunden nach der Übergabe des Lagers ausgeübt; im eigentlichen Lager allerdings nur in einigen Fällen [41]), in zahlreichen Fällen dagegen im sog. Lager Nr. 2 in den Kasernen des Truppenübungsplatzes. Dort wurden verschiedene Kapos und andere Funktionshäftlinge, die ihre Mithäftlinge vorher besonders brutal und niederträchtig behandelt hatten, von diesen nun zur Rechenschaft gezogen und ermordet; am Abend des 15.4. sollen es 50, am nächsten Tag insgesamt 130–140 Ermordete gewesen sein [42]). Captain Sington bot sich folgender Anblick: „Die Hosen waren ihnen heruntergerissen worden, und sie lagen in ihren Hemden da. Ihre Gesichter waren gräßlich zerschlagen oder zertreten, sie bestanden nur aus formlosem rohem Fleisch und waren ganz unkenntlich" [43]).

Beteiligt war an diesem Aufruhr nur ein Teil der Gefangenen, vor allem diejenigen, die noch nicht sehr lange im Lager und deshalb noch einigermaßen robust und bei Kräften waren. Während sie in die Lebensmittelmagazine einbrachen, lagen die meisten Häftlinge – unfähig, sich auch nur von ihrem Platz in den überfüllten Blocks zu erheben – fiebernd, hungernd und dürstend in den

[36]) Sington, S. 156; WL P III h, Nr. 780 (Zwart); laut Küstermeier (S. 120) wurden allein vom ersten Abend bis zum nächsten Morgen 50 Häftlinge erschossen, laut Rosensaft (in: Belsen, Tel Aviv 1957, S. 25) wurden in drei Tagen 83 Häftlinge getötet.

[37]) Sington, S. 30.

[38]) WL P III h, Nr. 780 (Zwart); Küstermeier, S. 123.

[39]) Sington, S. 25; Küstermeier, S. 123.

[40]) Sington, S. 31.

[41]) Küstermeier, S. 123.

[42]) Schreiben Dr. Kurzke an Gutsbezirk Lohheide, 13. 2. 1952.

[43]) Sington, S. 29.

verdreckten Baracken. Aber auch viele der Robusten starben in diesen Tagen dahin, denn gerade die stürmische Befreiungsfeier forderte zahlreiche Menschenleben: Der ausgehungerte Körper wurde durch die plötzliche Aufnahme schwerer Kost überfordert und konnte sie nicht verdauen, da die Verdauungssäfte völlig ausgetrocknet waren, so daß in den auf die Befreiungsstunde folgenden Tagen mehrere tausend Lagerinsassen – meist wegen zu schweren Essens – den Tod fanden: „Wir sahen junge Ukrainerinnen tot daliegen, ein Kotelett in der Hand. Andere waren nicht in der Lage gewesen, mehr als 20 Meter von der Küche sich zu entfernen, wo sie eine zu schmackhafte Mahlzeit eingenommen hatten. Sie starben auf der Hauptstraße des Lagers" [44]). Da für die Bewältigung einer Situation, die ohne Vorbild war, jegliche Erfahrung fehlte, vermochten auch die Engländer nicht sofort die richtige Nahrung zu beschaffen; sie brachten am 16. 4. die ersten Lastwagen mit Verpflegung ins Lager und ließen sie durch die Blockältesten unter die Gefangenen verteilen; aber diese aus Beständen der Truppenverpflegung entnommenen Konserven (Fleisch mit Gemüse bzw. Würstchen mit Bohnen) waren für die Verköstigung der halbverhungerten, durchfallkranken Menschen denkbar ungeeignet und verursachten zahlreiche weitere Todesfälle [45]). So wurde es nach den ersten beiden Tagen nur zu klar, daß für viele Tausende im Lager eine Sonderdiät erforderlich war (Reis, Keks, Naturmilch), aber es dauerte einige Tage, bis diese eintraf. In der Zwischenzeit konnte den Ruhrkranken nicht geholfen werden [46]). Auch nach dem 15. 4. ging das Massensterben weiter.

Der Anblick, der sich den Engländern in diesen Tagen im Lager BB bot, war grauenhaft – er braucht nach unserer Schilderung der Zustände in BB und nach dem Bericht über die Tage der Lagerübergabe nicht im einzelnen ausgemalt zu werden: die Fotoaufnahmen, die die Engländer am 16. 4. und an den folgenden Tagen in BB gemacht haben, sind Dokumente eines Grauens, dem selbst aus der düsteren Welt der nationalsozialistischen KL nichts Vergleichbares an die Seite zu stellen ist. Und dabei vermitteln diese Aufnahmen nur eine ungefähre Vorstellung der Situation im Lager. Brigadier Glyn-Hughes, der als erster englischer Arzt am 15. 4. nach BB kam, sagte darüber: „Die Zustände im Lager waren wirklich unbeschreiblich; kein Bericht und keine Fotografie kann diese grauenvollen Bilder außerhalb der Baracken wiedergeben, und die schrecklichen Szenen in den Baracken waren noch viel schlimmer. Überall im Lager befanden sich Leichenstapel verschiedener Höhe, einige außerhalb des Stacheldrahts, andere innerhalb zwischen den Baracken. In den einzelnen Lagerabteilungen lagen überall menschliche Körper herum. Die Gräben der Kanalisation waren mit Leichen gefüllt, und in den Baracken selbst lagen zahllose Tote, manche zusam-

---

[44]) WL P III h, Nr. 780 (Zwart).
[45]) Sington, S. 35 f.; WL P III h, Nr. 494 (Lehmann); Nr. 780 (Zwart).
[46]) Sington, S. 48.

men mit den Lebenden auf einer einzigen Bettstelle. In der Nähe des Krematoriums sah man Spuren der hastig gefüllten Massengräber, und links außerhalb des hintersten Lagerabteils befand sich eine offene Grube, halb mit Leichen gefüllt; man hatte mitten in dieser Arbeit aufgehört. In einigen der Baracken, aber in nicht vielen, waren Bettstellen vorhanden, und sie waren überfüllt mit Gefangenen in allen Stadien der Auszehrung und der Krankheit. Sie hatten nicht einmal in jedem Block genügend Platz, um sich in voller Länge hinlegen zu können. In den überfülltesten Blocks lebten 600–1000 Leute auf einem Raum, der normalerweise nur für 100 Menschen Platz geboten hätte. In einem Block des Frauenlagers, in welchem die Fleckfieberkranken untergebracht waren, gab es keine Betten; die Frauen lagen auf dem Boden und waren so schwach, daß sie sich kaum bewegen konnten. Es gab praktisch keine Bettwäsche. In einigen Fällen waren dünne Matratzen vorhanden, aber andere besaßen keine. Einige hatten Decken, andere nicht. Einige verfügten über keinerlei Kleidung und hüllten sich nackt in die Decken, andere wiederum besaßen deutsche Krankenhauskleidung. Das war das allgemeine Bild" [47]).

Die Zahl der in allen Stadien der Dekomposition im Freien herumliegenden Leichen war so ungeheuer hoch, daß sie kaum geschätzt werden konnte; es waren zweifellos Tausende [48]), und da nicht sofort mit dem Begraben der Toten begonnen werden konnte, nahm die Zahl der unbeerdigten Toten – infolge der hohen Sterblichkeit auch nach dem 15. 4. – mit jedem Tag zu. In riesigen Massengräbern wurden vom 17. 4. an die Tausende ausgemergelter, bereits im Zerfall befindlicher Körper bestattet – diese makabre Arbeit hatten die gefangengenommenen SS-Leute und SS-Aufseherinnen zu leisten.

Am Tag der Lagerübergabe hatten Kramer und seine SS-Leute noch gewähnt, sie würden nach vollzogener Abwicklung der Geschäfte unbehelligt zu den deutschen Linien abrücken [49]). Es wurde jedoch bereits betont, daß das Waffenstillstandsabkommen keine klare und eindeutige Bestimmung über die weitere Behandlung des SS-Verwaltungsstabes enthielt [50]); die Engländer stellten sich nun zudem auf den Standpunkt, daß die SS-Leute das Waffenstillstandsabkommen durch die Zerstörung der Lagerregistratur und das Tragen von Waffen und den

[47]) BT, S. 31 (Glyn-Hughes); vgl. ferner W. R. F. Collis, Belsen, Camp; in: Brit. Medic. Journal, 1945/1, S. 814.

[48]) Zwart spricht von 4000 Leichen bei der Ankunft der Engländer (WL P III h, Nr. 780); Collis beziffert sie auf 3000 (Brit. Medic. Journal, 1945/1, S. 814); Sington auf 10 000 (Sington, S. 44), ebenso Glyn-Hughes (BT, S. 33). Später und im Prozeß wurde mehrfach die Zahl 13 000 angegeben (BT, S. XXIII, 19, 45). Die Diskrepanz in diesen Angaben zeigt, daß eine Schätzung unmöglich ist; man muß allerdings berücksichtigen, daß die Zahl seit dem 14. 4. – als zum letztenmal Tote begraben worden waren – bis zum 19. 4. ständig wuchs; ohne Angabe des Tages sind daher die mitgeteilten Ziffern ohnedies eine sehr fragwürdige Basis für präzise Feststellungen. Vgl. ferner Exkurs III, S. 308 ff.

[49]) BT, S. 170 f. (Kramer).

[50]) s. o. S. 163.

Schußwaffengebrauch am 15.4. verletzt hatten[51]). Aber ganz abgesehen von all diesem hätte es als einzigartige Verhöhnung des Leidens und Sterbens der Zehntausende erscheinen müssen, wenn die Engländer, die beim Abschluß des Waffenstillstands nicht die geringste Ahnung von den Leichenbergen in BB besaßen, der SS-Mannschaft freien Abzug gewährt hätten, jenen Leuten also, die sie für die maßgeblichen Verursacher dieser Zustände halten mußten.

Am 17.4. war das Schicksal des SS-Verwaltungsstabes entschieden. Kramer wurde an diesem Tag unter strengen Arrest gestellt. Darüber Sington: „Ich sah einen Jeep durch die Hauptstraße des Lagers fahren. Neben dem Fahrer saß Josef Kramer mit entblößtem Kopf, die gefesselten Hände auf den Knien ... Zwei britische Soldaten auf dem Rücksitz hatten ihre Maschinenpistolen auf sein Rückgrat gerichtet. Der Jeep fuhr durch das ganze Lager, und ich konnte das Geheul von Freude und Haß hören, das ihn begleitete. Kramer wurde nicht mehr in Belsen gesehen“[52]). Am 19.4. wurde der Rest des SS-Verwaltungsstabes verhaftet, insgesamt ca. 50 SS-Männer und 30 SS-Aufseherinnen. Während das Wehrmachtsbataillon gemäß den Bestimmungen des Waffenstillstandsabkommens am 25.4. zu den deutschen Linien abmarschierte[53]), wurden die gefangengesetzten SS-Leute sofort zu Beerdigungskommandos eingeteilt; täglich mußten sie acht Stunden lang Leichen auf Lastwagen laden und sie dann in ein großes Massengrab werfen. War der Wagen mit den Leichen beladen, hatten sich die SS-Männer oben auf die Leichen zu setzen, während das Auto zum Massengrab fuhr. „Jeden Morgen bildete sich eine Menschenmenge in der Nähe des Massengrabes . . ., um ihren früheren Peinigern zuzuschauen und zuzuschreien“[54]). Etwa 20 SS-Leute starben in den folgenden Wochen, einige an Sepsis (durch Leichengift), der größere Teil von ihnen an Fleckfieber, mit dem sie sich wahrscheinlich durch die Berührung der Leichen infiziert hatten[55]).

Neben der Bestattung der Leichen und der Sanierung des Lagers bestand die vordringlichste Aufgabe der Engländer darin, eine Selbstverwaltungsorganisation unter den befreiten Gefangenen ins Leben zu rufen, von der eine disziplinierende Kraft ausgehen konnte. Lange Jahre eines menschenunwürdigen Daseins unter dem Terrorregime in den nationalsozialistischen Lagern hatten dazu geführt, daß viele ehemalige Häftlinge aufs tiefste demoralisiert waren; sie wurden zu einer Bedrohung für die übrigen Lagerinsassen und für die deutsche Zivilbevölkerung der umliegenden Orte. Es war daher unerläßlich, im Lager die Disziplin nach den chaotischen Tagen der Befreiung wiederherzustellen, die verbrecherischen Häftlingsfunktionäre ihrer Ämter zu entheben, integre Persönlichkeiten mit den Selbstverwaltungsfunktionen zu betrauen. Diesen Aufgaben

---

51) BT, S. 36 f. (Glyn-Hughes).

52) Sington, S. 74; Kramer wurde von Belsen ins Gefängnis nach Celle gebracht.

53) Sington, S. 79.

54) ebd., S. 75.

55) WL 96 F (2).

widmete sich – in Zusammenarbeit mit den Engländern – das Internationale Komitee, das sich nach der Befreiung des Lagers konstituiert hatte und sich als Repräsentation der Gefangenen betrachtete[56]). Auf Vorschlag der Komiteemitglieder wurden zahlreiche Blockälteste und andere Funktionshäftlinge von den Engländern abgesetzt und durch andere Personen ersetzt[57]). Schon nach einer Woche hatten sich die inneren Verhältnisse im Lager um vieles gebessert, die Ordnung konnte als wiederhergestellt betrachtet werden.

Eine unbestreitbare Großtat der Engländer ist es, daß ihnen innerhalb weniger Wochen die Sanierung des Lagers gelang: Die katastrophalen Zustände in BB, die von den KL-Funktionären durch monatelange systematische Vernachlässigung aller sanitären Anlagen und durch mangelhafte Verpflegung geschaffen worden waren, vermochten die Engländer mit relativ begrenzten Mitteln in zwei Wochen im wesentlichen zu beheben. Die von den Engländern in BB eingesetzten Einheiten hatten anfänglich die Stärke von ein paar Dutzend Mann, schließlich eine Gesamtstärke von 360 Mann[58]).

Um das Ausmaß der Leistung, die die Engländer bei der Sanierung des Lagers vollbrachten, ganz zu ermessen, muß man sich vor Augen halten, daß die Zahl der Überlebenden (zunächst noch ca. 60 000 Menschen) etwa der Einwohnerzahl einer deutschen Mittelstadt entsprach (und diese Überlebenden waren nahezu alle krank!) und daß das ganze Rettungswerk noch vor der Kapitulation durchgeführt wurde – als die Sanierungsmaßnahmen eingeleitet wurden, stand die kämpfende britische Front nur wenige Kilometer vom Lager BB entfernt.

Die erste größere medizinische Einheit traf in BB am 17.4. ein; ihre Hauptaufgaben bestanden im Begraben der Leichen, im Beschaffen geeigneter Nahrungsmittel und in der Säuberung des Lagers[59]). Schon am 18.4. konnten 500 Fleckfieberkranke in einem improvisierten Lazarett untergebracht werden, das in der SS-Apotheke des Lagers eingerichtet worden war[60]). Unterdessen wurden im Kasernenkomplex mit Hochdruck zahlreiche Gebäude mit Krankenhauseinrichtungen ausgestattet und in Krankenhäuser umgewandelt, so daß schließlich 14 000 Betten für die kranken Gefangenen zur Verfügung standen[61]). Am 21.4. wurden die ersten Patienten ins neuerrichtete Hospital in den Kasernen übergeführt. Zwei Wochen nach der Befreiung des Lagers trafen in BB 97 Medizinstudenten aus London ein, die in aufopferungsvoller Weise die Kranken betreuten und die Verpflegung der Lagerinsassen überwachten.

---

56) Sington, S. 66.

57) ebd., S. 68 ff.

58) BT, S. 40 (Glyn-Hughes); nicht mitgerechnet die Zahl der Helfer aus den Reihen der Gefangenen selbst und der deutschen Ärzte, Krankenschwestern und Pfleger.

59) Johnston bei: Tidy, Interallied Conferences on War Medicine 1942–1945, London, 1947, S. 459.

60) Sington, S. 48, 54 ff.

61) Glyn-Hughes bei Tidy, S. 455 f.

Am 24. 4. wurde mit der Räumung des Lagers begonnen; nicht nur die Kranken, sondern auch die noch einigermaßen Gesunden wurden nunmehr in die Kasernen des Truppenübungsplatzes verlegt; am ersten Tag waren es 600 Lagerinsassen, in den folgenden Tagen stieg ihre Zahl schnell auf 1500 täglich[62]). Diese Evakuierung erfolgte nach einem gewissen Schema: zuerst wurden Franzosen, Belgier, Holländer und Luxemburger aus den Blocks herausgerufen, registriert, desinfiziert und anschließend in den Kasernenkomplex verbracht, dann folgten die Osteuropäer, die Frauen jeweils vor den Männern. Bereits am 28. 4. hatten alle in den westlichen Ländern Beheimateten und alle tschechischen Frauen das Lager verlassen[63]). Die typhusverseuchten Baracken wurden sofort, nachdem sie geräumt waren, Stück für Stück niedergerissen. Am 13. 5. war das Lager fast ganz geräumt, die Kasernen beherbergten zu diesem Zeitpunkt ungefähr 27 000 Überlebende, davon lagen allein rund 13 000 in den Lazarettblocks[64]). Am 21. 5. 1945 war das gesamte Lager evakuiert, und in einer feierlichen Zeremonie, bei der ein britischer Oberst eine Rede hielt, wurde die letzte Baracke mit einem Flammenwerfer in Brand geschossen und niedergebrannt. Nur einige Verwaltungsbaracken der SS, die Wachtürme und das Krematorium blieben noch einige Zeit bestehen, bis auch diese letzten Reste des Lagers BB abgebaut wurden. Das Lager BB war damit vom Erdboden verschwunden – nicht ausgelöscht jedoch sind die Massengräber in der Heide, eine immerwährende Mahnung an das, was in BB geschehen ist.

III. Der Belsen-Prozeß in Lüneburg

Von den englischen Soldaten hatte kaum einer vor der Befreiung BBs jemals etwas von einem Lager Belsen gehört. Die KL Sachsenhausen, Dachau, Buchenwald waren in der britischen Presse von Männern beschrieben worden, die dort gelitten hatten und aus Deutschland geflohen waren; diese Lager waren daher manchem Engländer wenigstens dem Namen nach bekannt. Wenige Engländer jedoch wußten 1945, daß das KL-System in allen von den Deutschen eroberten Ländern Europas eingerichtet worden war und daß zahlreiche derartige Lager existierten; noch weniger war etwas bekanntgeworden über die Evakuierung der KL mit ihren katastrophalen Folgen[65]). Die englischen Offiziere und Mannschaften waren daher nicht im mindesten auf jene schrecklichen Bilder vor-

[62]) Sington, S. 81.
[63]) ebd., S. 85.
[64]) ebd., S. 125, 133.
[65]) Playfair-Sington, The Offenders, London 1957, S. 149.

bereitet, die ihnen bei der Übernahme des Lagers BB vor Augen kamen. Dieses Moment einer völligen Überraschung verstärkte um ein Vielfaches die Schockwirkung, die diese Bilder ohnehin auslösen mußten, und führte zu jenem vehementen Ausbruch berechtigten Entsetzens und Abscheus, mit dem schlagartig die gesamte Weltöffentlichkeit reagierte, als die ersten Berichte und Aufnahmen über das Lager BB publiziert wurden. Schon am Tag nach der Übernahme des Lagers trafen englische Kriegsberichterstatter in BB ein, und bereits am 19. 4. 1945 brachten alle englischen Zeitungen unter wuchtigen Schlagzeilen mehrspaltige Artikel über die Zustände im Lager, ebenso an den folgenden Tagen. Fotos zeigten die Leichenberge zwischen den Baracken, die offenen Massengräber, die ausgemergelten Körper der Gefangenen, sie zeigten aber auch die SS-Leute beim Begraben der Leichen und den mit Handschellen gefesselten Lagerkommandanten Kramer, der den Beinamen „Die Bestie von Belsen" erhielt. In vielen Zeitungsberichten wurden die grausigen Tatsachen durch phantasievolle Erzählungen und freie Erfindungen „ausgeschmückt" und so dem Geschmack eines breiteren Publikums angepaßt; so wußte etwa – um ein Beispiel zu geben – die vielgelesene „Sunday Times" am 22. 4. zu berichten, die SS-Aufseherinnen „hätten zu ihrem Vergnügen einen lebenden und einen toten Körper zusammengebunden und wie ein Bündel verbrannt, während sie um die Flammen tanzten und sangen" [66]). So kam es, daß eine Woche nach der Befreiung des Lagers der Name „Bergen-Belsen" – den vorher kein Mensch gekannt hatte – in aller Munde war und mit Abscheu ausgesprochen wurde. „Bergen-Belsen" bedeutete in der öffentlichen Meinung der Welt nicht allein eine Ortsbezeichnung und den Namen eines KL, sondern es wurde in diesen Tagen Begriff und Symbol; der Kommandierende General der 2. britischen Armee, General Dempsey, brachte diesen Vorgang gleich nach der Übernahme des Lagers auf eine kurze Formel: „Belsen steht für all die gräßlichen Greuel und Teufeleien, gegen die wir kämpfen" [67]) – „Belsen" wurde ein neues englisches Wort für „Terror" [68]). Der Herausgeber des Prozeßprotokolls hat diesen Sachverhalt so umschrieben: „Belsen wurde Symbol für all das, was über die Niederträchtigkeit und Verruchtheit des Nazisystems gesagt (und kaum geglaubt) worden war. Andere Lager wurden befreit, als die alliierten Armeen weiter vorrückten, und einige von ihnen waren schlimmer als Belsen, mindestens im Hinblick auf die vorsätzliche (calculated) Grausamkeit und Unmenschlichkeit. Aber Belsen wurde der Archetyp für alle andern, weil es das erste Lager war, über das in unparteiischer Weise berichtet werden konnte, und weil es den Beweis lieferte, daß es kein eingebildeter Teufel war, gegen den die Alliierten schon fast sechs Jahre gekämpft hatten" [69]).

---

[66]) WL 96 F (2), Sunday Times v. 22. 4. 1945.
[67]) WL 96 F (2), News of the World v. 22. 4. 1945.
[68]) WL 96 F (2), The Jewish Times v. 22. 11. 1957.
[69]) BT, S. XXIII (Phillips).

Dieser Hinweis auf die psychologische Situation, in die die Berichte über das Inferno von BB hineintrafen, ist in der Tat sehr wesentlich für das Verständnis der Reaktion der Weltöffentlichkeit auf diese Meldungen; denn bekanntlich sind viele furchtbare Dinge geschehen, die in der Weltöffentlichkeit *keine* dem Ausmaß und der Scheußlichkeit dieser Verbrechen entsprechende Resonanz gefunden haben. So unvorbereitet das britische Publikum und die westliche Welt einerseits darauf war, daß gerade in der Einsamkeit der Heide, gerade in BB sich ein so grausiges Massensterben vollzog, so unbezweifelbar ist es jedoch andererseits, daß die Berichte aus BB in den westlichen Ländern auf eine höchst aufnahmebereite Stimmung stießen: Im Frühjahr 1945 bestand in den alliierten Ländern – psychologisch gesehen – ein „Bedürfnis" nach Meldungen, durch die die Methoden des nationalsozialistischen Terrorregimes eindeutig belegt und unter Beweis gestellt werden konnten. Auf diesen bedeutungsvollen Zusammenhang hat Alan Moorehead, ein angesehener englischer Publizist, sofort im Mai 1945 hingewiesen, als er über seine Eindrücke von einer Besichtigung des Lagers berichtete: „Ein Schauder des Schreckens ging um die Welt, als die Nachrichten über dieses Konzentrationslager publiziert wurden; ich denke, wegen des speziellen Interesses und des speziellen Momentes der Kriegslage. Wir waren ganz mit Deutschland beschäftigt, und es ist vielleicht nicht zu abwegig, zu sagen: Seit Deutschland offensichtlich besiegt war, wollten die Leute eine Rechtfertigung für ihren Kampf, einen Beweis, daß sie es mit dem Teufel zu tun hatten. Vom deutschen Standpunkt aus erfolgte die ‚Entdeckung' von Bergen-Belsen also im ungünstigsten Zeitpunkt. Schlimmere Lager – wie etwa Auschwitz – existierten in Polen – und wir nahmen keine Notiz davon. Dachau wurde schon Ende der dreißiger Jahre beschrieben – und wir wollten es nicht hören. Mitten im Krieg verhungerte eine dreiviertel Million Inder in Bengalen, weil die Schiffe in anderen Teilen des Empires gebraucht wurden – und wir waren gelangweilt" [70]). Daß BB zu jenem Symbol nationalsozialistischer Schreckensherrschaft geworden ist, war also mitbedingt durch diese psychologischen Voraussetzungen einer weltweiten Publizität der „Greuel von Belsen".

Mit dem allgemeinen Entsetzen über die „Greuel von Belsen" ging Hand in Hand die allgemeine Forderung nach einer Bestrafung der Verantwortlichen. Die Verhaftung aller in BB angetroffenen SS-Leute war der erste Schritt; wenige Tage später traf eine Untersuchungskommission der englischen Armee in BB ein und begann mit der Sammlung von Beweismaterial für den Belsen-Prozeß, der im Herbst 1945 durchgeführt wurde und dem Lager BB erneut eine weltweite Publizität verschaffte. Es ist hier nicht der Ort, den Prozeßverlauf an Hand des Prozeßprotokolls nachzuzeichnen [71]) oder die juristische Problematik der Kriegs-

---

[70]) Moorehead, Belsen in: The Golden Horizon (ed. C. Connolly), London 1953, S. 112.

[71]) Trial of Josef Kramer and 44 others (The Belsen Trial) ed. by Raymond Phillips, London etc. 1949 (zit.: BT).

verbrecherprozesse im allgemeinen und des Belsen-Prozesses im besonderen zu durchleuchten. Da der Belsen-Prozeß jedoch ein Stück Lagergeschichte darstellt, ist ein summarischer Überblick über Vorbereitung und Durchführung dieses Prozesses unerläßlich.

Am 27.4.1945 entsandte die 21. britische Armeegruppe vier Offiziere zur Untersuchung der Zustände nach BB, und am 20.5.1945 übernahm der Leiter der Kriegsverbrechen-Untersuchungskommission Nr. 1 die Aufgabe, die Untersuchungsergebnisse zusammenzufassen; ein „Vorläufiger Bericht" war bis zum 22.6.1945 zusammengestellt[72]). In diesem „Vorläufigen Bericht" wurden die Schwierigkeiten bei der Sammlung des Beweismaterials hervorgehoben, zugleich aber wurde betont, daß der Hauptteil des Anklagematerials nunmehr vorliege und die Vorbereitungen für den Prozeß getroffen werden könnten; die Situation in BB verlange dringend eine Anklage wegen Massenmords, dagegen seien einzelne Fälle besonders beim Lagerkommandanten Kramer schwer zu beweisen, was auch für das übrige SS-Personal zutreffe; es sollte jede Belastungsaussage von wenigstens einem weiteren Zeugen bestätigt werden; da aber nur eine geringe Chance bestehe, für ein Verbrechen zwei Zeugen zu finden, brauche sich die Bestätigung nicht auf denselben Fall zu beziehen – Hauptsache sei, „daß man begründeterweise annehmen kann, daß der Angeklagte auf Grund seines allgemeinen Verhaltens wahrscheinlich das Verbrechen begangen habe, für das ein gewisser Grad von Bestätigung notwendig war". Der Bericht schloß mit der Empfehlung, Kramer und alle anderen verantwortlichen Lagerfunktionäre wegen Mords, das gesamte in BB tätige SS-Personal wegen Beihilfe zum Mord anzuklagen, außerdem die eines individuellen Mordes oder einer individuellen Grausamkeit beschuldigten SS-Leute zusätzlich wegen dieser Verbrechen; Oberst Schmidt und Oberst Harries, die Offiziere des Truppenübungsplatzes, sollten als Schuldige zweiten Grades in den Kramer und Genossen zur Last gelegten Verbrechen angeklagt werden – ein Vorhaben, das jedoch fallengelassen wurde.

Angesichts des starken Drängens der öffentlichen Meinung in den westlichen Ländern wurde der Beginn des Prozesses zunächst auf Anfang August 1945 festgesetzt, er mußte dann aber verschoben werden, weil die Anklage ihr Beweismaterial noch nicht vollständig vorbereitet hatte. Erst am 17.9.1945 konnte in Lüneburg unter starker Anteilnahme der Presse (100 Journalisten aus aller Welt waren erschienen) der Belsen-Prozeß eröffnet werden; er wurde nach 54 Verhandlungstagen am 17.11.1945 mit der Urteilsverkündung abgeschlossen. Das Gericht, vor dem die angeklagten SS-Leute standen, war ein britisches Militärgericht, gesetzliche Grundlage des Verfahrens war das britische Militärgesetzbuch; Richter, Anklagevertreter und Verteidiger waren englische Offiziere, die Angeklagten wurden prozessual wie englische Soldaten behandelt. Präsident

[72]) NO–1988: „Vorläufiger Bericht der Kriegsverbrechens-Untersuchungskommission Nr. 1 über Kriegsverbrechen und Greueltaten der Deutschen im KL BB v. 1.12.1944 bis 15.4.1945", 22.6.1945.

des Gerichtshofes war ein Major-General (Berney-Ficklin), der die Verhandlungen mit großer Sachlichkeit und Ruhe leitete; ihm zur Seite stand als juristischer Berater des Gerichts (Judge Advocate) ein erfahrener Jurist, C. L. Stirling; auch die Offizialverteidiger waren ausgebildete Juristen und taten ihr Bestes, um die ihnen zugeteilten Angeklagten vor einem Schuldspruch zu bewahren, in vielen Fällen mit Erfolg. Man muß sich in die Atmosphäre des Jahres 1945 zurückversetzen und sich die aufgebrachte öffentliche Meinung der Siegerstaaten, die ein summarisches Verfahren und kategorische Schuldsprüche verlangte, vor Augen halten, um voll würdigen zu können, mit welch vorbildlicher Fairneß der Belsen-Prozeß verfahrensmäßig durchgeführt wurde; schon allein die lange Dauer des Prozesses – in den alliierten Ländern immer wieder heftig kritisiert – und die am Schluß des Prozesses gefällten Urteile – in den alliierten Ländern ebenfalls zum Teil scharf kritisiert – sind ein Beweis dafür, daß das Urteil nicht bereits vor Beginn des Prozesses feststand und daß die Beweisaufnahme nicht eine bloße Farce darstellte.
Die eigentliche Problematik des Belsen-Prozesses beruhte nicht in der Verhandlungsführung als solcher, sondern – wenn man den völkerrechtlich-juristischen Fragenkomplex jener Nachkriegsprozesse ausschaltet – in der mangelhaften Vorbereitung des Prozesses durch Untersuchungskommission und Anklagevertretung. Der Herausgeber des Prozeßprotokolls spricht davon, daß es auch nach der Verschiebung des Prozeßbeginns auf September „einige Anzeichen von Eile bei der Zusammenstellung des Beweismaterials und bei der Auswahl der Angeklagten" gegeben habe; die Verschiebung um einen weiteren Monat hätte möglicherweise ein ausgeglicheneres und besseres Verfahren gezeitigt[73]). Noch lapidarer stellt ein holländischer Prozeßbeobachter fest: „Die Vorbereitung der Anklage hat wohl *alles* zu wünschen übriggelassen"[74]). Einer kritischen Erörterung bedürfen daher in erster Linie die Auswahl der Angeklagten und die Methode der Voruntersuchung, durch die das Beweismaterial der Anklage gesammelt wurde.
Angesichts der nicht wegdiskutierbaren Wirklichkeit der Leichenberge, die die Engländer im Lager BB vorgefunden haben, und angesichts der unsagbaren Leiden derer, die das Inferno von BB überlebten, mag mancher die Auffassung vertreten, eine derartige kritische Erörterung der Prozeßvorbereitung sei nicht nur problematisch, sondern sie sei überhaupt überflüssig oder zumindest ein für den deutschen Chronisten des Geschehens unangemessenes Unterfangen. Um Mißverständnisse auszuschließen, sei deshalb ausdrücklich betont, daß die folgenden Ausführungen nicht den Zweck verfolgen, an der Prozeßvorbereitung eine fragwürdige verfahrenstechnische Beckmesserei (womöglich zugunsten der Angeklagten!) zu üben – ein solches Bemühen wäre im Falle Kramers und seiner

---

[73]) BT, S. XXIV (Phillips).
[74]) Goderie, De Berechting van Oorlogsmisdadigers, Gouda 1946, S. 80.

Mitangeklagten in der Tat denkbar unangebracht, das bedarf keines weiteren Wortes. Ausgangspunkt dieser Darlegungen ist vielmehr folgender Sachverhalt: Die für die englische Rechtsauffassung konstitutiven rechtsstaatlichen Prinzipien – im nationalsozialistischen Unrechtsstaat negiert, verhöhnt, mißachtet – garantieren selbst denen, die schwerster Verbrechen beschuldigt sind – wie Kramer und Genossen –, nicht nur ein formgerechtes unparteiisches Verfahren, sondern sie gestatten es auch – trotz aller Belastungsmomente – erst dann, die Beschuldigten als überführt anzusehen, wenn im Prozeßverlauf der einwandfreie Nachweis ihres individuellen Verschuldens erbracht worden ist; diese Grundsätze besitzen ihre Gültigkeit ganz unabhängig davon, ob die Beschuldigten ihrer würdig sind oder nicht. Die Anerkennung dieser – von den Methoden des nationalsozialistischen Willkürstaates fundamental unterschiedenen – Prinzipien kennzeichnet den Rechtsstaat und konstituiert zugleich den eigentlichen Rangunterschied zwischen beiden Staatssystemen. Es versteht sich von selbst, daß bei der Untersuchung der Prozeßvorbereitung und -durchführung nur diese von den Engländern selbst als verbindlich anerkannte, strengere und anspruchsvollere rechtsstaatliche Auffassung als Maßstab in Frage kommen kann – nur von dieser gemeinsamen Basis der Rechtsauffassung ist hier eine kritische Erörterung der Prozeßvorbereitung erlaubt und möglich. Dabei darf allerdings nicht unberücksichtigt bleiben, wie einmalig die Situation in BB war und welch nahezu unüberwindliche Schwierigkeiten einer geordneten Prozeßvorbereitung entgegenstanden.

Angeklagt waren zunächst 48 Personen, aber nur gegen 44 wurde ein Urteil verkündet; 3 SS-Leute waren – wohl infolge Krankheit – von Anfang an nicht verhandlungsfähig, und die Anklage gegen sie wurde fallengelassen, ebenso die gegen einen vierten SS-Mann, der im Laufe des Prozesses ebenfalls wegen Krankheit ausschied. Es waren also 44 Angeklagte, die vor Gericht standen; 33 von ihnen waren SS-Angehörige, die 11 übrigen einstige Häftlinge, die von Mitgefangenen beschuldigt worden waren. Unter den 33 SS-Angehörigen – 17 SS-Männern und 16 SS-Aufseherinnen – befanden sich nur wenige, die als maßgebliche Funktionäre im Lager BB tätig gewesen waren: der Lagerkommandant Kramer, der Lagerarzt Dr. Klein (der allerdings nur in den letzten Tagen verantwortlicher Lagerarzt gewesen war), der Lagerführer des Lagers Nr. 2, Hoessler, die Oberaufseherin im Frauenlager, Volkenrath; der Großteil der angeklagten SS-Leute waren niedrige Mannschaftsdienstgrade, die als Block- oder Kommandoführer oder als Aufseher in der Küche fungiert hatten. 11 der 16 angeklagten SS-Aufseherinnen hatten erst 1944 diese Funktion erhalten: diese 11 Frauen stammten alle aus Schlesien, wo in zahlreichen Industriebetrieben Außenlager des KL Auschwitz eingerichtet worden waren und jede Rüstungsfirma, die weibliche Häftlinge zugewiesen bekommen wollte, einen gewissen Prozentsatz ihrer weiblichen Angestellten als Aufseherinnen zur Verfügung hatte stellen müssen. Bei der Evakuierung der schlesischen Lager

waren diese SS-Aufseherinnen Anfang 1945 ins Lager BB gekommen und von Kramer dort in der Lagerverwaltung eingesetzt worden[75]). Unter den fünf langjährigen SS-Aufseherinnen konzentrierte sich das Interesse der Öffentlichkeit auf die 22jährige gutaussehende Irma Grese[76]), die von der Presse der Siegerstaaten zum Prototyp der rücksichtslosen SS-Maid erhoben und immer von neuem ausführlich beschrieben und psychologisch seziert wurde: „Am brutalsten ist Grese, höchstens 25 Jahre alt, aschblond und vollständig arisch. Mit strengen Zügen und einer gewissen wilden Schönheit begabt, besitzt sie die grausamsten Augen und den strengsten Mund, den je eine Frau hatte"[77]). Grese, 1923 in einem mecklenburgischen Dorf als Tochter eines Landarbeiters geboren, trat 1938 als Hilfsschwester in das SS-Krankenhaus in Hohenlychen ein und siedelte 1942 von dort in das 20 km entfernte KL Ravensbrück über, um sich als SS-Aufseherin ausbilden zu lassen. Nach achtmonatiger Tätigkeit in Ravensbrück wurde sie nach Auschwitz versetzt, wo sie die Häftlinge in brutalster Weise behandelte; im Prozeß beschuldigten sie zahlreiche ehemalige Häftlinge besonders sadistischer Grausamkeiten und Schikanen. Darin standen ihr die Angeklagten Bormann und Volkenrath nicht nach, die ebenfalls seit Jahren bei der SS tätig waren, sich als Aufseherinnen in Auschwitz betätigt hatten und von dort bei der Evakuierung nach BB gekommen waren. Als der größte Teil des SS-Stabes am 12. und 13.4. das Lager BB verließ, hatten sich auch die 40 SS-Aufseherinnen nach Neuengamme begeben; sie wurden von Kramer aber zurückgerufen, und so kamen am nächsten Tag 22 von ihnen wieder ins Lager BB zurück[78]). Während diejenigen Aufseherinnen, die in Neuengamme blieben, nicht weiter behelligt wurden, mußten fast alle der von Neuengamme nach BB zurückgekehrten Aufseherinnen auf der Anklagebank Platz nehmen.
Das war das Resultat jener höchst erstaunlichen Regelung, daß nur die SS-Leute angeklagt wurden, die die Engländer bei der Übernahme des Lagers in BB vorgefunden hatten; daß dagegen – offensichtlich – kein Versuch unternommen wurde, jener SS-Funktionäre habhaft zu werden, die nach dem Abschluß des Waffenstillstandes am 12. und 13.4. das Lager verlassen hatten oder dort zu einem früheren Zeitpunkt tätig gewesen waren (wie etwa der frühere Lagerkommandant Haas) – mochten diese Funktionäre auch einen wesentlich höheren SS-Rang besessen und mehr individuelle Grausamkeiten und Schikanen begangen haben (wie etwa Arbeitsdienstführer Rau und zahlreiche andere) als die in BB verbliebenen Angehörigen des Verwaltungsstabes, die nahezu alle unter Anklage gestellt wurden. So kam es, daß auf der Anklagebank der SS-Arzt Dr. Klein saß, der nur in den letzten drei Tagen verantwortlicher Lagerarzt

[75]) Höß, S. 114 ff.
[76]) Am ausführlichsten über Grese: Playfair-Sington, S. 165 ff.
[77]) WL 96 F (2), Report Easterman v. 19. 9. 1945.
[78]) BT, S. 399 (Fiest).

war, nicht aber der SS-Arzt Dr. Horstmann, der in den entscheidenden Monaten als 1. Lagerarzt fungiert hatte, aber kurz vor der Ankunft der Engländer abgerückt war. So kam es, daß sich unter den 16 angeklagten SS-Männern allein sieben befanden, die erst etwa vier Tage vor der Befreiung des Lagers vom KL Mittelbau-Dora nach BB gekommen waren, daß hingegen die meisten Block- und Kommandoführer, die die Gefangenen am häufigsten und am brutalsten schikaniert und mißhandelt hatten, nicht angeklagt waren, weil sie am 12. 4. BB verlassen hatten. So kam es, daß mehrere Aufseher der verschiedenen Lagerküchen angeklagt waren, nicht jedoch der Lagerführer und Stellvertreter Kramers, Klipp, und der Leiter der Politischen Abteilung, Frericks, weil diese rechtzeitig abgezogen waren, während die in den Küchen tätigen SS-Männer geblieben waren, um die Versorgung weiterzuführen.
Die Beschränkung der Anklage ausschließlich auf jene SS-Leute, die die Engländer am 15. 4. 1945 in BB angetroffen hatten, und der Verzicht auf eine umfassende Fahndung nach den übrigen Funktionären des Lagers BB sind deshalb besonders erstaunlich, weil der Untersuchungskommission alle maßgeblichen Angehörigen des Kommandanturstabes namentlich bekannt waren. Kramer hatte bereits bei seinen ersten Verhören im Mai 1945 genaue Angaben gemacht über den Aufbau des Kommandanturstabes und die Funktionen der einzelnen SS-Offiziere und Unteroffiziere, deren Namen er mitteilte[79]). Außerdem hatte der einstige Judenälteste J. Weiß eine Liste mit Namen und Funktion von 73 SS-Führern und Mannschaften im Lager BB aufgestellt, unter denen sich zahlreiche berüchtigte SS-Leute befanden, gegen die die einstigen Insassen des Sternlagers gravierende Beschuldigungen über individuelle Grausamkeiten hätten vorbringen können; diese SS-Leute wurden jedoch nicht gesucht und nicht angeklagt. Es läßt sich daher die Feststellung nicht umgehen, daß Untersuchungskommission und Anklagevertretung keine besonderen Anstrengungen unternommen haben, *alle* SS-Funktionäre von BB, die krimineller Handlungen und Verhaltensweisen gegenüber Häftlingen dringend verdächtig waren – *und nur sie* –, vor Gericht zu bringen; wer vom SS-Personal angeklagt wurde und wer nicht: das hing vielmehr ganz von jenem zufälligen Moment ab, ob der Betreffende am 12./13. 4. das Lager verlassen hatte oder ob er geblieben war.
Neben diese Feststellung muß die weitere Feststellung treten, daß die Art, in der die Voruntersuchung geführt und das Beweismaterial der Anklage gewonnen wurde, viel zu wünschen übrigließ. Dabei stand von vornherein fest, daß die Substanz der Anklage eines Beweises nicht bedurfte: das waren die Leichenberge, die die Engländer bei ihrer Ankunft in BB vorgefunden hatten. Die Angeklagten hatten diese Leichen selbst bestattet und konnten nicht daran denken, die Tatsache der katastrophalen Zustände in BB in Zweifel zu ziehen. Die Anklage stellte sich daher auf den Standpunkt, *alle* SS-Leute, die im Lager BB gewesen

[79]) BT, S. 733 (Kramer).

waren, hätten diese Zustände bewußt mitverursacht und deshalb den Massenmord mitverschuldet und müßten aus diesem Grunde insgesamt verurteilt werden, ohne daß ihr individueller Anteil an der Entwicklung der furchtbaren Zustände im Lager genau nachgewiesen zu werden brauchte und ohne daß für die Feststellung dieser grundsätzlichen kollektiven Verantwortlichkeit aller SS-Leute der SS-Rang der einzelnen Angeklagten, ihre Funktion innerhalb der Lagerverwaltung, der Zeitpunkt ihres Eintreffens in BB eine Rolle spielte. Im Verlauf der Voruntersuchung und insbesondere während des Prozesses selbst trat dieser ursprüngliche Ausgangspunkt der Anklage immer stärker in den Hintergrund, und die Anklage bemühte sich statt dessen, den einzelnen Angeklagten individuelle Straftaten – Tötungen, Körperverletzungen, Grausamkeiten – nachzuweisen. Dieser Nachweis war jedoch wesentlich schwieriger zu führen, denn nur ein Teil der SS-Leute war mit den Häftlingen in Berührung gekommen, und diese konnten sich – was angesichts der schrecklichen Erlebnisse dieser Gefangenen nicht wunder nimmt – an einzelne Vorfälle nicht sehr präzise erinnern und sie durch konkrete Angaben belegen.

Die Beschuldigungen der einstigen Häftlinge gegen die SS-Angehörigen und die Häftlingsfunktionäre wurden von der englischen Untersuchungskommission in Form von eidesstattlichen Erklärungen, Affidavits[80]), niedergelegt und später dem Gericht als Beweismaterial unterbreitet. Da der Großteil dieser Anklagezeugen bei Beginn des Prozesses bereits repatriiert war, konnten nur wenige von denen, die belastende Aussagen gemacht hatten, persönlich vor Gericht erscheinen, ihre in den Affidavits gemachten Aussagen wiederholen und darüber ins Kreuzverhör genommen werden. Sie verwickelten sich dabei nicht selten in Widersprüche, und es zeigte sich dabei, daß die Affidavits auf sehr problematische Weise zustande gekommen waren[81]): Ein Lautsprecherwagen fuhr durch das Lager und forderte die Gefangenen auf, Beschuldigungen gegen das SS-Personal bei der Untersuchungskommission vorzubringen; wenn sich die Leute dort meldeten, erklärten ihnen die englischen Offiziere, sie wünschten Angaben über konkrete Fälle spezifischer Grausamkeiten, wenn möglich mit genauen Daten. Man zeigte ihnen daraufhin Fotografien der verhafteten SS-Leute und fragte, ob sie etwas über Grausamkeiten eines oder mehrerer dieser SS-Leute wüßten. Konnte der Zeuge einen der SS-Leute auf den Fotografien identifizieren – er brauchte dabei den Namen nicht zu kennen – und einen entsprechenden Vorfall berichten, dann machte sich der englische Offizier einige Notizen darüber, der Zeuge ging weg, die Notizen wurden in die Form eines Affidavits gebracht, später dem Zeugen vorgelesen und dann von ihm beschworen. Da kaum einer der Zeugen der englischen Sprache mächtig war, verständigten sich

[80]) Das Affidavit, die englische Form der eidesstattlichen Erklärung, wird vor dazu befugten Personen regelrecht beschworen.

[81]) BT, S. 94 ff. (Smallwood), 108 ff. (Champion).

der Zeuge und der Untersuchungsoffizier durch einen Dolmetscher. Es fand also keine Gegenüberstellung zwischen den Belastungszeugen und den beschuldigten SS-Leuten statt, sondern die Identifizierung hing ausschließlich von den Fotografien ab. Manche Anklagezeugen, die gegen einen bestimmten Angeklagten ausgesagt hatten, vermochten diesen im Gerichtssaal nicht zu identifizieren[82]). Der holländische Publizist Goderie, der dem Prozeß beiwohnte, hat dieses Verfahren, das Beweismaterial über individuelle Straftaten zu sammeln, noch etwas drastischer – und möglicherweise realistischer – geschildert[83]): Nach der Lautsprecherankündigung strömten die Leute ins Büro der Untersuchungskommission. „Gegen wen haben Sie eine Anklage?" – „Gegen Kramer." – „Nein, gegen Kramer haben wir genug Anklagen; hier sind die Fotos aller Verhafteten, kennen Sie jemand darunter?" Sagte der frühere Häftling: „Diesen SS-Mann kenne ich, ich sah ihn einige Frauen totschießen." – „Wie heißt er?" – „Daran kann ich mich nicht mehr erinnern." – „Kann es Oskar Schmitz sein?" – „Ja, das ist möglich." Daraufhin wurde ein Affidavit aufgestellt: NN kennt den Mann auf dem Foto XY, er erfährt jetzt, daß er Oskar Schmitz heißt; er sah, daß Schmitz zwei Frauen niederschoß . . . In eine schonendere Form hat der Herausgeber des Prozeßprotokolls seine Kritik an dieser Methode der Voruntersuchung gehüllt, wenn er sagt: „Wenn man auch zugestehen muß, daß die Verwendung von Affidavits als Beweismittel angesichts der besonderen Umstände dieses Prozesses notwendig war, so unterstreichen doch die Erfahrungen dieses Prozesses, wie gut das englische Recht daran tut, wenn es als allgemeine Regel die Verwendung solcher Beweismittel in Strafprozessen verbietet" [84]).

Wie ungenügend die Voruntersuchung war, trat auch darin zutage, daß einige der angeklagten SS-Leute während des Prozesses ein Alibi darüber erbringen konnten, daß sie zu dem fraglichen Zeitpunkt, an dem sie ein Verbrechen in BB begangen haben sollten, gar nicht im Lager gewesen waren. Der krasseste Fall dieser Art war der des Oskar Schmitz: Im Gerichtssaal stellte sich heraus, daß der als SS-Mann angeklagte Oskar Schmitz in Wirklichkeit ein deutscher Häftling war. Schmitz wurde am Tag nach der Befreiung von einer Gruppe Ukrainer verprügelt und seiner Kleider beraubt und floh in Unterhosen zur englischen Kommandantur, wo er vom diensthabenden Sergeanten mit den gefangenen SS-Leuten zusammengesperrt wurde. Um nicht unbekleidet zu bleiben, zog Schmitz eine herumliegende SS-Uniform über und wurde deshalb von den englischen Wachen – der Sergeant, der ihn eingesperrt hatte, war inzwischen abgelöst worden – als SS-Mann betrachtet; alle Proteste, alle Versuche, den wirklichen Sachverhalt aufzuklären, waren erfolglos. Schmitz mußte beim Begraben

---

[82]) Die Untersuchungsoffiziere hatten später zwischen den Fotografien der SS-Leute auch eine Fotografie von Feldmarschall Montgomery angebracht, der darauf von einem ehemaligen Häftling prompt als einer der Übeltäter von BB „identifiziert" wurde (BT, S. 108).

[83]) Goderie, S. 80.

[84]) BT, S. XXXV (Phillips).

der Leichen mitwirken, holte sich dabei Fleckfieber und wurde am 15. 5. 1945 ins Krankenhaus eingeliefert; auch hier gelang es ihm nicht, seine Identität nachzuweisen, vom Augenblick seiner Verhaftung als SS-Mann bis zu seinem Erscheinen vor Gericht wurde er nicht ein einziges Mal verhört[85]). Dieser Sachverhalt wurde im Prozeß durch mehrere Zeugenaussagen im einzelnen bestätigt, auch durch den englischen Sergeanten, der Schmitz mit den SS-Männern zusammengesperrt hatte[86]). Hätte man durch eine sorgfältigere Voruntersuchung Schmitz und einige andere Leute (außer Schmitz gab es einige ähnliche, wenn auch nicht ganz so krasse Fälle) aus dem Kreis der vor Gericht zu Stellenden ausgeschieden und nur die ernsthaft belasteten SS-Leute angeklagt, dann wäre die Zahl der Angeklagten kleiner gewesen, und die Verhandlung hätte zügiger erfolgen und sich auf die wesentlichen Dinge konzentrieren können.

Englische Untersuchungsoffiziere legten vor dem Gericht dar, wie schwierig es gewesen sei, von den Gefangenen präzise Aussagen zu erhalten. Schon im „Vorläufigen Bericht" hieß es[87]): In vielen Fällen habe die Haft „eine nicht unbeträchtliche Wirkung auf die Mentalität" gehabt; „eine große Zahl der Zeugen stand auf nicht sehr hoher Stufe und gab dadurch ein gutes Spiegelbild des allgemeinen Niveaus der Internierten"; häufig werde von den Zeugen kein Unterschied gemacht zwischen Tatsachen, die sie wußten und gesehen hatten, und solchen, die sie nur durch Hörensagen erfuhren; viele Zeugen seien vage in der Angabe von Daten und Einzelheiten. Diese Feststellungen erfuhren im Prozeß eine vielfache Bestätigung. Die meisten der im Prozeß auftretenden Anklagezeugen waren jüdische Mädchen aus Polen, deren Angaben ungenau und deren Aussagen dürftig waren. Die schrecklichen Erlebnisse, die diese Frauen hinter sich hatten, mögen diese Vagheit ihres Erinnerungsvermögens sicherlich zum Teil erklären. Allerdings nur zum Teil: denn es gab auch Anklagezeugen, die in der Lage waren, sehr präzise Aussagen zu machen, obwohl sie ebenfalls die furchtbaren Wochen im Lager BB durchlebt hatten – etwa Dr. Leo, der von Februar an angestrengt als Arzt im Häftlingslager arbeitete und selbst Fleckfieber gehabt hatte, aber trotzdem klar, genau und inhaltsreich auszusagen vermochte; gleiches gilt für die Ärzte Ada Bimko und Sigmund Bendel. Die vagen und dürftigen Aussagen vieler Zeugen können daher wohl nicht ausschließlich auf die Auswirkungen der Leidenszeit in den deutschen KL zurückgeführt werden, sondern hier dürfte gelten, was Eugen Kogon als Anklagezeuge im WVHA-Prozeß darlegte[88]): „Man konnte jahrelang in einem KL sein, sich um nichts kümmern, soweit es nicht unmittelbar an einen herantrat, und im Falle man es dann vielleicht überlebte, wußte man natürlich auch nur Bruchstücke, Kleinigkeiten, mehr oder

---

85) BT, S. 290 (Schmitz).
86) BT, S. 397 f. (Mallon).
87) NO–1988.
88) Protokoll F. IV, S. 881 f. (Kogon).

minder nichts im Vergleich zum Ganzen." Wenn also zugegeben ist, daß es für die Anklagevertretung bei der Zusammenstellung ihres Beweismaterials und bei der Auswahl der Anklagezeugen große objektive Schwierigkeiten gab, dann muß andererseits die Tatsache vermerkt werden, daß die Untersuchungskommission und die Anklagevertretung nur in sehr geringem Umfang solche Internierte wie die Ärzte Leo, Bendel und Bimko als Anklagezeugen verpflichteten. Von den Mitgliedern des Internationalen Komitees, das sich nach der Befreiung konstituiert hatte[89]), gab kein einziges ein Affidavit und trat kein einziges vor Gericht auf. Ein Mann wie etwa der deutsche Publizist Rudolf Küstermeier, der ein sehr genaues Bild von den Verhältnissen im Lager besaß, sagte nicht aus. Auch der einstige Judenälteste und Leiter der Lageradministration, Joseph Weiß, erschien nicht als Zeuge vor Gericht, obwohl er gegen Kramer eine sehr viel gravierendere Aussage hätte machen können als jene ehemaligen Häftlinge, die behaupteten, eine Mißhandlung durch Kramer beobachtet zu haben. Im Verlauf des Prozesses gelang es den redlichen Bemühungen der Verteidiger und der sachlichen Verhandlungsführung und sorgfältigen Beweisaufnahme des Gerichts, die höchst mangelhafte Vorbereitung des Prozesses durch Untersuchungskommission und Anklagevertretung großenteils auszugleichen.

Außer durch die mangelhafte Prozeßvorbereitung wurde das Verfahren auch dadurch erschwert, daß verschiedene Anklagekomplexe miteinander gekoppelt waren: Es ist wenig bekannt, daß der Belsen-Prozeß in Lüneburg zugleich ein Auschwitz-Prozeß war, weil eine ganze Reihe von Angeklagten in Auschwitz tätig gewesen waren, ehe sie nach BB kamen. Der Belsen-Prozeß war der erste Nachkriegsprozeß, in dem die furchtbare Praxis der Selektionen und der Vergasungen in Auschwitz von Augenzeugen geschildert wurde. Da die Beweisaufnahme im Auschwitz-Komplex nicht streng von der des Belsen-Komplexes getrennt werden konnte, weil einige Angeklagte in beiden belangt wurden, andere dagegen nicht, wurde das Verfahren sehr umständlich und unübersichtlich.

Umständlich war ferner die sprachliche Verständigung vor Gericht; die Richter und Verteidiger sprachen englisch, die meisten Angeklagten deutsch, die meisten Anklagezeugen keine der beiden Sprachen. Sagte z. B. eine ungarische Zeugin aus, dann ging das folgendermaßen vor sich: Die Frage wurde englisch gestellt, ins Ungarische übersetzt, dann antwortete die Zeugin ungarisch, und ihre Antwort wurde ins Englische übersetzt; Frage und Antwort wurden dann zuerst in deutsch, dann in polnisch wiederholt. Für ein Verhör, das normalerweise eine Stunde dauerte, waren auf diese Weise vier Stunden nötig; außerdem hatten die Zeugen sehr viel Zeit zum Nachdenken zwischen zwei Fragen. Diese sprachlichen Schwierigkeiten waren es nicht zum wenigsten, die die lange Dauer des Prozesses bewirkten.

---

[89]) Sington, S. 67 (dort die Namen).

Nachdem im Verlauf von 54 Verhandlungstagen 34 Zeugen der Anklage und 33 Zeugen der Verteidigung vom Gericht gehört worden waren (außerdem hatten die meisten Angeklagten als Zeugen in eigener Sache ausgesagt, wie das im englischen Verfahren üblich ist), erfolgte am 17. 11. 1945 die Urteilsverkündung[90]): 11 Angeklagte wurden zum Tode und 19 zu Freiheitsstrafen verurteilt[91]), 14 Angeklagte wurden freigesprochen. Da Militärgerichte bei den von ihnen gefällten Urteilen keine Urteilsbegründung abgeben, kann man nur mutmaßen, auf welcher Basis die Urteile im Belsen-Prozeß zustande kamen[92]). 14 Angeklagte (7 SS-Männer, 4 SS-Aufseherinnen und 3 Häftlingskapos) wurden freigesprochen, d. h., sie wurden offensichtlich weder einer individuellen Straftat noch einer indirekten Verantwortlichkeit für die allgemeinen Zustände für schuldig befunden. Die 19 zu Freiheitsstrafen von einem Jahr bis lebenslänglich verurteilten Angeklagten (2 SS-Männer, 9 SS-Aufseherinnen, 8 Häftlingskapos) wurden vermutlich – da sie nicht zum Tode verurteilt wurden – keiner Tötung für schuldig befunden, sondern wegen Mißhandlungen und Brutalitäten bestraft, wobei im jeweiligen Strafmaß wohl die Auffassung des Gerichts über die Schwere der einzelnen Vergehen und das Ausmaß der allgemeinen Verantwortlichkeit zum Ausdruck kommt. Alle 11 zum Tode verurteilten Angeklagten waren SS-Leute, 8 SS-Männer und 3 SS-Aufseherinnen. Alle 3 Aufseherinnen und 4 der SS-Männer (Kramer, Dr. Klein, Weingartner, Hoessler) waren sowohl im Anklagepunkt Belsen wie im Anklagepunkt Auschwitz für schuldig befunden worden, und es ist wohl unbezweifelbar, daß das Gericht gerade die von diesen Angeklagten in Auschwitz begangenen Verbrechen – mit Recht – als besonders schwere Vergehen bewertet hat (Kramer war Lagerkommandant von Auschwitz-Birkenau, Dr. Klein führte Selektionen durch, Hoessler war gefürchteter Lagerführer im Frauenlager, Weingartner ein brutaler Kommandoführer; Volkenrath betätigte sich als Oberaufseherin, Grese war Lagerführerin in einem Teil des Frauenlagers, Bormann eine grausame Kommandoführerin). Alle diese Angeklagten wären vermutlich im großen Krakauer Auschwitz-Prozeß 1947 ebenso zum Tode verurteilt worden wie im Belsen-Prozeß. Von den restlichen 4 zum Tode verurteilten SS-Männern waren 2 in der Küche beschäftigt gewesen und hatten von dort auf die Gefangenen geschossen, 2 hatten auf dem Marsch von Klein-Bodungen nach BB eine Reihe von Häftlingen getötet; in diesen Fällen ließ sich das Gericht offensichtlich durch die diesbezüglichen Aussagen ehemaliger Häftlinge von der Schuld der Angeklagten überzeugen. Die 11 zum Tode verurteilten SS-Leute wurden am 10. 12. 1945 von

90) BT, S. 643 ff.

91) In einem Fall lebenslängliches Zuchthaus, in 5 Fällen 15 Jahre Zuchthaus, in 9 Fällen 10 Jahre, in 2 Fällen 5 Jahre, in 1 Fall 3 Jahre, in 1 Fall 1 Jahr.

92) vgl. BT, S. XLIV (Phillips).

Lüneburg über Hannover nach Hameln ins dortige Gefängnis gebracht und am 12. 12. 1945 durch den Strang hingerichtet[93]).

Zusammenfassend kann über den Belsen-Prozeß gesagt werden: Die faire Verhandlungsführung, die im Rahmen des Möglichen sorgfältige Beweisaufnahme und die Differenzierungen bei der Urteilsfindung sind ein Beweis dafür, daß es sich beim Belsen-Prozeß nicht um eine summarische Siegerjustiz handelte, sondern daß das britische Militärgericht redlich bemüht war, die wirklichen Schuldigen unter den Angeklagten herauszufinden und angemessene Urteile zu fällen. Mochten die Freisprüche von SS-Männern und SS-Aufseherinnen auch durch den Verlauf der Beweisaufnahme bedingt gewesen sein, so waren sie in der Situation des Herbstes 1945 gleichwohl keine Selbstverständlichkeit, denn damals verlangte ein nicht unbedeutender Teil der Öffentlichkeit in den Siegerstaaten nach kategorischen Urteilen gegen *alle*, die im Terrorsystem des Nationalsozialismus eine Funktion innegehabt hatten – auch wenn diese Funktion bescheiden gewesen war wie im Fall der im Belsen-Prozeß freigesprochenen SS-Leute. Die Lüneburger Urteile wurden daher in den Siegerstaaten und von den durch das NS-Regime Verfolgten vielfach als zu milde kritisiert. Als milde konnten sie tatsächlich gelten, wenn man sie mit den am 13. 12. 1945 verkündeten Urteilen im Dachau-Prozeß verglich, wo durch ein amerikanisches Militärgericht von 40 Angeklagten 36 zum Tode verurteilt wurden[94]).

Man muß bei der Beurteilung des Belsen-Prozesses und der vom britischen Militärgericht gefällten Urteile allerdings die besondere Situation in BB berücksichtigen, die sich von der anderer KL nicht unwesentlich unterschied: Individuelle Grausamkeiten, Mißhandlungen, Tötungen – wie sie für das Verhalten der SS-Funktionäre in den deutschen KL charakteristisch waren und tausendfach erwiesen sind – spielten in BB in den Monaten des Massensterbens nicht die beherrschende Rolle. Die fürchterlichen Zustände in diesem Lager erwuchsen nicht in erster Linie aus sadistischen Akten einiger untergeordneter SS-Funktionäre des Kommandanturstabes, und man konnte und man kann daher die alleinige Schuld an der Katastrophe von BB nicht auf ein paar Dutzend brutaler SS-Leute im Lager abwälzen – so bequem ein vereinfachendes Verfahren dieser Art auch wäre. Der wirkliche Angeklagte im Belsen-Prozeß war das deutsche *KL-System als solches*, und dieses wiederum war eine eindeutige Konsequenz der nationalsozialistischen Herrschaftspraxis und Ideologie, ein charakteristisches Merkmal des nationalsozialistischen Staates: ein System terroristischer Unterdrückung Zehntausender und Hunderttausender von Menschen mit Hilfe eines für diesen speziellen Zweck geschaffenen überorganisierten (und dadurch im Krisenfall auch besonders empfindlichen) Verwaltungsapparates, der dazuhin von den höchsten Chargen bis zu den untersten Posten mit Menschen besetzt

---

[93]) Playfair-Sington, S. 181 ff.

[94]) Dok. 3590–PS (IMT XXXII, S. 416 ff.).

war, die der nationalsozialistische Staat zu einer souveränen, hemmungslosen Verachtung menschlichen Lebens erzogen hatte, sofern es sich um das Leben der zahllosen, vom Regime als „Gegner“ betrachteten Menschen handelte – und die daher in ihrem Verhalten und in ihrem praktischen Handeln von solchen Prinzipien der Menschenverachtung geleitet wurden und ihre Entscheidung aus einer derartigen Mentalität heraus trafen.
In der kritischen Situation der letzten Kriegsmonate mußte ein solches System mit Notwendigkeit Zustände wie die in BB zeitigen – und insofern ist gerade der „Fall BB“ geeignet, diesen Zusammenhang zwischen der Organisation des Verwaltungsapparates und der Mentalität der Funktionäre im deutschen KL-System in eindrucksvoller Weise zu verdeutlichen. Diesem Thema gilt unsere Schlußanalyse.

Schlußbetrachtung:

Wer trug die Verantwortung für die Katastrophe von Bergen-Belsen?

Was sich in den letzten Kriegsmonaten im Lager BB vollzog, kann fraglos nur als eine Katastrophe ungeheuren Ausmaßes bezeichnet werden: Zehntausende von Menschen gingen im Chaos von BB elend zugrunde. Sie verhungerten, weil sie nichts zu essen erhielten; sie starben an Krankheiten und Seuchen, weil man diese Krankheiten und Seuchen überhaupt nicht oder mit völlig unzureichenden Mitteln bekämpfte. Man stellt daher die Frage – und man stellt sie mit Recht –, wie das alles geschehen konnte und wer diese Katastrophe zu verantworten hat. Bei der tatsachenmäßigen Darstellung der Zustände im Lager BB haben wir das Problem der direkten Verantwortlichkeit für diese Zustände nur durch einige Streiflichter angedeutet und werden es nunmehr im Zusammenhang erörtern. Dabei muß jedoch von vornherein betont werden, daß der Historiker diese Frage nach der Verantwortung in anderer Weise und mit anderer Akzentsetzung zu stellen hat als der Jurist. Eine historische Untersuchung ist kein nachträglich geführter Strafprozeß, in ihr steht nicht die Feststellung individueller krimineller Handlungen und Verhaltensweisen und die Zumessung von Schuldsprüchen im Vordergrund, sondern in einer historischen Untersuchung über das Lager BB muß es darum gehen, unter Außerachtlassung eines dezidiert strafrechtlichen Aspekts das Geflecht von aktiven Handlungen, von Unterlassungen und Versäumnissen aller Verantwortlichen aufzudecken – und insofern allerdings auf deren jeweiligen persönlichen Anteil an Entstehung und Ausmaß der Katastrophe hinzuweisen; darüber hinaus gilt es aber vor allem, die wechselseitige Bedingtheit und das Zusammenspiel von Funktionärsmentalität und Verwaltungsmechanismus innerhalb des deutschen KL-Systems zu durchleuchten.

Als am 15. 4. 1945 englische Offiziere das Lager BB übernahmen und die fürchterlichen Zustände im Lagerbereich mit eigenen Augen sahen, beantwortete sich für sie die Frage, wer für diese Zustände als verantwortlich anzusehen sei, in einer naheliegenden Weise: Dieser Verantwortliche konnte nur der Lagerkommandant sein; auch die Anklage im Belsen-Prozeß ging von dieser Annahme einer Alleinverantwortlichkeit Kramers aus. Schon die Beweisaufnahme im Belsen-Prozeß hat diese These einer Alleinschuld Kramers stark erschüttert, und in den vergangenen 15 Jahren ist so viel über das Funktionieren des KL-Systems als Verwaltungsmechanismus, über Zuständigkeiten und Instanzenwege bekanntgeworden, daß heute eine differenziertere Untersuchung dieses Problems möglich ist als wenige Monate nach Kriegsende. Kramer war gewiß eine höchst unerfreuliche Erscheinung, der Prototyp des deutschen KL-Funktionärs, und sein Anteil an der Katastrophe von BB darf keineswegs unterschätzt werden; aber andererseits war Kramer kein unumschränkter Herrscher, sondern als Lagerkommandant Teil eines komplizierten organisatorischen Gefüges, das seine Verwaltungsspitze in der Amtsgruppe D in Oranienburg hatte. Der Amtsgruppenchef Glücks, Inspekteur KL, war direkt dem Chef des WVHA, Pohl, unterstellt, und Glücks wiederum unterstanden die Chefs der vier Ämter, von denen aus die Verwaltung der KL zentral gelenkt und überwacht wurde: D I, Zentralamt (Höß); D II, Arbeitseinsatz (Maurer); D III, Sanitätswesen (Dr. Lolling); D IV, Verwaltung (Burger)[1]. Wir müssen daher zunächst fragen: Was wußten diese führenden Funktionäre der KL-Verwaltung von den Zuständen in BB, und was unternahmen sie, um ihnen abzuhelfen? Vor dem Hintergrund dieser Erörterung muß dann versucht werden, die Rolle zu klären, die der Lagerkommandant Kramer gespielt hat.

Man war in Oranienburg über die zahlenmäßige Entwicklung in allen KL, über die Zahl der Arbeitsfähigen, der Kranken, der Sterbefälle genau unterrichtet. Jedes KL mußte zweimal monatlich durch Kurier dem Chef des Amtes D I den Schutzhaftlager-Rapport (mit genauen Angaben über die Häftlingsbewegung) übersenden, dem Chef des Amtes D II die „Übersicht über Anzahl und Einsatz der Häftlinge“, in der ebenfalls die Zahl der Sterbefälle vermerkt war. Hinzu kamen monatliche Meldungen über Todesfälle von Juden (an D I), über die Gesamtzahl der Toten (an D III), über den Bedarf an Instrumenten und Medikamenten (an D III)[2]. Auch aus BB gingen diese Meldungen bei den Amtschefs ein, und diese konnten aus den Angaben ein deutliches Bild der sich seit Dezember rapid verschlechternden Situation im Lager gewinnen. Um sich ein derartiges Bild von den Zuständen in BB machen zu können, waren die führenden KL-Funktionäre jedoch nicht ausschließlich auf diese turnusmäßigen Meldungen angewiesen, sondern bei ihren Besuchen in BB sahen sie die dortigen Verhältnisse mit eigenen Augen.

Amtschef *Höß* (D I) besichtigte Ende 1944 das Lager und erhielt bereits zu diesem Zeitpunkt einen zutreffenden Eindruck: „Das Lager bot ein trostloses Bild. Die Unterkünfte, die Wirtschaftsbaracken, auch die Mannschaftsunterkünfte

---

[1]) s. S. 318/19 (Geschäftsverteilungsplan WVHA).

[2]) NO-1923: Runderlaß WVHA, Amtsgruppenchef D (gez. Glücks), 13. 1. 1944.

vollkommen verwahrlost. Die hygienischen Verhältnisse bei weitem schlimmer als in Auschwitz"[3]). Trotzdem wurden im Zeitraum vom 1. 12. 1944 bis 1. 3. 1945 mindestens 40 000–50 000 Häftlinge von der Amtsgruppe D nach BB geschickt (nur ein kleiner Teil davon wurde von dort einem anderen Lager überstellt)[4]) – und falls Höß diese Transporte nach BB nicht selbst veranlaßt hat, dann hat er doch entscheidend daran mitgewirkt[5]); und das, obwohl er die Zustände im Lager genau kannte.

Amtschef *Dr. Lolling* (D III), verantwortlich für die gesamten sanitären und hygienischen Maßnahmen in den KL, suchte das Lager BB Ende Januar 1945 auf[6]). Auf Lollings Anweisung waren bereits 1944 die ausgesprochenen Krankentransporte nach BB geschickt worden, durch welche die Entwicklung BBs zum „Erholungslager" eingeleitet wurde. Lollings Amt D III hatte die KL mit Medikamenten zu beliefern, Ärzte in die KL zu entsenden, Vorbeugungsmaßnahmen gegen Seuchen zu treffen, für erträgliche sanitäre Verhältnisse Sorge zu tragen – Lolling mußte spätestens bei seinem Besuch im Januar sehen – wenn er es nicht schon vorher wußte –, wie es um diese Dinge im Lager BB bestellt war: Die sanitären Verhältnisse waren katastrophal, in den Baracken gab es keine Betten, Matratzen, Bettwäsche, die Zahl der Ärzte war viel zu gering, Medikamente standen nur in ganz unzureichendem Umfang zur Verfügung. Was geschah nach Lollings Besuch? Es geschah überhaupt nichts. Erst im März kam eine – viel zu kleine – Sendung von Medikamenten; eine gründliche Desinfizierung des damals bereits weitgehend verlausten Lagers wurde nicht durchgeführt, nicht einmal, als sich im Februar die Fleckfieberepidemie ausbreitete. Ein von Lolling bei diesem Besuch versprochener Entlausungsapparat war Anfang März noch nicht in BB eingetroffen. Zusätzliche Ärzte wurden in das mit 40 000 größtenteils kranken Häftlingen belegte Lager nicht entsandt, sondern bis zur Befreiung BBs amtierte weiterhin nur ein einziger SS-Arzt als Lagerarzt; ihm unterstanden mehrere Häftlingsärzte, deren Wirkungsmöglichkeiten und Befugnisse jedoch sehr eingeengt waren. Die Zustände in BB, die er selbst gesehen hatte, hinderten Lolling aber nicht, fortgesetzt neue Krankentransporte nach BB zu dirigieren, obwohl er genau wußte, daß dort auch die primitivsten Voraussetzungen für Unterbringung und ärztliche Betreuung fehlten.

Besonders bemerkenswert ist in diesem Zusammenhang noch folgende Tatsache: Anfang Januar 1945 war es den Delegierten des Internationalen Roten Kreuzes (IRK) nach mehrfachen vergeblichen Versuchen endlich gelungen, in Kontakt mit Funktionären der Amtsgruppe D zu kommen; am 11. 1. 1945 hatten sie eine Besprechung mit Amtsgruppenchef Glücks[7]), bei der die Versorgung der KL mit

[3]) Höß, S. 135 f.

[4]) s. o. S. 128.

[5]) über das Problem der Evakuierungstransporte s. S. 299 ff.

[6]) BT, S. 162, 164, 176, 181, 736 (ohne Angabe des genauen Datums).

[7]) CICR, S. 93.

Nahrungsmitteln, Kleidung und Medikamenten durch das IRK besprochen wurde. Am 2. 2. 1945 verhandelten die Delegierten des IRK auch mit Lolling über Rote-Kreuz-Hilfssendungen von Medikamenten [8]). Dr. Lolling gab sich dabei jovial – was die Delegierten offensichtlich beeindruckte – und diktierte auf der Stelle einen Befehl, daß die Empfangsbescheinigungen für die Medikamente von den Häftlingsärzten allein unterzeichnet werden müßten. Wenn das Amt D III tatsächlich nicht über genügend Medikamente verfügte, hätte jetzt die Möglichkeit bestanden, die KL in kürzester Frist ausreichend mit Medikamenten zu versorgen – statt dessen wurde der Abschluß einer entsprechenden Vereinbarung von der Amtsgruppe D durch Verfahrensfragen immer wieder hinausgezögert, so daß die Lieferung von Medikamenten durch das IRK zumindest für das Lager BB nicht mehr rechtzeitig erfolgen konnte. Bei derselben Besprechung am 2. 2. 1945 legte Dr. Lolling den Delegierten des IRK außerdem dar, daß in den KL alle Maßnahmen zur Verhinderung von Epidemien getroffen seien – ein ungeheuerlicher Zynismus, wenn man bedenkt, daß Lolling wenige Tage vorher die Zustände in BB gesehen hatte und daß seit Dezember in Dachau eine schwere Fleckfieberepidemie wütete, die von dort auf andere Lager übergriff [9]).

Dr. Lolling war dazuhin besonders wenig geeignet, mit den zunehmenden Schwierigkeiten fertig zu werden: Höß nennt ihn einen „schon älteren Herrn, müde und verbraucht, Morphinist und Trinker" [10]); er habe aus sich heraus überhaupt nichts geleistet, sondern sich einfach von den Ereignissen treiben lassen. „Einsprüche und Forderungen der Lagerkommandanten auf ärztlich sanitärem Gebiet beachtete er gar nicht, wie er überhaupt sehr eigensinnig seine Vorrechte als Amtschef und ‚Leitender Arzt KL' gewahrt haben wollte." Daß Himmler einen so unfähigen Mann auf einen Posten von großer Bedeutung stellte und trotz fortgesetzten Versagens dort beließ, kennzeichnet das System des SS-Staates zur Genüge [11]).

Auch der Chef des Amtes D IV, *Burger*, inspizierte im Januar oder Februar 1945 das Lager BB [12]). Dieses Amt D IV war zuständig für die Bereitstellung von Häftlingskleidung und Unterkunftsgerät, es war zugleich die aufsichtführende Dienststelle für die Verpflegung der KL-Häftlinge, obwohl es die

---

[8]) ebd., S. 94.

[9]) Joos, Leben auf Widerruf, Trier 1948, S. 110 ff.; Aff. Dr. Blaha, IMT V, S. 200; Nico Rost, Goethe in Dachau, o. J., S. 174 ff.: 14. 12. 1944, abends, 1. Fall von Fleckfieber festgestellt; 22. 1. 1945: „Denn seit Wochen fallen dem Flecktyphus allein täglich ungefähr 150 Häftlinge zum Opfer" (S. 211); 21. 2. 1945: 181 Tote durch Fleckfieber (S. 232); 24. 2. 1945: 198 Fleckfiebertote (S. 234).

[10]) IfZ Höß, Unveröff. Aufzeichn. über Lolling; vgl. ferner Protokoll F. IV, S. 3881 (Pook).

[11]) Höß behauptet zwar, Himmler habe wegen des Ärztemangels keinen besseren Arzt finden können – das ist angesichts der großen Anzahl von SS-Ärzten gewiß kein überzeugendes Argument.

[12]) BT, S. 165 (Schreiben Kramer an Glücks v. 1. 3. 1945), ohne Angabe des genauen Datums, aber vor 1. 3. 1945.

Lager nicht selbst belieferte. Die Versorgung der KL mit Lebensmitteln muß an dieser Stelle kurz erörtert werden[13]). Alle Verpflegungssätze wurden vom Reichsernährungsministerium jeweils für eine Zuteilungsperiode (vier Wochen) festgelegt, KL-Insassen erhielten den Verpflegungssatz für „Häftlinge aller Art", der etwa 25 % niedriger war als die Normalverbraucherration. Diese Verpflegungssätze wurden vom Amt D IV den Lagerkommandanten mitgeteilt, und auf Grund dieser Festsetzung errechnete der Verwaltungsführer jedes KL seinen jeweiligen Bedarf an Lebensmitteln für die Gesamtzahl seiner Häftlinge auf vier Wochen. Mit dieser Aufstellung ging er zum zuständigen Zivilernährungsamt (für BB war es das Ernährungsamt Walsrode / Kreis Fallingbostel) und erhielt dort Bezugscheine für die dem Lager zustehende Verpflegungsmenge. Mit den Bezugscheinen begab er sich zu den Lebensmittel-Großhandelsfirmen, die das Lager zu beliefern hatten, und verabredete mit dem Leiter der Firma die Einzelheiten der Lieferung. Entsprechend dem Übereinkommen lieferte die Firma an das Lager und stellte eine Rechnung aus, die vom Lager bezahlt und als Ausgabe in seiner Kasse verbucht wurde. Die gelieferten Lebensmittel kamen ins Magazin der KL und wurden von dort – entsprechend dem Speisezettel – an die Küchen verteilt.

Das Amt D IV war die aufsichtführende Instanz für die Verpflegung der Häftlinge; der Chef dieses Amtes war dafür verantwortlich, daß die Häftlinge die vom Reichsernährungsministerium festgelegten Verpflegungssätze erhielten. Wenn es mit der Lebensmittelversorgung in einem Lager nicht klappte, hatte Burger die Möglichkeit, an den Chef des Amtes B I heranzutreten, der für die Verpflegung der Waffen-SS zuständig war. Der Chef dieses Amtes B I, Tschentscher, hat ausgesagt[14]), daß Burger ihn insgesamt nur zwei- bis dreimal um Verpflegungsaushilfen gebeten habe, jedesmal um kleine Mengen, die ihm auch gewährt worden seien. Da Kramer keine derartige Lebensmittelsendung erwähnte, darf angenommen werden, daß das Amt D IV keine solche Hilfsaktion für BB unternommen hat, obwohl Burger bei seinem Besuch die katastrophale Verpflegungslage in BB kennenlernen konnte. Ebensowenig wurden vom Amt D IV Betten, Matratzen und Decken für die Unterkünfte und Kleidung für die Häftlinge beschafft. Auch der Amtschef D IV, Burger, ist daher – genau wie Höß und Lolling – in hohem Maß mitverantwortlich für die Zustände im Lager BB.

Nachdem der Lagerarzt Dr. Horstmann etwa am 20. 2. 1945 Kramer das Auftreten der ersten Fleckfieberfälle gemeldet hatte, ordnete Kramer die Schließung des Lagers an und gab einen Bericht über den Ausbruch der Epidemie an die

[13]) Die hier gegebene Darstellung basiert auf kritischer Auswertung folgender Quellen: Protokoll F. IV, S. 2927 ff. (Georg Lörner), 3160 ff. (Tschentscher); F. IV: V. Dok. G. Lörner Nr. 4, 23; V. Dok. Pook Nr. 20; ferner NO–1911, NO–1564, NO–1201, NO–2149, NO–1203.

[14]) Protokoll F. IV, S. 3162 (Tschentscher); Burgers Darlegung in seinem Aff. v. 14. 5. 1947 (NO–3255) stimmt mit der Aussage Tschentschers in diesem Punkt überein.

Amtsgruppe D[15]). Statt nunmehr sofort energische Maßnahmen zu ergreifen, reagierte *Glücks* auf diese Seuchenmeldung damit, daß er am 23. 2. 1945 Kramer befahl, das Lager wieder zu öffnen und alle weiteren Transporte aufzunehmen, zunächst einen Transport von 2500 Frauen aus Ravensbrück[16]). Daraufhin erstattete Kramer dem Amtsgruppenchef Glücks am 1. 3. 1945 einen umfassenden Bericht über die Situation im Lager[17]).

Die Darstellung, die Kramer in diesem Schreiben von den Zuständen in BB gab, blieb zwar um vieles hinter der Wirklichkeit zurück, wie sie von den Lagerinsassen in jenen Tagen erlebt wurde, aber die katastrophale Situation wurde in diesem Bericht doch klar und deutlich umrissen; schon allein die Angabe, daß die Durchschnittszahl der täglichen Sterbefälle von 60–70 Anfang Februar auf 250–300 am Monatsende gestiegen sei[18]), mußte alarmieren. Aber in Oranienburg alarmierten derartige Ziffern nicht. Es erfolgte auf Kramers Bericht keine Reaktion von Glücks – außer der, daß weiterhin die Transporte aus anderen Lagern auf Anweisung der Amtsgruppe D in BB eintrafen.

Als Himmlers Leibarzt Kersten am 10. 3. 1945 auf die Fleckfieberepidemie in BB zu sprechen kam, stellte er fest, daß Himmler der Ausbruch der Seuche noch überhaupt nicht gemeldet worden war[19]). Himmler ordnete sofort an, „daß unverzüglich der Seuche mit allen medizinischen Hilfsmitteln entgegengetreten wird . . . Es ist weder am Einsatz von Ärzten noch an Medikamenten zu sparen. Die Gefangenen stehen unter meinem besonderen Schutz“[20]). Dieser Befehl ging an Pohl, Glücks, Dr. Grawitz (Reichsarzt-SS und Polizei) und Dr. Kaltenbrunner (Chef Sipo und SD). Und nun ist eine merkwürdige Tatsache zu verzeichnen: Dieser klare und ausdrückliche Befehl Himmlers zeitigte nicht die geringste Wirkung – weder wurden nach BB Ärzte entsandt, noch erhielt das Lager Medikamente zur Verfügung gestellt; davon, daß der Seuche „mit allen medizinischen Hilfsmitteln“ entgegengetreten worden wäre, kann keine Rede sein. Immer wieder – nicht nur in diesem einen Fall – hat man den Eindruck, daß von den KL-Funktionären (ebenso wie von den Endlösungsfunktionären) die Vernichtungsbefehle Himmlers mit größerer Beflissenheit durchgeführt wurden als seine – taktisch oder opportunistisch bedingten – Stillhalte- oder Schonungsbefehle. Das Vernichten lag diesen Funktionären mehr. So hatte Himmler

---

[15]) BT, S. 163, 736.

[16]) BT, S. 163, 736.

[17]) BT, S. 163–166; der Durchschlag des Briefes blieb zufällig erhalten, weil er sich nicht in der Lagerregistratur, sondern in Kramers Privatwohnung befand. Die Anklagevertretung im Belsen-Prozeß suchte die Echtheit des Briefes zu bestreiten (BT, S. 176, 609), die inneren Kriterien sprechen jedoch eindeutig für die von Kramer behauptete Echtheit des Schreibens (vgl. BT, S. 176, 516, 719).

[18]) BT, S. 164.

[19]) Kersten, S. 341.

[20]) Kersten, S. 342.

bereits Ende September/Anfang Oktober 1944 einen Befehl zur Respektierung des jüdischen Lebens herausgegeben, durch den mit sofortiger Wirkung jede Tötung von Juden verboten und die Pflege der schwachen und kranken Personen angeordnet wurde. Dieser Himmler-Befehl wurde von Standartenführer Becher den Hauptamtchefs Pohl und Kaltenbrunner persönlich überreicht[21]).
Es gehört allerdings zu den vielen Paradoxien in Himmlers Verhalten, daß derselbe Himmler etwa zur gleichen Zeit die Evakuierung der KL befahl, durch die Zehntausende von Juden ums Leben kamen. Diese Tatsache spricht nicht sehr für die Aufrichtigkeit des Schonungsbefehles. Trotzdem ist es für die Bewertung von Mentalität und Verhaltensweise der KL-Funktionäre nicht unwesentlich, daß sie sich bei der „Vernichtung durch Evakuierung und Vernachlässigung der KL" zumindest nicht auf entsprechende Befehle Himmlers berufen konnten. Daß Himmlers ausdrücklicher Befehl, die Fleckfieberepidemie im Lager BB „unverzüglich ... mit allen medizinischen Hilfsmitteln" zu bekämpfen, völlig ignoriert wurde, liegt ganz auf dieser Linie.
Am 21. 3. 1945 teilte Himmler seinem Leibarzt Kersten brieflich mit[22]), er habe den Hygieniker der SS, Prof. Dr. Mrugrowski, mit seinem Stab sofort nach BB zur Seuchenbekämpfung geschickt. Da weder Kramer oder Lagerarzt Dr. Klein einen Besuch Prof. Mrugrowskis erwähnt haben noch irgendeiner der Lagerinsassen etwas von der Tätigkeit des „Hygienikers der SS" und seines Stabes bemerkt hat, ist anzunehmen, daß auch Prof. Mrugrowski nicht im Lager BB war. Es handelte sich bei Himmlers Mitteilung an Kersten dann entweder um eine Beruhigungspille für seinen Leibarzt oder aber wurde auch dieser Himmler-Befehl ignoriert.
Dagegen erschien am 18. oder 19. 3. 1945[23]) eine illustre Kommission in BB: Pohl (Chef des WVHA), Höß (Amtschef D I) und Lolling (Amtschef D III). Sie kamen nicht etwa, um die Seuchenbekämpfung zu organisieren oder sonstige Hilfsmaßnahmen für das Lager einzuleiten, sondern sie hatten lediglich dem Lagerkommandanten den Befehl Himmlers zu überbringen, daß kein Jude mehr auf irgendeine Art und Weise zu Tode kommen dürfe und daß die Sterblichkeit der Häftlinge mit allen zur Verfügung stehenden Mitteln zu bekämpfen sei[24]). Pohl, der mit Glücks bei Himmler hatte erscheinen müssen, um diesen Befehl entgegenzunehmen, bemerkte dazu: „Das schien ihm (Himmler) so bedeutend, daß er selbst meinen Hinweis, ich hätte ja doch nun gerade jetzt in dieser bedrohten Lage – es war immerhin März 1945 – doch in Berlin etwas

---

[21]) PS-3762 (IMT, XXXIII, S. 68): Aff. Becher, 8. 3. 1946; NG-5230: Aff. Becher, 24. 3. 1948; vgl. dazu: Kastner, S. 242 (132); Schellenberg, S. 350.
[22]) Kersten, S. 359.
[23]) BT, S. 167 (Kramer): 19. 3.; Vogel, S. 77 (18. 3.): Anwesenheit einer Kommission festgehalten; Herzberg, Tweestromenland, S. 229 (22. 3.): Kommission war da, ohne genaue Datumsangabe.
[24]) NO-1210: Aff. Höß, 14. 3. 1946; NO-2736: Aff. Pohl, 3. 4. 1947.

anderes zu tun als hier Briefträger zu spielen, zurückwies. Das war ihm so eminent wichtig, daß ich tatsächlich losfahren mußte" [25]).

Diese Kommission erhielt einen ungeschminkten Eindruck von den Zuständen im Lager: Tausende von Toten lagen in der Nähe des Krematoriums, die Abwässer waren nicht zu beseitigen, es gab keine Verpflegung mehr für die Häftlinge [26]). Höß, der von Auschwitz her einiges gewöhnt war, sagte zu Kramer, er habe etwas Derartiges noch nie gesehen [27]). Kramer schlug als Sofortmaßnahmen vor [28]), keine neuen Transporte mehr nach BB zu schicken, eine Reihe von Baracken zu errichten und die Austauschjuden in ein anderes Lager zu verlegen [29]). Auch nach dieser Inspektion des Lagers, bei der die führenden KL-Funktionäre ähnliche Bilder gesehen hatten wie die Engländer bei ihrer Ankunft in BB vier Wochen später, wurde von den zentralen Instanzen kein Versuch gemacht, gegen die katastrophalen Verhältnisse vorzugehen, zusätzliche Lebensmittel- und Medikamentenlieferungen zu organisieren und das Lager zu sanieren [30]). Im Gegenteil: Weitere Transporte wurden nach BB geschickt. Für die zweite Märzhälfte sind sichere Zahlen nur bei den Männertransporten vorhanden: 6950 Neuankömmlinge waren es, darunter drei große Transporte aus S III (1883), Natzweiler (2144) und Mittelbau-Dora (2000); die Zahl neu eintreffender weiblicher Häftlinge war gewiß nicht kleiner als die der Männer.

Unsere Analyse führt zu dem Ergebnis, daß die höchsten KL-Funktionäre in der Zentrale über alle Einzelheiten der Situation in BB durch laufende Berichterstattung und persönliche Besichtigungen genau im Bilde waren und trotzdem nicht das geringste gegen die zum Himmel schreienden Zustände unternahmen, sondern diese noch ständig verschlimmerten durch die fortgesetzte Entsendung

---

[25]) Protokoll F. IV, S. 1414 (Pohl); vgl. dazu Kersten, S. 349 (Eintragung v. 16. 3. 1945): „Bei dieser günstigen Situation sprach ich Himmler (heute – E. K.) erneut auf die Behandlung der Juden in den KL an. In meiner Gegenwart erließ er einen Sonderbefehl, in dem erneut jede Art von Grausamkeiten gegen jüdische Häftlinge untersagt und Tötung von Juden verboten wird." Diese Eintragung bestätigt durch Schreiben von Himmlers persönlichem Referenten Dr. Brandt, 21. 4. 1945, Faks. bei Kersten, S. 350. Pohl brachte Himmlers Befehl außer nach BB auch in die KL Neuengamme, Buchenwald, Mauthausen, Dachau; Glücks brachte den Befehl nach Ravensbrück und Sachsenhausen.

[26]) NO–1210: Aff. Höß, 14. 3. 1946; NO–4728: Aff. Pohl, 13. 6. 1946.

[27]) BT, S. 167 (Kramer).

[28]) BT, S. 167 (Kramer).

[29]) Pohl benützte diesen Fall der Austauschjuden später sehr geschickt, um die Befehlsgewalt des WVHA hinsichtlich von Transporten abzustreiten: er wählte diesen Ausnahmefall, in dem tatsächlich das RSHA (IV A 4 b) seine Zustimmung zur Verlegung geben mußte, um daraus generell zu folgern, „daß ich keine Befugnis hatte, diese Leute überführen zu lassen, und daß das vollständig Sache des RSHA war" (NO–4728).

[30]) Ende März wurden einige Sternlagerinsassen gegen Fleckfieber geimpft, und eine Entlausungsmaschine arbeitete in diesem Lagerteil (Vogel, S. 78 ff.; 21. 3. ff.) – dadurch wollte man wohl bezwecken, daß die Austauschjuden auf Transport gehen konnten. Im übrigen Lager gab es keine Entlausung.

weiterer Transporte nach BB. Dabei konnten – so wie das KL-System als Verwaltungsmechanismus organisiert war – großangelegte Hilfsmaßnahmen zur Sanierung des Lagers BB und zur Rettung seiner Insassen nur durch die zentralen Dienststellen veranlaßt und durchgeführt werden. Schon ein einziges Ressort innerhalb der Amtsgruppe D wäre in der Lage gewesen, durch geeignete Maßnahmen zahllose Insassen von BB vor dem Tode zu bewahren, sei es, daß man die Transporte sistiert hätte, sei es, daß Ärzte und Medikamente nach BB geschickt oder Kleidung, Decken, Betten und zusätzliche Lebensmittel dorthin gebracht worden wären. Das Argument, daß derartige Maßnahmen in jenen Wochen infolge des Verkehrs- und Verwaltungschaos nicht mehr möglich gewesen seien, reicht nicht aus, diese Unterlassung zu erklären, zu begründen oder zu entschuldigen. In der zweiten Märzhälfte wurden Tausende von Häftlingen – um von den östlichen KL einmal ganz abzusehen – allein von den Außenkommandos des KL Natzweiler aus dem südwestdeutschen Raum nach BB transportiert, ebenso wurden zur gleichen Zeit die Außenkommandos des KL Buchenwald aus dem Ruhrgebiet nach BB evakuiert: lieber sollten diese Häftlinge in BB verhungern, als an Ort und Stelle von den Amerikanern oder Engländern befreit werden. Um diese Transporte durchzuführen, war der Verwaltungsapparat intakt genug, dafür waren selbst in den letzten Kriegstagen noch Transportmittel vorhanden, während die Übermittlung von Betten und Geräten und die Beschaffung der Lebensmittelzuteilungen angeblich infolge des Verkehrschaos schon Anfang März unmöglich waren[31]). Wenn die KL-Funktionäre subjektiv wirklich der Meinung gewesen sein sollten, für die Versorgung der KL mit lebensnotwendigen Dingen keine Transportmittel zur Verfügung zu haben, während sie diese Transportmittel tatsächlich einsetzten, um Arbeitslager in Fabriken des Ruhrgebiets mit nur ein paar hundert Häftlingen (für die ein spezieller Räumungsbefehl Himmlers gar nicht vorliegen konnte) nach BB zu evakuieren und so das dort herrschende Elend noch zu vergrößern – dann muß eine derartige Einstellung zumindest als das gekennzeichnet werden, was sie ist: eine furchtbare Pervertierung menschlichen Urteilsvermögens.
Und wie stand es mit den Medikamenten? Das IRK hatte das größte Interesse, Medikamente in die KL hineinzubringen; es stellte sie kostenlos zur Verfügung und hätte auch den Transport mit eigenen Transportmitteln bewerkstelligt, wie die im April zur Durchführung gekommenen Hilfssendungen des IRK in verschiedene KL beweisen. Wenn im Amt D III tatsächlich der Wille zu einer entschlossenen Bekämpfung der Krankheiten und Seuchen vorhanden gewesen wäre und nur die Mittel dazu fehlten, dann konnte es keine andere Entscheidung geben als die, ohne Rücksicht auf Prestigefragen die angebotene Hilfe im Februar 1945 rasch und ohne Zögern anzunehmen. Statt dessen wurde wochen-

[31]) S. die entsprechenden Ausführungen im Schreiben Kramers an Glücks v. 1. 3. 1945, BT, S. 163–166.

lang über Verfahrensfragen verhandelt, so daß die Hilfssendungen erst sehr spät einsetzen konnten, zu spät für BB.
Diese ungeheure Mitverantwortung, die alle führenden Funktionäre der KL-Verwaltung in Oranienburg für die Katastrophe von BB tragen, mußte mit einem gewissen Nachdruck herausgestellt werden, weil auch nach 1945 viel zuwenig darüber bekanntgeworden ist, wie der zentral gesteuerte Verwaltungsmechanismus der KL funktionierte, und dadurch die Funktionäre der Zentrale im Schatten geblieben sind[32]).
Der Hinweis auf die entscheidende Mitverantwortung der Funktionäre in der Zentrale bedeutet jedoch keine umfassende Entlastung des Lagerkommandanten Kramer und der Angehörigen seines Kommandanturstabs. Als Lagerkommandant hatte Kramer zwar keinen Einfluß auf die Auslösung und Durchführung der Evakuierungstransporte, deren Ankunft in BB er immer erst kurz vor dem Eintreffen der Eisenbahnzüge erfuhr; er war auch nicht allein verantwortlich für die sanitären Zustände im Lager, die infolge der ständigen Vernachlässigung durch die maßgeblichen Dienststellen des WVHA und durch Lagerkommandant Haas schon beim Antritt seiner Tätigkeit als Lagerkommandant von BB sehr schlecht waren[33]); ferner waren die Schwierigkeiten bei der Lebensmittelversorgung des Lagers größtenteils objektiv bedingt durch die schwierige Versorgungslage bei Kriegsende und den Zusammenbruch des Verkehrswesens durch die Luftangriffe. Dies alles zugegeben, bleibt die Frage: Was hat Kramer angesichts dieser Schwierigkeiten unternommen, um mit ihnen fertig zu werden? Hat Kramer angesichts der unbeschreiblichen Verhältnisse im Lager alles in seiner Macht Stehende getan, um die Katastrophe zu verhindern – notfalls ohne die Unterstützung der vorgesetzten Dienststellen? Es ist kein Zweifel darüber möglich, daß Kramer gegenüber dieser Aufgabe und dieser Verpflichtung in erschütternder Weise versagt hat.
Kramer war ein fanatischer Nationalsozialist, ein Mann ohne fachliche Qualifikationen, aber mit Eigenschaften ausgestattet, die ihn für eine Laufbahn im Terrorapparat der SS prädestinierten: Brutalität, Skrupellosigkeit, seelische Stumpfheit, bedingungsloser und bedenkenloser Gehorsam auch gegenüber verbrecherischen Befehlen. Wir haben diesen Aufstieg vom Taggeldangestellten und Wachmann zum schrankenlosen Gebieter über 50 000 wehrlose Menschen an anderer Stelle bereits nachgezeichnet[34]) – ein Aufstieg, der für das NS-System mindestens ebenso charakteristisch ist wie für die Person Kramer. In welchem Sinne Kramer seine Funktion als Lagerkommandant auffaßte,

[32]) Absurd ist die Vermutung Reitlingers (S. 529), die Katastrophe von BB könnte möglicherweise das bewußte Werk Eichmanns sein. Eichmann war hinsichtlich BB nur zuständig für die Transporte der Austauschjuden, in gewissem Umfang auch für ihre Behandlung, auf die Verwaltung des Lagers und alle sonstigen Transporte nach BB hatte er keinen Einfluß.

[33]) s. o. S. 82 f., 105 f.

[34]) s. o. S. 122 f.

bekannte er im Belsen-Prozeß, als ihn der Ankläger fragte, von welchem Nutzen kranke und schwache polnische Juden für das Reich gewesen seien; auf diese Frage antwortete Kramer: „Das weiß ich nicht. Die Gründe, weshalb diese Leute in mein Lager geschickt wurden, gingen mich nichts an. Meine Aufgabe war es, sie entgegenzunehmen. Ob es ein politischer Gegner oder ein Jude oder ein Berufsverbrecher war, ging mich überhaupt nichts an. Ich nahm die Körper entgegen, das war alles" [35]).

Diese Mentalität Kramers wird durch eine Reihe von Zeugnissen noch deutlicher belegt. So sagte eine SS-Aufseherin aus [36]): Als sie sich bei Kramer über die zunehmende Zahl der Sterbefälle beklagt habe, hätte dieser geantwortet: „Laß sie sterben, kümmere dich nicht darum." Als der Lagerarzt Dr. Klein Kramer darauf hinwies, es müsse etwas gegen den Wassermangel und das Herumliegen der Leichen unternommen werden, bekam er von Kramer zu hören: „Sie können mir keine Befehle geben" [37]). Der Judenälteste Weiß hörte mit eigenen Ohren, wie Kramer zum Lagerältesten Hanke sagte: „Je mehr tote Juden Sie mir bringen, desto besser ist es" [38]). Die englischen Offiziere, die von Kramer am 15.4. 1945 durch den Lagerbereich geführt wurden, waren betroffen über die Art, in der Kramer von den Häftlingen sprach; er habe diese Häftlinge offenbar als Vieh (cattle) betrachtet [39]). Diese Beispiele mögen genügen, um das Charakterbild jenes Mannes abzurunden, in dessen Hand das Schicksal der Insassen von BB gegeben war.

Selbst die furchtbaren Zustände im Lager BB konnten Kramer nicht dazu bewegen, alles im Rahmen seiner Möglichkeiten Liegende zu unternehmen, um die ihm anvertrauten Häftlinge bei Leben und Gesundheit zu erhalten. Kramer fügte zu den zahllosen Leiden der Häftlinge noch spezielle Schikanen hinzu, und sein Unvermögen und seine mangelnde Bereitschaft zur Improvisation machten die Situation von Tag zu Tag unerträglicher. Einige Beispiele mögen statt vieler stehen. Der Judenälteste Weiß, der als Leiter der Lageradministration die Tätigkeit Kramers aus der Nähe verfolgen konnte, berichtete über dessen Verhalten [40]): Kramer begann seine Tätigkeit als Lagerkommandant in BB damit, daß er den Juden einen Tag Essensentzug zudiktierte, obwohl zu dieser Zeit bereits 50 % von ihnen an Hungerödemen litten. Kramer gab im Winter kein Holz für die Öfen frei, obwohl Vorräte vorhanden waren. Er ließ die Dächer der Baracken nicht reparieren, obwohl Material dafür zur Verfügung stand; als Weiß deshalb bei ihm vorsprach, antwortete ihm Kramer, es sei kein Material da, und als Weiß ihn vom Gegenteil überzeugte, schrie er: Die

---

[35]) BT, S. 181 (Kramer).
[36]) BT, S. 709 (Ehlert).
[37]) BT, S. 187, 717 (Klein).
[38]) RvO c (11) (Weiß, 30. 9. 1945).
[39]) BT, S. 36 (Glyn-Hughes), 46 (Sington); Playfair-Sington, S. 151 f.
[40]) RvO c (11) (Stellungnahme Weiß' zum Belsen-Prozeß, 10. 10. 1945).

Juden sabotierten alles, deshalb sollten sie naß geregnet werden. An die neu ankommenden Transporte aus anderen KL ließ Kramer drei Tage lang kein Brot ausgeben; Weiß und seinen Mitarbeitern gelang es ab und zu, ihnen doch die Normalrationen zukommen zu lassen, einfache SS-Männer halfen oft dabei mit. Seit dem 15. 3. 1945 gab es kein Brot mehr, aber im Magazin befanden sich 1700 Büchsen Ovomaltine, die von jüdischen Organisationen durch das Rote Kreuz nach BB geschickt worden waren: Als Weiß anregte, sie sofort an die Insassen zu verteilen, verweigerte Kramer die Ausgabe. Im März kamen 500 wollene Decken im Lager an, Weiß mußte das Dankschreiben an die Jewish Agency in Genf unterzeichnen, aber die Decken bekam man nie zu sehen. Es lassen sich viele weitere Beispiele für Kramers Verhalten anführen: So besichtigte er nicht ein einziges Mal das Krankenhaus von Häftlingslager II[41]), Hunderte von Rotkreuzpaketen wurden erst am Tag vor der Ankunft der Engländer ausgegeben[42]), die zurückgehaltenen Rotkreuzsendungen an Büchsenmilch, Fleisch und Keksen füllten einen Raum von vier Meter Länge, fünf Meter Breite und drei Meter Höhe bis unter die Decke[43]). Während den Häftlingsärzten fast gar keine Medikamente zur Verfügung gestellt wurden, fand man nach der Übergabe des Lagers beträchtliche Bestände an Medikamenten in der Lagerapotheke vor[44]). Welche Schikane gegenüber den kranken und erschöpften Häftlingen der von Kramer angeordnete tägliche Appell darstellte, wurde bereits angeführt[45]), ebenso die Tatsache, daß nach dem Zusammenbruch der Wasserversorgung der Bau einer provisorischen Wasserleitung unterlassen wurde, obwohl das Material dazu da war[46]). Auch Material für den Bau von rund 40 kleinen Baracken war plötzlich im Lager vorhanden, als bei Pohls Besuch im März der Bau von Notunterkünften zur Sprache kam[47]) – schon wochenlang vorher aber wurden die Häftlinge in unbeschreiblicher Weise in den Baracken zusammengepfercht. Überhaupt waren die miserablen sanitären Verhältnisse des Frühjahrs 1945 von Kramer zum großen Teil mitverschuldet – obwohl er auf diesem Gebiet bereits ein schlimmes Erbe übernommen hatte –, denn er hatte nach der Übernahme der Lagerleitung keine schnellen und energischen Maßnahmen gegen die unhaltbaren Zustände ergriffen. Ähnliches gilt für sein Verhalten in der Frage der Lebensmittelversorgung, die in BB in gleicher Weise organisiert war wie in allen KL[48]): Daß infolge der Ausbombung von Brotfabriken und Lebensmittellagern und der Zerstörung mancher Verkehrswege

---

[41]) BT, S. 123 (Leo).
[42]) BT, S. 74 (Bimko).
[43]) BT, S. 33, 44 (Glyn-Hughes), 185, 188 (Klein).
[44]) BT, S. 33, 44 f. (Glyn-Hughes), 185 (Klein).
[45]) s. o. S. 140 f.
[46]) s. o. S. 139.
[47]) BT, S. 167 (Kramer).
[48]) s. o. S. 190; vgl. BT, S. 474 (Müller); unrichtig: BT, S. 182 (Kramer).

verschiedene Lieferungen ausblieben[49]), war eine Folge der Kriegssituation; keine Folge der Kriegssituation war es indessen, daß Kramer keinerlei Initiative ergriff, um auf anderem Wege diese Verluste auszugleichen, daß er diese Initiative selbst dann vermissen ließ, als die Brotlieferungen seit 23. 3. 1945 immer spärlicher wurden und schließlich ganz aufhörten[50]). Zwei Tatsachen sind in diesem Zusammenhang bemerkenswert. Zunächst: Der stellvertretende Amtschef von D II, Sommer, sagte im WVHA-Prozeß aus[51]), er sei am 28. 3. 1945 auf der Durchreise kurz in BB gewesen und habe beobachtet, wie in der Nähe Celles ungeheure Lebensmittellager des Heeres und der Marine geräumt worden seien; jede Truppe der Wehrmacht habe so viel empfangen können, wie sie Transportraum hatte, die Zivilbevölkerung habe kisten- und wagenweise die Verpflegung nach Hause gebracht. Sommer war es unverständlich, weshalb Kramer von dieser Möglichkeit, die Lebensmittelversorgung seines Lagers zu verbessern, keinen Gebrauch machte. Und die andere Tatsache: Nach der Übernahme des Lagers stellten die Engländer fest[52]), daß sich auf dem Truppenübungsplatz, zwei Kilometer vom Lager entfernt, riesige Lebensmittellager und eine völlig intakte Brotbäckerei (mit einer Kapazität von 60 000 Laib Brot pro Tag) befanden. In den Lebensmittelmagazinen waren 600 t Kartoffeln, 100 t Büchsenfleisch, 30 t Zucker, über 20 t Milchpulver, Kakao u. a. gelagert.
Als man Kramer im Prozeß die Frage vorlegte, warum er keinen Versuch gemacht habe, von diesen Lebensmittelbeständen etwas für die verhungernden Insassen seines Lagers zu erhalten, gab er die denkwürdige Antwort: „Die Vorräte und Lager in den Wehrmachtskasernen waren nur für die Wehrmacht bestimmt, und mein Verpflegungssystem beruhte auf einer vollständig zivilen Basis. Ich war nicht berechtigt, mich an die Wehrmacht um Unterstützung zu wenden, und sie waren nicht gezwungen, mir welche zu gewähren. Ich erhielt zweimal wöchentlich Fleisch aus Celle und hatte keinen Grund, die Wehrmacht zu bitten, und ich erhielt Milch und Kartoffeln von den zivilen Behörden, denen gegenüber ich einen Rechtsanspruch auf die Lieferung hatte. Ich glaube nicht, daß ich – wäre ich Anfang April zum Wehrmachtslager gegangen und hätte um Lebensmittel gebeten – etwas erhalten hätte" [53]). Auf eine ausdrückliche Frage betonte Kramer nochmals, er habe bei den Wehrmachtsoffizieren *nicht* um eine Sonderlieferung nachgesucht[54]).

---

[49]) Schon lange, ehe die bis dahin angeblich normal funktionierende Lebensmittelversorgung des Lagers in den letzten Wochen gestört wurde (BT, S. 474, Müller), waren die Rationen völlig unzureichend – ein Blick in die Tagebuchblätter Vogels überzeugt davon, daß auch diese „normale" Lebensmittelversorgung in BB ganz unzureichend war.

[50]) BT, S. 474 (Müller).

[51]) Protokoll F. IV, S. 3764 f. (Sommer).

[52]) BT, S. 53, 55 f. (Berney).

[53]) BT, S. 161 (Kramer); ferner BT, S. 181 (Kramer).

[54]) BT, S. 178 f. (Kramer).

Diese Verhaltensweise wirft ein deutliches Schlaglicht auf den Lagerkommandanten Kramer: Er war in seiner bürokratisch-subalternen Mentalität so sehr in einem schematisch-pedantischen Instanzendenken befangen, daß er den „normalen Dienstweg" und die „normale Zuständigkeit" über das Leben Tausender von Menschen stellte; nicht einmal in einer extremen Notsituation, in der in seinem Lager die Insassen verhungerten, konnte er sich zu einer Eigeninitiative aufraffen. Gewiß waren die Wehrmachtsbehörden nicht „gezwungen", ihm Lebensmittel zu geben, aber trotzdem war eine Unterstützung nicht ausgeschlossen, so daß zwingender Anlaß gegeben war, in dieser Sache zumindest anzufragen. Tatsächlich wurde das Anfang April in einem Teil der Wehrmachtskasernen eingerichtete Lager Nr. 2 aus Wehrmachtsbeständen versorgt[55]). In der Situation des Zusammenbruchs und des beginnenden Chaos war vieles möglich, was zu anderen Zeiten undenkbar gewesen wäre. Rüstungsminister Speer sabotierte in diesen Wochen zahlreiche Hitler-Befehle und sagte im Nürnberger Prozeß dazu: „Alle diese Maßnahmen waren gar nicht so schwer und gar nicht so gefährlich, wie man sie sich vielleicht vorstellen würde. Denn in dieser Zeit ab Januar 1945 konnte man jede vernünftige Maßnahme in Deutschland gegen die offizielle Politik durchführen. Jeder vernünftige Mann begrüßte derartige Maßnahmen und war zufrieden, wenn nur einer dafür die Verantwortung übernahm ..." [56]).

Von dieser Verhaltensweise Speers war die Kramers denkbar weit unterschieden: Er war nicht nur brutal und skrupellos, sondern er war darüber hinaus eine subalterne Bürokratennatur auf einem Posten, der wenigstens ein Minimum an eigener Initiative und an Verantwortungsgefühl erfordert hätte. Das ist vielleicht mit die schwerste Anklage, die gegen Kramer erhoben werden muß, es ist jedoch zugleich eine Anklage gegen ein Regierungssystem, das seine Diener zu derartigen roboterhaften Befehlsempfängern erzog und Männer mit abgestumpfter, brutaler Mentalität wie Kramer – es gab ihrer zahllose im KL-Dienst – in Positionen brachte, von denen aus sie Zehntausende wehrloser Häftlinge terrorisieren konnten. Kramers Anteil an den furchtbaren Zuständen in BB ist nicht gering, aber trotzdem liegt – wie wir zu zeigen versuchten – die ganze Verantwortung für die Katastrophe von BB nicht auf den Schultern allein dieses einen Mannes und seiner Mitarbeiter im Kommandanturstab, sondern alle führenden Funktionäre der KL-Verwaltung waren für ihr Ressort mitverantwortlich für diese Entwicklung. Die Mentalität der KL-Funktionäre und die Konstruktion des Verwaltungsapparates der KL mußten daher gleichermaßen untersucht werden, um die Verantwortlichkeiten festzustellen und den Nachweis zu führen, daß die Katastrophe von BB nicht eine unvermeidliche Konsequenz der Kriegssituation, der Versorgungsschwierigkeiten und des Verkehrschaos war, sondern

---

[55]) BT, S. 201, 206 (Hoessler).

[56]) IMT, XVI, S. 545.

daß zahllose Maßnahmen und zahllose Unterlassungen zahlloser großer und kleiner Funktionäre notwendig waren, um jene Zustände herbeizuführen, die als das Inferno von BB in die Geschichte eingegangen sind.
Und doch darf die Tätigkeit dieser KL-Funktionäre nicht isoliert gesehen werden, abgetrennt und losgelöst von den übrigen Bereichen des staatlichen Lebens: Denn das Terrorsystem der KL besaß im Organisationsgefüge des nationalsozialistischen Staates eine sehr wesentliche Funktion als Herrschaftsmittel[57]), und die KL-Funktionäre wußten sich daher bei ihren Handlungen und Unterlassungen gedeckt durch die Autorität dieses Staates; sie verstanden sich – durchaus zu Recht – als Vollzieher staatlichen Willens. Sie agierten in ihrem Bereich als bevollmächtigte Exponenten eines Regierungssystems, das die terroristische Unterdrückung unzähliger Menschen zum geheiligten Staatszweck erhoben hatte, und einer Ideologie, die ganze Völker und Rassen als „minderwertig" diffamierte und unaufhörlich den Grundsatz predigte, daß bestimmte menschliche Gruppen als Untermenschen und „Schädlinge" zu betrachten und wie Ungeziefer zu behandeln seien. Die vom nationalsozialistischen Staat offen proklamierte zynische Mißachtung der sittlichen und ethischen Normen und die konsequent durchgeführte Degradierung von Angehörigen bestimmter rassischer, religiöser und politischer Gruppen, die man ihrer Menschenwürde beraubte – diese Axiome der nationalsozialistischen „Weltanschauung" und diese Grundmaximen der nationalsozialistischen Regierungspraxis bildeten die Voraussetzungen dafür, daß man mit Menschen in jenem Stile verfahren konnte, den man im Lager Bergen-Belsen – und in den anderen KL des nationalsozialistischen Staates – praktizierte.

---

[57]) darüber eingehend Kogon, S. 1 ff.

Dokumentation

Dokumente zum „Austauschplan" vom Februar 1943

I. Stellungnahme der Rechtsabteilung des AA zu einem Erlaßentwurf des RSHA, 4. 2. 1943

Quellennachweis: NG–2586–N (unveröffentlicht; Umdruck im StALG).
Zum Dokument: Das Schriftstück befindet sich in einem aus dem AA stammenden Aktenkonvolut wichtiger Dokumente über die deutschen „Judenmaßnahmen" (NG–2586). Einige Schriftstücke aus diesem Konvolut haben zum Gegenstand den Erlaß des RSHA „betr. Behandlung von Juden ausländischer Staatsangehörigkeit", der schließlich am 4. 3. 43 veröffentlicht wurde (NG–2652 A + G), vorher aber im Entwurf dem AA zur Stellungnahme vorlag. Die Rechtsabteilung des AA leitete ihre Stellungnahme zum Erlaßentwurf der in dieser Angelegenheit federführenden „Abteilung Deutschland" (D III) zu, die einen Absatz der Stellungnahme der Rechtsabteilung in ihre Äußerung an das RSHA (NG–2586–O) aufnahm. Die Stellungnahme der Rechtsabteilung wurde zu den Akten der „Abteilung Deutschland" genommen und mit diesen von den Alliierten 1945 erbeutet und in den Nürnberger Prozessen vorgelegt. Zu diesem Dokument vgl. S. 26 ff. der Darstellung.

Gegen die Entwürfe bestehen im allgemeinen keine Bedenken; es ist jedoch auf folgendes hinzuweisen:
Unter den Juden, auf die sich die Anordnungen beziehen, befindet sich voraussichtlich eine Anzahl solcher, die doppelte Staatsangehörigkeit besitzen. Soweit diese Juden die englische oder amerikanische Staatsangehörigkeit neben einer anderen Staatsangehörigkeit haben, sollten sie von den Maßnahmen ausgenommen und als englische oder amerikanische Staatsangehörige interniert werden. Dies gibt uns die Möglichkeit, solche Juden zum Austausch für deutsche Staatsangehörige zu verwenden. Die Rechtsabteilung hat bereits dreimal Austausche internierter deutscher Staatsangehöriger aus Palästina gegen eine viel geringere Anzahl von Palästinajuden durchgeführt. Sobald eine genügende Anzahl weiterer englischer Juden zur Verfügung steht, könnten diese Austausche fortgesetzt werden. Ganz offenbar interessieren sich die jüdischen Organisationen in England und den Vereinigten Staaten außerordentlich für ihre Rassegenossen in Europa, so daß es möglich ist, Juden, die englische oder amerikanische Staatsangehörigkeit besitzen, günstig zu verwerten.

**/ Es wird vorgeschlagen, die Polizeibehörden anzuweisen, daß alle Juden, die neben einer anderen Staatsangehörigkeit auch auf englische oder amerikanische, sei es auch nur wegen ihrer Geburt in diesen Ländern, Anspruch erheben können, von den allgemeinen Judenmaßnahmen ausgeschlossen und der Gestapo zur Internierung in einem Lager für englische oder amerikanische Staatsangehörige übergeben werden. **/

Hiermit bei D III 136 g wieder vorgelegt.

Berlin, den 4. Februar 1943 gez. Albrecht

(handschriftl.): **/ p. a. ist in die Äußerung von AA. – D III g aufgenommen worden.

2. Runderlaß der „Abteilung Deutschland" des AA an die „Vertreter des AA", 20. 2. 1943

Quellennachweis: NG–2586–P (unveröffentlicht; Umdruck im StALG)
Zum Dokument: Das Dokument entstammt demselben Konvolut wie das vorige (NG–2586–N). Es handelt sich um den Durchdruck eines Runderlasses der „Abteilung Deutschland" an die „Vertreter des AA" bei den Militärbefehlshabern bzw. den Reichskommissaren der von Deutschland besetzten und unterworfenen Länder; der Durchdruck wurde bei den Akten der Abteilung Deutschland abgeheftet. Der in diesem Rundschreiben des AA mitgeteilte Wortlaut des als bevorstehend annoncierten Erlasses des RSHA weicht an mehreren Stellen (unwesentlich) ab von dem Text des am 4. 3. 43 in zwei verschiedenen Fassungen (mit zwei verschiedenen Verteilern) veröffentlichten Erlasses des RSHA betr. Behandlung von Juden ausländischer Staatsangehörigkeit (NG–2652 A + G). Zu diesem Dokument vgl. S. 28 f. der Darstellung.

D III 168 g 20. Februar 1943

Der Chef der Sicherheitspolizei und des SD wird in diesen Tagen einen Erlaß an seine Dienststellen richten, in dem die Frage der Behandlung von Juden ausländischer Staatsangehörigkeit im deutschen Machtbereich umfassend geregelt wird.

Es wird u. a. folgendes ausgeführt:

„Zur Behebung aufgetretener Zweifelsfragen gebe ich bekannt, daß Juden der nachstehend aufgeführten Länder

1. ehemals Polen,
2. ehemals Luxemburg,
3. Slowakei,
4. Kroatien,
5. Serbien,
6. Rumänien,
7. Bulgarien,
8. Griechenland,
9. Niederlande,
10. Belgien,
11. Frankreich,
12. ehemals Estland,
13. ehemals Lettland,
14. ehemals Litauen,
15. Norwegen

und staatenlose Juden in sämtliche im dortigen Bereich gegen die Juden allgemein getroffenen oder noch zu treffenden Maßnahmen einzubeziehen sind. Juden italienischer, finnischer, schweizerischer, spanischer, portugiesischer, dänischer und schwedischer Staatsangehörigkeit ist bis zum 31.3.43 Gelegenheit zu geben, in ihre sogenannten ‚Heimatländer' zurückzukehren, soweit nicht besondere sicherheitspolizeiliche Belange dagegen sprechen. Nach Ablauf dieser Frist ergeht bezüglich der im dortigen Bereich verbliebenen Juden mit der vorbezeichneten Staatsangehörigkeit noch besondere Weisung.
Juden anderer Länder, sowohl von Feindstaaten, neutralen oder verbündeten, dürfen in die Judenmaßnahmen nicht einbezogen werden.
Alle Juden, die neben einer anderen Staatsangehörigkeit auch auf englische oder amerikanische Staatsangehörigkeit – wenn auch nur wegen ihrer Geburt in diesen Ländern – Anspruch erheben können, sind von den allgemeinen Judenmaßnahmen auszuschließen und zu internieren. Da über die endgültige Verwendung des jüdischen Vermögens noch nicht entschieden ist, ferner noch keine Bestimmung darüber getroffen worden ist, wem es letztlich zufallen soll, und hierüber insbesondere noch mit den betroffenen Ländern Verhandlungen im Gange sind, sind bei jeder Abschiebung von Juden ausländischer Staatsangehörigkeit die erforderlichen Vorkehrungen für die vorläufige Sicherstellung der Vermögenswerte zu treffen. Zwecks Entlastung der eigenen Dienststellen sind – soweit dies nicht seitens der ausländischen Missionen oder Konsulate geschieht – für die Verwaltung der sichergestellten Werte Treuhänder zu bestellen.
Die Frage der Behandlung des Vermögens der im dortigen Bereich einheimischen Juden ist in dem besetzten Teil Frankreichs und in Belgien mit dem Militärbefehlshaber und in den Niederlanden mit dem Chef der Zivilverwaltung zu regeln. Ich ersuche um genaue Beachtung vorstehender Anordnung, damit Vorstellungen ausländischer Regierungen von vornherein vermieden werden."
Hierzu ist folgendes zu bemerken:

1. Das Auswärtige Amt hat den Chef der Sicherheitspolizei und des SD gebeten, von der Abschiebung von insgesamt 30 000 Juden holländischer, belgischer, französischer, norwegischer und sowjetrussischer Staatsangehörigkeit zunächst abzusehen, um diese Personen für Austauschzwecke zur Verfügung zu halten. Im Hinblick auf den hierzu noch zu erwartenden Erlaß des Chefs der Sicherheitspolizei und des SD erscheint es daher empfehlenswert, schon jetzt eine Anzahl für Austauschzwecke in Frage kommende Juden namentlich zu erfassen und dafür Sorge zu tragen, daß sie einstweilen noch nicht abgeschoben werden.

   Hierfür kommen solche Juden in Frage, die über verwandtschaftliche, freundschaftliche, kaufmännische oder politische Beziehungen zu Angehörigen der Feindstaaten oder zu Personen holländischer, belgischer usw. Staatsangehörigkeit verfügen, die sich z. Z. in den Feindstaaten aufhalten und dort politisch tätig sind.

2. Die Ausreisesichtvermerke für die in ihre sogenannten Heimatländer zurückkehrenden Juden sind, in Abänderung anderslautender Erlasse, vom dortigen Vertreter des Chefs der Sicherheitspolizei und des SD im Einverständnis mit Ihrer Dienststelle zu erteilen. Rückfrage bei der Zentralen Sichtvermerkstelle ist nicht erforderlich. Die notwendigen Sicherheitsmaßnahmen, wie Sammeltransport, Plombierung der Wagen usw., sind natürlich auch weiterhin zu treffen. Über die erteilten Sichtvermerke ist, listenmäßig zusammengefaßt nach Nationalität und Transport, der Zentralen Sichtvermerkstelle über das Auswärtige Amt zu berichten.
3. Die im dortigen Amtsbereich noch anwesenden fremden Konsuln sind zu veranlassen, sich an der Inventarisierung und Sicherstellung des Judenvermögens weitestgehend zu beteiligen. Den von den ausländischen Missionen in Berlin zu benennenden Treuhändern ist die Möglichkeit zu geben, im gleichen Sinne tätig zu werden. Den dortigen Vertretern der Sipo und des SD ist in geeigneter Form zum Ausdruck zu bringen, daß bei der Ausführung der Sicherstellung durch die einheimischen[1]) Polizeiorgane eine besonders gewissenhafte Überwachung dieser Organe angebracht erscheint.

Im Auftrag:
gez. Rademacher

3. Schreiben der „Gruppe Inland II" des AA an das RSHA, 17.4.1943

Quellennachweis: NG-2652-D (unveröffentlicht; Umdruck im StALG).
Zum Dokument: Dieses Schriftstück entstammt einem weiteren Aktenkonvolut des AA mit wichtigen Dokumenten zur „Judenfrage" (NG-2652). Es ist der bei den Akten der Gruppe Inland II abgelegte Durchdruck eines Schreibens dieses Referates an das RSHA z. H. v. OStubaf. Eichmann. (Gruppe Inland II ging aus dem Referat D III der im März 1943 aufgelösten und umgebildeten „Abteilung Deutschland" des AA hervor.) Zu diesem Dokument vgl. S. 29, 35 der Darstellung.

Durchdruck als Konzept — Stempel: Geheim
Inland II 997 — Berlin, den 17. 4. 1943

216 g
397 g

Mit Schnellbrief vom 2. 3. – D III 216 g – bat das Auswärtige Amt Ihre Dienststelle darum, veranlassen zu wollen, daß etwa 30 000 für einen evtl. Austausch geeignet erscheinende Juden verschiedener Staatsangehörigkeiten unter Zurückhaltung vom Abtransport nach dem Osten zur Verfügung gehalten werden mögen.

---

[1]) Im Umdruck heißt es (offensichtlich verschrieben): „einheitlichen".

Das Auswärtige Amt wäre dankbar, über das von Ihnen in dieser Angelegenheit Veranlaßte baldmöglichst abschließend unterrichtet zu werden.

Im Auftrag:
gez. v. Thadden

An das
Reichssicherheitshauptamt
z. H. von Oberstubaf. Eichmann
Berlin
Kurfürstenstr. 116
Stempel: 22.4.43

(handschriftl.:) zu den allg. Paraphe:
(unleserl.)

Dokumente über das „Aufenthaltslager Bergen-Belsen" 1943/44

I. Runderlaß des WVHA/Amtsgruppe D an die Lagerkommandanten der KL, 29. 6. 1943

Quellennachweis: NO–1291 (unveröffentlicht; Umdruck im StALG).
Zum Dokument: Fundort unbekannt. Dieser Runderlaß des WVHA wurde in Nürnberg im Prozeß gegen die Funktionäre des WVHA (Fall IV) als Anklagedokument vorgelegt.
Die Abkürzungen der KL im Verteiler bedeuten – in dieser Reihenfolge – die KL: Dachau, Sachsenhausen, Buchenwald, Mauthausen, Flossenbürg, Neuengamme, Auschwitz, Groß-Rosen, Natzweiler, Stutthof bei Danzig, Ravensbrück, Herzogenbosch (Hertogenbosch, Holland), Riga, Lublin. Zum Dok. vgl. S. 38 f. der Darstellung.

SS-Wirtschafts-Verwaltungshauptamt — Oranienburg, den 29. Juni 1943
Amtsgruppenchef D
– Konzentrationslager –
D I / AZ 14 a 12/L.Ot.

Stempel: Posteingang 1. Juli 1943
(handschr.) z. d. A.

Betr.: Neue Anschrift für das ZIL Bergen-Belsen
Bezug: Diess.Verfügung – D I/AZ 14 a 12/L/S geh.Tgb. Nr. 651/43 v. 10. 5. 1943
Anlagen: keine

Stempel: Einschreiben

An die
Lagerkommandanten der Konzentrationslager
Da., Sah., Bu., Mau., Flo., Neu., Au., Gr.-Ro., Natz., Stu., Rav., Herz., Ri., Lub. und ZIL Bergen-Belsen
an den Chef des SS-Wirtschafts-Verwaltungshauptamtes Berlin-Lichterfelde
mit je 1 Abdruck für die Chefs der Amtsgruppen A, B, C und W
Chefs der Ämter A I, B I, B II, B III
an die Chefs der Ämter D I, D II, D III im Hause
an den Chef der Sicherheitspolizei und des SD, Berlin SW 11
mit je 1 Abdruck für Dienststelle IV C 2
für Amt V

Wie der Chef der Sicherheitspolizei und des SD mitteilt, muß aus taktischen Gründen an die Stelle der Bezeichnung

„Zivilinterniertenlager Bergen-Belsen“

die Bezeichnung

„Aufenthaltslager Bergen-Belsen“

treten. Diese Änderung ist erforderlich, da Zivilinterniertenlager gemäß der Genfer Konvention internationalen Kommissionen zur Besichtigung zugänglich sein müssen.

Die neue Anschrift für Postsendungen und Stückgüter an das Lager Bergen-Belsen lautet: Kommandantur des Aufenthaltslagers Bergen-Belsen in Bergen-Belsen, Kreis Celle. Bei Waggonsendungen ist der Zusatz „Lagerbahnhof“ beizufügen.

i. V. (gez.) Liebehenschel
SS-Obersturmbannführer

2. Telegramm der „Gruppe Inland II" des AA an das Deutsche Konsulat in Saloniki, 26. 7. 1943

Quellennachweis: NG–5050 (unveröffentlicht; Fotokopie IfZ).
Zum Dokument: Das Dokument stammt aus dem Aktenbestand des AA; nach Abgang des Telegramms (Vermerk Telegrammkontrolle) und Kenntnisnahme der mit dem Vorgang befaßten Abteilungen des AA wurde das Telegrammformular zu den Akten genommen. Zu diesem Dokument s. S. 53 f. der Darstellung.

Stempel und Vermerk
der Telegrammkontrolle

Akt. Z. Inl. II 2132 g
Stempel: Geheim

Berlin, den 26. Juli 1943 — (handschriftl.:) Nach Abg UStS Pol
Consugerma Salonik Nr. 90 — Pol IV
Referent: LR v. Thadden — Pol III
Betreff: Spanische Juden in Salonik — m. d. B. u. K.

Bevollmächtigter des Reichs, Athen, erhielt folgende Weisung:

„Spanische Regierung wurde April verständigt, daß alle Juden aus sicherheitspolizeilichen Gründen Salonik verlassen müßten. Trotz schwerer Bedenken gegen Erteilung Ausreisegenehmigung an rund 600 Juden wurde spanischer Regierung Übernahme anheimgestellt. Kurz vor Ablauf Aussiedlungsfrist erbat Spanische Botschaft Fristverlängerung. Nachdem auch erneute Frist abgelaufen, hat Spanische Botschaft keinen Fristverlängerungsantrag gestellt. Vielmehr hat Spanische Regierung durch Weisungen erkennen lassen, daß sie an Übernahme kein Interesse hat. Dies wurde von Angehörigen Spanischer Botschaft Auswärtigem Amt gegenüber ausdrücklich bestätigt.

Diplomatische Vorstellungen bei Spanischer Regierung, da Ausreise Juden an sich unerwünscht, nicht beabsichtigt. Da Frist abgelaufen, Abtransport nicht erfolgt und weiterer Aufschub Bereinigung Judenfrage Salonik sicherheitspolizeilich nicht vertretbar ist, werden nunmehr spanische Juden zunächst in interniertenlagermäßig aufgebaute Lager im Reich untergebracht werden. Hiesige Spanische Botschaft ist unterrichtet. Anheimstelle, spanischen Geschäftsträger Athen entsprechend zu informieren."

Schluß der Weisung nach Athen.

Reichssicherheitshauptamt ist gebeten worden, Abschiebung spanischer Juden in Sonderlager Bergen-Belsen für Ende dieses Monats vorzunehmen, sofern Spanische Regierung nicht doch noch Genehmigung zu Sammeltransport nach Spanien erteilt. Bitte auf örtliches Einsatzkommando dahingehend einzuwirken, daß Überführung nach Bergen-Belsen nicht in sonst üblicher Art, sondern unter Wahrung einer Form erfolgt, die bei evtl. späterer Ausreise einzelner dieser Juden nach Spanien keinen Anlaß zu Greuelpropaganda bietet.

Lediglich zur dortigen Information: Sollten Spanier in nächster Zeit Wunsch auf Ausreisegenehmigung für alle oder einzelne dieser Juden ausdrücken, soll Ausreisegenehmigung aus Lager Bergen-Belsen erteilt werden. Erfolgt innerhalb nächster zwei bis drei Monate keine Reaktion, wird Abschub aus Sonderlager in Arbeitseinsatzlager der Ostgebiete erfolgen.

Wagner

Paraphe W (Wagner) 26/7
Paraphe v Th (v. Thadden) 24/7

3. Schreiben des RSHA Berlin an den BdS Den Haag mit Anlage: Richtlinien zur technischen Durchführung der Verlegung von Juden ins Aufenthaltslager Bergen-Belsen, 31. 8. 1943

Quellennachweis: RvO (ohne Signatur; unveröffentlicht).
Zum Dokument: Die beiden Schriftstücke (Schreiben an den BdS mit Anlage) stammen aus dem Aktenbestand des „Befehlshabers der Sicherheitspolizei" Den Haag (der für die Niederlande zuständigen Gestapostelle). Es handelt sich offensichtlich um Abschriften der Originale, die seinerzeit in der Dienststelle des BdS Den Haag angefertigt wurden (Vervielfältigung für internen Dienstgebrauch?). Die Originale liegen nicht vor; auf der Kopie fehlt der Kopf des Schreibens RSHA an BdS Den Haag, ebenso das Datum; die „Richtlinien" sind vom 31. 8. 43 datiert. Müller: Chef des Amtes IV (Gestapo) im RSHA Berlin; Kaltenbrunner: Chef der Sipo und des SD, Leiter des RSHA Berlin. Zu diesem Dokument vgl. S. 40 ff., 44, 62 der Darstellung.

Betrifft: Richtlinien zur technischen Durchführung der Verlegung von Juden in das Aufenthaltslager Bergen-Belsen

Bezug: Bekannt

Anlagen: 2

Der Reichsführer-SS und Chef der deutschen Polizei hat angeordnet, die im Zuge der Evakuierung anfallenden, über besondere Verbindungen zum feindlichen Ausland verfügenden Juden nicht nach dem Osten zu evakuieren, sondern zunächst in einem Sonderlager unterzubringen.

Zu diesem Zweck ist das „Aufenthaltslager Bergen-Belsen" bei Celle/Hannover eingerichtet worden. Das Lager ist z. Z. jedoch bis zur Fertigstellung der sanitären Anlagen nicht weiter aufnahmefähig. Als Anlage übersende ich zwei Ausfertigungen der für die Verlegung von Juden in das Aufenthaltslager Bergen-Belsen aufgestellten und vom Reichsführer-SS genehmigten Richtlinien zur Kenntnisnahme und Beachtung.

Mit der Auswahl der gemäß diesen Richtlinien für eine Verlegung nach Bergen-Belsen in Frage kommenden Juden kann inzwischen begonnen werden.

Weitere Weisungen zur Überstellung dieser Juden in das Aufenthaltslager Bergen-Belsen ergeht (sic!) voraussichtlich nach dem im September fertiggestellten Teilausbau.

Beglaubigt: In Vertretung:
gez. Scholz gez. Müller
Kanzleiangestellte

Reichssicherheitshauptamt Berlin, den 31. August 1943
IV B 4 3233/41 g (1085) – 364/43 g (229)

Richtlinien zur technischen Durchführung der Verlegung
von Juden in das Aufenthaltslager Bergen-Belsen

Für die Verlegung von Juden in das Aufenthaltslager Bergen-Belsen wurde (sic!) unter Bezugnahme auf die „Richtlinien zur technischen Durchführung der Evakuierung von Juden nach dem Osten" folgende Richtlinien aufgestellt:

I. Zuständige Dienststellen

Die Durchführung der Verlegung obliegt den mit der Evakuierung von Juden nach dem Osten beauftragten Dienststellen der Sicherheitspolizei und des SD.

II. Bestimmungen des jüdischen Personenkreises

Für eine Verlegung in das Aufenthaltslager Bergen-Belsen kommen nur solche Juden in Betracht, die an sich gemäß den Richtlinien für eine Evakuierung nach dem Osten zu erfassen wären, wegen ihrer besonderen Verbindungen zum feindlichen Ausland jedoch zunächst bis auf weiteres zur Verfügung zu halten sind. Im einzelnen:

1. Juden, die verwandtschaftliche oder sonstige Beziehungen zu einflußreichen Personen im feindlichen Ausland haben;

2. Juden, die unter Zugrundelegung eines günstigen Schlüssels für einen Austausch gegen im feindlichen Ausland internierte oder gefangene Reichsangehörige in Frage kommen;
3. Juden, die als Geiseln und als politische oder wirtschaftliche Druckmittel brauchbar sein könnten;
4. jüdische Spitzenfunktionäre.

III. Transport

Abbeförderung in der Regel in Gruppen zu je 50 bzw. 100 Juden in an Regelzügen angehängten Sonderwaggons nach Bahnstation Bergen bei Celle/Hannover.

Die Bereitstellung der erforderlichen Sonderwaggons ist bei den örtlich zuständigen Reichsbahndienststellen zu beantragen. Die Genehmigung zur Durchführung dieser Gruppentransporte ist unter gleichzeitiger Mitteilung des Transporttermins mindestens acht Tage vor Abwicklung des vorgesehenen Transports beim Reichssicherheitshauptamt – Referat IV B 4 – einzuholen.

Im übrigen sind für die Transporte die diesbezüglichen für die Evakuierung nach dem Osten geltenden Bestimmungen maßgebend.

Bei der Mitnahme von persönlichen Ausrüstungsgegenständen, insbesondere Kleidung, Wäsche usw., sowie von Lebensmitteln kann großzügig verfahren werden.

IV. Transportbegleitung

Die Transportleitung ist einem Angehörigen der Sicherheitspolizei zu übertragen, dem weitere Angehörige der Sicherheitspolizei oder Ordnungspolizei zur Unterstützung zuzuteilen sind.

Namentliche Listen der mitgeführten Juden (Name, Geburtsdatum, Staatsangehörigkeit, Beruf, Wohnung und Angabe, aus welchen Gründen die Verlegung nach Bergen-Belsen erfolgt) ist in zweifacher Ausfertigung dem Transportführer mitzugeben.

V. Behandlung im Aufenthaltslager Bergen-Belsen

Die Behandlung der Juden im Aufenthaltslager Bergen-Belsen erfolgt nach folgenden Gesichtspunkten:

a) Die Juden werden nicht als Häftlinge, sondern als Lagerinsassen bezeichnet. Sie unterstehen einem jüdischen Ältestenrat, der seine Funktionen nach den Weisungen der Lagerleitung ausübt.
b) Die Lagerkleidung besteht aus der mitgebrachten Zivilkleidung mit Judenstern.
c) Die Heranziehung zur Arbeit vollzieht sich in normalen Bahnen.
d) Der zensurierte Briefverkehr mit Angehörigen und Bekannten im feindlichen Ausland wird bis zu einem bestimmten Ausmaß gestattet.
e) Die Verpflegung entspricht den für KL geltenden Sätzen.
f) Der innere Dienst im Lager wird im einzelnen durch eine vom jüdischen Ältestenrat aufgestellte Lagerordnung geregelt.

VI. Meldewesen

Die Abfahrt jedes Transportes ist unter Angabe der Transportstärke, des Transportleiters und der voraussichtlichen Ankunft des Transportes in Bergen mit dringendem FS

a) dem Reichssicherheitshauptamt – Referat IV B 4 –,
b) dem SS-Wirtschafts-Verwaltungshauptamt, Amtsgruppe D in Oranienburg,
c) dem Aufenthaltslager Bergen-Belsen über Stapoaußenstelle Celle

bekanntzugeben. Das Eintreffen der Transporte und die ordnungsgemäße Übernahme im Lager wird von der empfangenden Dienststelle mit FS dem Reichssicherheitshauptamt – Referat IV B 4 – mitgeteilt.

VII. Behandlung des Vermögens

Die Behandlung des Vermögens entspricht der bei der Evakuierung nach dem Osten gehandhabten Regelung (bei Ausländern Sicherstellung, bei Reichsangehörigen und Staatenlosen Einziehung des Vermögens).

Beglaubigt: gez.: Dr. Kaltenbrunner
gez. Scholz
Kanzleiangestellte

4. Aktenvermerk des BdS Den Haag (IV B 5) über einen Transport von Westerbork nach Bergen-Belsen, 20. 9. 1943

Quellennachweis: RvO 172 a, Bl. 144 (unveröffentlicht).
Zum Dokument: Der Aktenvermerk befindet sich im Aktenbestand der Abteilung IV B (Gestapo-Akten) des BdS Den Haag; dieser Aktenbestand ist 1945 durch eine Serie von Zufällen der Vernichtung durch die Gestapo entgangen. Zu diesem Dokument vgl. S. 59 f. der Darstellung.

B. d. S. IV B 5 We/Hu. Den Haag, den 20. 9. 1943
1. Vermerk:
Betrifft: Judentransport nach Bergen-Belsen

Am 14. 9. 1943 wurden vom Lager Westerbork mit dem Auschwitzer Transport 305 Juden nach dem neuerrichteten Lager Bergen-Belsen gebracht. Abfahrt: 10.42 vom Lager Westerbork. Ankunft: 19.15 Uhr in Soltau, wo die sieben Waggons mit den 305 bevorzugten Juden abgehängt wurden. Um 23.15 Uhr Weiterfahrt nach Bergen, wo der Transport um 12.15 Uhr eintraf. Da das Lager von der Ankunft dieses Transportes nicht unterrichtet war, mußten die Wagen bis 6.30 Uhr auf dem Bahnhof stehenbleiben, einschl. Transportführer und Begleitkommando. SS-H'stuf. Dr. Seidl nahm den Transport um 2 Uhr in Empfang. Gegen 6.30 Uhr erfolgte der Abtransport mit Lastwagen zum Lager. Das Lager Bergen-Belsen – Lagerleiter SS-H'stuf. Haas – untersteht der Waffen-SS. Es wurde erst vor kurzem von der SS übernommen und befindet sich noch im Aufbau. Z. Z. sind in dem Lager über 3000 Juden und ca. 500 nichtjüdische

KZ-Häftlinge untergebracht. Sanitäre Anlagen sind nicht vorhanden und werden erst bei Ausbau bzw. bei der Erweiterung des Lagers hergestellt.
Nach Rücksprache mit SS-H'stuf. Haas könnten in kürzester Frist 60 Baracken errichtet werden, wenn vom SS-Wirtschaftshauptamt (sic!) die dazu notwendigen Mittel bereitgestellt würden. Die Aufnahmefähigkeit des Lagers ist mit den ca. 3000 Juden erschöpft.
Die Juden sind getrennt nach Geschlechtern untergebracht; die Kinder befinden sich in den Frauenbaracken. Tagsüber können sich die Familienangehörigen gegenseitig besuchen.
Im Judenlager ist eine Schuhzerreißindustrie aufgebaut worden.
Das Lager selbst ist mit dem Lager Theresienstadt nicht zu vergleichen.

(gez.) Werner
SS-Untersturmführer

2. SS-Stubaf. Zoepf mit der Bitte um Kenntnisnahme.

5. Aktenvermerk des BdS Den Haag (IVB 4) über den Abtransport jüdischer Rückstellungsgruppen von Westerbork nach Bergen-Belsen, 21. 9. 1943

Quellennachweis: RvO 172 a, Bl. 153/153 a (unveröffentlicht).
Zum Dokument: Dieser Aktenvermerk befindet sich – wie der vorige – bei den Akten der Abteilung IV B des BdS Den Haag (sog. Slottke-Mappe). Zu diesem Dokument vgl. S. 57 ff. der Darstellung.

BdS (handschriftl.:) Den Haag, den 21. 9. 1943
– IV B 4 – (L) Slottke

Betr.: Abtransport jüdischer Rückstellungsgruppen nach dem Aufenthaltslager Bergen-Belsen

Nach den vom RSHA eingegangenen Richtlinien ist das für Rückstellungsgruppen vorgesehene Aufenthaltslager Bergen-Belsen (bei Hannover) eröffnet. Bei einer weiteren Rücksprache mit dem RSHA wurde festgestellt, daß von den noch in den Niederlanden verbliebenen Juden folgende Juden dem Lager zugewiesen werden sollen:

1. Austauschjuden für Palästina,
2. Juden mit doppelter Staatsangehörigkeit,
3. Juden mit gekauften Pässen der südamerikanischen Staaten,
4. Juden sogenannter portugiesischer Abstammung,
5. Juden mit Auslandsbeziehungen (Stempel 120 000),
6. jüdische Kriegsteilnehmer aus Deutschland, die in dem zur Zeit überfüllten Theresienstadt nicht mehr aufgenommen werden können (der letzte an sich für Theresienstadt vorgesehene Transport wurde deshalb bereits im letzten

Augenblick vom RSHA dem neuen Aufenthaltslager Bergen-Belsen zugeleitet),

7. Juden, die als Geiseln, als politische und wirtschaftliche Druckmittel brauchbar sein können (Stempel 120 000),
8. jüdische Spitzenfunktionäre (Stempel 120 000),
9. sonstige unter Stempel 120 000 zurückgestellte oder für einen Austausch in Frage kommende Juden,
10. nach endgültiger Genehmigung durch den Herrn Reichskommissar die von Barneveld nach Westerbork verlegten Juden.

Die Abbeförderung soll in kleinen Gruppen mit fahrplanmäßigen Zügen unter Transportbegleitung durch die Sicherheitspolizei geschehen. Die Juden werden in Bergen-Belsen nicht als Häftlinge, sondern als Lagerinsassen bezeichnet, tragen Zivilkleidung, dürfen Briefe schreiben und unterstehen einem jüdischen Ältestenrat.

Die für Bergen-Belsen von hier aus in Frage kommenden Juden warten zum Teil schon seit längerer Zeit in Westerbork auf den Weitertransport nach Bergen-Belsen, zum anderen Teil werden sie in Amsterdam nach dem Stadtteil Transvaal zusammengezogen. Es handelt sich um rund 5000 Juden. Ihre baldige Entfernung wäre im Sinne der Endlösung der Judenfrage in den Niederlanden wünschenswert, zumal sie auch das Lager Westerbork unnötig belasten und keine wertvollen Arbeitskräfte darstellen. Auch die verwaltungsmäßige Vorarbeit für die Verlegung dieser Juden (Sonderliste für das Auswärtige Amt usw.) ist hier abgeschlossen. Bei einem weiteren Verbleib dieser Juden im Lande besteht jedoch die Gefahr, daß weiterhin Gefälligkeitspässe in die Hände der Juden gelangen. Außerdem entsteht eine Belastung der Dienststellen dadurch, daß die sicherheitspolizeiliche Kontrolle und die Personalbearbeitung dieser zurückgestellten Juden auch weiterhin aufrechterhalten werden muß.

Der Abtransport dieser Juden könnte sofort durchgeführt werden, wenn das zur Zeit überfüllte Lager Bergen-Belsen in schnellerem Tempo ausgebaut werden könnte. Sowohl der Lagerkommandant als auch das RSHA bemühen sich seit längerer Zeit vergebens um die Anlieferung von Material für den notwendigen Barackenbau. Es wäre vielleicht möglich, daß SS-Obergruppenführer Rauter durch Absprache mit SS-Obergruppenführer Pohl eine Beschleunigung des Ausbaus von Bergen-Belsen und dadurch der Entjudung der Niederlande erreichen könnte.

II. SS-Brigadeführer Naumann zur Unterrichtung des SS-Obergruppenführers Rauter, gegebenenfalls des Herrn Reichskommissars.

6. Aktenvermerk des BdS Den Haag (IV B 4) über den ersten großen Transport von Westerbork nach Bergen-Belsen, 27. 1. 1944

Quellennachweis: RvO 172 a, Bl. 169 (unveröffentlicht).
Zum Dokument: Dieser Aktenvermerk über den ersten großen Transport von Westerbork nach Bergen-Belsen entstammt ebenfalls den Gestapoakten des BdS Den Haag (sog. Slottke-Mappe). Zu diesem Dokument vgl. bes. S. 61 der Darstellung.

BdS Den Haag, den 27. 1. 1944
IV B 4 e –

Judentransporte

Nach Aufhebung der Waggonsperre und der über Westerbork verhängten Quarantäne begannen am 11. 1. 1944 die ersten Transporte auszurollen. Der erste Transport lief am 11. 1. 1944 mit 1037 Juden nach dem Aufenthaltslager Bergen-Belsen aus. Unter diesen Juden befanden sich u. a. 385 Personen für den deutsch-britischen Austausch und 436 Personen für den Palästinaaustausch, ferner Juden mit Beziehungen zum feindlichen Ausland.

Der zweite Transport rollte am 18. 1. 1944 mit 870 Personen nach Theresienstadt aus. Dieser Transport setzte sich aus Juden mit Kriegs- und Zivilverdiensten, jüdischen Kindern, deren Eltern bereits in Theresienstadt sind, Eltern von Juden, die auf der Stammliste stehen, Frauen, deren Ehemänner sich in Kriegsgefangenschaft befinden, usw. zusammen.

Der dritte Transport ging am 25. 1. 1944 mit 948 Personen nach Auschwitz ab. Während bei den ersten beiden Transporten nach Bergen-Belsen und Theresienstadt eine ziemlich gehobene Stimmung unter der Judenschaft herrschte, sackte diese Stimmung bei dem Transport nach Auschwitz wieder vollkommen ab.

Seitdem mit dem Abtransport der Juden wieder begonnen wurde, setzte eine wahre Flut von Interventionen ein. Es wurden sogar Anträge gestellt, Juden, die jetzt abtransportiert werden, nach Kriegsende wieder freizugeben und nach den Niederlanden zurückzuschicken.

(gez.) Slottke
Pol. Angestellte

7. Weisung des RSHA über Festnahme der Juden argentinischer Staatsangehörigkeit und Verbringung nach Bergen-Belsen, 21. 1. 1944

Quellennachweis: Le Monde Juif, 15. Jg., No. 21–22 (Juni 1960), S. 47 (Faksimile). *Zum Dokument:* Das Dokument befindet sich im Centre de Documentation Juive Contemporaine, Paris (Doc. XXV–1). Es handelt sich bei diesem Schriftstück um ein Telegramm des BdS Paris mit dem Text eines Blitzgesprächs aus Berlin (RSHA IV B 4). Das Dokument stammt aus dem Aktenbestand des BdS Paris. Der im handschriftlichen Vermerk auf dem Telegramm erwähnte Röthke war Chef der Pariser Dienststelle von Eichmanns Amt. – s. Reitlinger, S. 356 ff. Zu diesem Dokument s. S. 26, 65 f. der Darstellung.

Der Befehlshaber der Sicherheitspolizei und des SD
im Bereich des Militärbefehlshabers in Frankreich
+ Blitz – Berlin Nue 7852 27. 1. 44 Na – Geheim –

An alle Stapo(leit)stellen – alle Befehlshaber der Sicherheitspolizei und des SD – an den Beauftragten d. Sipo und d. SD in Brüssel –
Nachrichtlich a) an die Höheren SS- und Polizeiführer, b) an die Insp. der Sicherheitspolizei und des SD –

Betr.: Juden argentinischer Staatsangehörigkeit
Bezug: o

Sämtliche Juden und Jüdinnen argentinischer Staatsangehörigkeit sind sofort festzunehmen. Diese Juden sind umgehendst unter Bewachung dem Aufenthaltslager Bergen-Belsen, Celle bei Hannover, zuzuführen und dort dem mit den sicherheitspolizeilichen Aufgaben beauftragten SS-Hauptsturmführer Dr. Seidl zu übergeben. Das Vermögen der Festgenommenen ist sicherzustellen. Nach Vollzugsmeldung erfolgen weitere Weisungen.
Zusatz für BdS Den Haag: Sämtliche bisher entstandenen Vorgänge sind als überholt anzusehen. –

– RSHA Röm. 4 B 4 – i. A. gez. Eichmann SS-O'stubaf. +
(handschriftl. Vermerk:) SS-Obersturmf. Röthke ist fernmündlich unterrichtet.

Unterschrift unleserlich

(Vermerk auf dem Telegramm:) Aufgenommen 28. Jan. 1944

8. Weisung des Judenältesten Albala an den „Sachwalter für Rechtsangelegenheiten", 10. 7. 1944

Quellennachweis: Persönlicher Besitz von Dr. A. J. Herzberg, Amsterdam (veröffentlicht: Fotokopie auf der hinteren Umschlagseite der Taschenbuchausgabe von A. J. Herzberg, Amor fati – Tweestromenland, Amsterdam 1960).
Zum Dokument: Bei diesem zum Abschluß wiedergegebenen Schriftstück handelt es sich um ein Dokument der jüdischen „Selbstverwaltung" im Sternlager, das durch Zufall erhalten geblieben ist: Der Judenälteste Albala beauftragte den „Sachwalter für Rechtsangelegenheiten", Dr. A. J. Herzberg, mit der Durchführung und Beaufsichtigung der Strafvollstreckung (aber Aburteilung und Bestrafung oblag der jüdischen Selbstverwaltung nur bei Verstößen gegen die Lagergemeinschaft!). Zu diesem Dokument vgl. S. 76 der Darstellung.

Der Judenälteste

An den Sachwalter für Rechtsangelegenheiten

Hiermit beauftrage ich Sie mit der Durchführung und Beaufsichtigung der Strafvollstreckung.

Insbesondere gehört das Folgende zu Ihren Aufgaben:

1. Sie übernehmen die Kontrolle der auferlegten Wiedergutmachungen, z.B. Vergütung von zu erstattenden Brotrationen, und evtl. haben Sie dabei als Treuhandinstanz zu fungieren.
2. Sie haben die Dauer und das Ende von Freiheitsstrafen zu kontrollieren.
3. Sie haben die Aufsicht darüber zu führen, daß Freiheitsstrafen in der im Urteil vorgesehenen Form vollstreckt werden. Vor allem haben Sie darüber zu wachen, daß der Verurteilte die ihm zugesprochene Verpflegung erhält, und zwar jeweils zur richtigen Zeit. Dabei ist darauf zu achten, daß bei der Versorgung des Verurteilten keine Verzögerungen eintreten.
   Auch die Versorgung der Verurteilten, die sich im SS-Bunker befinden, ist von Ihnen genauestens zu überwachen. Hierbei ist besonders darauf zu achten, daß diese Verurteilten die ihnen zustehende Verpflegung rechtzeitig und ohne Verzögerung erhalten.
4. Die Durchführung der Ihnen hiermit übertragenen Aufgaben wollen Sie an Hand eines Registers für die Strafvollstreckung kontrollieren. Hieraus müssen vor allem Beginn und Ende von Freiheitsstrafen sowie Datum und Durchführung von Wiedergutmachungsleistungen ersichtlich sein.

Bergen-Belsen, den 10. Juli 1944

Der Judenälteste:
(gez.) J. Albala

Dokumente über das Lager BB in der letzten Kriegsphase 1945

1. Schreiben von Lagerkommandant Kramer an Amtsgruppenchef D, Glücks, über die Situation in BB, 1. 3. 1945

Quellennachweis: The Belsen Trial (London etc. 1949), S. 163–166.

Zum Dokument: Das Schriftstück (der Durchschlag des Originalschreibens an Glücks) blieb erhalten, weil es sich nicht in der Lagerregistratur befand (die vernichtet wurde), sondern in Kramers Privatwohnung; zur Frage der Echtheit s. S. 191 m. Anm. Im Belsen-Prozeß wurde das Dokument von dem Verteidiger Kramers als Beweisstück vorgelegt und zu diesem Zweck ins Englische übersetzt; in dieser Form ist es in der Veröffentlichung des Prozeßprotokolls abgedruckt; das Original dagegen befindet sich bei den Prozeßakten. Da eine Fotokopie des Originals nicht beschafft werden konnte und eine Rückübersetzung ins Deutsche mißlich wäre und die Fehlerquellen vermehren würde, wird das Dokument hier in der englischen Übersetzung dargeboten, die dem Gericht vorgelegen hat. Zu diesem Dokument vgl. S. 136 ff., 186 ff.

Major WINWOOD (Verteidiger Kramers) – This letter addressed to the Head of Department D in S.S.Administration Department, S.S.Gruppenführer Glücks, Oranienburg, is headed "Bergen-Belsen 1st March 1945", and reads:

"Gruppenführer, it has been my intention for a long time past to seek an interview with you in order to describe the present conditions here. As service conditions make this impossible I should like to submit a written report on the impossible state of affairs and ask for your support.

You informed me by telegram of 23rd February, 1945, that I was to receive 2500 female detainees as a first consignment from Ravensbrück. I have assured accommodation for this number. The reception of further consignments is impossible, not only from the point of view of accommodation due to lack of space, but particularly on account of the feeding question. When S.S.Stabsarztführer Lolling inspected the camp at the end of January it was decided that an occupation of the camp by over 35,000 detainees must be considered too great. In the meantime this number has been exceeded by 7000 and a further 6200 are at this time on their way. The consequence of this is that all barracks are overcrowded by at least 30 per cent. The detainees cannot lie down to sleep, but must sleep in sitting position on the floor. Three-tier beds or bunks have been repeatedly allotted to the camp in recent time by Amt B III, but always from areas with which there is no transport connection. If I had sufficient sleeping accommodation at my disposal, then the accommodation of the detainees who have already arrived and of those still to come would appear more possible. In addition to this question a spotted fever and typhus epidemic has now begun, which increases in extent every day. The daily mortality rate, which was still in the region of 60–70 at the beginning of February, has in the meantime attained a daily average of 250–300 and will still further increase in view of the conditions which at present prevail.

Supply. When I took over the camp, winter supplies for 1500[1]) internees had been intended for; some had been received, but the greater part had not been delivered. This failure was due not only to difficulties of transport but also to the fact that practically nothing is available in this area and all must be brought from outside the area. The supplies which were available here were calculated to last till 20th February; by the greatest economy it has been possible to have still, at the present time, potato supplies for eight days and turnips for six days. Fresh negotiations with the representative of the local peasants' combine with regard to further supplies have been started. The same situation prevails with regard to the supply of bread – apart from the supply by Training Area Bergen we received daily one load from a bread factory in Hanover. For the last four days there has been no delivery from Hanover owing to interrupted communications, and I shall be compelled, if this state of affairs prevails till the end of the week, to fetch bread also by means of lorry from Hanover. The lorries allotted to the local unit are in no way adequate for this work, and I am compelled to ask for at least three to four lorries and five to six trailers. When I once have here a means of towing then I can send out the trailers into the surrounding area. If the negotiations with the representatives of the local peasants' combine on the subject of supply of potatoes are successful, then I have to allow for fetching these also by lorry. The supply question must, without fail, be cleared up in the next few days. I ask you, Gruppenführer, for an allocation of transport. The collection of food will be dealt with from here. Further, I need badly an additional supply of boilers. All boilers belonging to the camp are in use day and night. We shall be in great difficulties if one of these boilers fails. There is a field kitchen here with 30 boilers of 300 litres capacity which were placed at the disposal of the S. S. by the D. A. F. To our request of 29th December, 1944, that we should make temporary use of these boilers, we received a written reply on 3rd January, 1945, that their use cannot be sanctioned. S. S. Sturmführer Burger noted this when he paid a visit here. I do not know what decision was arrived at as a result of any discussions. Possibly under the changed conditions

[1]) so BT, S. 164 (wohl Druckfehler, statt 15 000).

it is possible to gain the use of these boilers. I urgently need here a further 20 boilers in order to be able to provide for a possible deficit.
State of Health. The incidence of disease is very high here in proportion to the number of detainees. When you interviewed me on 1st December, 1944, at Oranienburg, you told me that Bergen-Belsen was to serve as a sick camp for all concentrations camps in North Germany. The number of sick has greatly increased, particulary on account of the transport of detainees, which have arrived from the East in recent times – these transports have sometimes spent eight to fourteen days in open trucks. An improvement in their condition, and particularly a return of these detainees to work, is under present conditions quite out of the question. The sick here gradually pine away till they die of weakness of the heart and general debility. As already stated, the average daily mortality rate is between 250 and 300. One can best gain an idea of the conditions of incoming transports when I state that on one occasion, out of a transport of 1900 detainees over 500 arrived dead. The fight against spotted fever is made extremely difficult by the lack of means of disinfection. Due to constant use the hot-air delousing machine is now in bad working order and sometimes fails for several days. At the time of his visit S. S. Stabsarztführer Lolling promised me a 'short-wave delousing machine'. To use this I need a more powerful transformer, which, according to information received from Bauinspektion Nord, Wismarer Straße, Berlin, is awaiting collection. Although I require the apparatus so urgently, it is impossible at the present time to send transport to Berlin to collect it. The same situation prevails with the parts for the new crematorium and for roofing materials and cement. In my opinion it should be possible for the Building Department to load all these urgently required items, if not in a lorry at any rate in a truck, to dispatch them to this place with a transport of detainees from Sachsenhausen or Ravensbrück. So far as the Building Department is concerned, the matter is finished when they have stated that the items can be fetched from this or that place. The Departments probably believe that transport is available here in great excess and only waiting for employment. A further item which concerns the Building Department is the sewage installation. It was decided in 1943 that the existing machinery was too small for the number of the detainees. In the period since 1943 several investigations and plans were made, but nothing at all done. Now owing to this deliberation a catastrophe is taking place for which no one wishes to assume responsibility. It may be possible to initiate measures from your end so that the matter is put in hand.
Gruppenführer I can assure you that from this end everything will be done to overcome the present crisis. With this letter I merely wanted to point out to you the difficulties which exist here. For my part it is a matter of course that these difficulties must be overcome. I am now asking you for your assistance as far as it lies in your power. In addition to the above-mentioned points I need here,

before everything, accomodation facilities, beds, blankets, eating utensils – all for about 20 000 internees.

On the question of putting the internees to work, I have contacted the employment authorities. There is a chance of being able to make use of male labour. In addition to the concentration camp prisoners there are here still about 7500 internees ('Exchange Jews'). S. S. Hauptsturmführer Moes from RSHA. IV. A. 4 b. was here last week and informed me that these Jews would be removed in the near future. It would be much appreciated if this could be done as soon as possible, for in this way accomodation could then be found for at least 10 000 concentration camp prisoners. Because of the spotted fever danger S.S. Hauptsturmführer Moes is not willing to take these Jews away at the present time. These Jews are to go partly to Theresienstadt and partly to a new camp in Württemberg. The removal of these internees is particularly urgent for the reason that several concentration camp Jews have discovered among the camp internees their nearest relations – some their parents, some their brothers and sisters. Also for purely political reasons – I mention in this connection the high death figure in this camp at present – it is essential that these Jews disappear from here as soon as possible.

With that I wish to close my present report. In this connection, Gruppenführer, I want to assure you once again that on my part everything will definitely be done to bridge over this difficult situation. I know that you have even greater difficulties to overcome and appreciate that you must send to this camp all internees discharged from that area; on the other hand, I implore your help in overcoming this situation."

Heil Hitler, yours truly,

J. K., S. S. Hauptsturmführer."

2. Anweisung Himmlers an Pohl, Glücks, Grawitz und Kaltenbrunner betr. Bekämpfung des Fleckfiebers in BB, 10. 3. 1945

Quellennachweis: Kersten, Totenkopf und Treue (Hamburg o. J.), S. 342.
Zum Dokument: Dieses Schriftstück wurde Felix Kersten von Himmlers persönlichem Referenten Dr. Brandt zur Kenntnisnahme übersandt und befand sich in seinem Besitz (s. Kersten, S. 341 f.). Über Kersten s. S. 151 f. der Darstellung, vgl. ferner zum speziellen Anlaß dieses Schreibens S. 191 f. (Das Dokument ist bei Kersten, S. 342, in Faksimile wiedergegeben.)

Reichsführer-SS

1. SS-Obergruppenführer Pohl, Berlin
2. SS-Gruppenführer Glücks, Oranienburg
3. SS-Obergruppenführer Dr. Grawitz, Reichsarzt-SS und Polizei, Berlin
4. SS-Obergruppenführer Dr. Kaltenbrunner, Berlin

Mir ist gemeldet worden, daß in dem Anhaltelager Bergen-Belsen, insbesondere unter den jüdischen Gefangenen Typhus ausgebrochen ist. Ich wünsche, daß unverzüglich der Seuche mit allen medizinischen Hilfsmitteln entgegengetreten wird. Wir können in Deutschland keine Seuchen aufkommen lassen. Es ist weder am Einsatz von Ärzten noch an Medikamenten zu sparen. Die Gefangenen stehen unter meinem besonderen Schutz.

gez. H. Himmler

10. 3. 1945
Bra./H.

5. nachrichtlich: b. w.
SS-Gruppenführer Prof. Gebhardt, Hohenlychen

6. Herrn Kersten, z. Z. Hohenlychen
durchschriftlich mit der Bitte um Kenntnisnahme übersandt.

(gez.) R. Brandt
SS-Standartenführer

3. Schriftwechsel zwischen Felix Kersten und dem Vertreter des Jüdischen Weltkongresses in Stockholm, Hilel Storch, über die Situation in BB, 3. und 4. 4. 1945

Quellennachweis: Kersten, Totenkopf und Treue, S. 368, 369 f. (Wiedergabe in Faksimile).

Zu den Dokumenten: Das Schreiben Storchs und den Durchschlag seines Antwortschreibens verwahrte Kersten unter seinen Papieren. Über den Zusammenhang, der in diesem Schriftwechsel zur Erörterung steht, vgl. S. 157 ff. der Darstellung.

Hilel (Gilel) Storch — Stockholm, 3. 4. 1945
Furusundsgatan 10
Tel. 61 60 15

Herrn Medicinalrat Dr. Felix Kersten
Linnegatan 8
Stockholm

Sehr geehrter Herr Doktor,

ich danke Ihnen für Ihren heutigen freundlichen Brief und verstehe es durchaus zu würdigen, daß Sie auf die Ihnen in unserer Sache gemachten Versprechungen zuversichtlich sind. Sie werden mir aber nicht übel nehmen, daß ich mich heute nochmals an Sie wende. Wir erhielten die Nachricht, daß die Insassen des Lagers Bergen-Belsen oder ein Teil derselben evakuiert worden sind, und zwar nach einer Stelle mit dem Namen „Nördlingshausen“ oder so ähnlich.
Obgleich Sie mir mehrmals versichert haben, daß solche Evakuationen nicht mehr

in Frage kämen, bitte ich Sie nochmals, sich wegen dieses Lagers zu informieren, um festzustellen, ob diese Mitteilungen stimmen.
Sie wissen aus unseren zahlreichen Besprechungen, was für einen Wert wir gerade auf das Lager Bergen-Belsen legen. Ich appelliere nochmals an Ihr menschliches Empfinden und bitte Sie, alles zu tun, um Evakuierungen der Lager zu verhindern.

Ich erwarte mit Ungeduld Ihre Antwort und verbleibe mit

vorzüglicher Hochachtung Ihr (gez.) G. Storch

Felix Kersten
Medicinalrat

Stockholm, den 4. 4. 1945

Herrn Hilel Storch
Furusundsgatan 10
Stockholm

Sehr geehrter Herr Storch!

In Beantwortung Ihres gestrigen Schreibens darf ich Ihnen folgendes mitteilen: Ich habe mich sofort mit meiner Sekretärin Frau Wacker in telefonische Verbindung gesetzt und sie beauftragt, die erforderlichen Feststellungen zu machen. Ich erhalte nun von ihr die Nachricht, daß sie sich mit Dr. Brandt, dem persönlichen Referenten des Reichsführer-SS Himmler, in Verbindung gesetzt hat und von ihm die Nachricht erhielt, daß alle Gerüchte über eine etwaige Evakuierung von Bergen-Belsen völlig aus der Luft gegriffen sind. Auf Grund meiner so ausführlichen Besprechungen mit Herrn Himmler gerade über dieses Lager sind alle mir zugesagten Maßnahmen, die ich Ihnen mitteilte, getroffen worden. Falls erforderlich, wird Bergen-Belsen bei Heranrücken der Alliierten dieser (sic!) ordnungmäßig übergeben werden. Es wird alles vermieden werden, um Menschenleben unnötig zu opfern. Das gleiche gilt für die Konzentrationslager Theresienstadt und andere. Herr Dr. Brandt hat meiner Sekretärin gegenüber nochmals ausdrücklich bestätigt, daß diesbezügliche schärfste Befehle vom Reichsführer erlassen worden sind. Ich glaube somit voll berechtigt zu sein, Sie nach der Richtung Ihrer Befürchtungen hin voll beruhigen zu können.
Es dürfte Sie vielleicht interessieren, daß Graf Bernadotte auf meine Bitte hin von Herrn Himmler in zuvorkommendster Weise empfangen wurde und daß der Reichsführer dem Grafen Bernadotte die mir gegenüber gemachten Versprechungen nochmals ausdrücklich bestätigt hat. Es wurde mir ferner mitgeteilt, daß Graf Bernadotte ein Schreiben von Herrn Dr. Brandt an mich, in dem ausdrücklich bestätigt wird, daß dem Lager Bergen-Belsen besondere Aufmerksamkeit geschenkt würde, mitbringen werde. Sobald ich das Schreiben erhalte, werde ich Ihnen davon Kenntnis geben.
Bei dieser Gelegenheit möchte ich Sie noch davon in Kenntnis setzen, daß Herr

Himmler unseren Besuch erwartet und durch Dr. Brandt erneut bestätigen ließ, daß uns ein guter Empfang und jeder Schutz zugesichert wird.

Mit vorzüglicher Hochachtung und bestem Gruß

Ihr (gez.) Felix Kersten

4. Das Waffenstillstandsabkommen von Belsen (deutsche und englische Textfassung), 12./13.4.1945

Quellennachweis: Deutscher Text: Klapproth, Kriegschronik 1945 der Stadt Soltau und Umgebung, Soltau 1955, S. 62–63; englische Textfassung: Belsen Trial, S. 396 bis 397.

Zu den Dokumenten: Über die Provenienz der von Klapproth veröffentlichten deutschen Textfassung sagt dieser (S. 62): „Die kriegs- und heimatgeschichtlich bedeutungsvolle Vereinbarung, deren Originaldurchschlag der Oberst a. D. Hanns Schmidt mir freundlicherweise zu treuen Händen zur Verfügung gestellt hatte, lautete: ..." Die englische Textfassung wurde im Belsen-Prozeß von der Verteidigung als Beweisstück vorgelegt. Zur Person von Oberst Schmidt s. S. 160 ff. der Darstellung, über das Zustandekommen des Waffenstillstands von Belsen vgl. S. 157 ff.

Bergen, 12. April 1945

Vereinbarung zwischen dem Lagerkommandanten des Truppenübungsplatzes Bergen und dem Chef des Stabes des gegenüberliegenden englischen Korps.

Der Kommandant des Lagers hat Befehl vom Reichsführer-SS, aus den bekannten Gründen das Lager Bergen mit zwei Konzentrationslagern der SS (rund 60 000 Häftlingen) und den ungarischen Wehrmachtsangehörigen nebst deren Familien der Englischen Wehrmacht zu übergeben und Kampfhandlungen in diesem Raum zu unterbinden.

Zur Durchführung wurde folgendes festgelegt:

1. Der auf der Karte durch schwarze Kreuze an den Wegeeingängen bezeichnete Raum wird als neutrales Gebiet erklärt.
2. Beide kämpfenden Teile verpflichten sich, alles mögliche zu tun, um ein Hineintragen des Kampfes in diesen Raum, ein Beschießen des Raumes durch schwere Waffen und Fliegerangriffe auf diesen Raum zu vermeiden.
3. Das Betreten des neutralen Gebietes durch etwa zurückgehende deutsche Truppen ist möglichst zu vermeiden.
4. Zur Bezeichnung des Raumes stellt die Deutsche Wehrmacht an den auf der Karte durch Kreuze gekennzeichneten Punkten Schilder auf, welche auf der Außenseite die Aufschrift „Danger Typhus", auf der Innenseite die Aufschrift „End of typhus area" tragen.
5. Die Deutsche Wehrmacht übernimmt:
   a) die Bewachung der Häftlinge und Ablösung der SS-Wachen bis 13. 4. 1945, 12.00 Uhr. Sollten nach 12.00 Uhr Wachmannschaften der SS von

der Englischen Wehrmacht übernommen werden, so werden sie als Kriegsgefangene behandelt;

b) die Weiterführung der Versorgungsanlagen;

c) die Weiterführung der Telefonzentrale mit eigenen Kräften, bis eine ordnungsgemäße Ablösung durch Teile der Englischen Wehrmacht durchgeführt ist.

6. Die als Wachmannschaften eingesetzten Angehörigen der Deutschen und Ungarischen Wehrmacht werden durch weiße Binde am linken Unterarm gekennzeichnet. Sie sind angewiesen, sich jeder feindseligen Handlung gegen die Englische Wehrmacht zu enthalten. Dafür verpflichtet sich die Englische Wehrmacht diesen bewaffneten Wachmannschaften und dem Wirtschaftspersonal innerhalb von sechs Tagen nach Übernahme des Lagers mit Waffen, Gerät und Fahrzeugen freien Abzug zu den deutschen Linien zu gewähren.

7. Das Wirtschafts- und Verwaltungspersonal der SS und der SS-Lagerarzt, die für geordnete Verpflegung, Herbeischaffung der Verpflegung und sanitäre Versorgung bisher verantwortlich waren, werden von der Englischen Wehrmacht mit übernommen und führen die Aufgaben so lange fort, bis eine ordnungsmäßige Übernahme durch die Englische Wehrmacht vorgeschlagen wird.

8. Die Angehörigen der Ungarischen Wehrmacht einschl. ihrer Familien sind ab 10. 4. 1945 auf vier Wochen mit Verpflegung versehen. Die Beschaffung der darüber hinaus erforderlichen Verpflegung übernimmt die Englische Wehrmacht.

9. Die Verhandlungen sind von dem Geiste getragen, eine Katastrophe für beide Wehrmachtsteile und die zivile Bevölkerung der Umgebung durch Ausbrechen der Häftlinge zu vermeiden.

Beide Teile versichern, alles für die Erfüllung dieser Vereinbarung zu tun, soweit sie nicht durch Kriegshandlungen absolut daran verhindert sind.

Captain PHILLIPS (Verteidiger im Belsen-Prozeß) I now wish to put in a copy agreement in which the truce took place when Belsen camp was taken over. It reads as follows:

"Agreement with regard to Belsen Concentration Camp made by Chief of Staff, I Parachute Army, Military Kommandant, Bergen, and B. G. S., 8 Corps. (1) On instructions from Reichsführer S. S. the Military Commander at Bergen approached the Allied Forces, 12th April, with regard to the concentration camp at Belsen. (2) The following area will be regarded as neutral." – There follow a number of map references. "(3) Both British and German troops will make every effort to avoid battle in this area, and, as far as operations make it humanly possible, no artillery or other fire (including bombing and strafing) will be directed into this area. Equally, neither side will use this area for the deployment of troops or weapons. This paragraph is subject to overriding military necessity. (4) The German military authorities will erect notices and white flags at all the road entrances to this area, so far as possible. These notices will bear, in English and German, on one side 'Danger-Typhus', and on the other 'End of Typhus Area'. A disarmed post will be mounted by the Germans at each notice-board. (5) Hungarian and German troops at present employed on guard duties will remain armed at their posts. All such troops will wear a white armband on their left sleeves. (6) The Hungarians will remain indefinitely, and will be placed at the disposal of the British Forces, for such duties as may be required. The German Wehrmacht personnel will be released within not more than six days and conveyed back to the German lines with their arms and equipment and vehicles at the end of the period. (7) S. S. Guard personnel will be removed by 12.00 hours, 13th April, any remaining will be treated as Prisoners of War. S. S. Administrative personnel will (if the Wehrmacht can prevent them running away) remain at their posts and carry on with their duties (cooking, supplies, etc.) and will hand over records. When their services can be dispensed with, their disposal is left, by the Wehrmacht, to the British authorities. (8) The Wehrmacht will continue to man the telephone exchange until it can be relieved. Wires leading out of the camp will require disconnecting."

Dokumente zum Leben im Lager Bergen-Belsen und zum Lagererlebnis

(Tagebücher von Lagerinsassen)

I. Auszüge aus dem Tagebuch von Renata Laqueur

Quellennachweis: RvO, Tagebuch Laqueur (unveröffentlicht; aus dem Holländischen übersetzt von Eberh. Kolb).

Zum Dokument: Renata Laqueur führte während ihres Aufenthalts im Lager BB vom 17. 3. 44 bis 23. 12. 44 Tagebuch; das handschriftliche Original wurde von ihr im Sommer 1945, nach der Befreiung, wortgetreu mit Schreibmaschine abgeschrieben; dieses Schreibmaschinenmanuskript übergab sie zusammen mit dem Original dem RvO (Schreiben von Frau Laqueur an den Verf., 19. 3. 1961).

Aus dem 63 S. starken Tagebuch wird hier ein geschlossenes Stück aus dem Sommer 1944 zum Abdruck gebracht, also aus jenen Monaten, in denen BB noch nicht das „Horror-Camp" des Frühjahrs 1945 war. Alle Eintragungen vom 28. 5. bis 15. 6. werden ungekürzt wiedergegeben; ihnen wird – unter Auslassung hier entbehrlicher Eintragungen von Ende Juni/Anf. Juli – die lange Eintragung v. 22. 7. 44 angefügt, weil in ihr besonders illustrativ und ausführlich die Arbeit im Küchenkommando geschildert wird. Zu diesem Dokument vgl. S. 69 ff., s. bes. S. 70 f.

Zur Person der Verfasserin: Renata Laqueur, geb. 3. 11. 1919 (zur Zeit der Niederschrift ihres Tagebuches also 25 J. alt), Tochter eines Pharmakologieprofessors in Amsterdam; Besuch der Oberschule, 1938 Abitur; 1941 Heirat mit einem Sprachheillehrer und Psychologen; 1943 mit ihrem Mann verhaftet und nach Westerbork gebracht; 15. 3. 1944 von Westerbork nach BB, dort bis 10. 4. 1945, dann auf Transport gegangen, der in Tröbitz von den Russen befreit wurde. Frau Laqueur lebt heute in New York.

Sonntag, den 28. Mai 1944 (Pfingsten):

Es ist ungefähr 1/2 6 Uhr abends, und ich sitze draußen im Freien, zwischen den Baracken, mit dem Rücken zum Stacheldraht. Seit gestern ist es hier fürchterlich heiß. Die Baracke ist abends und nachts der reinste Backofen. 180 Menschen, ein einziges WC – obendrein ohne Türe –, Nachtpötte und Eimer offen unter den Betten, in dem schmalen Raum zwischen den dreistöckigen Betten und an der Decke hängen Wäsche, Kleider und anderes Zeug. Staub, Schmutz, Hitze und Gestank.

Jetzt genieße ich die ersten ruhigen Minuten seit Monaten. Die Arbeitskommandos sind bereits ins Lager eingerückt. Aber die meisten sind zu erschöpft, um noch einen Augenblick frische Luft zu schnappen; denn um 1/2 5 Uhr müssen wir morgen wieder aufstehen.

Hier riecht es nach Wald, Sommer, Freiheit. Links hinter dem Stacheldrahtzaun stehen Kiefern, schlank und regungslos. Dort wäre ein dunkles, sicheres, trauliches Plätzchen, zwischen den kleinen Büschen auf weichem Moos und Kiefernnadeln; und es ist dort still, so still ... Aber davor ist Stacheldraht, und der Totenkopf grinst mich an, versperrt den Weg in die Freiheit. Ich höre den Wachposten auf seinem Wachturm hin- und hergehen und ein Liedchen pfeifen. Er muß fast umkommen vor Langeweile. Warum, warum das alles?

Ich kann jetzt dann gleich schlafen bis 1/2 5 Uhr. Nicht mehr denken. Irgendwann *muß* doch wieder einmal eine Zeit kommen, in der es keine Stacheldrahtzäune mehr gibt, in der wir hingehen können, wohin wir wollen, zu Bett gehen, wann wir möchten, ein Leben ohne Zwang und Bedrückung.

Ich habe noch Fieber und bin schlapp wegen des Durchfalls. Morgen wieder elf Stunden sitzen. Wir sortieren jetzt Knöpfe für die „Heeresunterwäsche". Intelligenzarbeit! Ich muß jetzt hinein in meine Baracke. Es ist genauso, wie wenn man in ein Auto einsteigt, das einen ganzen Tag lang in glühender Sonne gestanden hat.

Montag, den 29. Mai 1944 (2. Pfingsttag):

Es ist immer noch fürchterlich warm. Der Staub schmerzt in den Augen, der Sand ist glühend heiß, und die Baracken gleichen Brutkästen. Ich hab' Geschwüre an den Füßen, geschwollene Knöchel, Kopfschmerzen, Durchfall und einen verdorbenen Magen. Und ziemlich erhöhte Temperatur. Sonst fühle ich mich gesund und munter.

Wir haben jetzt herrliches Wetter, und der Sonnenaufgang ist hinreißend schön. Aber das stundenlange Sitzen in der stickigen Baracke! Heute um 11 Uhr Fliegeralarm, der bis 3/4 3 Uhr dauerte. Wir saßen, saßen und warteten. Entgegen aller bisherigen Erfahrung kam um 1/2 4 Uhr der Befehl, wieder anzutreten. Fritz[1]) sagte, als wir murrten: „Ich habe 36 Stunden Dienst, muß immerfort stehen, während ihr auf dem A ... sitzt; so müde wie ich könnt ihr bestimmt nicht sein." Er kann sich nicht vorstellen, wie müde ich bin. Müde vom Lärm, von der Hitze, vom Durchfall, vom Hunger und vom Gefangensein. Müde von diesem ganzen Wahnsinn. Stundenlang kann ich mich aufregen, wenn ich sehe, was alles möglich ist: Eine Frau (sie arbeitet eigentlich nur aushilfsweise in unserem Kommando, weil sie über 60 ist) wurde müde und nickte bei ihrer Arbeit einen Augenblick ein – dafür wurde zur Strafe ihre ganze Gruppe „an den Zaun gestellt". Das spielte sich folgendermaßen ab: Als wir nach neunstündigem Arbeitseinsatz wegen des Fliegeralarms heute mittag endlich ins Lager zurückkamen, mußten sich diese Frauen an den Zaun stellen, in

[1]) Fritz: wohl der Kommandoführer SS-Oberscharführer Fritz Gaus.

der glühenden Sonne, und mußten – ohne Essen – dort stehenbleiben, bis wir wieder antraten. Dann wieder weiterarbeiten bis 1/2 7 Uhr.
Kollektivstrafen „alle für einen" – herrliches System unserer deutschen Untermenschen! Die Männer mußten sich vornübergebeugt in die Sonne stellen. Vorzugslager ... Und trotzdem!
Gestern war der Lagerkommandant bei den „Palästinensern", die jetzt tatsächlich abreisen und – wenn man seinen Worten Glauben schenken darf – in Zweiter-Klasse-Waggons über Wien und Istanbul direkt nach Palästina.
Vierzig willkürlich ausgesonderte Leute aus dem Kreis dieser Auserwählten (die ja alle einst ebenso willkürlich aus der Gesamtheit ausgesucht worden waren) kamen gestern ganz überraschend wieder in unser Arbeitslager zurück. Berlin hat eine bestimmte Zahl für diesen Austauschtransport vorgeschrieben, und so waren es plötzlich vierzig zuviel. Nun, so mußten eben vierzig wieder zurück. Seit heute erhält die Palästinabaracke auch besseres Essen als wir. Idiotie auf dem Höhepunkt! Dieselben Juden, von denselben Sperrlisten[1]) – und dann auf der einen Seite des Stacheldrahts konzentrationslagermäßiger Zwang, auf der anderen bevorzugte Verpflegung und Reisepläne per Orientexpreß. Werden diese Pläne in dieser Woche tatsächlich in Erfüllung gehen?

Freitag, den 2. Juni 1944:

Schon an mehreren Abenden konnte ich keinen Tagebucheintrag mehr machen, weil ich in unserer Baracke alle Hände voll zu tun hatte. Bereits eine ganze Woche lang erwartet das Lager eine hohe „Kommission"; was die hier will, mag Gott wissen. Die einen sagen, wegen der Betten, die andern, wegen des Essens, und wieder andere behaupten, wegen der „Sperrungen"[1]). Auf jeden Fall wird vieles getan, was sonst niemals geschehen würde: Die Betten müssen noch kommißmäßiger hergerichtet werden, das Essen soll besser werden (dreimal in der Woche Wasserspinat – damit kann man allerdings nicht viel Staat machen ...), wir werden wieder jeden Abend eine Suppe bekommen, ... und zur Abwechslung muß jetzt auch abends noch gearbeitet werden, von 8 bis 1/2 11 Uhr. Die Männer von einigen Arbeitskommandos müssen die Abzugsgräben für das Wasser – oder die Laufgräben für die Verteidigung des Lagers –, die sie vor wenigen Wochen ausgehoben haben, nun plötzlich ausgerechnet abends wieder zuschütten. Weil für diese Arbeit kein Werkzeug zur Verfügung steht, müssen sie mit ihren rotemaillierten Eßgeschirren antreten und mit diesen Dingern Sand schaufeln, um auf diese Weise die Gräben zu füllen. Die Stimmung der Moffen[2]) ist gegenwärtig nicht sehr friedlich. Es wird ordentlich geschlagen bei diesen „Überstunden". Morgens beim Appell wurden unter Gezeter und Geschrei einige Mäntel requiriert, denn „es ist doch Hochsommer" (aber nach

---

[1]) Über die sog. „Sperrlisten", „Sperrungen" s. S. 58 ff.
[2]) mof, pl. moffen (holl.) – holländisches Schimpfwort für den Deutschen.

einigen heißen Tagen ist es jetzt wieder eisig kalt). Die „Abreise nach Palästina" ist – als die Leute bereits mit dem ganzen Gepäck am Zaun standen, um aufgeladen zu werden – wieder abgeblasen worden; „bis auf weiteres" verschoben. Warum wohl? Transportschwierigkeiten? Invasion auf dem Balkan?
Ich selbst hatte gestern wieder fast 39° Temperatur und fühlte mich dementsprechend. Trotzdem keine Chance, zum Sanitäter zu kommen, weil ich morgens kein Fieber habe und außerdem nicht schlecht genug aussehe. Ich glaube, ich werde noch „blühend aussehen", wenn ich tot bin.
Der 1. Juni war ein Festtag, denn es kamen zum erstenmal ein paar Briefe an! Wir erhielten fünf Briefkarten aus Holland, datiert vom 17. März, April und eine vom 1. Mai. Alles ist gut. Aber das Heimweh ist dadurch doppelt so stark! Ferner ein Päckchen, für Pago bestimmt.
Paul[1]), der wieder im Wald gearbeitet hat, brachte mir einige blühende Zweige mit. Ich rieche die Frühlingserde, den Wald! Jetzt stehen sie in einer Konservenbüchse auf dem Tisch der Barackenleiterin, denn ich kann sie doch nicht auf den Balken über meinem Bett im dritten Stock stellen.
Heute alle wieder beim Duschen. Auch wenn die „Kommission" nicht erscheint, haben wir wenigstens etwas profitiert: Um das WC in unserer Baracke hat man einen Verschlag gebaut. Auf einmal erschien es unpassend, daß das letzte Bett im Saal neben dem offenen WC stand.

Samstag, den 3. Juni 1944:

Heute endlich sahen wir etwas von der lang erwarteten „Kommission". Drei Sekunden schauten sie in unseren Arbeitssaal herein; das war alles. Aber wir bekommen (laut IPA[2])) acht Tage hintereinander abends Suppe. Lang lebe die „Kommission"! Wieder kam ein Paket an, Nr. 7, datiert vom 22. Mai.

Dienstag, den 6. Juni 1944 (im Krankenhaus):

Gestern ist mir morgens bei der Arbeit wieder schlecht geworden. Mittags zur Poliklinik: 39,5. Ins Bett mit einer Bescheinigung vom Doktor. Sterbensübel. Als ich im Bett lag, fand eine Razzia auf „Drückeberger" statt: Um 4 Uhr wurde ich wach, weil der „Rote Müller"[3]) an meinem Bett stand und wartete, bis ich beinahe wach war, um dann mit milder Stimme nach meinem „Attest" zu fragen. Darauf befahl er mir, aufzustehen, aber diesmal blieb ich stur und sagte, ich bliebe liegen, ich hätte lange genug darum gekämpft, eine Krankenbescheinigung zu bekommen, ich würde jetzt einfach nicht aufstehen. Und das sagte ich sehr energisch, aber mit dem strahlendsten Lächeln. Und – ich blieb liegen, der „Rote Müller" grinste und ich auch – bis er weg war.
Heute morgen schaffte ich es trotz enormer technischer Schwierigkeiten schließ-

---

[1]) Paul: der Mann von Renata Laqueur.
[2]) IPA = Jüdische Presse-Agentur, ironische Bezeichnung für die im Lager herumschweifenden Gerüchte; also synonym für „Gerücht", vgl. S. 72.
[3]) vgl. S. 84: Blockführer Müller.

lich, zum Krankenbau zugelassen zu werden, obwohl ich nur 37,3 hatte. Beim Appell Kontrolle durch den Arbeitsführer Rau[1]), der mich – ohne mir gegenüber Einwendungen zu machen – zum Sanitäter durchließ; indessen zeigte sich gleich, daß er ausgerechnet hinter meinen Namen geschrieben hatte „stinkt vor Faulheit“ – was nicht gerade eine Empfehlung für den Sanitäter war. Der Chefarzt meinte, jetzt hätte ich überhaupt keine Chance mehr auf Bettruhe. Ich war mit meinen Nerven völlig am Ende ob dieser Niederträchtigkeit von Rau. Seit 14 Tagen habe ich fast jeden Abend Fieber und Durchfall und fühle mich sterbenselend. Ruhe und nochmals Ruhe brauche ich. Meine Rettung war allein die Tatsache, daß ich Halsschmerzen hatte und das dem Sanitäter sagte, als ich zu ihm gerufen wurde. Nachdem gestern im Anschluß an eine harmlos aussehende Angina ein Fall von Scharlach diagnostiziert wurde, sind sie jetzt vorsichtiger mit Halsgeschichten, und meine Chancen stiegen sichtbar, als er entdeckte, daß ich weiße Tüpfelchen hatte. Das wußte nicht einmal ich selbst. Und so hatte ich noch mehr Glück, als ich mir hätte träumen lassen: Ich wurde tatsächlich zur Beobachtung ins Krankenhaus aufgenommen.
Hier befinde ich mich in einer Oase der Ruhe nach all den Monaten, die ich im Hexenkessel der Baracke verbracht habe. Heute morgen bereits Besuch vom Oberstabsarzt. Männer und Frauen liegen zusammen in einer Baracke, nur durch ein paar niedere Schränke voneinander getrennt. Man gewöhnt sich an alles ...
Das Lager steht unter dem Eindruck sensationeller, aber keineswegs angenehmer Ereignisse: Die ganze Palästinabaracke kehrt heute wieder zu uns ins Arbeitslager zurück. In ihre bisherige Baracke kommt ein neuer Transport; es ist noch nicht bekannt, woher er kommt. Pauls Baracke ist es, die für die Palästinaleute geräumt werden muß. Die Männer sind natürlich bei der Arbeit, und ihr Gepäck wird ohne viele Umstände aus der Baracke herausgeworfen. Heute abend kann er dann sein Zeug wegschleppen und sich ein Bett suchen. Ferner IPAs über doppelte Staatsangehörigkeit, über weniger Arbeit, Auflösung des Schuhkommandos. Ferner IPA über Silberpapierindustrie oder Torfbriketts. Und Politik: Rom von den Alliierten erobert.
Novemberartiges Juniwetter, kein Kohlrübensalat aufs Brot und morgen wieder Spinat. Und ich ruhe aus.

Donnerstag, den 8. Juni 1944:
Ich liege bequem und fühle mich wirklich besser, kein Fieber mehr und weniger Durchfall. Vorgestern – heißt es – soll die Invasion begonnen haben, alles basiert natürlich auf IPA. Den Gerüchten nach sind sie in Calais, Dünkirchen und Ostende gelandet.

Montag, den 12. Juni 1944:
Die Invasion macht großartige Fortschritte: Einnahme von Bordeaux, Caen,

---

[1]) Arbeitsdienstführer Rau, vgl. S. 84 f.

Nantes. Kann man diesen IPAs glauben? Auf jeden Fall ist etwas im Gang. Wir spüren es allerorten. Die Deutschen sind ungenießbar. Die Ausgabe von Extrarationen, sogar von Baby- und Kinderessen und Milch, ist eingestellt worden. Wir bekommen seit einigen Tagen morgens keine Suppe mehr, und das macht sich deutlich bemerkbar. Ferner toben die Moffen ihre Wut aus in Appellen, Arbeitsrazzien, An-den-Zaun-Stellen. Gestern wurde ich aus dem Krankenbau entlassen. Ich habe es nicht geschafft, Scharlach zu kriegen. Aber ich habe wenigstens 5 Tage Ruhe gehabt. Aber der eine Tag heute in der Baracke (ich konnte mich heute noch einmal um den Dienst im Arbeitskommando drücken) hat völlig ausgereicht, mich wieder todmüde zu machen. Heute morgen 1 1/2 Stunden Appell bei regnerischem, nassem Wetter. Dann die fürchterliche Plackerei mit der völlig verdreckten Wäsche; und alles, was man braucht, um zu waschen, muß man sich zusammenleihen und zusammenorganisieren, vom Bottich oder Eimer bis zu den Wäscheklammern. Endloses Hin- und Hergerenne zwischen Waschplatz und Baracke, weil immer wieder ein Platzregen niederging. Zwischendurch Razzien, um Leute, die nicht zur Arbeit gegangen waren, aus den Baracken herauszuholen. Da ich die Nerven behielt und geistesgegenwärtig war, hatte ich dieses Mal Glück. Der „Rote Müller" ging durch die Baracke, und weil ich mich nicht draußen aufstellen konnte unter den offiziell vom Arbeitseinsatz Freigestellten – denn er hätte mich da bestimmt herausgefischt und dazuhin noch bestraft –, nahm ich allen Mut zusammen und hatte die tolle Idee, einfach hinter dem „Roten Müller" her durch die Baracke zu laufen. Ich rechnete damit, daß er sich nicht umdrehen, sondern einfach geradeaus gehen würde – und ich behielt recht. So schlich ich sachte hinter ihm und der Barackenleiterin her, und als er durch die Baracke durch war und hinaustrat, war ich frei. Trotzdem werde ich morgen wieder zur Arbeit gehen – nur, weil ich mir nicht anders zu helfen weiß; hier würde es mich zuviel Nerven kosten. Gestern haben sie uns den Sonntag wieder einmal gründlich verdorben: von 1/2 1 bis 3 Uhr mittags dauerte der Zählappell des ganzen Lagers. Heute abend steht Paul mit 60 anderen am Zaun – nachdem sie den ganzen Tag geschuftet haben; nicht einmal das Abendessen haben sie erhalten. Der Arbeitsführer behauptete, sie seien faul gewesen. Infolge der Überstunden und des ständigen Umziehens von einer Baracke in die andere ist Paul in der vorigen Woche fast keinen Abend vor 9 Uhr fertig gewesen; er ist restlos durchgedreht, er magert furchtbar ab und klagt über dicke Beine. Klagt? Nein, das tut er eigentlich nicht.

Und heute hat Mutti Geburtstag. Mutter, ich will nicht weinen. Ich will nicht an den 12. Juni denken, der immer so gemütlich gewesen ist – zu Hause. Ich will nicht daran denken, daß jetzt der Wind durch die Bäume an der Amstel geht, daß ihr mit dem Besuch auf der Glasveranda sitzt und euch vielleicht über mich unterhaltet, daß es Erdbeertorte gibt. Mutter, Gott geb's, daß wir deinen 62. Geburtstag wieder zusammen feiern können. Mutter, wir haben Hunger, und es geht uns dreckig. Aber wir wollen durchkommen. Ich bin nicht optimistisch, obwohl die Invasion jetzt ja wohl doch eine Tatsache ist. Wie lange noch?

Mittwoch, den 14. Juni 1944:

Es steht jetzt fest, daß eingeschriebene Briefe und Päckchen hier nicht mehr ankommen. Wenn also Päckchen für uns eintreffen, werden sie im günstigsten Fall an den Absender zurückgeschickt. Wir kommen fast um vor Hunger, nachdem wir neuerdings nur noch einmal am Tag etwas Warmes erhalten, d. h. Wassersuppe mit einer Ration Brot. Ich vertausche alles, was ich entbehren kann: soeben wieder einen Büstenhalter gegen zwei Brotrationen.

Ich bin ganz kribbelig vor Hunger. Paul natürlich noch mehr. Und dann gleichzeitig zu wissen, daß wahrscheinlich Pakete für uns auf der Kommandantur liegen! Die Tage sind so endlos lang. Aber durch den Weggang des Oberscharführers ist es etwas ruhiger geworden.

Donnerstag, den 15. Juni 1944:

Wie unsere Französinnen (die ab und zu einen Brocken Holländisch aufschnappen) sagen, war das Essen heute „le plus grand ‚Mist' de Bergen-Belsen" ... Kopfsalat in Litern von Wasser gekocht, ohne die geringste Spur einer Kartoffel oder auch nur von Kartoffelschalen. Seit drei Tagen bekommen wir ein völlig verwässertes Essen. Als sich eine Frau deswegen spontan über die Quantität beschwerte (ihr Mut wird jetzt natürlich allgemein gelobt), ging der Kommandant in die Küche, kontrollierte das Essen – und erklärte es für ungenießbar. Denn er hat gerade den großen „Mist" geprüft. Die Stimmung im Lager ist nun wieder etwas optimistischer, und viele (darunter auch ich) denken, daß der deutsche Wind ein klein wenig günstiger für uns wehen wird. (Was das Essen betrifft: Schlechter kann es einfach nicht mehr werden.) Es heißt, das englische und amerikanische Heer hätten sich in Frankreich miteinander vereinigt – aber wo? Wie lange noch?

Heute wieder Massen-Duschbad. Es dauerte von 2 bis 5 Uhr. Eine wundervolle Unterbrechung dieser endlosen Nachmittage. Und morgen Reis mit Kartoffeln und Zwiebeln als Reaktion auf den Besuch des Kommandanten. Das einzige, worauf man sich immer freut, auch wenn es noch so miserabel ist, ist das warme Essen.

Ich denke viel darüber nach, wie wohl die Zeit nach dem Kriege aussehen wird. Werden wir jemandem, der nicht zufällig Ähnliches mitgemacht hat wie wir, überhaupt etwas erzählen können? Können wir in Worte fassen, was dieses Erlebnis des Lagers für uns bedeutet? Was das heißt: hinter Stacheldraht zu sehen, wie schlanke Kiefern emporwachsen und junges Blattgrün entlang einer Lagerstraße aufsprießt; was der dauernde Zwang und Druck der SS-Bewachung und der ständigen Kontrolle bedeuten; wie man dauernd bemüht ist, sich vorzustellen: dich selbst berührt es nicht, dieses Geschrei, Geschelte, Gepolter; wie man spürt, daß man älter wird, daß einem die Jugend zwischen den Fingern zerrinnt in diesem jahrelangen Warten auf das Ende der Unterdrückung. Was Monate bedeuten, in denen man die Stunden, Tage und Wochen zählt und in denen die einzigen Lichtpunkte sind: der Schlaf, das warme Essen und einige Sonnenstrahlen auf dem Weg vom Appellplatz zur Baracke nach einem langen Appell in feuchter Kälte. Lichtpunkte: Gedanken und Träume von „früher“ ... Können sie begreifen, daß wir angesichts dieser leuchtend schönen Wolken, dieser weißen, grauen und graublauen Wolkenfetzen über dem Lager doch immerfort an den grauen holländischen Himmel über dem prallen grünen Polderland denken müssen und daß wir hier jede Wolke – mag sie noch so phantastisch schön geformt sein – innerlich „ablehnen“, weil sie nicht über *unserem* Lande hängt, sondern eine deutsche Wolke ist.

Heimweh und nochmals Heimweh. Und ob es die französischen Frauen mit ihrem „Paris, Paris“ sind oder die Italiener in ihren südländischen, buntschekkigen Kleidern oder die griechisch-spanischen Juden aus Saloniki: Sie alle denken und ersehnen eines: nach Hause. Nach dem Krieg nach Hause!

Und was ist dieses „Zuhause“? Werden wir aus dieser Lager„gemeinschaft“ überhaupt den Weg zurückfinden in eine Welt, in der die meisten von uns nicht mehr besitzen als die Erinnerung an „Vor-dem-Krieg“, in der wir mit Menschen zusammenleben müssen, denen unser Erlebnis des Lagerdaseins nichts weiter bedeuten wird als: „Da haben wir wieder so einen, der immer nur über das Verlorene klagt und so grausige Dinge erzählt ...“

Und wird das Juden-Arier-Problem weiterhin bestehenbleiben? Wird es etwas bleiben, was man als ein Problem betrachtet, etwas, worüber man spricht oder nachdenkt? Können wir's heute schon wissen? Vorläufig bedeutet „Friede“ für uns: essen, essen, schlafen und dann wieder essen. Brot, Käsebrot, Marmeladebrot. Essen bis zum Sattsein. O säße ich nur erst einmal in Oldenzaal bei der ersten Tasse Kaffee und einem schönen Käsebrot!

. . . .

Samstag, den 22. Juli 1944:

Seit gestern liege ich in unserer Baracke im Bett. Schon beinahe drei Wochen arbeite ich in der Küche und bin todmüde. Ich glaube nicht, daß ich zum Küchenkommando zurückgehe. Ich verbrauche dort mehr Kräfte, als ich mir durch zusätzliches Essen verschaffen kann.

Ich will versuchen, eine Zusammenfassung über diese drei Wochen zu geben, indem ich einen Tag in der Küche beschreibe.

Um 2.30 Uhr werden wir geweckt. In der Baracke ist es stockdunkel. Man muß deshalb abends seine Kleider am Fußende bereitlegen, damit man morgens alles in der richtigen Reihenfolge anziehen kann: oben die Socken, dann die Unterwäsche, Bluse und Pullover und Kopftuch. Die Schuhe auf den Balken am Kopfende. Dann hinaus aus der Baracke, in der noch alles schnarcht (o wie beneidet man die, die jetzt noch gute zwei Stunden schlafen dürfen!). Kalter, feuchter Nebel hängt über dem Stacheldraht. Am Zaun sieht man eine rote Laterne näherkommen – das bedeutet, daß er – nämlich der Oberscharführer des Küchenkommandos – uns abholt und daß es also etwa 3.10 Uhr ist. Das rote Licht ist notwendig wegen der Wachposten auf den Türmen, die auf diese Weise erkennen können, daß hier jemand kommt, der die Erlaubnis besitzt, auf der Lagerstraße zu gehen – andernfalls schießen sie nämlich. Um 3.30 Uhr ist in der Küche bereits Hochbetrieb. Die Mädchen waschen die Kaffeegamellen[1]) aus, die noch vom vorigen Abend ungereinigt dastehen, oder sie spritzen sie mit langen Gartenschläuchen ab. Die jungen Männer zünden das Feuer unter den großen Kesseln an, und der Scharführer in seiner gläsernen Aufsichtskabine in der Küchenecke stützt seinen Kopf in die Hände und döst noch etwas vor sich hin – auch für ihn war die Nacht kurz. Aber immerhin wird er ungefähr um die Mittagszeit abgelöst, während wir ohne Pause durcharbeiten müssen, bis die Arbeit dieses Tages getan ist. Das hätte ich mir früher wirklich nicht träumen lassen, daß ich eines Tages nachts um 1/2 4 Uhr Gamellen schleppen oder mit benommenem, müdem Kopf an der großen Kartoffelreibe sitzen würde, an der man sich die Finger blutig reißt.

Um 1/2 5 Uhr brüllt der Scharführer den Befehl: „Kaffee raus!“ Innerhalb von vier Minuten steht der Kaffee für die paar tausend Lagerinsassen vor der Küchentür.

Schmutziggrau steigt der Tag hinter dem Stacheldraht herauf. Der Wachposten auf dem Turm hinter der Küche schlägt seine Arme gegeneinander vor Kälte. Ein SS-Mann schließt das Lagertor an der gegenüberliegenden Seite der Lagerstraße auf, und unter seinem Schimpfen und Fluchen schleppen die „Gamellenträger“ (eine ständig wechselnde Gruppe von Männern aus dem Lager) den kochend heißen Kaffee hinüber, der das einzig Warme ist, was die Arbeiter bis zum Mittag erhalten.

Nun hat man in der Küche einen Augenblick Ruhe. Die Stunde, bevor die Kommandos an die Arbeit gehen, ist Frühstückszeit in der Küche. Wir essen süßen Brei (wenn Chris, der Scharführer, in guter Stimmung ist), einen Kanten Brot und trinken heißen, süßen Kaffee. Nach zwei Tagen aß ich nur noch ein einziges Butterbrot und trank ein bißchen Kaffee. Es war mir zuviel, ich war infolge der anstrengenden Arbeit und der allzu kurzen Nachtruhe zu müde, um richtig zu frühstücken.

Um 1/2 7 Uhr beginnt wieder die Sklavenarbeit. Salat waschen, Gemüse zerkleinern (das ist angenehm, aber trotzdem eine elende Arbeit, weil man dabei nicht sitzen darf; man steht praktisch von nachts bis abends, ich habe schon Bauchschmerzen davon), Zwiebeln schneiden (fürchterliche Arbeit, man heult sich kaputt dabei), Kessel umrühren, abfüllen, Gamellen austragen, Kessel putzen,

---

[1]) Gamelle: Essenkübel mit 20 bzw. 50 Liter Fassungsvermögen.

den Fußboden wischen. Wenn alles gut geht, haben wir von 1/4 1 bis 1/4 2 Uhr Mittagspause. Manchmal liegen wir direkt hinter der Küche, bei dem kleinen Wasserteich, wo der Scharführer des Gartenkommandos ein paar Stockrosen hat pflanzen lassen. Für einen Augenblick versinken dann Küche, Schmerz, Müdigkeit, und es sind nur noch die weißen Wattewolken im blauen Sommerhimmel da und das warme Rot der Rosen, die sich in der sonnenbeglänzten Wasserfläche des Teiches spiegeln.
Dann wieder dasselbe wie frühmorgens, denn der Mittagskaffee für die Kommandos muß zubereitet werden. Inzwischen kommen die Eßgamellen aus dem Lager zurück, sie müssen gewaschen werden für die Abendsuppe. Es kann einem aber auch passieren, daß man von morgens 1/2 7 Uhr bis abends 1/2 7 Uhr Gamellen waschen muß. Dann spürt man seinen Rücken, als ob er in Stücke brechen wollte in dem heißen Dampf, der aus den Gefäßen aufsteigt. Man kratzt mit einem Lappen oder mit den bloßen Fingernägeln die Grützereste an den Rändern der Gamellen ab, denn wenn Chris auch nur den geringsten Rest entdeckt, ist mindestens der freie Tag futsch, wenn nicht noch weit Schlimmeres passiert.
Arbeiten, arbeiten, arbeiten – ohne daß jemand Nutzen davon hat; Arbeit, bei der man die ganze Zeit stehen muß, nur weil es dem Oberscharführer Vergnügen macht, uns auf diese Weise zu malträtieren. Arbeit wofür? Wegen der 400 Gramm Brot, einem Löffel Quark, Marmelade oder Kürbis, den man in der Baracke an den Mann bringen kann, wegen eines Stückchens Fleisch oder Butter oder einem bißchen Zucker, die man unter größter Gefahr „organisiert" und schnell versteckt.
Ich habe keine Lust, noch länger diese Küchenerlebnisse zu beschreiben. Das Ganze war höchst unerquicklich. Aber ich habe etwas dabei gelernt, was ich mein ganzes Leben lang nicht vergessen werde: hart arbeiten.
Und der Krieg? Geht weiter und weiter! IPA: Schlacht bei Lemberg, in Frankreich und Italien langsames Vorrücken der Alliierten.
Der Hunger im Lager ist schrecklich. Vorgestern abend wurden rohe Futterrüben gebracht. Die Menschen stürzten sich darauf und schlugen sich darum. Und der Scharführer stand dabei, schlug sich lachend auf die Schenkel, weil die Leute so etwas aßen: „Das hab' ich noch nie gesehen ..."

2. Auszüge aus dem Tagebuch von Loden Vogel

Quellennachweis: Loden Vogel, Dagboek uit een kamp, Den Haag 1946, S. 54 ff. (Aus dem Holländischen übersetzt von E. K.)

Zum Dokument: Loden Vogel hat sein vom 25. 4. 44 bis 7. 4. 45 im Lager geführtes Tagebuch 1946 als Buch veröffentlicht; bei der Herstellung des Druckmanuskripts hat er dem Originaltext an einigen wenigen Stellen in Kursivdruck kurze Zusätze hinzugefügt, die in unserem Text weggelassen werden. Aus dem 88 Seiten starken Tagebuch Vogels werden hier zwei geschlossene Stücke abgedruckt: die Eintragungen vom 5. 12. 44 bis 15. 2. 45 und die Eintragungen vom 15. 3. bis 7. 4. 45. (Alle Eintragungen werden ohne Auslassung oder Kürzung wiedergegeben, abgesehen von vier Stellen [24. 12. 44, 15. 3., 26. 3., 31. 3. 45], wo unwesentliche Sätze, die sich vorwiegend mit sonst nicht bekannten Lagerinsassen befassen, ausgelassen wurden – jeder weggelassene Satz ist durch einen Punkt kenntlich gemacht.) Die Eintragungen vom 5. 12. 44 bis 15. 2. 45 illustrieren jene Periode der Lagerentwicklung, in welcher das „Aufenthaltslager" durch die Evakuierungstransporte zum „Horror-Camp" wurde, die Eintragungen vom 15. 3. bis 7. 4. 45 geben ein erschütterndes Bild vom Leben in diesem „Horror-Camp". Die Eintragungen von 21. 2. bis 14. 3. (im „Dagboek" 9 Seiten) mußten aus Raumgründen hier wegbleiben, sie waren am ehesten entbehrlich, weil sie die hier abgedruckten Eintragungen nur ergänzen, ihnen jedoch nichts Neues hinzufügen.

Zur Person des Verfassers: Loden Vogel (d. i. Louis Tas), geboren 25. 12. 1920 (zur Zeit der Niederschrift seines Tagebuchs also 23/24 Jahre alt), Sohn des Amsterdamer Psychiaters und Arztes Dr. J. Tas; mit seinen Eltern am 29. 9. 43 in Amsterdam verhaftet und nach Westerbork gebracht, im Besitz eines südamerikanischen Passes (San Salvador), daher am 15. 4. 1944 von Westerbork nach BB. Am 10. 4. 45 bei der Evakuierung des Sternlagers auf Transport gegangen, am 23. 4. 45 bei Tröbitz von den Russen befreit. Loden Vogel lebt heute in Amsterdam.

5. Dezember 1944 (L. Vogel war zu diesem Zeitpunkt im Arbeitskommando „Schälküche" tätig):

Gestern gingen zwei Transporte ab: zuerst 2500 Ungarn[1]), dann alle Diamantleute[2]) (ohne Frauen und Gepäck): eine völlig unerwartete Katastrophe. Beim heutigen Morgenappell, es war noch ganz dunkel, wurden auch die Frauen der Diamantleute aufgerufen; getrennt von ihren Männern gingen sie heute mit den Kindern auf Transport. Ich traue mich nicht mehr, meine Eltern richtig anzuschauen: so schlecht sehen sie allmählich aus. Auch ich selbst baue immer mehr ab: Das Mittagessen besteht jetzt zu 100 Prozent aus Kohlrüben plus Wasser. Außerdem sind meine Hände wund, und ich muß aufpassen, daß es mir nicht geht wie Jaap, der wegen seiner verbundenen Hände aus der Küche entlassen wurde. Häufig schlafe ich mitten im Stehen ein – oder sind es die „Sperrungen"

[1]) Zum Ungarn-Transport vgl. S. 93 ff., bes. S. 99.

[2]) Über die holländischen Diamantarbeiter s. S. 117 ff., bes. S. 120.

einer beginnenden Schizophrenie? Heute machte ich den besten Fund seit Beginn meiner Tätigkeit in der Schälküche: einen Klumpen Schweineschmalz; ich fand ihn im Abfalleimer, weil die Küchenarbeiter dieses Schmalz anscheinend als ungenießbar angesehen und zum Abfall geworfen haben. Jackie, Bernie und ich nahmen jeder ein halbes Pfund; es blieb noch ein ziemliches Stück übrig, das man später in den Schweinestall brachte! Mams hat das Fett ausgelassen.
Wenn ich nur Theo[1]) gebeten hätte, daß ich in die Küche zurückkommen darf! Vielleicht hätte er dann heute auch mich nach Küche II geschickt. Zwei von uns sind jetzt dort. Hat er diejenigen ausgesucht, die am schlechtesten bei ihm angeschrieben waren? Drei sind zurückgekommen.
Die tägliche Sterbeziffer steigt, sehr vielen Menschen steht der Tod bereits im Gesicht geschrieben. Paps befindet sich im Vorstadium davon, er hat aber noch kein Ödem.

24. Dezember 1944:

Vor ungefähr einer Woche wurden wir morgens um 10 Uhr plötzlich aus der Schälküche nach draußen gerufen, und dort stand bereits eine Gruppe von polnischen Frauen, die im Handumdrehen unsere Plätze einnahmen. Nun ja, es war in den letzten Tagen ohnehin kein erträgliches Arbeiten mehr gewesen, wir gingen nicht vor 9 Uhr in unsere Baracke und wurden dafür morgens mit einer Wassersuppe belohnt. Schlafen war unmöglich, denn seit dem letzten Umzug liegen wir zu zweit in einem Bett. Und dazu auch noch im Dunkeln aufstehn und wieder zu Bett gehen: Es ging einfach nicht mehr.
Daß wir nun mit einem Schlag entlassen wurden, kam so: Eines Morgens um 4 Uhr kam völlig unerwartet der neue Lagerkommandant, Kramer, in die Schälküche hereinspaziert, fand uns untätig und schrie: „Die schmeiße ich alle raus."
Die erste Nacht schlief ich ganz ordentlich mit Jean M., der jedoch als Arier[2]) inzwischen auf Transport gegangen ist. (Er ist hier böse vom Pech verfolgt worden: Der Pferdestall war ein schlechtes Kommando geworden, in dem nichts mehr abfiel; man wollte deshalb etwas für ihn tun, aber ausgerechnet an jenem Morgen, an dem man ihn ins Brotkommando hineinschleusen wollte, lief er zu Rau und zeigte ein Attest für leichte Arbeit vor. – Es war ihm früher schon passiert, daß Lubbe, der im Begriff war, ihn für die Küche auszusuchen, ihn rauchend antraf und ihm deshalb eine Ohrfeige gab, statt ihn in die Küche zu nehmen. Im Schuhkommando, in das er daraufhin kam, wurde er erwischt, als er ein Paar alte Latschen mitzunehmen versuchte. Er ging jetzt in sehr schlechtem Zustand auf Transport.)
Es gingen einige kleine Transporte ab, man nimmt an, daß ihnen nichts Gutes

[1]) SS-Scharführer Theo . . ., Aufseher in Küche I (über ihn s. S. 86).
[2]) Über die „Arier", die sog. „Abstammungsjuden" vgl. S. 57 (und Anm. 39).

bevorsteht: die ganze Diamantliste, Frauen und Kinder von den Männern getrennt, und der größte Teil der sog. „Mischlinge". Vorgestern wurde Albala abgesetzt: Der Lagerälteste des Konzentrationslagers nebenan ist jetzt Chef auch bei uns [1]), er macht einen sehr energischen Eindruck. Die Kapos schlagen munter drauflos, sie verstehen ihr Geschäft. Ich arbeitete zunächst einige Tage im sog. Abfallkommando, aber es fiel nicht viel für mich ab. Gestern wurde ich – „nur für heute" – zum Stubbenkommando [2]) eingeteilt. Heute trat ich nicht mehr zu diesem Kommando an, muß deshalb zur Strafe morgen wieder erscheinen; ich hoffe jedoch, aus diesem Kommando bald wieder herauszukommen ...

31. Dezember 1944:

Habe sehr unangenehme Tage im Stubbenkommando hinter mir. Morgens auf dem langen Marsch in den Wald bin ich todunglücklich, genau wie früher auf dem Weg zur Schule. Es wird fürchterlich geschlagen. Bis jetzt bin ich nicht aufgefallen. Jaap arbeitet heute im Brotkommando – mir gelingt so etwas nicht. Vielleicht wollte Koosje eine derartige Beschäftigung für mich aufs Tapet bringen, und man hat sie zum Schweigen gebracht unter Berufung darauf, ich sei ungewaschen. Läuse habe ich seit der Zeit in der Schälküche; verdreckt bin ich auch. Es ist mir zu kalt im Waschraum, und das Wasser auf dem Boden steht dort zu hoch, außerdem bin ich müde. Diese Apathie hat in der Schälküche begonnen.

Die Naturschönheit ist zu deutsch; zu kitschig geht die Sonne auf. Der verschneite Wald und die dünnen Rauchfahnen der Zigaretten (das einzige Menschliche an den Wachposten) wecken verdrängte Wintersportassoziationen. *Nie wieder Wintersport!*

Nachdem der Charme des Neuen nicht mehr wirksam ist, scheinen die Kapos keine Verbesserung. Unser Kommando wird etwas besser verpflegt, aber ich habe seit meinem Geburtstag (25.12.) einen verdorbenen Magen und deshalb keinen Appetit. Mams hat große Brotschulden. Heute kam endlich ein Päckchen. Bedenklich häufig ist das Thema der Unterhaltung: Sollen wir es holen? Höre soeben: zwei Pakete.

Ein Schurke von der noch intakten jüdischen Leitung versprach mir schon vor einigen Tagen, daß ich aus dem Stubbenkommando herauskommen würde; heute nahm er mir alle Hoffnung. Die Alternative ist: Pfleger von 4 unruhigen KZ-Patienten (Paps' neue Abteilung [3])), was eigentlich vom Stabsarzt bereits angeordnet ist, aber die Anordnungen des Lagerältesten, heißt es, wiegen schwerer.

Trotz aller Verliebtheit habe ich am Zaun zum Nachbarlager, wo die Frauen

---

[1]) s. dazu S. 125.

[2]) Stubbenkommando: Ausgraben und Zerkleinern der Baumstümpfe.

[3]) Der Vater von L. V. leitete als Psychiater eine kleine Abteilung für Nervenkranke innerhalb des Krankenbaus.

von Auschwitz untergebracht sind (auch solche aus Holland, zum Teil via Theresienstadt), noch keine Erkundigungen über Jenny eingezogen [1]).

2. Januar 1945:

Noch nie so mutlos gewesen wie gegenwärtig; sogar Selbstmord erwogen. Zeitweilige Depression? Ich glaube weder an Austausch noch an rechtzeitiges Kriegsende, lüge es Mams aber überzeugend vor.

5. Januar 1945:

Unsere Situation wird immer beklemmender: Es scheint, daß das gesamte jüdische medizinische Personal durch Häftlinge ersetzt werden soll. Berlin will es; der Oberstabsarzt hat nicht viel dafür übrig, aber er kann nichts daran ändern. Das bedeutet: Schlimme Aussichten für Paps. Gestern sprachen wir darüber, und ich setzte ihm auseinander, nicht eine Woche werde er es im Stubbenkommando aushalten. Er faßte das verkehrt auf und sagte: „Gut, dann habe ich eben Pech gehabt, dann werde ich mich eben dort niederlegen, statt hier zu verrecken." Mams wird wohl eine Arbeit für ihn ausfindig machen, so daß er rechtzeitig in Deckung gehen kann, wie es die anderen wahrscheinlich auch tun. Er muß energisch auf sein Alter hinweisen, er sieht ja viel jünger aus, als er in Wirklichkeit ist. Um 5 Uhr müssen wir aufstehn – ich tu's nicht, mein Bett ist vom Mittelgang aus praktisch nicht zu sehen und nicht zu erreichen – und um 3/4 7 Uhr antreten; aber erst um 1/2 8 marschieren wir ab: Solange dauert es nämlich, bis die nötige Anzahl für unser Kommando zusammengetrommelt ist. Immer wird eine ganze Reihe von Leuten mit eingereiht, die zufällig auf dem Appellplatz herumstehen, kranke und alte Leute, die wir abends nach Hause tragen müssen, weil gerade solche Typen halbtot geschlagen und getreten werden. Mein Magen ist chronisch.

Möglicherweise habe ich keinen Grund, dauernd zu jammern: Im Ausland müssen junge Leute meines Alters Soldat werden, und viele von ihnen kommen im Krieg um – aber meine armen Eltern. – Nur wenn Flap eines Tages Häftlingsarzt würde, könnte ich noch an eine Chance für uns glauben.

Das Kind von Gerda B. ist gestern gestorben. Zuerst traute ich mich nicht, ihr zu kondolieren, später wollte ich überhaupt nicht mehr von ihr weg, weil sie eine so anziehende junge Frau ist. Unbegreiflich ist mir, daß sie sich mit dem ihrer unwürdigen Z. Y. abgibt; so etwas ärgert mich immer.

Nach dem Krieg will ich in einer langweiligen Pension für alte Leute wohnen und Christstollen zum Tee essen; halbtot bin ich ja bereits.

7. Januar 1945:

Was für ein herrliches Leben hätte ich haben können – und kann ich vielleicht noch haben, wenn irgendein Wunder geschieht! Ernstlich beunruhigt bin ich

---

[1]) Jenny, die Verlobte von L. V., war von Westerbork nach Theresienstadt und von dort nach Auschwitz deportiert worden.

wegen einiger Kleinigkeiten: Winterhände, tote Finger und Zehen – kleine Zeichen des Verfalls. Dabei hat der Winter noch gar nicht richtig begonnen. Im Wald träume ich vor mich hin – wer mich in ein Gespräch zu verwickeln versucht, den schnauze ich an –, und zwar träume ich vom élan vital[1]): Das Leben ist das einzige, was Bestand hat, alles andere ist Abfall – wie kann man das einzige, was sich von selbst versteht, befremdlich finden? Große Stücke toten Holzes, an denen doch noch irgendwo etwas Lebendiges zu sehen ist, oder jene Pflanzen, die im Frühjahr wieder zu leben beginnen, geben mir Mut.

Wir graben Stubben aus dem Boden; das schlimmste sind die kalten Füße und die Wachposten, deren schreiende Anwesenheit mich mehr ärgert als alles, was sie mir antun können. Übrigens ist das nicht wenig, und ich befinde mich – ohne jemals besonders aufgefallen zu sein – ständig in der Gefahrenzone.

Die Arbeit ist viel zu schwer für mich, abends merke ich es. Man läßt uns dann außerdem noch die schweren Gamellen aus der Küche ins Lager schleppen, ehe wir unsere ³/₄ Liter Kohlrüben- oder Graupensuppe bekommen. Es ist für sie so am einfachsten.

Die optimistischen Stimmen sind vollständig verstummt, so daß jetzt jeder glücklich wäre über ein Kriegsende im nächsten Winter. Vielleicht ist das ein gutes Zeichen?

Auch die Frauen im Lebensmittelmagazin sind jetzt durch Polinnen ersetzt worden. Ich brauche es also nicht mehr zu bedauern, daß ich nicht ins „Kellerkommando“ gekommen bin. Koosje kann mir nun allerdings nichts mehr zustecken, das erste Butterbrot war zugleich auch das letzte. Schon wieder jemand, dem ich nicht danke schön zu sagen brauche. Die Treue zu meinen Eltern wird von ihnen belohnt, ich esse ihnen – natürlich mit großen Schuldgefühlen – alles weg, was sie sich absparen. Außerdem gehören sie, obwohl sie total unterernährt sind, zu den wenigen liebenswürdigen Menschen hier.

Wenn es hier nur ein einziges gutes Buch gäbe! Ein Band mit Versen einiger Dichter ist mir auf sehr kränkende Weise von dem Ehepaar Levissohn abgeschlagen worden. Es ärgert diese Zionisten offenbar, daß wir auf der „Südamerikaliste“ stehen[2]). Vom Austausch ist nicht mehr die Rede; allmählich ist zwischen uns und den Auschwitzfrauen kein Unterschied mehr, und Gott mag wissen, was noch aus uns wird. Schon so vielen ist es zu lang geworden! Aber stelle dich einmal in die Ecke und verzweifle! In gelegentlichen Aufwallungen erscheint es das einzige Vernünftige zu sein, unter einen Lastwagen zu springen. Das tue ich natürlich nicht; wenn ich so mutig veranlagt wäre, befände ich mich jetzt nicht hier. Übrigens habe ich bis zur Stunde durch meine Feigheit ebensoviel Pläsier gehabt wie Daan und Jaap durch ihren Mut. Aber nun kommt die Strafe.

---

[1]) élan vital – Zentralbegriff in der Lebensphilosophie Henri Bergsons (1859–1941).

[2]) vgl. dazu S. 100 ff.

12. Januar 1945:
Man droht uns ein völliges Kapo-Regime an, ganz ohne jüdische Leitung, mit Kapo-Ärzten. Es wird also wohl so kommen.
Ich hatte eine winzige Chance für das Brotkommando, das in seiner Gesamtheit entlassen wurde (Jaap hatte Pech), aber „man" (Martin?) mochte mich nicht, laut Jerry, weil ich so seltsam rede und so komisch aussehe. Außerdem scheint es, daß die Liste derjenigen, die der Stabsarzt als unentbehrlich für das Krankenhaus benannte, vom Kommandanten zurückgekommen ist und daß auf dieser Liste nur mein Name als einziger gestrichen wurde. Hat Beppo das via Y. Y. veranlaßt? Habe ich also Feinde? Nachbar de W. ließ die freundliche Maske fallen. Wenn ich ihn nur in einem Faß Wasser ersäufen könnte! Selbstmordversuch von C. B. und Sohn.

14. Januar 1945:
Ich habe kein Gran Fett mehr am Leibe. Unser Kommando arbeitet (zu) hart, deshalb selten Prügel. Ich esse meinen Eltern alles weg, trotz aller Transaktionen kommen wir drei jeden Tag mehr mit Brot in Rückstand. Mams, Paps und ich essen jetzt im Arztzimmer. Ich bin sehr deprimiert durch das, was ich dort höre: das sog. „Lagerfieber" ist in Wirklichkeit Typhus. Tb greift immer mehr um sich. Mams hustet. Pakete kriegen wir keine. Die Unterschiede zwischen den einzelnen Lagerteilen verschwinden. Ich habe Kleiderläuse in den Schamhaaren. Es war heute mittag kein Buch zu bekommen, so habe ich mich eben ins Bett gelegt. Heute morgen wurde wieder abscheulich geschlagen. Meine Winterhände sind ganz rissig, meine Füße schlafen mir immer ein; ein Jammer, daß die Schuhe bald abgenutzt sein werden.
Wenn Auschwitz und Birkenau hierher kommen, werde ich dann Jenny wiedersehen? Von Austausch hört man nichts (Typhus!). Befindet sich Holland noch in der Hand der Deutschen? Wenn ich selbst lebendig hier herauskomme, ist dieses Tagebuch überflüssig; im anderen Fall hält Papier länger aus als ein Mensch, wenn es nicht gerade jemand in die Hände fällt, der an Durchfall leidet.

19. Januar 1945:
In den vergangenen Tagen arbeitete ein zahlenmäßig immer schwächer werdendes Stubbenkommando im Russenlager, um dort die Baracken instand zu setzen. Vorgestern wurde viel geprügelt, mittags bekamen wir unseren Extraliter Suppe nicht; gestern war es etwas ruhiger, aber man konnte es fast nicht aushalten vor Kälte und Überdruß und Hunger. Gestern abend hörte ich, ich hätte eine winzige Chance fürs Brotkommando, ich dürfe aber selbst nichts unternehmen. Ich fragte bei Friedmann nach meinen Aussichten: vergebens. Hanke, der Lagerälteste, versprach Paps, ich würde aus dem Stubbenkommando herauskommen; aber allmählich habe ich dieses ganze Affentheater satt. Überdies ist Paps krank und kann deshalb nicht zu Hanke gehen.
Heute morgen waren wir in Kälte und Regen angetreten, ich in Begleitung von

Mams und mit ihrem Frühstück im Magen; ich wunderte mich über die geringe Zahl des Kommandos (20 Mann, ursprünglich 70), und als Rau[1]) plötzlich ankam: „Es rückt niemand aus!“, dachte jeder: jetzt setzt es eine saftige Strafe ab! Wir hielten auch die guten Kommandos, die eben abrücken wollten, zurück, und dann kam H. und las eine Liste vor. Zuerst dachten wir, es sei ein Appell des Stubbenkommandos, aber dann zeigte sich, daß wir es waren, nämlich die Leute von der Amerikaliste. Die Liste war nicht alphabetisch aufgestellt, daher große Spannung. Wider Erwarten sind Paps und ich dabei. Wir dürfen in die Baracke zurück. Paps, im Krankenhaus, macht einen sehr deprimierten Eindruck und vertraut mir an, daß er für sich (und für Mams, vor allem für Mams!) ziemlich schwarzsieht, wenn nicht bald irgend etwas geschieht. Im Lauf des Tages schmolz meine Hoffnung wieder zusammen; wir waren auch bei Mös[2]), der u. a. fragte, ob noch mehr Kinder da seien? Eine Tochter – und wo? In der Schweiz. Das Gespräch fand damit ein sehr abruptes Ende. Ominös ist, daß einigen Leuten gesagt wurde, sie würden am Sonntag nach Liebenau reisen: aber es sind Personen, die sich vom Gros in der einen oder anderen Hinsicht unterscheiden: USA-Staatsangehörigkeit oder Konsularpersonen.
Hingegen wage ich auf ein Päckchen zu hoffen, morgen.
Das Russenlager besteht aus großen, sehr solid gebauten Holzbaracken (in eine davon ist das Schneebaum-Lager[3]) eingezogen) und einer Reihe kleiner Baracken, die etwas besser sind als die unsrigen, weil sie WC und Waschraum innerhalb der Baracke haben und zwischen zwei Baracken eine Kiefer steht und bisweilen etwas Grün angepflanzt ist. In diesen kleinen Baracken werden jetzt die Frauen aus dem uns benachbarten Lager (dem alten Frauenlager), aus dem Zeltlager oder von neuen Transporten ziemlich menschenwürdig untergebracht. Daß wir selbst ins Russenlager gehen, ist deshalb sehr unwahrscheinlich.
Ich höre soeben, daß das Stubbenkommando heute wieder im Russenlager gearbeitet hat und sich dadurch eine Extraration Brot verdiente. Mams kocht uns im Arztzimmer allerlei zusammen, wo wir nunmehr essen. Heute wird mir wieder klar, wie verfressen ich bin. Schon aus diesem Grund ist dieses Lager nicht der richtige Ort für mich.
Ich komme mir vor wie der einzige Weise unter all den Idioten, die uns am Sonntag bereits abreisen sehen. Mein linker Schuh ist wieder durch. Müssen auch meine Zehen gangrenös werden?

20. Januar 1945:

Ein seltsamer Tag! Beim Arbeitsappell mußten wir uns gesondert aufstellen und durften anschließend in die Baracke zurück. Im Laufe des Vormittags mußten alle zu einer Art Musterung erscheinen; man wurde namentlich aufgerufen, der

---

[1]) Arbeitsdienstführer Rau – s. S. 84 f.

[2]) SS-HSTF Mös, Beamter im RSHA, für die Zusammenstellung der Austauschtransporte zuständig, vgl. S. 102.

[3]) s. S. 65 f.

Stabsarzt nahm die Untersuchung vor. Er zeigte sich Paps gegenüber freundlich, stellte es als eine große „Gefälligkeit" hin, daß er Paps trotz seines schlechten Aussehens als „transportfähig" gelten lasse. Später erwies sich, daß viele zu der Musterung nicht aufgerufen worden sind. Bis etwa 16.30 Uhr gehörten wir zu den Beneideten und Auserwählten und waren auf dem besten Weg, uns in diesem Gefühl zu sonnen. Dann mußten alle wieder antreten, von neuem wurden wieder die Namen aufgerufen, und die Aufgerufenen mußten zur Baracke gehn und mit Gepäck zurückkommen. Wieder blieben 90 auf dem Platz stehen: wir waren unter ihnen, während unsere Nichte Jet zu den Glücklichen gehörte, die aufgerufen wurden. Als ich die Koffer sah, die Mams schon fast gepackt hatte, tat es mir so leid um sie – –. Für mich ist es nicht das erste Mal, daß ich träume, ich sei frei.

Heute abend ging ich zum Magazinsaal (Petra und Koosje bleiben auch hier) und sprach mit Martin und Gunther. Daß ich mit Jaguar selbst seit der Begrüßung kein einziges Mal mehr gesprochen habe, erscheint mir jetzt als ein Fehler. Hinter seinem Rücken wird nun Martin morgen früh versuchen, mich in das Brotkommando hineinzulotsen. Heute morgen verkündete ich noch: „Ich tausche meine Austauschchancen gegen die Gewißheit, ins Brotkommando zu kommen!" Hoffentlich nehmen mich die Götter beim Wort.

Ich habe Beppo, den jüdischen Arbeitseinteiler, gegen mich. Wenn Jaguar gefragt wird, weiß er von nichts. Ich habe offene Wunden an den Händen, ich bin unpraktisch, mein Haar ist zu lang. Dem steht gegenüber: ein bißchen Protektion mit halbem Herzen. Trotzdem bin ich heute abend besser gelaunt als seit langem; endlich ist eine Veränderung zum Guten in Sicht.

O ja, ich habe mich heute noch durchgekämpft bis zu Fräulein Slottke[1]): sie sagte – und ich sah ihr's an, daß sie log –, in vier Wochen ginge wieder ein Transport.

7. Februar 1945:

Am Sonntagmorgen, dem 22. Januar, reihte ich mich tatsächlich ins Brotkommando ein und aß mich später im Magazin satt. Es war wunderschönes Wetter; leider mußte ich die ganze Zeit an die Schweiz denken. Am Montag ergab sich, daß ich nicht mehr mitkonnte. Ich drückte mich um die Arbeit, saß bei Mams auf dem Bett. Als es heller wurde, erblickte ich sie seit langem zum erstenmal bei Tageslicht und sah dabei, daß sie Gesichtsödem hat. Den ganzen Tag unternahm ich alles mögliche, und dann hörte ich zu meiner großen Überraschung, ich müsse am nächsten Morgen um 1/23 Uhr für Küche III antreten. Das hatte ich bestimmt meiner Entschlossenheit zu verdanken, nicht in mein altes Kommando zurückzugehen! Schnell zeigte sich: Küche III ist ein Paradies. Zwar taugte ich nicht besonders für diese Arbeit, weil ich so langsam reagiere, und war deshalb nicht gerade beliebt, aber die Jungens – meistens arbeiteten sie vorher in

[1]) Frl. Slottke, Polizeiangestellte im Judenreferat des BdS Den Haag, mit der Behandlung der „Rückstellungsgruppen" der holländischen Juden befaßt, besuchte einige Mal auch BB, so bei der Zusammenstellung des Südamerika-Austauschs.

Küche II – waren stets kameradschaftlich zu mir. Ich aß mich satt und werde, wenn ich richtig schlafen kann, bald wieder zu Kräften kommen. In einigen Nächten allerdings fielen nur zwei Stunden Schlaf ab. Meine Eltern profitierten mit. Ein bißchen Schadenfreude verspürte ich, als zwei Tage später das ganze Brotkommando entlassen wurde – dadurch war mir, so dachte ich, der Rückzug ganz abgeschnitten. Gemüse-, Brot- und Kohlenkommando wurden eingestellt, nur die Küchenkommandos blieben bestehen. Mittlerweile profitierten meine Eltern von meinem Job, obwohl ich weniger mitlaufen ließ als die anderen, die wesentlich geschickter und routinierter vorgingen. Ganz deutlich zeigte sich, was für arme Kerle die Leute von Küche I seinerzeit gewesen sind; in der Zeit, in der ich dort arbeitete, habe ich Hunger gelitten und mich abrackern müssen.

Vor fünf Tagen stellte sich heraus, daß wir abgelöst werden sollten, die Frauen standen schon vor der Küche (Küche III befindet sich im Frauenlager, darüber mehr). Diese Frauen entpuppten sich als widerliche, träge Polinnen, ein starker Kontrast zu den sehr hübschen Ungarinnen, die von Anfang an hier waren. Wir sollten noch einige Zeit bleiben, um sie bei der Arbeit anzuleiten. Am nächsten Morgen erschienen mit einemmal zehn arische Russinnen, die sofort scharf an die Arbeit gingen. Die Küche war so überfüllt, daß man sich nicht mehr drehen und wenden konnte. Ein paar Stunden später wurden die Russinnen in die Schälküche weiterverfrachtet: sie waren einen Tag zu spät gekommen. Eine von ihnen machte mir gestern einen unzüchtigen Antrag, nur um ein bißchen Essen zu bekommen; ich werde später, wenn ich das lese, mir nicht mehr vorstellen können, wie mich das anekelte. Gestern abend wurde eine erste Gruppe von fünf Mann entlassen; ich war natürlich dabei. Als wir – ich das letztemal besonders schwer beladen – vors Lagertor kamen, hörten wir, daß in Küche I eine Kontrolle stattgefunden habe und das Küchenkommando en bloc beim Mitnehmen von Lebensmitteln erwischt wurde; alle Namen waren aufgeschrieben worden. Kurz darauf rückten die armen Opfer selbst an, um sich uns anzuschließen. Sie heulten mehr als sie sprachen. Schließlich wurde das Tor geöffnet. Heute morgen zum zweitenmal Schadenfreude: Um 4 Uhr wurde ich wach, weil das Küchenpersonal zurückkam. Wegen des Vorfalls in Küche I ist auch das restliche Kommando von Küche III entlassen worden.

Heute mußten alle Männer umziehen, in eine Baracke ohne Wasser und Licht. Morgen ziehen die Frauen und das Krankenhaus um, also Mams und Paps. Das Fleisch und Brot, das ich beschaffte, haben Paps wieder auf die Beine gebracht; Mams sieht jedoch ziemlich schlecht aus. Ich bin erschöpft und habe ein leichtes Ödem im Gesicht: 14 Tage lang hatte ich Magen- und Darmbeschwerden, und jetzt plagt mich wieder der Hunger. Mangel an genügend Schlaf ist für mich am gefährlichsten: Ich bringe dann nichts mehr zuwege, starre wie in Hypnose vor mich hin, bewege mich auffallend langsam, bin unfähig zu denken. Noch jetzt beim Schreiben wirkt sich aus, daß ich nicht ausreichend Schlaf habe. Ich muß mit einem Nachtbruder zusammenschlafen; ich selbst wurde Tagbruder, dadurch

kann ich wenigstens allein im Bett liegen. Schade, daß die Entlassung nicht zwei Tage später erfolgt ist, dann wäre der Saal, wo alles Küchenpersonal und alle „Magaziner“ ein Bett für sich allein hatten, zusammengeblieben.
Das frühere Russenlager, in dem jetzt die Frauen von Auschwitz und Birkenau wohnen, ist wirklich ein faszinierender Ort: Ich hatte mich noch immer nicht daran gewöhnt, und es tut mir leid, daß ich diesen „Blick ins Jenseits“ nicht noch etwas ausdehnen konnte. Eine Schlußfolgerung: polnische Jüdinnen liegen mir nicht und polnisches Jiddisch ebenfalls nicht – der Charme des Ostjudentums strahlt vor allem von den russischen Juden aus.
Es gibt dort auch arische Polinnen und Russinnen. Alles ist in ständiger Bewegung; dauernd kommen neue Transporte an; viele mußten tagelang marschieren. Die Berichte über die Selektionen in Auschwitz kannte ich bereits: Ich finde Vergasen weniger grausam als Verhungernlassen, wie es in unserem Lager durchgeführt wird. (Bei einer „natürlichen“ Sterblichkeit wie hier nimmt der arbeitsunfähige Teil der Lagerbevölkerung immer mehr zu: hier so stark, daß die Scheißhaufen auf der Straße liegenbleiben, die Kranken nicht verpflegt und die Toten nicht weggeschafft werden.)
Die Korruption in diesem Frauenlager ist fürchterlich; vom Essen erhalten die Frauen nur die Hälfte; die andere Hälfte bildet die Zusatzverpflegung einer beachtlichen Minderheit von „Lagerältesten“, „Blockowas“, „Stubowas“, „Kapos“ und anderen, die seidene Strümpfe tragen und Schaftstiefel. Diese schwingen die Knüppel, schreien, treten, es ist das reinste Theater; jeder stiehlt brutal, niemand hat Angst vor Verpetzen, Namen notieren usw., wie es bei uns der Fall ist.
Morgens um 4 Uhr mußte ich die Transporte der Kartoffel- und Kohlrübenschnitzel von der Schälküche in die Küche hinüber begleiten und konnte nicht verhindern, daß Horden hungriger Frauen uns unterwegs attackierten, aus dem Dunkel auftauchend und wieder darin verschwindend, nachdem sie unsere Kübel ausgeraubt hatten. Zuletzt schlug ich mit einem Besen um mich – ohne Erfolg. Schließlich nahmen mir vier Russinnen diese Arbeit ab; immer, ehe wir ins Dunkel hineinmußten, prügelten sie zuerst das Terrain frei. Morgens um 4 Uhr sind die Frauen immer schon auf den Beinen, um zu stehlen; kein Wunder, daß das Brotmagazin in einer einzigen Nacht leergeplündert wurde. In unserem Lagerteil liegen Küchen und Magazine außerhalb der Umzäunung, hier liegen sie mitten zwischen den Baracken. Der Unterscharführer, ein ganz ordentlicher Mann, unter dem es ein gemütliches Arbeiten war, hat tatsächlich die Frauen aus unserem Flur hinauswerfen müssen, wo sie alle unsere Tonnen mit Kohlrübenschnitzeln (die Arbeit eines ganzen Tages) innerhalb von drei Minuten leergeraubt hatten; er schlug die Frauen und trat sie halb tot, als sie bereits auf der Erde lagen.
Die Familie von Jenny kannte niemand; vielleicht sind sie in Auschwitz geblieben.

12. Februar 1945:
Als Pfleger im Krankenhaus habe ich jetzt offiziell Anspruch auf ein Bett für mich allein im Arztzimmer, doch dieser Platz ist ständig bedroht. Dafür entgeht mir die zusätzliche Nahrung, die sich meine früheren Kollegen durch ein bißchen Arbeit im Lager verdienen. Es wird nämlich zugunsten aller Leute des früheren Küchenkommandos von Theo etwas zusätzliche Verpflegung ins Lager geschickt. Heute hörte ich zum erstenmal davon und kam genau eine Stunde zu spät, um etwas davon abzubekommen. Das Stubbenkommando war mir noch lieber.
Heute nacht, in meinem Traum an der richtigen Stelle, für die Realität sehr zur Unzeit, verschüttete ich etwas aus dem Nachttopf, und ein Teil des gefährlichen Inhalts fiel auf den im unteren Bett schlafenden Dr. K. Großes Spektakel, ich wundere mich, weshalb ich noch nicht hinausgeworfen wurde. Vielleicht hat mich die Injektionsspritze gerettet, die ich Dr. M. geschenkt habe, dem Leiter des Krankenhauses, der für Geschenke sehr empfänglich ist.
Mit körperlichem Schmerz erinnere ich mich an den Kartoffelbrei und an das Fleisch und an alles in Küche III, was so schmackhaft und ausgiebig war, daß ich mich von Anfang bis Ende überessen habe und deshalb dauernd einen verdorbenen Magen hatte. Das infektiöse Hungerwasser hier schmeckt mir jetzt besser als der schönste Leckerbissen dort.
Es gibt keinen Ausweg mehr für uns. Jeden Tag sehe ich, was uns noch alles blühen wird: Den Patienten im Krankenhaus fehlt durchweg nichts anderes – als Essen. Alle Rationen sind nur noch 3/4 so groß wie noch vor wenigen Tagen; ein Kommißbrot muß jetzt eine Woche reichen, bisher waren es sechs Tage, früher sogar fünf. Dazuhin ist es kleiner als bisher. Wir sind alle mit Brot im Rückstand. Im Krankensaal: verdreckte, verlauste Skelette, in Lumpen gehüllt, die keine Wärme mehr geben. Was soll ich mit der schmutzigen und verlausten Unterwäsche anfangen, die ich einem Patienten ausziehe? Unter den Betten darf kein Gepäck liegen, also fasse ich das Zeug vorsichtig an und werfe es weg. Dieser Mensch stirbt doch. Ich könnte sie alle mit ruhigem Gewissen töten, wenn mich nicht hinderte, daß a) meine Eltern fast im gleichen Zustand sind, b) der Krieg theoretisch schnell zu Ende sein kann und c) völlig erschöpfte Menschen noch im letzten Augenblick ausgetauscht wurden. Wenn nicht bald ein Transport stattfindet, dann weiß ich nicht, wieviel noch gerettet werden können.
Jetzt muß ich mich rasieren, das Geschirr spülen und die Kissenbezüge von Dr. M. waschen; mit meinen Winterhänden kann ich fast nicht in das kalte Wasser fassen. Wenn ich nur ein paar Freunde hier hätte, dann könnten wir wenigstens zusammen lachen.
Das Mädchen Louise ging auf Mischlingstransport, sie beschmutzte sich bereits mit Durchfall und war in denkbar schlechtem Zustand. Die Diamantleute sind teilweise zurückgekehrt – ins KL nebenan, ohne Strümpfe oder Winterkleidung, in einem selbst für hiesige Verhältnisse kläglichen Zustand. Die Sterbeziffer steigt von Tag zu Tag.

15. Februar 1945:
Ich bin todmüde, hungrig, ratlos – aber irgendwo ist ein Stück meines Ich, das allerwichtigste, ganz ruhig und ungerührt. Damit im Einklang steht eine weitgehende Parallelität zwischen meinem früheren Leben, das auf den Eros ausgerichtet war, und dem jetzigen Leben, das ganz vom Kampf ums Essen bestimmt ist: viel grübeln, dadurch die Chancen verderben, Mangel an Diskretion und zuwenig Frechheit. Was jeder kriegen kann – ich kriege es nicht. *Alles an uns bleibt immer gleich.*
Das Lager beginnt nach dem Umzug wieder in Ordnung zu kommen. Die Baracken sind voll von Krematoriumskandidaten: Skelette, die nur zum Essenempfang aus dem Bett steigen. Dachpappe liegt keine mehr auf den Dächern; wenn es regnet, wird alles naß, Betten, Decken, Gepäck. In meiner eigenen Baracke (wo ich gegenwärtig nicht schlafe) ist nicht einmal Licht. Auf der Lagerstraße liegen überall Ausscheidungen.
(Eine Nacht lang schlief ich in dieser Baracke, mit dem Nachtbruder, der krank war. Er hatte den Tag über auf seiner und meiner Decke gelegen und vor sich hingebrütet: Als ich, wie ich's gewohnt bin, mich nackt in meine Decke rollte, fühlte ich die Läuse in großer Zahl über mich herfallen. Unaufhörlich mußte ich sie fangen und totbeißen, ich hatte kein anderes Mittel, mich ihrer zu erwehren. Morgens ging ich ins Arztzimmer, weil dort Licht brannte, und suchte jeden Quadratzentimeter der Decke systematisch ab. Dann machte ich ein Bett frei, das als Gepäckablage diente, installierte mich dort und wartete, bis mein Vater wach wurde, um ihm zu erklären, daß ich hier bleiben würde. Seitdem habe ich die Läuse los; was ich während des Tages abbekomme, finde ich abends auf den bevorzugten Gefilden: Hals, Achseln. Alle Körperhaare habe ich abrasiert.)
Hier im Saal kann ich es nicht mehr länger aushalten: die Chance, eine Extraportion zu erhalten, gab mir früher stets Hoffnung – jetzt ist nichts mehr zu erwarten. Pakete kommen angeblich keine mehr. Das Hungergefühl ist nicht das Schlimmste am Hunger: es dauert nur kurze Zeit an und ist durch minimale Nahrungsmengen zu vertreiben. Das Schlimmste ist die psychische Veränderung, die sogenannte Verfressenheit, die Hungerphantasien und Neidgefühle erzeugt. Das Hungergefühl war in der Küche mit einem Schlag verschwunden, aber das andere bleibt: daher das Überessen, mit dem ich fortfuhr, und der Hunger sofort nach der Entlassung. Mams liegt in ihrem Bett und hungert, Paps auch; letzterer phantasiert – genau wie ich – mehr über meine letzte Küchenperiode als über das frühere Leben: ein Stück Kommißbrot und Fleisch für ihn, schmackhaftes Essen, Toast mit Zucker, dicke Brotsuppe, warmer Butterkuchen, eine Kruste Schwarzbrot mit viel Butter und Leberwurst für mich.
Nachdem der Lagerälteste behauptet, der letzte Transport sei in ein KL gegangen, weiß man überhaupt nicht mehr, was man hoffen oder erwarten soll. Der Krieg schreitet gut voran: zaghaft wagt sich der Optimismus wieder etwas hervor.

15. März 1945:
Ein Jahr ist um seit unserer Abreise aus Westerbork: Als wir in dieses Lager Bergen-Belsen einzogen, hätten wir nicht geglaubt, wir könnten es so lange hier aushalten, und unsere einzige Hoffnung bestand damals – genau wie heute – darin, daß der Krieg in ein paar Monaten zu Ende sein würde. Ach, jetzt ist wenigstens der Rhein überschritten, die Front rückt immer näher an Berlin heran, und die Invasion hat längst stattgefunden.
Als wir eines Abends von Küche III zu den Baracken zurückmarschierten, abends, im gespensterhaften Licht der meterhohen roten Flammen, die aus dem Kamin des Krematoriums herausschlugen – trotz aller Unheimlichkeit ein Bild von düsterer Schönheit –, da sahen wir vor dem Magazin einige Lastautos stehen, die mit Kühen, Schafen oder Schweinen beladen schienen. Ich, naiv, fragte mehrere Male, was das wohl für Tiere seien, die hier so blökten, bis jemand sagte: es sind Menschen. Die Autos fuhren weg zum Krematorium und kamen später zurück, leer. In der Ferne hörte man Menschen schreien. Ich weiß nicht, was da genau passiert ist und ob sich das abgespielt hat, was man auf Grund dieses Vorfalls annehmen müßte. Der schwarze hohe Kamin des Krematoriums, vor dem der eine oder andere Häftling – wenigstens heimlich – sein Kreuz zu schlagen pflegt, ist das zentrale Bild in Hannos Fieberphantasien und Visionen, nachdem er im Stubbenkommando so hart geschlagen wurde, daß er eine Gehirnerschütterung davongetragen hat.
Jules S., im Brotkommando einen Tag lang mein Vorarbeiter, ist nach einigen Tagen „Lagerfieber" nicht wiederzuerkennen. Je besser einer ernährt ist, desto schlimmer ist sein Krankheitsbild, sobald er „Lagerfieber" (Paratyphus) bekommt. Ob diese Leute dazuhin auch anfälliger für den Typhus sind, wie oft behauptet wird, scheint mir fraglich. Aber frappierend ist es doch, daß die Robusten viel schneller abwirtschaften als die Ausgepowerten, bei denen sich Typhus nur durch etwas Fieber äußert. –
Mir fehlt die Energie, herumzugehen und zu fragen, ob Jenny inzwischen im Frauenlager ist. Nicht einmal Kosta habe ich gefragt, ob sie etwas von ihrer Schwester weiß. Anläßlich eines Gesprächs über einen Arzt, der in skandalöser Weise herumbettelt und mit dem Argument verteidigt wurde: „Er ist demoralisiert" – anläßlich dieses Gesprächs wurde mir klar, daß ich nur dann ein Schuldgefühl habe, wenn ich einen Bissen esse auf Kosten meiner Eltern (obwohl ich – theoretisch – ihr Opfer annehmen darf), daß ich dagegen ohne die geringsten Hemmungen sonst alles tun würde, um zu etwas Essen zu kommen, sofern nicht gerade Verrat dabei ist.
Seit heute nacht geht mir eine makabre Melodie im Kopf herum, im Takt des Herzschlags, ich kann sie nicht pfeifen oder singen. Dasselbe vor einem Jahr nach Jennys Abreise. Vorbote eines Unheils. Die Blockleiterin O., deren Mann hier liegt, finde ich reizvoll und charmant. Jeder bezeichnet sie als ein Aas und eine Hure, aber in ihrer Gegenwart spüre ich wenigstens wieder, daß ich ein

Mann bin: wie wenn man auf der Straße einen Freund zu sehen vermeint, von dem man einen Augenblick vergessen hatte, daß er tot ist.

16. März 1945:

Jenny ist in Auschwitz zum letztenmal in der Weberei gesehen worden, wo sie sich tapfer hielt.

Es tut mir leid, daß ich hier außer meinen Eltern keine Freunde habe.

Malraux soll ein Buch geschrieben haben, das die deutschen Konzentrationslager behandelt und in dem interessante Betrachtungen angestellt werden über Kameradschaft etc. Ich würde es wahnsinnig gern lesen. Kenne jedenfalls keine größere Divergenz als diejenige zwischen der Haltung, in der Kyo[1]) seine Folterungen erwartet und wir unserem Hungertod entgegensehen. Es liegt natürlich an den Umständen (Erschöpfung macht einen inferioren Menschen aus einem, ich sehe es an mir selbst), aber auch an der Inferiorität des auf diese Weise ausgesuchten „Menschenmaterials". Bei den Ungarn nebenan und bei den Frauen im Russenlager ist die Stimmung ganz anders (obwohl auch nicht gerade sympathisch, sind sie wenigstens nicht so fürchterlich bürgerlich und jammern nicht die ganze Zeit).

Vor einem Jahr sahen Mams und ich einander an: jetzt sitzen wir in der Falle – widerlicher Kohlrübenduft erfüllte die Luft. Heute würde ich etwas geben um einen solchen Teller Suppe von damals, in der noch ein bißchen Fett, Fleisch und Kartoffeln enthalten waren. Im Lauf eines Jahres haben wir kein Obst, kein Ei, keine Butter gesehen. Flecktyphus greift um sich, jeder hat Läuse – und wir leben immer noch. In vielen großen Städten Europas ist das Joch der Fremdherrschaft bereits abgeschüttelt, und die neue Zeit hat begonnen. Der Rhein ist überschritten; dauernde Bombenangriffe, genau wie vor einem Jahr. Die Todesangst, die uns beim Einzug in dies Lager überfiel, dauerte bis in den Sommer und ergreift uns jetzt von neuem.

Ich kann fast nicht mehr arbeiten, die Beine versagen mir den Dienst, und ich sehe keine Chance, aus diesem Krankenhaus herauszukommen. Das Appetitlichste, was ich mir vorstellen kann, ist ein Teller Gerstensuppe (früher schmeckte sie mir nie), ein frisches Butterbrot mit Pindakäse, ein Zwieback mit Schokolade darauf. Sogar aus meinen Phantasien ist jedes Raffinement verschwunden.

18. März 1945:

Morgen Mutters Geburtstag, habe noch kein Geschenk für sie. Nachdem sie vergeblich bei Hanke war – dieser fragte sie, ob sie wegen Essen komme, und sie war so dumm, das sofort zuzugeben, so daß er sie an Weiß[2]) verwies –, hat sie jetzt ihren letzten Besitz verkauft: ein paar gute Schuhe, so daß wir (wie man sagt) „Brot gut haben".

Es sind Pakete freigegeben worden, so viele, daß wir etwas abbekommen, auch

---

[1]) Anspielung auf die Figur in Malraux' Roman der chinesischen Revolution „Condition humaine" (1933).

[2]) Joseph Weiß, Judenältester, s. S. 64, 125.

wenn wir nicht auf der Liste stehen. Und gerade darum ist es gut, mit Brot nicht im Rückstand zu sein: der Kurswert von Brot wird hoch.
Ich erledigte gestern eine private Arbeit und wurde mit einem Krümel Brot und einem Stückchen Zucker abgespeist. Jules S. und Bob K. gestorben. Das Essen ist in den letzten Tagen etwas besser: Eine Kommission ist hier. Eine allgemeine Entlausung, auch unseres Lagerteils, steht bevor. Es kann nicht anders ausgehen als mit einem Fehlschlag: Niemand kann sein Gepäck tragen, so daß das verlauste Zeug in den Baracken bleibt.

20. März 1945:

Mams gestriger Geburtstag gelang eigentlich besser als der vor einem Jahr: Damals befanden wir uns in einer Art Erstickungsangst. An jenem Tag teilten wir mit den W.s (sie sind inzwischen vermögend geworden und ließen uns gestern im Stich) unser letztes Döschen Sardinen, aber wir kamen nicht über unsere Verzweiflung hinweg. Gestern jedoch war Mams zum erstenmal fieberfrei, alle ihre Nachbarn hatten kleine Geschenke gebracht, und jeder im ganzen Lager bekam ein Päckchen aus Schweden. Paps hatte im letzten Moment ein Geschenk organisiert: ein wertloses Schmuckstück, für das er „nach dem Krieg" wohl zwei echte geben muß, eines Mams und das andere Frau L., die es ihm abtrat (sie will jedoch nichts dafür haben). Habe wieder meinen Magen verdorben und „stoße auf nach faulen Eiern". Die Verfressenheit äußert sich darin, daß man nicht mit Essen aufhören kann, auch wenn man längst satt ist. Es scheint, als ob dann die Langeweile die Rolle des Hungers übernehmen würde. Selbst mit verdorbenem Magen denke ich ans Essen. (Sollte das vielleicht eine physiologische Ursache in den Geweben haben, die weiterhin nach Nahrung verlangen?) In der Küche war es genauso, da betrug ich mich auch so eigenartig. Die anderen, seinerzeit bereits satt gegessen, verachteten mich deshalb.
Der Krieg kann jetzt offensichtlich jeden Tag zu Ende gehen. Gestern fragte mich Jaap wieder einmal, ob ich Interesse hätte, als Pfleger ins Altersheim zu gehen. Ich tu's nicht.
Einer der größten Talmudkenner, M., liegt im Sterben. Nur aus diesem Grunde hoffe ich, daß er am Leben bleibt, denn sonst könnte ein anderer, der jetzt noch nichts ist, der größte Talmudkenner werden, was ich jenem Mann nicht gönnen würde. Dieser hier ist komisch, will „so gelegt werden, daß er schlafen könne", aber dann rollt er sich aus dem Bett. Auf diese Weise straft ihn Gott, weil er ein gutes Buch (Voltaire) als Abortpapier benutzt. Dabei bedenke man, daß diese frommen Heuchler, wenn ein jüdisches Buch auf den Boden fällt, es küssen.
Das Schreiben macht mir heute Mühe. Mit ziemlicher Verspätung will ich nun an die Arbeit gehen: Der ganze Saal hat Durchfall.

21. März 1945:

Wundervolles Frühlingswetter. Gestern brauchte ich 1½ Stunden, um einen einzigen Patienten zu rasieren – und dann nahm ich auch noch ein schandhaft großes Geschenk von ihm an!! Wie lange wird das noch gut gehen? Allmählich bin ich zu einem richtigen „Trinkgeld"-Jäger geworden und verspüre dabei keinerlei Gewissensbisse, so sehr ich in mir selbst auch nach solchen suche. Nur die Angst, ich könnte an den Pranger gestellt werden, hält mich von ernsthaften Delikten ab. (Wer auch diese Angst nicht kennt, läuft keine Gefahr mehr, sich zu verraten, und bringt es in einem Lager zu Ehre und Ansehen.)

Der Chefarzt hatte eine besonders schlechte Idee: Die Deutschen haben eine geringe Menge Fleckfieber-Serum zur Verfügung gestellt, und nun hat er bestimmt, daß vorläufig nur eine einzige Injektion gegeben werden darf. Selbst dann ist es so wenig, daß man nur etwa einem Viertel der Leute helfen kann. Ergebnis: medizinisch gleich Null (der Erfolg einer Injektion ist selbst bei dreimaligem Einspritzen problematisch) und moralisch eine Art Panik. Ich will sehen, daß ich in der Baracke bin, wenn gespritzt wird: das gibt eine Sensation! Wenn später weiteres Serum kommt, kann man dann entweder anderen oder denselben nochmals eine Spritze geben. Die Wut des Volkes wird sie wohl zu letzterem zwingen. Dabei ist das Fleckfieber eine wirkliche Gefahr. Angeblich ist sogar Rau selbst daran erkrankt. Nun hat auch Paps Aufstöße wie von faulen Eiern. Mams hält sich etwas besser.

21. März 1945:

Große Auseinandersetzung mit Paps; er hat einen verdorbenen Magen und ein unverdorbenes Gewissen. Im Magazin sind Männer eingestellt worden, die auf die Kartoffeln aufpassen sollen: Alle Kartoffeln müssen jetzt im Magazin geschnitzelt werden, eine Art Schälküche also – ich habe bestimmt aufs falsche Pferd gesetzt mit dem Krankenhaus.

Salko H. „zerschmettert den Bourgeois" [1]) hier mit Bemerkungen, die fortgesetzt zu der Antwort reizen: „Du bist eben doch ein echter Idealist, lieber Salko, aber eines Tages wirst du auch vernünftig werden." So erklärte er gestern, „nach dem, was er hier mitgemacht habe", werde er nie mehr den Mut haben, sich Dienstboten zu halten und anderen seinen Willen aufzuzwingen. Er wird nicht mehr tanzen, rauchen, trinken, hat einen Abscheu vor Fleisch, nimmt die Erbschaft seines reichen Vaters nicht an, will – trotz großer Liebe zur Medizin – Bauer werden in „Erez" [2]). Paps' Kommentar: Dieser Tannhäuser wird seinen Venusberg schon noch finden. Eine große Vorliebe für Jazz kontrastiert nur auf dem Papier mit dem übrigen.

Mams, die gestern eifrig auf einem elektrischen Kocher gebacken hat, hat heute erhöhte Temperatur. Heute ist der dritte Tag, an dem kein Brot ins Lager kam; wir haben das Sanovit aus dem schwedischen Päckchen bereits ganz aufgebraucht und vom übrigen Inhalt den größten Teil.

23. März 1945:

Zwei Tage Frühlingswetter haben das ganze Lager umgewandelt. Bei den Häft-

---

[1]) Im Tagebuch steht der französische Ausdruck „épater le bourgeois".

[2]) Erez, d. h. Erez Israel = Land Israel (Palästina).

lingen in unserem Nachbarlager nehmen manche sogar ein Sonnenbad: Die Männer, die, ordentlich in Fünferreihen ausgerichtet, nackt in der Sonne liegen, entpuppen sich bei näherem Zusehen jedoch als Leichen, die für den heutigen Appell noch mitgezählt werden.
Ich sitze auf der anderen Seite unseres Lagers und schaue hinüber ins Ungarnlager, wo Gepäckstücke und Decken in große Autos verladen werden. Die Frauen kleiden sich etwas besser als bei uns, man sieht viele Leute die Bettwäsche nach draußen schleppen, um sie nach Läusen abzusuchen. Die Sonne wird für viele die Lebensretterin sein. Wie lange dauert dieser Krieg noch?

25. März 1945:

Wieder Austauschgerüchte: Ein Teil in die Schweiz, ein Teil nach Schweden, die „120 000er“ [1]) nach – Theresienstadt (seit langem evakuiert, also ein Euphemismus für ein KL [2]), sagt Hanke, der uns schon bei einer früheren Gelegenheit einwandfrei angeschwindelt hat.
Gestern war der Dampfwagen für die Entlausung hier, und wir haben den Läusen eine schwere Schlacht geliefert. Meine Arbeit wird hier höher bewertet, als sie es verdient.
Gestern sprach ich Weiß auf der Lagerstraße an – ich hatte nicht gehört, daß er gerade vorher einige andere angeschnauzt hatte –, aber er antwortete mir auf so grobe Art, daß ich jetzt eigentlich allen Grund hätte, die Flinte ins Korn zu werfen.
Schon fünf Tage lang arbeite ich ohne ein Stück Brot; das Erbsensuppenpulver aus dem Päckchen ist fast aufgebraucht. Inzwischen kam das Mittagessen und ist bereits aufgegessen: 9 Uhr morgens. Heute kommt nichts mehr . . .
Wer um diese Tageszeit in die Spiegelstraat einbiegt [3]), sieht die obere Hälfte der Häuser an der Herengracht im hellen Sonnenlicht. Oben Venedig, unten Amsterdam. Zu jedem Wetter gehört eine bestimmte Art Heimweh.
Die „Schützengräben“ – als wir sie im letzten Frühjahr ausheben mußten, habe ich mir Beulen zugezogen – sind nun mit Abfall fast ganz zugeschüttet. In einigen übriggebliebenen Vertiefungen nehmen Frauen und Kinder, die auf einem Feuerchen aus gestohlenen Bettenplanken ihre „Suppe“ kochen, Deckung vor den Kapos, die eine Razzia veranstalten. Ein hübscher Anblick, vor allem, wenn es Abend wird. Auch Mams erhob sich heute schon in aller Frühe von ihrem Bett und stellte ihr angeschimmeltes Gepäck in die Sonne, um es (symbolisch) trocknen zu lassen.

26. März 1945:

Gestern gab es eine Ration Brot, Butter, Wurst. Ich ging zu Weiß, um mich ge-

---

[1]) Die „120 000er“ – so wurden die Inhaber des sog. 120 000er-Stempels genannt, s. S. 57 ff.
[2]) Die Angabe ist sachlich nicht richtig: Theresienstadt wurde nicht evakuiert, ein Teil der Bevölkerung von Theresienstadt allerdings nach Auschwitz deportiert.
[3]) Reminiszens an Amsterdam.

wissermaßen zu entschuldigen, und bekam für heute morgen Mehl versprochen. Heute nacht wahnsinniger Hunger und Essensträume. Mehr noch als mit dem Essen beschäftige ich mich in meinen Gedanken und Träumen mit Amsterdam. Hier müßte man ein Dichter sein: Das einzige von Bedeutung, das mich wirklich innerlich berührt, ist das subtile Spiel der Stimmungen, und das ist unmöglich in Prosa wiederzugeben. Wie gern würde ich in Blaricum[1]) in einer Kneipe sitzen und Charles vom Schicksal des Mechanicus[2]) erzählen: Diese zwei waren Freunde.

Gestern nahm ich heimlich einen Schluck aus dem Kardiazolfläschchen. Ich wurde nicht aktiv, aber als ich in einer Art Erstarrung an mein Bett gelehnt dastand, erlebte ich, wie die Gedanken immer schneller im selben Kreis liefen, rannten, jagten. Kein Heilmittel gegen Oblomovismus[3]) . . .

27. März 1945:

Mams Aktivität fiel gestern in sich zusammen. Sie ging krank in ihre Baracke mit der Bemerkung: Ich bin neugierig, wann ich hierher zurückkomme. Ursache: Enttäuschung, die auf freudige Erwartung gefolgt ist.

Mös war gestern hier und befragte die Ärzte über den Gesundheitszustand. Auf einen Wink von Hanke und Weiß, die selber den schlechten Zustand mit Nachdruck herausstellten, sagten die Ärzte die Wahrheit und erklärten, daß wir 60 Typhusfälle hätten und 40 Typhusverdächtige etc. Der Transport, der über unserem Haupt schwebte, war also anscheinend nicht günstig, zumindest nach Auffassung von Weiß und Hanke. Der letztere ist allerdings unzuverlässig. War es richtig von den Ärzten, den Zustand bei uns als so schlecht hinzustellen, den der Ungarn als so günstig?

Es ist noch nicht 7 Uhr. Gestern abend machte ich Überstunden, weil ich am Autoklaven[4]) mithalf und nachher den ganzen Kram, der noch zerstreut auf dem Boden herumlag, mit ins Krankenhaus nahm, wo jeder seine Lumpen heraussuchen kann.

X. (einer der Ärzte von Mös) gab mir ein gutes Stimulans; es machte mich höchst aktiv und wach. Früher hätte ich in dieser Stimmung einen Waldlauf gemacht. Hier hat man nichts von seiner Aktivität: es kostet zuviel Kalorien.

Jerry W. gab mir gestern Zigaretten, die ich gegen eine Ration Brot tauschte, weil ich mit meiner eigenen nicht auskam. Er war nicht begeistert von den Transportaussichten (X. hat seine Entscheidung bisher noch nicht getroffen), weil er in allen Lagerteilen – besser: in allen Käfigen dieses Tiergartens – seine Protegés hat und die nicht gern im Stich lassen möchte. Er erzählte auch, daß wirkliche

---

[1]) Blaricum, ein kleines, vor allem von Künstlern bewohntes Dorf in der Nähe von Hilversum (Holland).

[2]) bekannter holländischer Journalist, Opfer der Judenverfolgung.

[3]) Oblomov: Titelheld in einem Roman (1859) des russischen Schriftstellers Gontscharow (1812 bis 1891); Prototyp eines apathischen Menschen; Oblomovismus = Lethargie.

[4]) Autoklav: Sterilisator zum Entlausen.

Versorgungsschwierigkeiten die Ursache unseres schlechten Ernährungszustandes seien: Müller [1]) wolle uns so gut wie möglich verpflegen.
Ein Rothschild ist gestern gestorben, ein anderer todkrank, es ist offensichtlich kein Ort für die Rothschilds.

28. März 1945:

Es ist soweit: Eine unerwartet hohe Zahl von Fleckfieberfällen wurde festgestellt, als die darin sehr erfahrenen Häftlingsärzte alle Verdächtigen untersucht haben. Besonders die Albanesenbaracke weist viele Fälle auf, sie ist deshalb insgesamt zur Isolierbaracke erklärt worden, und alle Verdächtigen kommen dorthin. Der Mann, der im Bett unter mir schläft, geht dorthin als Arzt. Aus Heroismus? Oder deshalb, weil ihm zusätzliches Essen versprochen wurde? Dr. X. ist als einziger energisch und leistungsfähig. Gestern entdeckte ich zufällig (bei uns wurde ein verlauster Patient aufgenommen, mit ziemlich viel Gepäck, ich wollte den Autoklaven benützen, der zurückgekommen ist, und brachte die Kleider des Mannes dorthin), daß die Entlausung der Albanesenbaracke nicht hundertprozentig war: Die Läuse im Bündel meines Patienten hatten die Erhitzung lebendig überstanden. Ich sorgte dafür – viel Lauheit zum Trotz –, daß es Hanke gemeldet wird. X. versprach mir, er werde persönlich dem Oberstabsarzt Meldung erstatten, wenn nicht gleich heute die ganze Entlausung wiederholt wird.
Ich las „A farewell to arms“ [2]), zunächst nur mit „Schriftstelleraugen“, die großartige Beherrschung des Handwerklichen genießend; später packte der Inhalt mich wieder so stark, daß ich es in einer Nacht durchlas.
Mams gestern abend 39° Temperatur. Die Nieren sind nun doch in Ordnung, Gott sei Dank! Ist es besser, an Fleckfieber zu sterben als zu verhungern? Wird Heroismus aufflammen, in der einen oder anderen Form?

31. März 1945:

Gestern Silberhochzeit der Eltern. Ich war zu Hanke gegangen und hatte – unerhört schöne Ausbeute – ein ganzes Kommißbrot erhalten. Es war ein trister Regentag, und trotz Kommißbrot und andauernder gegenseitiger Beteuerung des Gegenteils – hatten wir Hunger. Wir bekommen jetzt Brot nur noch an Tagen, an denen es keine Suppe gibt, d. h. zwei- oder dreimal in der Woche. Wie man damit noch arbeiten kann?
Gestern fiel der erste Patient der Fleckfieberepidemie zum Opfer, die damit offiziell begonnen hat. Wahnsinnige Stacheldrahtabsperrungen machen aus unserem Lagerteil ein Labyrinth. Nur gegen die Läuse (hauptsächlich das Altersheim ist völlig verlaust) wird nichts unternommen.

---

[1]) Hermann Müller (SS-Rang unbekannt), verantwortlich für die Lebensmittelbelieferung des Lagers, vgl. BT, S. 474 ff.

[2]) Hemingway: A farewell to arms, 1929, Weltkriegsroman (deutsche Ausgabe: In einem andern Land).

Man kann allerdings auch nicht viel verlangen von Menschen, die so schlecht ernährt werden. Ich fürchtete, als zwei Kollegen bei mir ihre Wohnstatt aufschlugen, daß es nun um mein langes Ausschlafen geschehen sein würde. Glücklicherweise wird einer der beiden bereits ebenfalls faul. Der andere wird sicherlich krank. Wenn ich Hemingway lese, meine ich, ich sei wieder unter Freunden. Könnte ich doch ein Tagebuch schreiben, in dem der Dialog ebenso beherrschend ist wie in A farewell to arms . . ., aber das kann H. selbst nicht.
Vor vier Wochen zog ich einem Verlausten das Hemd vom Leib, wollte es wegwerfen und entdeckte zum großen Schrecken des Mannes eine goldene Krawattennadel. Vor einer Woche erinnerte ich mich wieder an den Fall und fragte den Mann, ob er seine Krawattennadel verkaufen wolle. In den vergangenen Tagen verhandelte ich in dieser Angelegenheit wegen zehn Kommißbroten, ohne selbst eine einzige Scheibe Brot zu besitzen. Über das Lager ist jetzt Quarantäne verhängt, dadurch kommt diese Sache nicht zum Klappen, wie ich mir gedacht hatte.
Luza[1]) hat die sogenannte „Dauerliste“ gekürzt, mit dem Ergebnis, daß das Personal des Krankenhauses in Zukunft auch Milch bekommen wird . . .

1. April 1945:

Gestern erhielten wir, an Stelle von Brot, eine Kohlrübe. Meine Hoffnung auf eine Transaktion lebte gestern noch einmal auf, verschwand ganz und erhob dann noch einmal das Haupt: Jetzt scheint sich eine andere Möglichkeit aufzutun.
Inzwischen fand gestern eine Debatte statt über die Läusebekämpfung; Defaitismus und eine Laisser-aller-Stimmung behielten die Oberhand. Wird eine wirkliche, intensive Läusebekämpfung durchgeführt, dann würde ich dabei viel lieber richtig mitarbeiten, statt mich hier als Läusespezialist zu gerieren und mich doch mit einer Stunde täglicher Arbeitszeit um die eigentliche Aufgabe zu drücken, wie ich's augenblicklich tue. Man wird die Läusebekämpfer jedoch nicht ohne ein Frühstück an die Arbeit schicken können. Das schönste Argument gegen die Läusebekämpfung kam von Dr. Elte: „Die Sterblichkeit durch exanthematicus[2]) kommt hier eben zur sonstigen Sterblichkeit hinzu.“
Mams kein Fieber mehr, aber Rückenschmerzen. Urin glücklicherweise in Ordnung.
Sehr viel unglaubwürdige Kriegsgerüchte: Paderborn durch Fallschirmjäger erobert.
Was aßen sie für wundervolle Sachen in A farewell to arms . . . Käse und Makkaroni und choucroute und ham and eggs. Immerhin fand er es der Mühe wert, es zu vermelden – was es auch war.
Wieder einer der durch mich Entlausten, der alte Klerk, heute nacht gestorben.

---

[1]) Luza: sonst nicht erwähnter Häftlingsfunktionär.
[2]) typhus exanthematicus: medizinischer Fachausdruck für Flecktyphus, Fleckfieber.

Ich verliere dadurch ein „leckeres, fettes Diner und einige solide Gläschen Schnaps". Wären alle meine Patienten am Leben geblieben, dann könnte ich mit Herzverfettung und Delirium rechnen.
Hunger, Hunger, Hunger. Ich bat Paps – ich bin ein übler Egoist –, das Diätessen in drei Teile zu teilen, solange es kein Brot gibt. Er sagte mit Recht, ich bekäme doch ohnehin mehr als ein Drittel von allem.
Vielleicht, weil meine Blase nicht in Ordnung ist (sechsmal Wasser in der Nacht), erhebt sich – im buchstäblichen Sinn – wieder die geschlechtliche Begierde. Ich will nicht als Eunuch sterben, bin also froh darüber. Ich organisierte und trage ein rotes Polohemd, wie Daan Sajet eines hatte. Nur mit Flaap werde ich nach dem Krieg Betrachtungen anstellen können: er kennt das Lagerleben.
An der Leiche eines Mannes, der heute nacht in Block 33 gestorben ist, fehlten heute morgen die Augäpfel.
Im Häftlingslager sieht man wieder eine Reihe nackter Leichen liegen. Ein so suggestiver Anblick, daß ich sie vor dem rauhen Wetter am liebsten mit einer Decke zudecken würde.
Abel[1]) ist umgezogen in das sogenannte Altersheim und setzt sich dadurch m. E. einer großen Gefahr aus: enorm verlaust, ist es *das* Pulverfaß für eine exanthematicus-Explosion.

2. April 1945:

Mein Schlafbruder Chaim ist wegen Fleckfieberverdachts hier weggeholt worden. Man sieht also: der größten Gefahr war ich im Bett ausgesetzt; um sich in Gefahr zu begeben, braucht man nie weit zu gehen – eine zu spät gelernte Lektion.
Von Saar lasse ich mir frei geben, um in der Baracke Läuse zu bekämpfen. Ich gehe heute nach Block 33, um einige Schweine zu waschen. Vielleicht springt mehr dabei heraus als ein bloßes „Dankeschön". Gestern sah ich Abel im Altersheim, mit einem dicken Buch beschäftigt. Ich fragte ihn, was er tue, und er fuhr mich an: „Kümmere dich um deinen eigenen Kram." Später begegnete ich ihm: „Nimm es mir nicht übel, daß ich so grob war, aber – siehst du –, das war mein Tagebuch" [2]). Abends ging ich zu ihm, um ein Schwätzchen zu machen: Wenn alle Gerüchte wahr sind – und IPA sagt, daß IPA nicht lügt –, ist bald das Ende da. Es ist auch höchste Zeit. Heute kommt das letzte Brot. Die Suppe besteht nur noch aus Wasser und Kohlrübenfragmenten: Angeblich wird geplant, uns rohes Mehl und ungekochte Kartoffeln zu geben. Ab meint jedoch[3]), wenn er hier kein

[1]) Abel: gemeint ist Dr. Abel J. Herzberg (Verfasser des im folgenden auszugsweise abgedruckten Tagebuches).

[2]) Das hier erwähnte Tagebuch ist das später als Buch veröffentlichte im folgenden auszugsweise abgedruckte „Tweestromenland".

[3]) Familie Herzberg hatte ihre Kinder während der Verfolgungsjahre – wie manche jüdische Familie in Holland – nichtjüdischen Mitbürgern zur Pflege anvertraut, um sie vor der Einbeziehung in die „Judenmaßnahmen" zu bewahren.

Fleckfieber bekomme, halte er es durch, und er möchte seine in Holland untergetauchten Kinder so gern noch einmal wiedersehen.
Nach meiner Ansicht hat es Hanke mit seiner Übertreibung der Epidemiengefahr verschuldet, daß wir aufs falsche Pferd gesetzt haben: Die Ungarn neben uns bekommen nämlich Brot. Nachdem wir kein Brot mehr erhalten, können wir ruhig übers Essen sprechen, kamen Mams und ich überein. Wir taten es ohnehin die ganze Zeit.
Paps und ich stellten einen „Leitfaden für die Läusebekämpfung“ zusammen, unabhängig voneinander. Paps' Produkt wird amtlich; er übernahm einiges von mir. Dr. Kohn, der offizielle Läusekönig, ist ein guter, aber unfähiger Mann.
3. April 1945:
Gestern ein Gerücht aus gutinformierten Kreisen: Große deutsche Heeresgruppen sind im Begriff, zu kapitulieren; meiner Ansicht nach ist bald das Ende da. Unterdessen jagten uns die Tiefflieger heute nacht mit ihrem Maschinengewehrgeknatter einen argen Schrecken ein. Gerade vor einem Jahr gab es hier bei einer ähnlichen Gelegenheit verschiedene Tote. So kann derjenige noch sein Leben verlieren, den Erschöpfung und Typhus verschont haben.
Irgend jemand für richtige Läusebekämpfung zu erwärmen, diese Arbeit ist offensichtlich noch nicht in Angriff genommen. Hier im Saal übt vor allem L. mörderisch unfaire Kritik an Paps und mir. Als ich gestern bei Weiß war, um bei ihm die Frage der Entlausungsmannschaft aufs Tapet zu bringen, gab er sich sehr leutselig, betrachtete meinen Besuch jedoch augenscheinlich als einen Versuch zu schnorrren und gab mir daher ein Päckchen Zigaretten; auf meine Vorschläge ging er überhaupt nicht ein, ja er ließ mir nicht einmal Zeit, sie zu entwickeln. Kein Wunder, daß Kohn nie etwas erreicht hat. (Eben kommt ein Moffe herein: „Was machen denn die Ärzte?“ – glücklicherweise ist er schon wieder weg.)
In der Baracke gestern jemand entlaust (er ist heute nacht gestorben) und den Unwillen der Barackenleitung auf mich gezogen. Alle diese Läuseangelegenheiten gingen sie nichts an und mich auch nicht, sagten sie, das sei „Sache der Heimpflege“. Das sind zwei Damen, die 200 Menschen, die größtenteils Durchfall haben, Nachttöpfe, Flaschen und Wasser bringen müssen und damit alle Hände voll zu tun haben. Auch das wollte ich Weiß sagen, aber dieser – nomen est omen – sagt ständig: „Ich weiß, ich weiß.“ Die „Entlausungsstaffel“ wird trotzdem kommen, selbst wenn ich sie auf anderem Wege durchsetzen müßte.
Mams hat wahrscheinlich Gelbsucht. Sie ist zuversichtlich, aber manchmal weint sie. Man darf ihr nicht ungestraft mit pessimistischen Äußerungen kommen: das beantwortet sie damit, daß sie Depressionen bekommt. Geht der Krieg noch rechtzeitig zu Ende?
4. April 1945:
Gestern verbreitete sich das Gerücht, an der Westfront werde kein Widerstand mehr geleistet. Heute hieß es, Osnabrück sei gefallen. Gestern für die Läuse-

bekämpfung mehr getratscht als etwas getan. Das Mittagessen kam um 5 Uhr, das Abendessen – etwas undefinierbares Eingepökeltes – wurde heute morgen um 6 Uhr ausgegeben.
Es kommt hinzu, daß ich so wenig Hunger spüre; ich bin schlapp, faul und habe viel Schlaf nötig.
Das „Sonderlager" nebenan wird viel besser versorgt.
Jeden Tag sterben in allen Einzellagern innerhalb des ganzen Lagers 1000 Menschen an Kreislaufschwäche und Lungen-Tb. Ein negatives Sanatorium.
Das Wetter war wieder schlecht; ein einziger Windstoß riß meterweise die Dachpappe von Baracke 33 ab, und als ich mich gestern während des Regens in der Baracke aufhalten mußte, spürte man innen in der Baracke fast mehr vom Regen als draußen. Hinsichtlich der Unterbringung bin ich also besser dran als meine früheren Kollegen, die jetzt als „Essenholer" fungieren.
In der Frauenbaracke 28 ließ Frau O. mich nicht meine Rede über Läusebekämpfung halten, weil – die Suppe wurde gerade ausgeteilt. Das wäre nicht appetitlich. Und sämtliche Frauen – bekämen sie doch alle das Fleckfieber!! – stimmten ihr ohne Ausnahme zu.

5. April 1945:

Wenn die Berichte stimmen, stehen sie vor Hannover, Leipzig und Wien. Das ganze Jahr hindurch hörten wir schießen, weil nebenan ein Truppenübungsplatz ist, aber jetzt glaubt jeder, daß es Ernst ist – denn: „In dieser Katastrophensituation wird nicht mehr geübt." Hoffentlich lassen sie uns hier wenigstens in Ruhe.
Der Hunger äußert sich bei mir vorwiegend psychisch – abgesehen von starker Abmagerung –, und zwar vor allem als fehlende Arbeitslust. Gestern in Baracke 33 verlauste Decken weggeworfen, Köpfe geschoren – der junge Bromberg half mir dabei – und im Altersheim einer Frau die Haare entfernt, während sie in ihrem Bett im dritten Stockwerk lag; mein bisher lästigster Fall, denn die Haare sind wie mit Teer zusammengeklebt (Läusemist), und die Schere kommt nicht mehr durch.
Nach dem Krieg werde ich alles über den Krieg lesen müssen. Jetzt muß ich wohl aufstehen (10 Uhr), sonst wird es zu toll.

5. April 1945[1] (6. April):

Mams, so erzählt Kosta, ist wild vor Hunger. Sie liegt mitten zwischen den Kapofreundinnen, die die herrlichsten Dinge backen und essen und das nicht einmal verheimlichen.
Stuttgart soll von französischen Truppen erreicht sein, die Weser überschritten.

---

[1]) Das Datum dieser und der folgenden Eintragungen ist um einen Tag verschoben: in Wirklichkeit muß diese Eintragung am 6. 4. erfolgt sein; der 8. 4. war ein Sonntag, nicht der 7. 4. („Sonntagmorgenstimmung"); wir fügen die richtige Datierung der Datierung Vogels in Klammern hinzu.

Nur: Hier merkt man überhaupt nichts. Gestern 125 g Brot. Der Entlausungsautoklav geht heute an die Arbeit: Zuerst die Albanesenbaracke und der Beobachtungssaal, über die Quarantäne verhängt ist, dabei habe ich nichts zu tun; dann das Altersheim. Vielleicht ist es möglich, im Autoklaven Kartoffeln zu dämpfen. Die kann man bei den Ungarn gegen Tabak kaufen (unser Lagerteil ist in jeder Hinsicht Stiefkind). Zu Jaap Mayer sagte ich schon oft: Der Entlausungsapparat macht sich eine Woche vor Kriegsende an die Arbeit. Bin neugierig, ob ich mit meiner Prophezeiung recht behalte.
Dr. X. steht im Zenit seiner Karriere: Er behandelt Hankes Lungenentzündung. Selbst wenn X. eines Tages Leibarzt S. M. des Königs von England würde, so wäre das demgegenüber eine Bagatelle. Er ist es auch, der in jeder Diskussion die einzige richtige und praktisch brauchbare Bemerkung macht.
6. April 1945, 4.30 Uhr (7. April):
Die letzten Gerüchte lauten: Alle Leute im Krankenhaus, in den Beobachtungsbaracken, in der Schreibstube und ihre Familien sollen bleiben bzw. später gehen. Bei den Ungarn sollte heute nacht zwischen 11 und 2 Uhr bereits ein Transport abgehen: Sie sind immer noch nicht weg. Dieselbe Aktivität in der Luft: Ein paar Luftgefechte.
Ohne die Nervosität meiner völlig unbeweglichen Eltern (Paps hatte heute nacht einen pathologischen Hunger: er brach in kalten Schweiß aus; Mams ist völlig geschwächt) würde ich alles in rosigem Licht sehen: In den Berichten steckt ein wahrer Kern. Bleiben wir hier, so werden wir möglicherweise die Befreiung erleben. Gehen wir, dann nimmt niemand etwas mit – so sagt wenigstens jeder; trotzdem wird überall eifrig gepackt.
Heute morgen früh aufgestanden, um in der Altersheimbaracke den Autoklaven zu bedienen. Wir verdienten uns dadurch etwas Käse und eine Portion Suppe. Hatte gestern einen Vertrag mit Jaap geschlossen: darf eine Mahlzeit täglich abholen – muß ständig erreichbar sein. Dr. X. bezeichnet es jetzt als Chance, wenn wir von hier wegkämen. Wohin denn? Bin nicht sehr überzeugt von der Chance, im Anblick des Hafens noch Schiffbruch zu erleiden.
7. April 1945 (8. April):
Sonntagmorgenstimmung. Mams schlief hier und noch anderes Frauenvolk. Leider verlief die Nacht ruhig, und mancher zweifelte jetzt wie ich und fragte sich, ob die Beurteilung der Situation, die hier Eingang gefunden hatte, nicht ganz falsch war. Sind die Engländer wirklich bei Hannover? Gestern rückten 200 Leute aus dem Lager ab, meist aus dem Sonderlager. Gut mit Mundvorrat versehen, sollen sie in Viehwagen auf die Reise geschickt worden sein – Bestimmungsort: Theresienstadt.
Mams sitzt am Tisch, um allerlei zu kochen, und erzählt von ihren vollgefressenen Nachbarinnen: „Ich kann heute nichts essen, das Weißbrot ist aufgebraucht."
Gestern abend fiel ein kleines Festmahl, das wir auf Mams' Bett abhalten wollten, mehr oder weniger ins Wasser; Paps: „Lode, iß nicht so schnell." H.

Meyer, Dienstleiter: „Sofort aufhören mit der Essensverteilung. Ruhe! Im Auftrag der Deutschen muß ich Ihnen sagen, daß die Lagerleitung angedroht hat: Wenn nicht sofort angetreten wird, kommen wir mit MGs herein!" Lode: „Paps, iß nicht so schnell!"

Es waren Schalkartoffeln und ein „Kuchen", bestehend aus Kohlrübenstücken, die, aus der Suppe herausgefischt, mit etwas Grieß vermengt und mit Margarine überbacken waren. Alle Extraportionen sind aufgehoben, aber im Krankenhaus erwartete mich ein „Volltreffer": Von einem Eßnapf löste sich der Gefäßboden, der Inhalt fiel auf den Erdboden, und von dort löffelte ich alles „Dicke" in mein Eßgeschirr: Stücke von Kartoffeln und Rüben. Ein Albanesenknabe löffelte direkt vom Boden in den Mund und stahl mir die besten Brocken vor der Nase weg. Diesen Passus zur Erinnerung, falls ich jemals vornehm werden sollte.

Letzter Bericht: Der Transport ging ab mit 24 Personen- und 22 Güterwagen. Im Magazin werden keine Lebensmittelpakete bereitgestellt. Deutsche haben verlauten lassen, die Alliierten seien schon ganz nahe – aber vielleicht stammt diese Nachricht noch aus dem IPA-Komplex von gestern.

Ein Furunkel am Hals ist mein Vorwand, heute der Ruhe zu pflegen. Das Autoklavauto hat das Lager verlassen.

An extremen Hunger gewöhnt man sich offensichtlich leichter als an mäßigen. Mit unserem Tabak kaufen wir von den Ungarn Kartoffeln und fristen davon unser Leben.

11 Uhr: Der Sanitäter sagt, daß wir heute abend auf Transport gehen. Dr. Z. kommt eben herein: Die SS hat beschlossen, das Lager zu liquidieren, allgemeine Entlassung, jeder muß eben sehen, wie er wegkommt, alles soll heute aufgegessen werden. Durchbrüche links und rechts von uns. Hoffentlich können wir hierbleiben, aber es ist nicht sicher.

3. Auszüge aus dem Tagebuch von Abel J. Herzberg:

Quellennachweis: Abel J. Herzberg, Tweestromenland, Arnhem 1950; Amsterdam 1960 (ABC Boeken, Nr. 108), S. 74 ff., S. 227 ff. (Aus dem Holländischen übersetzt von Eberhard Kolb.)

Zum Dokument: Dr. Abel J. Herzberg führte vom 11. 8. 1944 bis 21. 4. 1945 im Lager BB (und während der Reise nach Tröbitz) ein Tagebuch; diese Tagebuchblätter wurden nach 1945 zunächst wortgetreu in der Amsterdamer Zeitung „De Groene Amsterdammer" abgedruckt, 1950 als Buch veröffentlicht (Tweestromenland); Neuauflage 1960. Aus dem umfangreichen, bedeutenden Tagebuch können im Rahmen unserer Dokumentation nur wenige Auszüge abgedruckt werden, diese vermögen aber immerhin eine Vorstellung vom Ganzen zu geben. In Herzbergs Eintragungen aus den Monaten August bis Dezember 1944 sind die ausführlichen Schilderungen des Lebens in BB großenteils mit gewichtigen Reflexionen durchsetzt, so daß diese Eintragungen für nahezu jeden Tag mehrere Druckseiten umfassen und daher nur ein Bruchteil von ihnen in diese Dokumentation aufgenommen werden kann. Ausgewählt wurden Eintragungen aus dem Zeitraum 15. 8. bis 2. 9. 1944, die ein instruktives Bild vom Leben in BB während der Sommermonate 1944 vermitteln. Es konnten allerdings nicht alle Eintragungen aus diesem Zeitraum ungekürzt wiedergegeben werden: die Eintragungen einiger Tage fehlen ganz, bei anderen Tagen mußten einzelne Abschnitte der jeweiligen Eintragung aus Platzmangel wegbleiben (alle Auslassungen sind durch Punkte gekennzeichnet). Für die Dokumentation wurden jene Stücke ausgewählt, die besonders eindrucksvolle Schilderungen des Lebens im Lager enthalten oder wichtige Beiträge zur Frage der Psychologie und Soziologie der „Zwangsgemeinschaft" bringen. Ungekürzt und ohne Auslassungen werden dagegen die (kürzeren) Eintragungen des Zeitraums 16. 3. bis 21. 4. 1945 dargeboten, in denen das Erlebnis der furchtbarsten Wochen im Inferno von BB und der Reise im „Phantom-Zug" Gestalt gewonnen hat.

Zur Person des Verfassers: Dr. Abel J. Herzberg lebt als Rechtsanwalt in Amsterdam; er ist durch zahlreiche Veröffentlichungen historischer und literarischer Art bekanntgeworden. A. J. Herzberg wurde, zusammen mit seiner Frau, 1943 in Amsterdam verhaftet und nach Westerbork gebracht, als Zionist kam er auf die Palästina-Liste und wurde deshalb im Januar 1944 nach BB deportiert. Er befand sich zunächst in der Gruppe der für den Palästina-Austausch ausgewählten Sternlagerinsassen, wurde aber kurz vor Abgang des Austauschtransportes ins Sternlager zurückgeschickt, so daß er die ganzen folgenden Monate bis zur Evakuierung des Sternlagers in BB verlebte.

15. 8. 1944:

1944 – wer hätte einst geglaubt, daß um diese Zeit der Krieg noch andauern würde? Jeden Herbst haben wir gehofft: Das ist bestimmt das letzte Jahr, im nächsten Jahr – und es ist 1944 geworden, und noch immer ist kein Ende abzusehen. Denn worin besteht mit das Qualvollste unseres Lebens? Was bedeutet es, daß wir gefangengesetzt und interniert sind in einem Lager? Wir stehen außerhalb der Zeit, außerhalb des Lebens, außerhalb des Raumes. Jeder Mensch ist – solange er in der Gesellschaft lebt – in seiner Weise ein kleines Rädchen im großen Triebwerk der menschlichen Gemeinschaft. Er empfängt Anstöße und gibt die Bewegung weiter. Und sei seine Rolle auch noch so bescheiden, durch sein Dasein treibt er das Ganze ein klein wenig mit. Aber wir? Wir sind gar nichts mehr. Wir sind aus dem Ganzen ausgeschlossen, wir empfangen nichts und geben nichts. Kein Einfluß wirkt von außen her auf uns ein, keine Wirkung geht von uns aus. Es existiert nur der Wille, uns zu vernichten – wir spüren das sehr genau. Wir erdulden es, wie man ein objektives Naturgesetz hinnimmt, das Gesetz der Schwerkraft, die Kälte und die Hitze, und wir stemmen uns dagegen an, mit Bitterkeit und mit Schweigen, mit Ausweichmanövern, mit ökonomischem Kräfteverbrauch, mit äußerster Sparsamkeit in unseren Bewegungen. Das bringt die andern manchmal zur Raserei, wir jedoch laufen einfach nicht, wann immer wir uns langsam fortbewegen können, und wenn wir fünf Sekunden länger im Bett bleiben können, lassen wir uns die nicht entgehen. Aber im übrigen sind wir vom Leben völlig abgeschnitten. Und das bedeutet – nur wer gefangen war, wird das verstehen können –: schmachten, hungern nach Freiheit. Gefangene wie wir bekommen keine Nachrichten. Es ist verboten, Zeitungen zu lesen; bei Übertretung dieser Bestimmung gibt es schwere und kollektive Strafen. Wer sich eine Zeitung beschafft, kann Abschied von uns nehmen.

Und so wissen wir eben nicht, was in der Welt passiert. Ganz isoliert ist das Lager allerdings nicht – oder es geschehen doch Dinge im Lager, die das Geschehen in der Welt widerspiegeln; ein fernes Echo wenigstens dringt zu uns herein. So wissen wir zum Beispiel, daß der große Transport, der heute nacht hier ankam, ein Symptom ist für den Zerfall des Dritten Reichs.

In den letzten Tagen wurde neben unserem Lagerteil ein großes Zeltlager aufgebaut. Die Häftlinge aus dem KL, das an unseren Lagerabschnitt grenzt, haben wir arbeiten sehen. Die Männer, kaum bekleidet, viele barfuß, wurden im üblichen Stil von ihren Kapos geprügelt. Es gibt wohl schwerlich eine größere Schande für die Menschheit als die Art, in der diese Häftlinge zur Arbeit gezwungen werden. Sie müssen sich abquälen – nicht wie Tiere, sondern wie Sklaven, und das ist sehr viel schlimmer. Natürlich wird der biedere Spießbürger später einen solchen Satz als billige Rhetorik abtun, und wenn der Krieg vorbei sein wird und einige Jahre vergangen sind, versteht niemand mehr, daß dies alles andere als Rhetorik gewesen ist, nämlich harte, buchstäbliche Wirklichkeit. Das Mitleiden mit dem Tier, oder wenigstens das ökonomische Umgehen mit seinen Kräften, hat einem unbegreiflichen, völlig grundlosen Haß Platz gemacht. Der Kapo schlägt, mit einem Stock, mit einer Peitsche, mit einem Stück Gummi – und wenn er nichts anderes hat, mit seiner Pfote. Er schlägt andauernd. Er schlägt, und er schreit. Der Häftling darf keinen Widerstand leisten und muß sich alles gefallen lassen. Würde er Widerstand zu leisten versuchen, käme er in den Bunker, ohne Essen, bei noch härterer Arbeit; oder er würde gehängt. Sie setzen sich auch gar nicht zur Wehr, aber man sieht, daß sie in den langen Jahren, die sie bereits gefangen sind, viel Geschicklichkeit erworben haben, den Schlägen auszuweichen. Diese Häftlinge haben ein rotes Kreuz auf dem Rücken und einen roten Streifen an Ärmeln und Hosen. Teilweise tragen sie blau-weiß gestreifte Sträflingskleidung, und alles ist zerrissen, geflickt und wieder zerrissen, grau vom Schmutz; Schuhe haben die meisten nicht, viele laufen barfuß. Wer ein paar Holzsohlen mit einem Riemen um den Fuß sein eigen nennen kann, ist reich. Sie sind kahl geschoren, bleich und mager von Hunger und Elend. Aber sie arbeiten viel härter als wir. Sie werden viel stärker angetrieben und viel mehr geschlagen. Sie beneiden uns zweifellos. Sie haben denselben peinigenden Hunger. Sie sterben – wie wir wissen – zu Hunderten, schlimmer als wir. Aber anscheinend bekommen sie Pakete. Und sie haben Zeitungen.

Wir dürfen nicht mit ihnen sprechen. Wollten wir es versuchen, so hätten wir schwerste Strafen zu befürchten. Reden bedeutet KZ. Und KZ bedeutet: Abschied nehmen von hier.

Die Häftlinge haben das Zeltlager aufgebaut. Unsere Männer haben Stroh getragen. Und in die zehn bis zwölf riesigen Zelte hat heute nacht und heute morgen ein Transport von Frauen und Kindern seinen Einzug gehalten. Wer sind sie? Es vollzieht sich direkt neben unserem Lagerteil. Wir können es sehen. Und trotzdem weiß niemand etwas – so streng sind wir voneinander isoliert. Allerlei Gerüchte machen die Runde, und die meisten laufen darauf hinaus: Flüchtlinge aus Polen oder Ostpreußen. Wir wissen also wenigstens eines: Es ist ein Zeichen der Auflösung. Und ferner: Wir kommen hier nicht mehr heraus. Wir müssen auf das Chaos warten. Werden wir eines Tages mit diesen Frauen tauschen und in den Zelten hausen müssen? Wer es liebt, sich düsteren Prophezeiungen hinzugeben, glaubt das. Aber es stärkt unsere Widerstandskraft. Und wer wissen möchte, worin sich das äußert, der muß Sonntag abends in den Block 12 gehen, wenn die französischen, albanischen und serbischen Juden bei den Griechen zu Gast sind und gesungen wird. Ja, dann kommt Tempo und Leben in die Gruppe. Ein Freiheitslied – und der Rhythmus wird von Händeklatschen und Fußgetrampel begleitet. Die SS läßt uns endlich in Ruhe. Sie ist nicht zu sehen. Nur der Wachposten auf dem Wachturm kann uns hören und wird sich wohl ärgern, vielleicht sogar Rapport machen. Aber das Lied steigt auf, und die ganze Vitalität, die unbeugsame Kraft des jüdischen Volkes bricht durch. Man singt französische und griechische, serbische und russische Lieder, die meisten davon sind unverständlich, aber jeder weiß, was sie zu bedeuten haben: Il faut se tenir – sie kriegen uns nicht unter. Dann ertönt am Schluß ein griechisches Volkslied und dann – hebräisch: Hatikwah[1]).

Niemand hat es angekündigt, und natürlich sind sie keine Zionisten. Vielleicht

---

[1]) Hatikwah – zionistische Hymne (nach einem Gedicht von Naftali Herz Imber, 1856–1909).

wissen sie kaum, was das ist. Und trotzdem singen sie allesamt mit – in der einzigen Sprache, die sie alle gelernt (?) haben – im Wissen darum, daß, was immer sie voneinander trennen mag, ein gemeinsames Schicksal sie hier zusammengeführt hat und daß in ihnen (ohne daß sie es wollen) eine gemeinschaftliche Kraft lebt, dieses Lebensschicksal zu ändern. Sie sind keine Zionisten, aber das Lied klingt zu echt und zu spontan, als daß man nicht erkennen könnte, welch großen und tiefen Respekt sie vor dem Gedanken der eigenen nationalen Idee und vor dem Ziel eines nationalen jüdischen Staates besitzen.

Die Frauen im neuen Lager besitzen keine Eßgeschirre. Sie essen aus alten Konservendosen. So endet das Dritte Reich.

17.8.1944:

... Wir konnten in den vergangenen Tagen keine sicheren Nachrichten erhalten. Wir wissen buchstäblich nichts. Die Frauen, die ins Nachbarlager eingewiesen wurden, kommen anscheinend aus Polen. Wir nehmen es mindestens an. Und es heißt sogar, sie behaupteten, daß alles gut ginge, daß Warschau nicht mehr existiere, sondern in Flammen aufgegangen sei, daß die Amerikaner in Toulon gelandet seien. Jeder fragt nun den anderen: Sind die Amerikaner in Toulon gelandet? Jeder zuckt mit den Achseln. Wer kann das wirklich sicher sagen? Im Lager links von uns sind 1700 Ungarn untergebracht. Wir sind durch Stacheldraht voneinander getrennt. Für Stacheldraht besitzen die Deutschen offensichtlich eine ganz besondere Vorliebe. Wo man geht und steht – Stacheldraht. Alles was recht ist: Die Qualität ist gut, rostfrei. Mit langen Stacheln dicht besetzt. Stacheldraht horizontal und Stacheldraht vertikal. Vielleicht waren schon die Bärte der alten Germanen aus Stacheldraht. Was dem Italiener seine Makkaroni, das ist dem Dritten Reich sein Stacheldraht.

19.8.1944:

... Wie in jedem Judenlager gibt es auch in Bergen-Belsen einen Judenrat. Hier heißt er „Ältestenrat“. Er ist vor allem Ausführungsorgan für die Beschlüsse der Deutschen. Wer Mitglied des Rates ist, muß noch mehr als jeder andere nach der Pfeife des Dritten Reiches tanzen. An der Spitze des Ältestenrates steht der Judenälteste. Er wird vom Lagerkommandanten ernannt und entlassen. Gemäß dem „Führerprinzip“ werden auch die übrigen Mitglieder des Ältestenrats nicht von den Lagerinsassen gewählt, sondern auf Vorschlag des Judenältesten vom Lagerkommandanten ernannt. Unser Judenältester ist ein Grieche, ein robuster, blonder Mann, der – im Gegensatz zu den übrigen Lagerinsassen – noch nichts von seinem früheren Körpergewicht verloren hat – trotz eines wirklich ungeheuer anstrengenden Arbeitstages: er muß nämlich hinter jedem SS-Mann (Rotten-, Schar- oder Sturmführer) hertraben, der gerade in diesem Augenblick einige Notizen in seinem Buch hat, die er gerne loswerden möchte. Die Ursache für den guten Gesundheitszustand des Judenältesten ist keineswegs von einem Geheimnis umgeben: Der Judenälteste bekommt nämlich dreimal so viel Essen wie jeder andere, und er läuft herum und prahlt damit. Der

Kommandant hat ihm diese Zusage gegeben. Und nicht er allein, seine ganze Familie bekommt das. Und darüber hinaus hat der Judenälteste noch ganz andere Bezugsquellen, über die er allerdings weniger redselig ist. Dies hat ihm den Ruf eingetragen, er sei „korrupt", aber ich glaube, daß diese Bezeichnung nicht ganz auf ihn zutrifft. Er ist nicht so sehr korrupt, sondern vielmehr gehört er zum Geschlecht der Räuberhauptmänner, wie es sie in allen Jahrhunderten gab und gibt, die sich innerlich stets gleichbleiben und es glänzend verstehen, sich äußerlich den wechselnden Umständen anzupassen ...

24. 8. 1944:

... Hier existiert eine sehr merkwürdige Einrichtung: Wir besitzen eine autonome Gerichtsbarkeit. Damit verhält es sich so: Auf Grund des Führerprinzips ist der Judenälteste Richter und hat das Recht, Strafen aufzuerlegen. Außerdem natürlich die SS, die jederzeit und auf jedem Gebiet eingreifen und strafen kann; sie tut es jedoch fast nie, wenn es sich um Verfehlungen einzelner gegenüber der Lagergemeinschaft handelt. Insofern besteht hier tatsächlich ein beschränktes Maß an Freiheit. Der Ältestenrat hat nun eine beratende Körperschaft ins Leben gerufen, die den Judenältesten in allen Angelegenheiten, in denen eine Strafe auferlegt wird, beraten soll. Der Judenälteste seinerseits ist so vernünftig, sich strikt an diese Stellungnahme zu halten; und da besagte Körperschaft, die „Rechtskommission" genannt, aus völlig integren Menschen besteht und von erfahrenen Juristen geleitet wird, die ihren Auftrag mit äußerstem Ernst und größter Behutsamkeit durchführen, hat die Rechtskommission sich eine große Autorität zu erwerben gewußt. Auf jeden Fall ist sie eine Institution, an deren unparteiischer Einstellung und Integrität kaum gezweifelt wird. Die Rechtskommission behandelt die verschiedensten Angelegenheiten, sowohl strafrechtlicher wie zivilrechtlicher Art, und die Probleme, vor die sie sich gestellt sieht, sind schwieriger und für das Leben der Beschuldigten entscheidender, als jene Probleme, mit denen selbst die erfahrensten Juristen früher jemals zu tun hatten. Ich selbst bin zuerst Mitglied der Kommission, also Richter, gewesen; zunächst ihr stellvertretender Vorsitzender, wurde ich kürzlich Sachwalter des Judenältesten in juristischen Angelegenheiten und halte somit die gesamte Rechtsprechung in Händen[1]).

Was haben wir nun getan? Als erstes und m. E. vordringlichstes haben wir den Grundsatz aufgestellt: Die Rechtskommission muß unter allen Umständen von sich selbst und von allen ihren Mitgliedern absolute Rechtschaffenheit und Integrität verlangen. Niemand darf in dieser Beziehung auch nur einen Fußbreit nach rechts oder links abweichen – bei Strafe seiner sofortigen Entfernung aus der Kommission. Wir gingen dabei von der Überlegung aus, es müsse für das

[1]) Der Erlaß des Judenältesten Albala, durch den Herzberg als „Sachwalter in Rechtsangelegenheiten" mit der Durchführung und Beaufsichtigung der Strafvollstreckung beauftragt wurde, ist S. 218 abgedruckt.

Lager von größter Bedeutung sein, daß wenigstens an einer einzigen Stelle praktisch Recht und nichts als Recht gesucht und Recht und nichts als Recht in Anwendung gebracht wird – ohne Eigennutz und ohne Ansehen der Person.

Zur Unterstützung der Rechtskommission haben wir eine Kriminalpolizei organisiert, bestehend aus sechs bis sieben Personen, für die genau die gleichen Grundsätze gelten.

In einem Lager wie dem unsrigen kommt es zu unzähligen Vergehen gegenüber der Lagergemeinschaft, teils ernster, teils weniger ernster Natur; diese Handlungen führen jedoch in ihrer Gesamtheit dazu, daß Leben und Gesundheit unzähliger Lagerinsassen untergraben wird, so daß man ganz entschieden von einem gemeingefährlichen Zustand sprechen kann. An erster Stelle ist dabei der Diebstahl zu erwähnen, ein Vergehen, das hier bis vor kurzem an der Tagesordnung war und auch jetzt noch fortwährend vorkommt. Vor allem war und ist der Diebstahl von Brot, Margarine, Marmelade, Käse und anderen Lebensmitteln zu einer wahren Epidemie ausgeartet. An zweiter Stelle folgen die Diebstähle von Kleidungsstücken, durch die das Lager immer wieder in Aufregung versetzt wird.

Man muß sich sehr genau vor Augen halten, was Diebstahl hier eigentlich bedeutet. In der normalen Gesellschaft bestiehlt im allgemeinen der Arme den Reichen, es bestiehlt also jemand, der etwas nötig hat, jemanden, der das Gestohlene verschmerzen kann. Hier jedoch sind wir – abgesehen von den geringen Vorräten, die dieser oder jener besitzt – alle gleich arm in dem Sinne, daß wir alle angewiesen sind auf das, was wir täglich bekommen. Und weil dieses ein absolutes Minimum für unsere Lebenserhaltung darstellt, ja zuwenig zum Leben ist, bedeutet der Diebstahl, vor allem der Diebstahl von Brot und Margarine, einen Anschlag auf das Leben des Bestohlenen. Die Kalorien, die man jeden Tag erhält, hat man dringend nötig; erhält man sie nicht, so schwindet die Chance, diese Zeit der Prüfung lebendig zu überstehen. Das Entschuldigungsargument des Diebes, daß er aus Hunger gestohlen habe, verfängt hier nicht. Der Bestohlene hat genauso großen Hunger wie er. Obendrein wird nicht nur aus Hunger gestohlen, sondern auch – und nicht ganz selten –, um das gestohlene Brot gegen Zigaretten zu tauschen. Wer ein Sklave des Nikotins ist, scheut anscheinend kein Mittel, um sich Zigaretten zu verschaffen, auch nicht den Diebstahl, auch nicht den gemeinsten Diebstahl: Kindern das Brot wegzunehmen. Und wenn er sich dieses Brot nur durch einen Einbruch verschaffen kann, setzt er sich über die letzten Bedenken hinweg, steht in der tiefsten Nacht auf, schleicht zu einem Kasten oder Koffer und bricht ihn auf; zuvor hat er den Besitzer beobachtet, um zu wissen, wieviel Brot er dort verwahrt hat.

Dieser Art von Diebstahl machen sich Männer und Frauen jeden Alters und jeder Gesellschaftsschicht schuldig. Der Hunger oder die Leidenschaft für die Zigarette suchen sich ihre Opfer ohne Ansehen der Person. Auf die Dauer scheint eine Art allgemeiner Demoralisierung angesichts unserer Lebensbedingungen

selbst bei vielen Menschen unvermeidlich, die unter normalen Umständen niemals auch nur die geringste Unehrlichkeit begangen hätten. Der Anblick dieses geistigen und moralischen Verfalls, ja Ruins, setzt uns immer aufs neue in Bestürzung.
So habe ich erlebt, daß sowohl Arbeiter gestohlen haben wie auch frühere Großkapitalisten und Kaufleute von Format. Den Prokuristen einer der größten Banken Amsterdams erwischten wir dabei, wie er einem Lagerkameraden ein Stück von dessen Brotration abschnitt. Eine Frau von Bildung, Geschmack und Charme schämte sich nicht, nachts aufzustehen und Butter aus den Spinden zu stehlen. Eine andere, deren Ehemann früher ein bedeutendes Unternehmen geleitet hatte, stibitzte Marmelade aus der Wiege eines Babys. Eine dritte, aus einer allgemein bekannten und geachteten Familie, durchsuchte die Betten – wozu sie als Pflegerin die Möglichkeit hatte – und nahm einige Säckchen und Töpfchen Zucker weg. Ein Kaufmann, Chef eines Unternehmens mit Weltruf, vergriff sich an drei Rationen Brot eines seiner Bekannten. Der Sohn eines sehr bekannten Amsterdamers legte an jenem Tag, an dem sein Vater eingeäschert wurde, sich einen Koffer mit Lebensmitteln zu, den ihm sein bester Freund zu treuen Händen anvertraut hatte.
Auch das Alter macht keinen Unterschied. Ein sechzehnjähriger Junge erwies sich als raffinierter Einbrecher, ein Mann von fast 70 Jahren klaute, was ihm unter die Finger kam.

29. 8. 1944:

Vielleicht ist es wahr, daß der Frieden näher kommt; aber der Hunger wird, je länger, desto schlimmer. Unmerklich werden die Essensrationen kleiner; weniger Margarine, weniger Quark, weniger Marmelade. Ob es daran liegt oder an etwas anderem, ob es unsere Erschöpfung ist oder unsere zunehmende Ungeduld, ob unsere Nervosität wächst, weil die Front sich der holländischen Grenze nähert und dadurch unser Heimweh verstärkt – eine Tatsache ist es, daß wir uns mit jedem Tag schwächer fühlen, daß die Zahl der Kranken in erschreckender Weise zunimmt, daß die Zahl jener, die sich kaum mehr fortbewegen können, täglich ansteigt und daß die Disziplin immer stärker nachläßt. Die Deutschen strafen in der letzten Zeit wie die Rasenden. Es hagelt nur so „Brotentzug". 2 Tage, 3 Tage, 4 Tage. Und alle Strafen bedeuten eine menschliche Katastrophe nach der anderen. Unter den Bestraften befinden sich Kranke, Lungenkranke, Bronchitiskranke, vor allem junge, ausgehungerte Männer.
Das Prinzip, daß die jungen Leute mit Vorrang gegenüber den älteren zu den Arbeitskommandos eingeteilt werden, ist natürlich richtig, aber es hat seine Grenzen. Auch diese jungen Leute haben eine begrenzte Arbeitskraft, aber demgegenüber einen fast unbegrenzten Hunger. Und etwas allzu hurtig bricht man in die demagogische Klage aus: „Die Alten müssen arbeiten, und die jungen Kerle tun nichts." Auch die jungen Kerle können nicht sieben Arbeitstage in der Woche durchhalten. Und was für Tage!

Offiziell arbeiten sie 72 Stunden in der Woche, d. h. an sechs Tagen etwa elf Stunden und sonntags von 1/2 7 bis 3/4 12 Uhr. Jeden Tag Wecken um 5 Uhr, Arbeitsappell 3/4 6 Uhr, Arbeitsbeginn 1/2 7 Uhr. In Wirklichkeit ist der Arbeitstag viel länger. Erstens gibt es Gruppen, deren Arbeitszeit offiziell nicht beschränkt ist, z. B. die Küchenkommandos. Sie stehen um 3 Uhr nachts auf und kommen gewöhnlich am darauffolgenden Mittag um 5 oder 6 Uhr nach Hause, d. h., sie arbeiten 14–15 Stunden täglich, manchmal sogar noch mehr. Der 18stündige Arbeitstag ist keine Ausnahme. Die Männer, die in der Küche arbeiten, kommen dann nach Hause und werfen sich auf ihre Bettstelle. Sie schlafen wie die Leichen, wenn sie dazu nicht zu müde sind. Dem steht gegenüber, daß sie ordentlich und fast ausreichend ernährt werden. Trotz ihres beinahe ununterbrochenen Arbeitens halten sie sich gut auf den Beinen und sehen wohlgenährt und gesund aus. Die Arbeit in der Küche ist daher auch sehr begehrt.

Außerdem gibt es jedoch allerhand *zusätzliche* Arbeiten, wie Gamellentragen. Das bedeutet: Aufstehen um 4 Uhr und Marsch zum Lagertor um 5 Uhr, um die Gamellen mit 25 und 50 Liter Inhalt von der Küche zur Baracke zu schleppen. Abends dauert der Gamellendienst oft bis 9 Uhr oder noch länger, je nachdem, wie der diensthabende Scharführer gelaunt ist. Hat er Lust, früher Schluß zu machen, dann kann das betreffende Kommando von Glück sagen; im entgegengesetzten Fall bleibt nichts anderes übrig, als das Pech auf dem Posten „Judenschicksal" abzubuchen. Außer der zusätzlichen Arbeit gibt es auch noch die *Überstunden.* Wenn einer oder mehrere Waggons mit alten Schuhen oder alten Kleidern eintreffen, die abgeladen werden müssen, dann muß diese Arbeit erledigt werden, wann es dem Kommandanten gerade in seinen Kram paßt; dann kann man beispielsweise von 1/2 1 Uhr mittags bis 1/2 9 Uhr oder 1/2 10 Uhr an einem Stück durcharbeiten. Und dies Glück ist nicht nur den Männern beschieden, sondern auch den Frauen.

Die Schälküche macht normalerweise immer *Überstunden,* selbst am Sonntag. Hier gibt es dafür allerdings gelegentlich einen freien Nachmittag und als Sonderzulage einen Becher Suppe. Ferner ist die Schälküche noch aus einem anderen Grunde attraktiv: es können heimlich Möhren oder Rüben gegessen werden oder – was eine gefährliche Sache ist – geklaut werden. Lange Debatten wurden darüber geführt, ob dieses Mitlaufenlassen von der Gemeinschaft geduldet werden darf. Einige lehnen es ab, weil es sich um Diebstahl aus dem gemeinsamen Lagervorrat handelt. Im Winter war das vor allem der Fall bei Kartoffeln; im Sommer werden dagegen kaum Kartoffeln gestohlen, weil keine Öfen brennen und deshalb keine Gelegenheit gegeben ist, sie zu kochen oder zu rösten.

Und dann gibt es noch die *Strafarbeit* oder – was auf das gleiche hinausläuft – das Wegnehmen der Ruhezeit. Jeden Augenblick bekommt die SS wieder einen Rappel und beginnt zu strafen: An-den-Zaun-Stellen. Dutzende, manchmal sogar Hunderte von Menschen müssen täglich zwischen 1/4 12 Uhr und 1/2 1 Uhr am Zaun stehenbleiben (das bedeutet einen Arbeitstag von fast zwölf Stunden ohne Ruhepause) oder abends von 1/2 7 Uhr bis -- bis der Scharführer genug hat: 8 Uhr, 9 Uhr, 10 Uhr, 11 Uhr. Es haben Leute am Zaun gestanden ohne Jacke, während es kalt wurde, ohne Essen. Es ist verständlich, daß sie zusammenbrachen und eine Lungenentzündung mit Todesfolge davontrugen. Die SS grinst dazu nur. Sie ist zufrieden. Und warum wird man an den Zaun gestellt? Weil man die Hände in der Tasche hatte oder die Mütze nicht abnahm. Der freie Sonntagnachmittag bildet eine weitere Strafmöglichkeit. Man kann ihn nämlich einziehen und tut das mit dem größten Vergnügen. Oder man läßt arbeiten, und dann am liebsten nicht bis 1/2 7 Uhr, sondern eine oder ein paar Stunden länger; oder man läßt exerzieren: antreten, abtreten, Fünferreihen, im Gleichschritt marsch. Diese Strafen werden für alle möglichen „Vergehen" auferlegt: angebliches Zuspätkommen beim Appell, geringe Arbeitsleistung, angeblich unzureichende Sauberkeit, falscher „Bettenbau" etc.

Kurzum, die Arbeitszeit ist *in der Regel* viel länger als die offiziellen 72 Stunden, mindestens ist sie es im Winter gewesen. In der letzten Zeit reißt in der Handhabung der Disziplin eine gewisse Lauheit ein – auch bei der SS. Sie teilen zwar Strafen aus nach rechts und nach links, aber es ist nicht mehr genug Arbeit da. Oder sie haben selbst keine Lust mehr dazu.

Worin besteht die Arbeit, die wir verrichten? Hauptsächlich im Auftrennen von alten Schuhen und im Herausschneiden der noch brauchbaren Lederstücke. Es ist eine Arbeit für Schwachsinnige und – wie man verstehen wird – eine fürchterlich dreckige Arbeit. Fragt man den aufsichtführenden Scharführer, wozu das alles gut sein soll, dann bekommt man folgende Antwort: „Wir Deutschen sind Habenichtse, und ihr Juden sollt helfen, durch eure Arbeit uns reich zu machen." Diese Lektion in deutscher Volkswirtschaft nehmen wir uns natürlich sehr zu Herzen. Wir brennen vor Eifer, um Deutschland durch das Auftrennen von Schuhen „reich zu machen". Und nun entwickelt sich zwischen uns Juden und dem Scharführer eine ständige zähe Auseinandersetzung über die Höhe unserer Arbeitsleistung. Eines ist klar: den Vorwurf, wir betrieben Sabotage, dürfen wir auf keinen Fall aufkommen lassen; denn Sabotage bedeutet mindestens KZ. Es muß also unbedingt *etwas* getan werden. Die Frage ist nur: wieviel oder wie wenig. Einige verstehen es, so gut wie nichts zu tun. Über die abgeholte Menge alter Schuhe wird Buch geführt; die Buchhalter sind Juden, aber sie können natürlich nur innerhalb gewisser Grenzen mit den Zahlen jonglieren. Man erfindet daher die genialsten Methoden, um den Scharführer hereinzulegen. Man holt beispielsweise Schuhe vom großen Haufen, läßt eine sehr stark nach oben „aufgerundete" Zahl aufschreiben und bringt obendrein die besagten Schuhe insgesamt oder teilweise wieder zum großen Haufen zurück. Wenn dann so ein Scharführer einfach nicht begreifen kann, weshalb keine Produktivität zustande kommt und warum das Material nicht weniger wird, dann haben die Juden wenigstens einen Augenblick lang auch ihr Vergnügen.

Andere hingegen zeigen sich weniger befähigt in dieser Kunst, überhaupt nichts zu tun. Es gibt Menschen, die einfach nicht untätig sein können. Die Arbeit – fünf, sechs, sieben Stunden hintereinander – ist tödlich langweilig; aber nicht arbeiten ist noch viel schlimmer. Wohl kann man miteinander reden, aber doch nur in begrenztem Maß, sofern es nämlich der Scharführer zuläßt, und dann: worüber? Die Gruppe, in der man sitzt, ist oft grundverschieden hinsichtlich Bildungsstand und Interessen. Hauptgesprächsthema ist das Essen – die Suppe war dick, die Suppe war dünn; Brandon hatte zwei Fleischstücke in der Suppe, und Flessemann bekam gar keines; die Barackenleitung teilt nicht ehrlich, oder sie schöpft nicht tief genug aus der Gamelle; daher bekommen die lieben Freunde das Dicke und die anderen das Wasser; der Schöpflöffel wird nicht ganz gefüllt. Wieviel Kartoffeln habt ihr gehabt? Vier kleine. Wir eine große und zwei kleine. Andere sogar noch weniger. Die Leitung sorgt natürlich zuerst für sich selbst. In Baracke X gaben sie einen gehäuften Löffel Marmelade, in Baracke Y einen gestrichenen Löffel. Ja, aber das eine war ein Eßlöffel und das andere ein Teelöffel. Und dann werden natürlich alle Barackenleiter durchgehechelt, alle Ungerechtigkeiten, die begangen wurden und nicht begangen wurden, die man sicherlich begehen wird und die vielleicht begangen werden könnten. Das ist die Unterhaltung, tagaus, tagein, morgens, mittags, abends.

Man muß deshalb seinen eigenen Klub organisieren, um wenigstens etwas Abwechslung zu haben, etwas Niveau. Und das gelingt ganz gut. Es wird viel philosophiert, politisiert, die Juwelen aus der hebräischen Literatur behandelt, Psalmen auswendig vorgetragen oder Verse von Juda Halevy [1]). Und dann wissen wir sehr genau, was für ein Unterschied zwischen dem Scharführer und uns besteht.

30.8.1944:

Außer den Menschen, die einfach nicht leben können, ohne zu arbeiten, gibt es auch noch diejenigen, die sich tatsächlich bemühen, möglichst fleißig zu arbeiten. Die Deutschen versuchen natürlich alles, um die Arbeitsleistung zu steigern – sowohl durch Anwendung von Gewalt wie mit anderen Mitteln. Und hier und da haben sie auf die Dauer Erfolg damit. Was die Gewalt anbetrifft, so verfügen sie neben den Strafen auch über Peitsche und Knüppel. Die Schuhe müssen von einem Zelt zu den Arbeitsplätzen getragen werden, während die zertrennten Stücke und der Abfall von dort wieder weggebracht werden müssen. Man verwendet zu dieser Arbeit Tragbahren, die von zwei Leuten geschleppt werden – und den SS-Männern macht es ganz besonderen Spaß, auf diese Lastträger einzuprügeln. Wenn sie damit erst einmal angefangen haben, dann spielen sich die reinsten Sklaventreiberszenen ab. Das einzige, was man bei diesem Anblick fühlt, ist Scham, nicht unseret-, sondern ihretwegen.

---

[1]) Juda Halevy (Jehuda ben Samuel ha-Levi): berühmter jüdischer Dichter und Religionsphilosoph, ca. 1085–1140).

Mehr als die Peitsche vermag die Zigarette: Wer am meisten arbeitet, erhält eine Prämie. Natürlich nimmt kein anständiger Mensch eine solche Prämie an, aber auf die Dauer wird die Versuchung doch zu groß. Man darf nicht vergessen, daß Zigarette hier „Geld" bedeutet, man kann bei anderen dafür Brot und andere eßbare Dinge kaufen – und wer Frau und Kind hat – – oder die Frau, deren Mann und Kinder hungern – – –. Arbeiten – bis zu einem gewissen Grade – muß auch der Vorarbeiter oder Kapo. Das ist die beschämendste Seite des SS-Systems: Sie sind Meister im Züchten von Spaltpilzen. Der Vorarbeiter wird bestimmt und *muß* diese Arbeit verrichten. Er *muß* eine gewisse Arbeitsleistung verlangen, er *muß* zur Arbeit antreiben. Er darf dabei alle Mittel anwenden, die ihm geeignet erscheinen, er darf insbesondere schlagen. Wer zurückschlägt, kommt todsicher ins KZ. In unserem Lagerteil haben die jüdischen Kapos bisher noch *nicht* geschlagen. Bei den Häftlingen war es dagegen die Regel. Die Kapos haben sich dort wie die reinsten Teufel aufgeführt. Unsere Kapos hingegen haben sich äußerste Zurückhaltung auferlegt und bisher innerlich *nicht* die Partei der Deutschen ergriffen. Von Zeit zu Zeit mußten sie zwar streng vorgehen, aber dieses Auftreten hat nie die Form des Verrats angenommen. Jedoch selbst das genügte, um wiederholt Konflikte heraufzubeschwören. Die Rechtskommission mußte einige Fälle behandeln, die den Widerstand einzelner Lagerinsassen gegenüber dem Auftreten der Kapos zum Gegenstand hatten. In einem dieser Fälle ging es darum, daß ein Kapo jemand geschlagen hatte, nicht, um ihn zur Arbeit anzutreiben, sondern weil er sich von ihm beleidigt fühlte. Der Kapo wurde verurteilt. Dieser Urteilsspruch war natürlich ziemlich riskant. Man gab ihm daher die Form eines freiwilligen Vergleichs in einem Zivilprozeß: Der Kapo mußte fünf Rationen Brot als Schadenersatz abtreten. Das Urteil wurde angenommen und ausgeführt, was nur deshalb möglich war, weil die allgemeine Volksstimmung ohne Ausnahme dies forderte. Die anderen Kapos waren die ersten, die sich dem Urteil anschlossen. Man wird auf allerlei interne Gegensätze unter den Juden hinweisen können. Gegenüber den Deutschen jedoch besteht eine allgemeine und absolute Solidarität. Bis jetzt wurde keine Meldung an die SS erstattet, es sei denn, daß es schlechterdings unumgänglich war. Und bisher ist auch kaum der Fall eingetreten, daß sich ein Kapo oder ein anderer auf Kosten eines Mitgefangenen bei der SS fein herausmachen wollte. Nachträglich wird man das als eine Selbstverständlichkeit ansehen – jetzt und hier, unter dem Druck des Regimes, ist es ein Zeugnis für die moralische und sittliche Widerstandskraft.

Denn das ist das Schlimmste von allem: der Druck – schlimmer als der endlose Arbeitstag und schlimmer als die Strafen, schlimmer als der Appell, das pausenlose Angetriebenwerden, das ewige Schreien, Anschnauzen, Aufjagen, von morgens früh bis abends spät. Sind die Arbeitskommandos schließlich zu Hause und hat man seine Suppe ausgelöffelt, dann kommt fast jeden Tag noch eine Kontrolle; wer noch nicht im Bett liegt, sondern noch herumsitzt, muß aufspringen

und Haltung annehmen, um sich das Gebrüll, dieses durch Propaganda und Schule angelernte Geschrei der Lausbuben von der SS anzuhören.
Ein einziges Mal waren sie besoffen. Da konnten sie in ihrer Art gemütlich sein und machten den einen oder andern dreckigen Witz. Und es gab immer einige, die sich verpflichtet fühlten, dazu zu lachen. Würde ist nicht allezeit die stärkste Seite des Menschen.
Bei der Zusammenstellung der Arbeitskommandos bedienten sich die Deutschen der Vermittlung des Ältestenrats. Nirgends kann sich die Korruption natürlich tiefer einnisten als bei dieser Funktion; und sie kam tatsächlich vor. Ich glaube allerdings, daß man in dieser Hinsicht nicht übertreiben sollte. Der Ältestenrat hat auf *diesem* Gebiet seine Existenzberechtigung unter Beweis gestellt und vorzügliche Arbeit geleistet. Ob und wo jemand zur Arbeit eingesetzt wurde, war selbstverständlich eine Lebensfrage für ihn. Der Ältestenrat hat Hunderte von Männern und Frauen vor der völligen Vernichtung gerettet, vor allem in der letzten Zeit, als die Erschöpfung zusehends zunahm. Der Ältestenrat verhandelte mit der SS und richtete verschiedene Kommandos ein: Lagerreinigung, Jugendbetreuung usw. Es war von größter Bedeutung, daß auf diese Weise Hunderte von Menschen innerhalb des Lagers beschäftigt werden konnten und wenigstens für kürzere oder längere Zeit der ewigen Verfolgung entgingen.
Bei einigen gelang das nicht. Rabbiner waren ein beliebtes Objekt für Quälereien, vor allem, weil sie in der Regel einen Bart tragen. Ein Bart ist das rote Tuch für einen germanischen Stier. Offensichtlich hat er vergessen, daß auch die Bataver und Kaninefaten [1]) einen Bart getragen haben. Oder wissen die Herren denn nicht, daß Herr Gilette [2]) auch eine jüdische Großmutter gehabt hat?
Das Schuhkommando hat einen langen Arbeitstag, aber keine schwere Arbeit. Die Außenkommandos sind viel schlimmer. Für die Küchen benötigt man Holz, und deshalb müssen Baumstrünke beschafft werden; Strünke von Tannen und Fichten. Was mußten wir in diesem Winter stehen, hacken und sägen – in Schnee, Hagel und Frost, elf Stunden lang täglich! Morgens traten wir an, als es noch dunkel war. Mit Grausen denke ich an jene Morgenstunden auf dem Appellplatz, der von kaltem Winternebel bedeckt war. Abends kamen wir nach Einbruch der Dunkelheit zurück. Und wer war damals „wir"? Männer von 60 und 70 und selbst 80 Jahren waren dabei. Ich entsinne mich, daß an einem Wintertag sogar ein Blinder mit mußte, der den ganzen Tag über hilflos und allein im Schnee stand und wartete – 14 Tage später war er tot – –. Wir haben Sand geschaufelt, wir haben Gräben ausgehoben, wir haben Misthaufen verpflanzt – und was immer wir taten, wir wurden angebrüllt. Die SS stand dabei. Die SS ist nämlich vor allem eines: faul, faul wie Schweine. So haben sie sich die Welt erträumt: zu ihren Füßen, wie sie uns unterworfen hatten. Und jeden Morgen

---

[1]) Bataver und Kaninefaten: germanische Stämme der Völkerwanderungszeit.
[2]) Gilette (1855–1932) erfand Ende des 19. Jahrhunderts die Gilette-Rasierklinge.

machten wir uns auf den Weg mit der Frage: wie lange noch? – und kamen zurück: wie lange noch? Es gab nur eine Frage und eine Sehnsucht, ein Verlangen. Und es ereignete sich nichts. Und wir erfuhren nichts. Wir waren allein, im Würgegriff des Kummers.

....

31.8.1944:

... Gestern abend mußte sich eine Dame aus Amsterdam vor der Rechtskommission verantworten: Sie hatte angeblich etwas aus dem Bett ihrer Nachbarin gestohlen, in der Meinung, es handle sich um Puder oder Zucker. Eine zweite Dame hatte sich in betrügerischer Absicht einen Schal zugelegt, den man bei Bijenkorf[1]) für 38 Cent kaufen kann. Das Ding war im WC liegengeblieben, sie fand es und gab sich als Besitzerin aus. Ihr Betrug kam aber schnell heraus.

Als Richter betätigten sich außer dem Präsidenten der Oberrabbiner von Saloniki und ein Rechtsanwalt aus Montenegro. Das Gericht beriet sehr lange, ehe es das Urteil verkündete: Die erste Frau erhielt einen „strengen Verweis“, die zweite wurde dazu verurteilt, einen Abend beim Reinigen der WC behilflich zu sein.

Sie haben Glück gehabt. Niederländische Richter wären bestimmt strenger gewesen. Das ändert nichts an der Tatsache, daß die Verurteilten auf die „deutschen“ Juden, auf die „Juden“ überhaupt schimpfen werden. Ich nehme mit Bestimmtheit an, daß nach dem Krieg speziell die holländischen Juden viel auf „die Juden“ schimpfen werden. Das werden besonders diejenigen tun, die verurteilt wurden, die versagt haben, denen es an Gemeinschaftssinn gefehlt hat. Natürlich werden sie versuchen, die Schuld auf andere abzuschieben.

Und es hat ziemlich häufig an Gemeinschaftssinn gefehlt. Wir haben hier einen Schnellrichter – hier eine Aufstellung der Urteile aus einer einzigen Woche:

Holzsandalen hergestellt aus Bettplanken. Dies ist ein höchst gefährliches Vergehen. Wenn es von den Deutschen aufgedeckt wird, ist KZ wegen Sabotage zu befürchten, mindestens setzt es eine Kollektivstrafe ab. Als kürzlich eine Matratze verbrannt wurde (später erwies sich die Beschuldigung obendrein noch als falsch), wurde das *ganze* Lager durch Entzug einer Tagesration Brot bestraft! Was soll man nun machen, wenn eine derartige Sache aufgedeckt wird? Eine schwere Strafe ist unmöglich, weil die Gefahr besteht, daß durch diese die SS Kenntnis von der Angelegenheit bekommt. Im vorliegenden Fall waren die Übeltäter einige dreizehnjährige Jungen; der Vorfall wurde deshalb an die Jugendbetreuung gemeldet und mit einem tüchtigen Anschnauzer erledigt.

Nichterscheinen zur befohlenen Dienstleistung, d. h. in diesem Fall zum Reinigen der Betten. Auch dies ist ein schwerwiegender Tatbestand. Wird die Arbeit nicht erledigt, dann setzt es eine Kollektivstrafe ab. Die Arbeit *muß* also getan werden, und zwar durch einen anderen als denjenigen, dem sie aufgetragen war.

---

[1]) Bijenkorf: großes Kaufhaus in Amsterdam.

Der Auftrag war in diesem Fall natürlich von den Juden ausgegangen – einen Auftrag, der von der SS ausgeht, wagt man nicht zu ignorieren, denn in diesem Fall wären acht Tage Bunker das mindeste, was man erwarten könnte. Wie jedoch sollen *wir* urteilen? Ein scharfer Verweis, in der Hoffnung, daß sich der Vorfall nicht wiederholt.

Beleidigung der Lagerwache. Die Lagerwache ist ein armseliger Abklatsch dessen, was man in der Gesellschaft „Polizei" nennt. Sie stellt eine Art Ordnungsdienst dar, ihre Aufgabe besteht darin, bei der Ankunft eines neuen Transports die Absperrung vorzunehmen, bei der Verteilung der Lebensmittel für Ordnung zu sorgen, Aufsicht zu führen über die ordnungsgemäße Benutzung der Waschräume, bei Fliegeralarm eine Wache aufzustellen, die dafür sorgt, daß niemand die Baracken verläßt, usw. Die LW erstattet natürlich Anzeige, wenn sie Verstöße feststellt – aber der größte Teil ihrer Anzeigen betrifft Beleidigungen, die gegen die Angehörigen der LW selbst geäußert werden. Sie verstand es nicht, sich besonders populär zu machen, die LW. Und das ist auch kein Wunder. Denn – unter uns gesagt – das entscheidende Motiv bei der Bildung dieser LW war die Notwendigkeit, eine Anzahl erschöpfter Männer von der Arbeit freizustellen. Man konnte die Deutschen davon überzeugen, es wäre doch sehr wünschenswert, eine eigene Polizei zu besitzen; die Herren fielen darauf herein, und so spazieren seit einiger Zeit einige Leute durchs Lager, ausgestattet mit einer weißen Armbinde, auf der „LW" steht. Diese braven Leute – Kaufleute, Ärzte, Advokaten – sind zu nichts so wenig geeignet wie zum Aufpassen. Sie machen natürlich einen taktischen Fehler nach dem anderen. Was sie zur Weißglut bringt, ist das, was jeden Juden zur Weißglut bringt, der hier einen Posten bekleidet: Als Funktionäre müßten sie wenigstens eine gewisse Macht besitzen, aber sie besitzen keine Macht. Und die übrigen Lagerinsassen wissen das, sie kennen die Funktionäre und wissen, daß diese nur Luft hinter sich haben. Der jüdische Funktionär leidet – und hat immer gelitten – am Gefühl seiner Machtlosigkeit. Auch mit dem besten Willen der Welt kann er keine Disziplin bewirken. Eine Disziplin, die unabweislich ist – deshalb schreit er. Und durch das Schreien aus Machtlosigkeit wird er zur Karikatur. Wer kann, lacht ihn aus; wer einen Befehl empfängt, sucht sich zu entziehen; wer angeschnauzt wird, fängt an zu schimpfen; wer schimpft, wird der Rechtskommission gemeldet. Und so stehen sie dann vor Gericht: eine Dame, die gesagt hat: „Geh weg, Halunke!", und eine andere, der das Wörtchen „Lump" über die Lippen floß. Sehr beliebt und häßlich ist die Bemerkung: „Paß auf, die Zeiten ändern sich!" Das ist nämlich die unverhüllte Drohung mit einer Art innerjüdischer „Abrechnung". Die armen, völlig überreizten Menschen müssen ihre Erbitterung eben an irgend jemand auslassen.

Was tut in allen diesen Fällen der Schnellrichter? Er spricht mit den Menschen, er erteilt einen Verweis. Das reicht vollständig aus. Die Menschen begreifen im allgemeinen doch sehr genau, was zulässig ist und was nicht: Die meisten erklären sich zu einer Entschuldigung bereit, und damit ist die Angelegenheit erledigt. Geschieht das nicht oder ist der Fall ernsterer Art oder findet er im Rückfall statt, dann wird eine Portion Marmelade oder Quark entzogen. Diese Portion ist zwar nur ein Löffel voll – aber trotzdem bedeutet er bei unserem eintönigen Speisezettel viel, und der Entzug einer Portion ist deshalb spürbar genug.

Bei diesen Schimpfereien können sich vor allem die verschiedenen Gruppen des Volkes Israel wechselseitig gegeneinander ausleben. Die holländischen Juden sind selbstverständlich viel bessere Menschen als die deutschen Juden, von den jugoslawischen, montenegrinischen oder anderen Balkanjuden ganz zu schweigen. Die Juden aus Nordafrika schlagen sich an die Brust und berufen sich auf ihre englische Nationalität. Die französischen Jüdinnen (deren Eltern übrigens aus Polen oder Galizien nach Paris importiert wurden – wenn sie selbst nicht sogar noch dort geboren sind) kreischen, sie verstünden nur die französische Sprache. Und so findet jeder Jude einen anderen Juden, dem gegenüber er sich als Antisemit gebärden kann. Der Scharführer freilich versetzt jedem einen Fußtritt, ohne sich vorher nach der früheren Staatsangehörigkeit zu erkundigen. Aber niemand glaubt, daß dieser Fußtritt speziell für ihn bestimmt sei, und sucht nach einem Objekt, an das er ihn weitergeben kann.

....

2.9.1944:

... Appell. Der Regen fällt, und ein kalter Wind fegt über den Appellplatz. Der Regen dringt durch alle Kleidungsstücke. Ungefähr 2000 Menschen, meist Frauen und Kinder, stehen da und zittern vor Kälte. Der Appell klappt wieder einmal nicht. Es fehlt eine Person. Der Fehler ist nicht zu finden; also müssen eben sämtliche Baracken nochmals gezählt werden, auch die Stärkeziffern der verschiedenen Arbeitskommandos werden kontrolliert. Wir warten und warten. Es gießt in Strömen, und die Menschen sind starr vor Kälte.

Um der Stimmung die letzte Schauerlichkeit zu verleihen, fährt jetzt der Totenkarren über den Platz. Wir haben heute drei Tote; der junge N., ein 19jähriger Junge, der in Westerbork Tuberkulose bekam und nun hier an Unterernährung gestorben ist; F., 51 Jahre alt, der die letzten acht Jahre seines Lebens ohne Unterbrechung im Lager verbracht hat; und eine Frau Polak, ohne Familie oder Bekannte hier, von der niemand etwas weiß, nicht einmal ihr Alter ist bekannt. Die Toten werden aus der Krankenbaracke abgeholt, die dicht am Appellplatz liegt. Drei Kisten werden aufgeladen. Hinter dem Karren gehen ein Vater und eine Mutter, eine Frau und ein Sohn; und hinter der Bahre der Frau Polak geht offensichtlich niemand. Rahel weint um ihre Kinder, will sich nicht trösten lassen, daß sie nicht mehr sind. Auch ein Arzt und ein Pfleger aus dem Krankenhaus und ein Mitglied des Ältestenrats gehen mit. Ein paar Freunde und Bekannte der trauernden Familien wollen sich anschließen und bis zum Zaun mitkommen. Der Judenälteste verbietet es, es darf nicht sein. Antreten zum Appell!

Es gießt. Die Menschen stellen sich mit dem Rücken zum Wind, wie es auch die Pferde im Regen machen. Niemand sagt etwas. Einer heult. Auf die durchnäßten Kleider prasselt der Regen. Wenn wir uns nicht sehr beherrschen, werden gleich die Kinder anfangen zu jammern. Bis jetzt haben sie sich bewundernswert tapfer gehalten. Sie haben gesungen „Im Namen von Oranje, mach auf das Tor" und „Ich hab dich lieb, mein Niederland". Sie haben auch gespielt und sich gebalgt und sich in ihrer natürlichen Vitalität unserer traurigen Stimmung entgegengestemmt. Dann gehen sie über zu hebräischen Liedern, die sie in Westerbork und hier gelernt haben. Alte Gebete mit neuer, fröhlicher und kraftvoller Melodie: Heil uns, Heil uns, wie gut, wie gut ist unser Teil, wie angenehm, wie angenehm ist unser Los, und unser Erbteil wie schön, wie schön.
Als es immer kälter wird, schweigen auch die Kinder. Die meisten schmiegen sich fest an den Rock ihrer Mutter oder kriechen unter deren Regenmantel. Eng drängen sich die Menschen aneinander, um so wenigstens etwas Schutz gegen den Regen zu finden.
Über den Appellplatz klingt die Klage der Mater dolorosa: O mein Kind, mein Kind. Eine Frau versucht, ihr einige tröstende Worte zu sagen. Die Mutter lehnt ihr Haupt an die Schulter ihres Mannes, der nicht viel anderes zu tun weiß, als ein bißchen zu flennen. Monatelang hat sie das Kind gepflegt. Jetzt klettert der SS-Mann auf den Karren, eine Zigarette im Mund, nicht die geringste Bewegung im Gesicht. „Fort." Drei Tote. Die Saison hat wieder begonnen.
Nachdem der Karren abgefahren ist, ertönt endlich eine Trillerpfeife. Der Appell ist zu Ende. Die Kinder stürmen durch den Regen in die Baracken. Ein Mädchen verliert im Schlamm seinen Schuh und beginnt zu heulen. „Papi, Papi." Mit Mühe kann ich den Schuh vor den Füßen der andringenden Menge in Sicherheit bringen. Wir kehren in unsere Baracken zurück, die bereits gerammelt voll sind. Der Regen tropft herein, denn der Wind hat am vorigen Tag die Dachpappe losgerissen. . . . . . .

. . . .

16. 3. 1945:
Jeden Tag treffen bei uns neue Transporte aus den Konzentrationslagern ein mit Tausenden von Menschen; Männer und Frauen, darunter einzelne Niederländer, Bekannte, Freunde. 20–25 Prozent der Transportteilnehmer sind bei der Ankunft bereits tot, manchmal sogar noch mehr. Wenn man bei uns zur Latrine geht (zum weißen Häuschen), sieht man drüben im Häftlingslager ein Feld voll Leichen, und täglich fahren die Lastwagen hin und her, über und über vollgepackt mit Leichen – ein grauenhafter Anblick. Niemand wird es später einmal wissen oder auch nur glauben, daß es so etwas gegeben hat. Wir sind zutiefst niedergeschlagen und pessimistisch. Man wirft die Leichen seit neuestem in Kalk; das Krematorium kann die Anzahl nicht mehr „verarbeiten". In unserem Lagerteil hat die Sterblichkeit etwas nachgelassen; allerdings ist soeben der erste Fleckfieberfall aufgetreten.

T.[1]) hat nun auch wieder Fieber, jeden Tag. Ich bin todmüde und kann mich kaum bewegen. Fast den ganzen Tag liege ich auf meinem Bett (was man hier so Bett nennt!). Der Schmutz nimmt zu. Schon seit Wochen habe ich mein Bett nicht mehr herrichten können.

17.3.1945:

Samstag. Nach einigen belebenden Frühlingstagen hat es jetzt wieder zu regnen begonnen. Das monotone Niederrauschen des Regens auf das Barackendach macht uns nervenkrank, wenn wir es nicht bereits sind. Die Häftlinge müssen – wie immer – den ganzen Tag im Freien stehen; die Leichen liegen im Regen. Niedergeschlagener, als wir gegenwärtig sind, können Menschen nicht sein. Keine Berichte von der Front. T. ist krank. Das Elend bringt mich beinahe um.

Es regnet durchs Dach. Mein Hemd, das ich an einen Balken gehängt hatte, ist vollkommen durchnäßt. Es ist 1/2 8 Uhr morgens; ich liege noch im Bett. Es ist ein Glück im tiefen Unglück, daß wir ausruhen können, soviel wir wollen.

Die seelische Prüfung ist sehr groß; zu groß für manchen, wie ich annehme. Sonne, Sonne, Gott, gib uns wenigstens ein bißchen Sonne. Nur das wenigstens. Antwort: Regen, Regen, Regen.

Mittags. Mit das Schlimmste ist, daß jede Regelmäßigkeit im Tagesablauf fehlt. An einem Tag wird um 1/2 9 Uhr gegessen, am nächsten wartet man bis 2 Uhr, 3 Uhr, 4 Uhr und noch länger. Die Abendsuppe kommt manchmal schon vor dem Mittagessen und manchmal abends um 1/2 10 Uhr und manchmal überhaupt nicht, d.h. am nächsten Morgen. Aus viel mehr als Wasser besteht sie nicht. Dieses Warten bringt uns um.

Das Lager ist für ein paar tausend Menschen eingerichtet. Jetzt sind es 45 000. Die Zustände schreien zum Himmel. 500, 600, 700 Tote täglich. Ein Häftling lebt nicht länger als drei Monate. Die Transporte sind fünf und sechs Tage unterwegs, in offenen Waggons, ohne Essen. Was sich hier abspielt, ist das schauerlichste Kapitel der Weltgeschichte. Und hört nicht auf, und hört nicht auf.

Dr. A. hat Fleckfieber. Keiner unserer Ärzte hat jemals in seinem früheren Leben einen Fall von Fleckfieber gesehen. Ich bin müde und erschöpft. Heute habe ich meinen alten Freund W. gesehen und bin erschrocken. Großer Gott, mach ein Ende unseren Schrecknissen. Ich flehe zu Dir.

19.3.1945:

Heute herrscht Feststimmung im Lager. *Jeder* hat ein Paket bekommen: 1 kg Zucker, 1 Pfund Butter, 1 Pfund Erbsenpulver, 1 Paket Knäckebrot, 2 Päckchen Bouillon. Die Freude ist für einen Außenstehenden nicht in Worte zu kleiden. In tiefer Dankbarkeit gedenken wir armseligen Bettler der Spender. Joint? Oder Jewish Agency?[2])

---

[1]) T., die Frau von A. J. Herzberg.

[2]) Joint: jüdische Hilfsorganisation; Jewish Agency: offizielle Vertretung der Palästina-Juden gegenüber der Mandatsmacht England.

Heute hat F. Geburtstag. Ihr Mann bat um ein Tüchlein, eine Brosche oder etwas Derartiges, wäre bereit, dafür in Amsterdam 1000 Gulden in Gold zu bezahlen – aber trotzdem denkt niemand daran, etwas abzutreten.

20. 3. 1945:

Heute kein Brot. Drei Tage lang werde kein Brot ausgegeben, sagt man, vermutlich noch länger. Das Lager wird immer größer, die Lebensmittelversorgung wird immer schlechter. Tag und Nacht finden Luftangriffe statt, und offensichtlich werden dabei auch Brotfabriken ausgebombt; auch der Verkehr funktioniert deshalb nicht mehr. Aber: „Kapitulieren werden wir nie!“ Für die sauberen SS-Leute gibt es schließlich immer noch genügend zu fressen. Auf die übrigen kommt es nicht an.

Die Lage ist prekär. Auch ich bin wieder krank, Fieber und Durchfall. Was wird werden?

22. 3. 1945:

Das Wetter ist von größter Bedeutung für die Stimmung im Lager. Wenn wir heute nicht ein so strahlend schönes Frühlingswetter hätten, würden wir alle niedergeschlagen sein wie in den dunkelsten Tagen, die wir erlebt haben.

Heute nacht ist ein Transport mit 2000 Menschen angekommen; aus Buchenwald. Das Schreien, Schimpfen, Heulen, Lärmen, Jammern, das Knallen der Peitschen und das Klatschen der Stockschläge erfüllte die ganze Nacht die Luft. Heute morgen lagen hinter der einstigen Baracke 16, auf dem Terrain der einstigen Baracke 15, etwa 1500 Leichen, die auf einen Haufen zusammengeschleppt und nackt ausgezogen wurden. Auch die Goldzähne wurden ihnen aus dem Mund gerissen. So schlimm war es noch nie. Den ganzen Tag lag dieser Berg ausgemergelter nackter Leichen in der Sonne. Der Ausdruck ihrer Gesichter flößt einem Furcht ein. Es ist, als ob sie wüßten, was ihnen angetan wurde. Außerdem stinkt es den ganzen Tag im ganzen Lager nach dem Krematorium, das die Menge nicht bewältigen kann. Im Gestank sitzen die Frauen, Männer und Kinder herum und kochen Suppe und backen Kuchen aus dem Erbsenpulver, das in den Paketen war.

An uns hat das Krematorium keine so gute Kundschaft mehr, seitdem das Wetter besser geworden ist; durchschnittlich vier am Tag, gegenüber neun bis zehn im Februar. Heute sind u. a. gestorben N., das jüngste Kind von W., der selbst ins Krankenhaus eingeliefert wurde, seine Frau ebenfalls. In den Baracken liegen einige Patienten mit 39 und 40 Grad Fieber. Ist es Typhus? Ist es Grippe? Einige Todesfälle.

Aber es ist schönes Wetter. Es ist herrliches Wetter. Allerdings der dritte Frühling in Gefangenschaft, allerdings kein Blümchen, kein Pflänzchen, kein Gräschen zu sehen – aber es ist prachtvolles Wetter. Und es ist andauernd Fliegeralarm. Außerdem ist eine Ration Brot ausgegeben worden nach zwei brotlosen Tagen. Wer weiß, wie lange sie reichen muß?

Zwei Tage ließ man die Häftlinge in Celle auf dem Bahnhof warten. Es befand sich hier nämlich eine Untersuchungskommission, die diese Häftlinge offensichtlich nicht sehen sollte. In diesen zwei Tagen haben diese Menschen nichts zu essen bekommen. Und auch hier gab es kein Brot.

30. 3. 1945:

Heute hat E. Geburtstag und morgen A.[1]) A. wird volljährig. Ich wünsche euch Glück, meine lieben Kinder. Ich traue mir nicht, mehr zu sagen über das kommende Jahr. Aber vielleicht, vielleicht sehen wir noch einmal Blumen. Heute ist F. hier gestorben, der als Untersuchungsrichter eine wichtige Rolle in der Rechtskommission gespielt hat. Das hat ihn nicht vor dem Fleckfieber bewahren können. Fünf Monate waren wir nicht im Bad. Am Sonntag wurde nun mit einmal das Quarantänebad durchgeführt. Unsere Baracke sollte als erste drankommen. Aufstehen um 1/2 4 Uhr, antreten um 5 Uhr. Alles mußte mitgenommen werden. Sogar die Koffer mußten entleert und der Inhalt desinfiziert werden. Um 5 Uhr morgens wurden wir zum Appell getrieben, hatten die größte Mühe beim Ausräumen der Baracken, dann standen wir eine Stunde auf dem Platz und warteten, und schließlich hörten wir, „es würde wohl noch ein Stündchen dauern". Daraufhin brachten wir unseren Krempel zur Desinfiziermaschine, die im Lager stand, um Krankenhaus und Altersheim zu desinfizieren. Nachher dachte kein Mensch mehr an das Quarantänebad, bis wir dann nachmittags plötzlich um 5 Uhr wieder antreten mußten. Ich ging hin – und kam um 11 Uhr nachts zurück. Es war nämlich kein Wachposten vorhanden, der uns hätte zurückbringen können, so daß wir stundenlang herumsitzen und warten mußten. In der Zwischenzeit wurden wir mit Stöcken traktiert. Wer zum WC mußte, erhielt keine Erlaubnis dazu. Mir bescherte das Bad noch eine unangenehme Überraschung besonderer Art: Ich konstatierte, daß ich an beiden Füßen ein Ödem habe. Übrigens war das Quarantänebad ein großartiger Erfolg: Schon am nächsten Tag fand ich wieder Läuse in meinen Kleidern. Mindestens die Hälfte des Lagers ist nicht entlaust worden. Am Montag kam Mös[2]) ins Lager, und da hörten wir, weshalb das ganze Unternehmen nötig war: Transporte.

Vorläufig sind wir vor diesen Transporten gerettet. Wir befinden uns in Quarantäne. Hier ist starkes Fleckfieber ausgebrochen. In der Albanesenbaracke liegen über 100 Patienten, bei denen Fleckfieberverdacht besteht. Die Baracke wurde isoliert. Ich mußte Hals über Kopf meine Baracke räumen, kam zuerst nach 33, ohne Licht, ohne richtiges Dach (es regnet durch), dann wider meinen Willen ins Altersheim, wo ich jetzt ein Bett im zweiten Stock habe.

Unsere Aussichten sind großartig: Wahl zwischen Fleckfieber und Transporten. Was Transport bedeutet, sehen wir jeden Tag an den Häftlingen: Leichen, Leichen, Leichen. Die Sterblichkeit in unserem Lagerteil nimmt wieder etwas zu. Fleckfieber und Typhus – und dreimal wöchentlich ein Stückchen Brot!

---

[1]) E. und A.: die Kinder Herzbergs, die in Holland „untergetaucht" (d. h. bei christlichen holländischen Familien versteckt) waren.

[2]) vgl. S. 155.

Wie soll das bloß enden? Die Menschen hier hegen die Hoffnung, der Krieg sei bald zu Ende. Ich kann diesen Optimismus immer noch nicht teilen. Vor uns liegen noch viele Monate bitterster Qual.
Gestern abend haben wir – allen Widrigkeiten zum Trotz – Seder [1]) gefeiert. Ach, ach! Einen historischen Seder. Das bittere Kraut brauchte nicht anwesend zu sein. Man hatte Mazzen gebacken aus dem Mehl, das wir erhalten hatten. Sie schmeckten ausgezeichnet.

1. 4. 1945:

Sonntag. A. ist volljährig. Erster Osterfeiertag. Schon tagelang kein Brot. Morgen soll die letzte halbe Ration kommen. Dann – so wurde uns gesagt – gibt es überhaupt kein Brot mehr. Zum Ausgleich erhielt jeder eine halbe Kohlrübe. Die rohe Kohlrübe liegt schwer im Magen. Um 12 Uhr gab es Wassersuppe mit ein bißchen Mehl. Heute soll angeblich eine Kohlrübensuppe ausgeteilt werden. Hungersnot im Herzen Europas. Die Zahl der Toten wird sich verzehnfachen. Im Häftlingslager schleppt man unaufhörlich nackte Leichen durch den Kot. Im März gab es im ganzen Lager 17 000 Tote bei 45 000 Lagerinsassen. In unserem Lagerteil 180. Aussichten: Fleckfieber, Hunger, Typhus, Transporte. Man tröstet sich gegenseitig mit guten Nachrichten und sagt, der Krieg werde noch in dieser Woche zu Ende gehen. Man kennt Hitler nicht! Ostern – Friede – o Gott!
Appelle finden keine mehr statt. Es wird auch nicht mehr gearbeitet. Es wird nur noch gestorben. Man teilt ein bißchen Mehl aus und Haferflocken an diesen und jenen. Es ist Unsinn.

2. 4. 1945:

Wir essen rohe Kohlrüben und müssen sogar damit sparsam umgehen. Gestern wurden Zigaretten verteilt, zehn Stück pro Mann und Frau. Sogar mit rohen Kohlrüben wird gehandelt. In den Küchen ist kein Holz mehr vorhanden – von Kohlen ganz zu schweigen. Man verfeuert jetzt alte Schuhsohlen; das Essen kommt dadurch wieder viele Stunden verspätet oder überhaupt nicht. Wir haben heute nichts erhalten außer einem Löffel Kohlrübensuppe. Vielleicht gibt es heute noch ein Stückchen Brot; zunächst hieß es, wir bekämen eine halbe Ration, aber weil 1200 tote Häftlinge „anfielen", sollen wir jetzt – sagt man – eine ganze Ration erhalten. Die nächste vielleicht am Donnerstag. Eine große Müdigkeit gewinnt die Oberhand bei uns. Wird noch rechtzeitig Rettung kommen? IPAs, IPAs, IPAs über die Kriegslage. Etwas Sicheres wissen wir nicht.
W. ist sehr schwach. Auch B. Sie sehen erschreckend aus. T. liegt den ganzen Tag im Bett. Heute gibt es ein Stückchen Margarine. Es ist jetzt 14 Uhr, außer rohen Kohlrüben haben wir noch nichts gegessen.

8. 4. 1945:

Die Spannung in der vorigen Woche stieg und stieg und wurde schließlich uner-

[1]) Seder: religiöse Feier an den beiden ersten Abenden des Passahfestes, bestehend in einer Schriftlesung und einem Festmahl.

träglich, alles im Zusammenhang mit den politischen Nachrichten oder besser: Gerüchten, die allmählich immer ausschweifender werden. Es hieß sogar, Hannover und Bremen seien bereits gefallen, und wir stünden kurz vor der Befreiung.

Die große Frage war natürlich: Werden wir evakuiert? Wir wissen, daß die Deutschen beim Rückzug ihre Gefangenen stets mitnehmen. Die Frage wurde jedoch im allgemeinen verneinend beantwortet – angesichts der Fleckfieberepidemie und der großen Zahl anderer kranker und erschöpfter Menschen. Gestern kam dann plötzlich die Hiobsbotschaft: Evakuierung! Zuerst mußten sich die „Transportfähigen" melden. Ein paar hundert Leute, die gestern tatsächlich das Lager verlassen haben. Wie heute verlautet, steht der Transport noch auf dem Bahnhof. Was mit uns geschehen soll, wissen wir noch nicht. Noch weniger wissen wir, *wohin* wir evakuiert werden. Auch 800 Ungarn sind weggegangen. Die Luft ist voll von Gerüchten. Eines besagt, wir seien bereits eingeschlossen, ein anderes, Hannover sei noch nicht gefallen. Das letztere wird wohl richtig sein. Gehen wir, oder gehen wir nicht? Von dieser Entscheidung hängt das Leben von Hunderten von Menschen ab. Was steht uns bevor?

Inzwischen hat sich über den Zaun ein lebhafter Handel mit den Ungarn entwickelt. Ein prächtiger Anblick: Jeder, der noch etwas besitzt, geht mit seiner Handelsware hausieren. Doktoren versuchen, ihre Bündel mit alten Kleidern gegen ein paar Kartoffeln an den Mann zu bringen.

Heute (es ist jetzt 2 Uhr) haben wir noch nichts gegessen. Eben kommt eine rohe Kohlrübe. Die Spannung nimmt unerträglich zu. Es ist, als ob unsere Nerven zerreißen wollten. Hunger. Ich habe versucht, ein zweites Bündel gegen 20 Kartoffeln zu verkaufen. Die Lagerpolizei bei den Ungarn verbietet jede Transaktion – Fleckfiebergefahr. Was noch vorhanden ist, wird gestohlen. In den Baracken sind Not-WCs aufgestellt worden, die den ganzen Tag benützt werden und bestialisch stinken. Das Wetter ist prachtvoll, aber es ist kalt. Eine IPA verkündet, wir würden „losgelassen", und niemand werde sich mehr um uns kümmern. Ab morgen werde in den Küchen nicht mehr gekocht, heißt es. Und dann? Bedeutet das, daß wir in die Wälder geschickt werden? Was sollen wir mit unserem Gepäck anfangen? Mit unseren Decken? O die armen Kranken!

10. 4. 1945:

Gestern wurde die Evakuierung des Lagers fortgeführt. Zunächst bestand Unsicherheit: So schnell wie möglich abrücken oder so lange wie möglich bleiben? Für das erstere sprach, daß man die besten Plätze bekommen würde, für das zweite die Möglichkeit einer Überrumpelung durch die Amerikaner im letzten Augenblick. Denn in einem Punkt sind sich alle einig: Diese Evakuierung bedeutet eine neue Ausrottungsaktion.

Zuerst war jeder zurückhaltend, und der Abtransport vollzog sich ziemlich geregelt. Die Kranken sollten zuerst gehen, dann sollten die Gesunden und Marschfähigen folgen. Für die Kranken standen Lastwagen zur Verfügung. Die

Entfernung zum Bahnhof beträgt 6 km, aber das ist nicht wenig, wenn man so erschöpft ist wie wir, vor allem für die Frauen und Kinder; außerdem müssen wir noch unser ganzes Gepäck mitschleppen. Den Brutalen gehört die halbe Welt, und deshalb haben sie gleich die ersten Lastwagen mit Beschlag belegt. Man hatte ausgerechnet, daß nur wenige Menschen gesund seien, aber am Mittag begann sich das ganze System zu rächen. Die Deutschen sagten: So und so viele Menschen sind nun weg, das ist die Zahl der Kranken und Schwachen; wer sich jetzt noch hier befindet, muß also gesund sein. Nun kam es zu einem erbitterten Kampf um die letzten Plätze auf den Lkws, die zwischen Lager und Bahnhof hin- und herfuhren. Die SS schlug, die Juden drängten. Die Kapos kamen auch auf ihre Kosten. Dann wurden Gruppen gebildet, die zu Fuß laufen mußten. Unglücklicherweise geriet ich mit T. in eine von ihnen hinein; auch Kinder befanden sich dabei, ein armes altes Frauchen, ein hinfälliger Greis, Kranke, völlig Erschöpfte etc. Es wurde ein Leichenmarsch. Grauenhaft. T. und ich haben Ödeme an den Beinen. Es war eine Tortur sondersgleichen. Das Wetter ist prächtig und warm.
Unterwegs gab es allerlei Interessantes zu sehen. Große Kolonnen jüdischer Häftlinge aus Auschwitz kamen uns entgegen; einige frühere Bekannte wiedergesehen. Sie sahen nicht ganz so schlecht aus, wie wir angenommen hatten. Die Kranken allerdings schleppten sich hinterdrein. Die Toten sahen wir später am Bahnhof auf einem Haufen liegen. Diese Häftlinge wurden in offenen Kohlenwaggons transportiert, die teilweise mit einer Plane überdeckt waren, teilweise aber nicht einmal diese Abdeckung besaßen. Wir rechneten bereits fest damit, daß wir in diesen Waggons reisen würden. Die Häftlinge hatten ein Orchester bei sich und waren in guter Stimmung. Als wir aus dem Lager abrückten, spielte das Orchester der Kapos Jazzmusik. Es war ein merkwürdiger Abschied nach 15 Monaten Aufenthalt und Elendsdasein in diesem Lager.
Unterwegs sahen wir ferner Leute, die in den Wäldern kampierten. Wir sahen außerdem Kriegsgefangene, mit kleinen Wägelchen und Zelten. Und große Trupps Soldaten.
Stundenlang brauchten wir, um die 6 km zurückzulegen, zwischendurch Ruhepausen. Die SS-Männer waren milde gestimmt. Nur ein einziger prügelte mit einem dicken Stock drauflos, weil T. den Häftlingen etwas geben wollte: einen Teller und eine Pfanne, die sie aus dem Gepäck herausnahm, um Ballast abzuwerfen. Alles war so schwer, daß wir sogar die Kohlrübe wegwarfen, die unsere einzige Marschverpflegung darstellte. Das Herz voll Angst. Wir wußten nicht, wohin die Reise gehen würde, auch nicht einmal annähernd, wie lange sie dauern sollte. Man hatte uns gesagt acht bis zehn Tage. Wovon in dieser Zeit leben?
Als wir beim Zug anlangten, zeigte sich, daß wir besser daran getan hätten, früher abzurücken: Es waren keine freien Plätze mehr vorhanden. Durch Zufall erwischten wir dann doch noch zwei, direkt neben dem WC.
Nun sitzen wir also schon zwei Tage im Zug. Und immer noch werden Lager-

insassen eingeladen. Die Kranken sind im Lager zurückgeblieben. Sie sterben den Tod der Häftlinge. Es ist grauenvoll. Man sagt auch, daß einige Leute geflüchtet seien, nämlich französische Frauen, die deutsch sprechen.
Im Zug sitzen Typhuspatienten, Fleckfieberkranke und -verdächtige. Die Waggons sind überfüllt. Wir haben alte 3.-Klasse-Wagen und einige Güterwagen. Die Frage ist, welche Sorte besser ist. In den Güterwagen kann man nicht sitzen, es gibt kein WC und kein Wasser; in den 3.-Klasse-Wagen kann man nicht liegen, und die WCs sind bereits jetzt eine einzige Schweinerei, eine Quelle von Gestank, Schmutz und Infektion. Am Bahnhof ist ein einziger Wasserhahn. Alles drängt sich um ihn herum, um ein bißchen Wasser zum Kochen und Waschen zu ergattern. Was das Kochen betrifft: Man hat kleine Feuerstellen gebaut und kocht mit organisiertem Holz in den Eßnäpfen einige Rüben und Knollen, die irgendwie „beschafft" werden. In der Nähe des endlos langen Zuges liegt nämlich ein großer Haufen davon. Die SS läßt das „Organisieren" zu. Das Wasser wurde heute mittag wegen eines Tieffliegerangriffs abgestellt.
Was wird das für ein Abenteuer werden? Zu essen gibt es so gut wie nichts. Wir erhalten ein Stück Brot von 24 cm Länge für acht Tage. Margarine und etwas Wurst wurden uns versprochen; bis jetzt haben wir noch nichts davon gesehen. Das wird alles sein, was wir bekommen. Wie lange dauert die Fahrt? Wohin? Es heißt nach Theresienstadt, um von dort in die Schweiz ausgetauscht zu werden. Niemand, der das glaubt, abgesehen von den professionellen Optimisten, die ohne Träume nicht leben können. Heute nacht wurde uns mitgeteilt, der größte Teil des Lagers – alles, was noch nicht hier sei – werde zurückbleiben. Wir wurden rasend bei dem Gedanken, daß ausgerechnet *wir* in diese Falle getappt sind. Heute morgen zeigte sich, daß dieser Bericht nicht stimmte.
Wie lange werden wir fahren? Wir sind todmüde. Heute nacht natürlich nicht geschlafen. Wie soll man schlafen können, wenn man zu dritt auf einer schmalen Bank sitzt? Von oben Bomben, innen Krankheit, überall Unsicherheit – und trotz alledem keine Angst. Im Gegenteil: Wir sind guten Mutes. 15 Monate sind wir eingesperrt gewesen. Nach 15 Monaten sahen wir zum erstenmal wieder Bäume, Gras, ein Stück Land. Nach 15 Monaten sitzen wir wieder in einem Zug. Was auch geschehen mag, es wird eine Reise. Die Beine sind geschwollen, der Kopf schmerzt, und Gott allein weiß, ob wir ein Ziel erreichen werden. Aber wir gehen auf die Reise. Quer durch das vom Krieg verwüstete Deutschland, mit dem Feind tief in sein Land. Wann wir abfahren, weiß niemand. Vielleicht heute nacht, vielleicht morgen. Und trotzdem fühlen wir uns nicht so unglücklich wie im Lager. Aber wir stehen noch nicht einmal am Anfang!
11. 4. 1945:
Die Nacht ist eine Hölle. Wir hocken auf unseren Bänkchen, zusammengekauert, ineinander verschlungen, mit Schmerzen in allen Muskeln; behindern uns gegenseitig. Die Aggressivität – schon früher nicht gering – nimmt zu. Die Waggons sind jetzt gerammelt voll. In unserem Wagen, in dem 48 Sitzplätze sind, müssen

62 wohnen und schlafen. Gestern abend bekamen wir Margarine, ein Pfund für vier Personen als Ration für vier Tage. Das ist relativ viel, und wir sind nicht unzufrieden. Von der versprochenen Wurst, auf die wir so scharf sind, ist bisher nichts zu sehen.

Die Nacht kroch dahin. Zuerst machten wir auf dem Bahnhof Bergen einen schweren Luftangriff mit. Dann gab es auf einmal einen Ruck, und unser Zug setzte sich in Bewegung. Sozusagen nach Theresienstadt und in die Schweiz. Der Zug schlich über die Strecke. Die Luft war voll von Bombardements und Gefechtslärm. Es donnerte und krachte. Die Nacht war kalt und dunkel. Ich hatte dauernd Streit mit der Frau, die über mir im Gepäcknetz saß, weil sie mir ihre Füße ins Gesicht streckte. Wir konnten nicht schlafen. Von Zeit zu Zeit döste einer ein und wurde nach ein paar Minuten seufzend wach. Das war die zweite Nacht im Zug. Wie viele werden noch folgen? Furchtbares liegt vor uns. Aber der Tag wurde ein Fest: ein herrlicher Frühlingsmorgen, frisch und hell. In Soltau wurden wir offensichtlich aufs Abstellgleis abgeschoben. Wir durften den Zug verlassen, holten etwas Wasser, unterhielten uns mit diesem und jenem und kochten einen kleinen Topf Gemüse; jeder hatte noch ein paar Möhren, Rüben oder rote Rüben. Mitten im schönsten Abkochen kam der Befehl: Einsteigen! Wir fuhren zum Bahnhof Soltau und ein Stück weiter. Wieder halten. Dann langsame Weiterfahrt. Zehn Minuten später erfolgte ein schwerer Luftangriff auf den Bahnhof. War das Vorsehung?

In Deutschland ist es totenstill. Man sieht nur Soldaten und SS. Es ist unheimlich. Jeder erwartet jeden Tag das Ende, den Zusammenbruch. Wir fahren durch endlose Wälder. Von Zeit zu Zeit halten wir eine halbe oder ganze Stunde. Dann legen wir uns in den Wald und sonnen uns. Für einen Gefangenen ein Glück und ein Genuß. Wir fühlen uns so glücklich wie früher bei einem Ausflug. Jetzt, wo wir die Natur wieder sehen und in direkter Berührung mit ihr sind, fühlen wir uns frei. Obwohl wir uns in einer höchst gefährlichen Situation befinden, sind wir in hoffnungsvoller und munterer Stimmung. Wohin geht es? Richtung Hamburg, sagt man. Heute abend sollen wir angeblich in Uelzen ankommen. Das würde bedeuten, daß wir uns nach 24stündiger Fahrt etwa 25 km von Bergen entfernt befinden. Ich habe den Eindruck, daß wir vor dem Feind in Sicherheit gebracht werden sollen und einfach mangels anderer Behausung in dem Zug wohnen müssen. Lebensmittel gibt es nahezu keine mehr – abgesehen von dem, was wir bekommen haben –, so daß kein Mensch weiß, von was wir leben sollen. Das Geschwätz von Theresienstadt und Schweiz glaubt kein vernünftiger Mensch.

Wir kamen an einem Bahnhof vorbei. Dort stand ein Zug: die Ungarn, die einen Tag vor uns abgefahren sind. Sie sollten nach Budapest. Es ist, als ob alles verrückt wäre. Im Lager sind einige Menschen zurückgeblieben.

14. 4. 1945:

Im Lager sind angeblich 200 Menschen zurückgeblieben, darunter E. M., der

Sohn von M. P., E. P. u. a. Man fürchtet das Schlimmste für sie. Unsere eigene Zukunft sieht allerdings auch nicht gerade rosig aus. Es gibt *nichts* zu essen. Der Zugführer ist nach Lüneburg gegangen und versucht, Lebensmittel zu besorgen; so sagt er wenigstens. Die Frage ist, ob etwas dabei herauskommt, sofern er überhaupt die Wahrheit gesagt hat. Wir besitzen noch zwei rote Rüben. Davon werden wir eine unbestimmt lange Zeit leben müssen. Ich habe Durchfall.

Am 12. April standen wir 36 Stunden hintereinander auf ein und demselben Fleck. Die jüdische Leitung sammelte Geld und kaufte damit Kartoffeln. Wir bekamen 45 kleine; sie waren in zwei Tagen aufgegessen. Die Leitung bemüht sich, weitere Einkäufe zu tätigen. Die Aussichten sind schlecht. Die Bevölkerung gibt gegen Geld nichts mehr her.

W. ist krank. Die üblichen Symptome der gefürchteten Krankheit. K. ist soeben daran gestorben. Endlose Luftangriffe. Gestern abend mußten wir einen Tieffliegerangriff über uns ergehen lassen: 14 Leichtverwundete. Ich benützte die Gelegenheit, um einen Bauernhof aufzusuchen. Zwei Eier und ein bißchen Milch bekam ich – kaum zu glauben! Gestern mittag gab es Spiegeleier bei uns. Die ganze Nacht hatte ich davon einen verdorbenen Magen und heute Durchfall.

Wir fuhren von Soltau nach Uelzen mit einer Durchschnittsgeschwindigkeit von 3 km/st. Immer wieder halten, stundenlang warten, und immer wieder dasselbe Bild: Kochfeuer am Bahndamm. Das schwierigste Problem ist die Wasserbeschaffung; manchmal muß es von weit hergeholt werden, manchmal ist (wie gestern bei Uelzen und heute bei Lüneburg) ein Bach vorhanden. Das ist natürlich eine Erleichterung. Wir waschen uns die Hände, können die Eßgeschirre abspülen und die Rüben und Kartoffeln abkochen, die wir besitzen.

Ich habe heute eine halbverfaulte Kohlrübe bekommen und war darüber höchst glücklich. Ein Frühstück für morgen. Und dann: Luftangriff auf Luftangriff. Vor allem nachts angsterregend. Die Frauen und Kinder werden nervös. Die Nächte sind eine Hölle, Mord und Totschlag gibt es. Es ist, als ob alles verhext wäre. Das Wetter ist wundervoll schön. Bisher sind es direkt Ferientage, trotz aller Sorgen, trotz der Luftangriffe etc. Manchmal beschleicht mich die Angst: Fleckfieber. Werden wir angesteckt werden? Nach sechs Jahren Krieg! Auf der Schwelle straucheln, nachdem wir dies alles mitgemacht haben? Für wie viele gab es keine Gnade? Und wird es keine Gnade geben? Den ganzen Nachmittag über Luftangriffe, Alarm, Tieffliegerangriffe. Man sieht keine Eisenbahnzüge, keine Menschen. Hier ist alles Krieg, Krieg, Krieg. Die Bevölkerung, d. h. die paar Menschen, denen wir begegnet sind, sind recht freundlich. Der Bauer wollte für Eier und Milch kein Geld annehmen; davon habe er genügend, sagte er.

Nun fahren wir nach Lüneburg hinein, nachdem wir einige Zeit auf einem Abstellgleis vor der Stadt gestanden haben. Theresienstadt scheint nun doch unser offizielles Reiseziel zu sein mit anschließendem Austausch. Niemand glaubt mehr daran, auch der Zugführer nicht, der übrigens ein recht netter Kerl ist. Was soll dann mit uns geschehen? Gott mag es wissen.

Nachrichten haben wir keine. Alles nur Gerüchte. Küstrin von den Deutschen zurückerobert und Roosevelt gestorben. Ob es wahr ist, wissen wir nicht. Aber es genügt, um die Stimmung auf den Nullpunkt sinken zu lassen. Was hat man eigentlich mit uns vor? Wohin müssen wir? Ein Teufel kam zu Gott und sagte: Bergen-Belsen ist eine herrliche Sache; aber es ist noch viel schöner, wenn man Bergen-Belsen auf Räder setzt und damit durchs Land fährt. Das fahrende Elend. Die Nächte sind so, daß man glaubt, man werde sie nicht überstehen. Das fahrende Fleckfieberlazarett. Heute sechs Tote.

15. 4. 1945:

Gestern abend kamen wir im schwerzerstörten Lüneburg an. Eine bange Nacht. Man hat uns auf dem Bahnhof abgestellt. Natürlich war Fliegeralarm. Wir haben Kohlrüben zum Frühstück gegessen. Kein Waschwasser. Dann weiter in Richtung Lübeck bis Büchen. Was man mit uns vorhat, ist immer noch unklar. Der Hunger wird immer spürbarer; es ist nichts zu essen gekommen. Von Büchen wieder weiter, man sagt: Richtung Berlin. Wir drehen uns im Kreise. Die Nacht war ausnahmsweise ruhig. Es ist sehr kalt geworden. Und es ist bereits der 15. April 1945. In einem der Waggons liegt G. L. im Sterben. Niemand hatte an sie gedacht. Sie selbst auch nicht.

15. 4. mittags in Hagenau [1]), 14.30 Uhr. Ich weiß nicht, was diese Fahrtrichtung soll.

16. 4. 1945:

Gestern wurde uns versprochen, in Ludwigslust, der Station nach Hagenau, bekämen wir Brot, Margarine und Kaffee. Als wir abends gegen 10 Uhr in Ludwigslust ankamen, fuhren wir durch, als ob die Lokomotive Hunger hätte und nicht wir. Inzwischen war jedoch so etwas wie ein Wunder geschehen: Der Zug der Ungarn holte uns in Hagenau ein und blieb in unserer Nähe stehen. Er hatte in der vorigen Nacht in Lüneburg übernachtet, aber die Damen und Herren waren weniger zimperlich gewesen als wir und hatten genommen, was es zu nehmen gab; und das war immerhin einiges gewesen: Waggons mit Kartoffeln standen herum, Pakete mit Honig usw. auf dem zerstörten Bahnhof. Die Androhung der Todesstrafe interessierte sie nicht.

Aus diesem Grunde waren sie gut mit Lebensmitteln versorgt und konnten noch davon verkaufen. Im Handumdrehen entwickelte sich ein lebhafter Handel. Die meistgefragte Gegenleistung waren Zigaretten, aber man nahm auch Salz, goldene Ringe und allerlei Gegenstände. Ein einziger verkaufte gegen Geld. Ich bezahlte für 35 Kartoffeln meinen Trauring und für 15 weitere zehn holländische Gulden.

Für die nächsten zwei Tage sind wir jetzt der Sorgen ledig. Wenn wir sparen, kommen wir hin. Inzwischen bekam ich gelegentlich einer Ruhepause von einem Bauern noch 40 Kartoffeln. Wir haben sie heute bereits alle gekocht. Die Besorg-

---

[1]) gemeint ist Hagenow.

nisse über den weiteren Verlauf des Transports werden durch derartige Glücksfälle *prinzipiell* nicht kleiner. Und für Zahllose (z. B. die Kranken und Erschöpften) auch praktisch nicht. Denn diese können sich nichts beschaffen. Auch um die mehrköpfigen Familien steht es schlecht. Was passiert also? Heute morgen waren wir in einem Dorf, das teilweise evakuiert war. Folge: Plünderung. Man kam mit allerlei herrlichen Dingen „nach Hause": Hering, Kartoffeln, Makkaroni etc. Teilweise aus ein paar Waggons geholt. Jemand brachte mir ein Päckchen Maizena.

Dann wieder Fliegeralarm, Tieffliegerangriff auf Tieffliegerangriff. Meine Füße fangen an, entsetzlich weh zu tun.

Im Augenblick sieht es so aus, als ob wir – wenn kein Unglück passiert – doch in Theresienstadt ankommen würden. Heute 25 Tote, die wegen des Fliegeralarms nicht begraben werden konnten. Nur einen Vater und eine Mutter sah ich ein Grab für ihr totes Kind schaufeln.

18. 4. 1945:

Gestern übernachteten wir auf einem Bahnhof in der Nähe von Berlin. Wir sind rund um die Stadt herumgefahren und haben die furchtbare Zerstörung gesehen. „Berlin kämpft, arbeitet und steht" lasen wir an den Wänden und dergleichen Kraftsprüche mehr. Essen erhielten wir weder gestern noch vorgestern. Erst gestern abend gab es endlich 1 kg Kartoffeln, 75 g Suppengrün, eine halbe Kohlrübe pro Person, außerdem 100 g Quark. Für heute sind noch saure Gurken versprochen. Die Leitung ist sehr von sich eingenommen. Wir haben gebettelt und teilweise geplündert – wir sind regelrechte Zigeuner geworden. Auf diese Weise essen wir viel besser als im Lager. Die Ungarn verkauften uns ihr gestohlenes Gut.

Die Zahl der Toten nimmt zu. Das Fleckfieber flaut anscheinend ab. Aber die Verlausung ist fürchterlich. Die Nächte kaum auszuhalten. Heute nacht ein Unwetter. Heute das wundervollste Wetter der Welt. Das hilft uns, die Mühsal zu bestehen. Vielleicht schaffen wir es, nach Theresienstadt durchzukommen.

In Berlin sind wir wieder den Ungarn begegnet. Sie hatten einen schweren Luftangriff mitgemacht: 56 Tote, fast 250 Verwundete. Und ob unser Unternehmen gefährlich ist! Gestern einen Soldaten um Kartoffelschalen angebettelt und daraus eine vortreffliche Suppe gekocht.

19. 4. 1945:

Die eigentliche Misere scheint zu beginnen. Wir sind von Berlin abgefahren und hielten nach allerlei Zwischenfällen gestern mittag mitten in der Wildnis. Zu unserem maßlosen Erstaunen erhielten wir ausgerechnet hier eine Ration Brot, die natürlich sofort aufgegessen wurde; ferner etwas Sauerkraut und eine dritte Gurke. Heute empfing jeder noch zwei weitere Rationen Brot, „die jedoch eiserne Reserve bleiben müssen". Gestern abend wurde uns mitgeteilt, es ginge jetzt nicht mehr vorwärts und nicht zurück, sondern wir würden stehenbleiben und weitere Instruktionen abwarten. Mit Berlin scheint keine Verbindung mehr zu bestehen. Weiterfahrt nach Theresienstadt scheint ausgeschlossen. Die Russen, heißt es, stehen ca. 30 km von hier, die Engländer ca. 120 (oder die Amerikaner). Wir sitzen mitten im Schlamassel. Sowohl Tieffliegerangriffe wie Bomben. Aber kein Schaden, keine Verwundeten. Pourvue que ca dure[1]). Soeben hören wir, daß die Russen zurückgeworfen wurden. Es mag also noch einige Tage dauern. Das Problem ist die Beschaffung von Essen und besonders Trinken. Es wird eigentlich für gar nichts gesorgt. Man bemüht sich zwar darum (auch der Scharführer), aber vom guten Willen können wir nicht leben, damit kann man auch nicht seine Hände oder sein Eßgeschirr waschen. In der Nähe ist ein Bach, aber man will uns dort nicht hingehen lassen. Wir gehen trotzdem. Und schließlich läßt man es auch zu.

Ein Waldbrand ist ausgebrochen. Man hat das Gelände eingenebelt. Sigurd A. ist nach zweitägiger Krankheit gestorben; ein tragischer Fall. Unser Kochgeschirr ist durchgebrannt, ein Rucksack ist verbrannt; der warme Mantel von T. ist versengt worden. Heute war es stürmisch und kalt. Das machte das Abkochen zu einer mühseligen Sache.

Gestern 30 Tote. Gestorben sind Dr. A. und G. Über Dr. A. kann ich nur Gutes sagen. G. sah ich noch heute morgen, er starb im WC, den Kopf und die Hände im Kot. In unserem Waggon haben wir heute nacht neun Kranke. Man schlägt sich um die Liegeplätze. Es ist jedesmal schlimm genug. Und Gott mag wissen, was uns noch bevorsteht. Die Stimmung ist gesunken, man lebt in großer Sorge. Lebensmittel wurden keine ausgeteilt. Ich war bei den Bauern; sie geben nichts. Ich habe einen goldenen Ring verloren.

21.4.1945:

Nachdem wir 24 Stunden und noch länger auf der Strecke gestanden haben, in der Ferne den Kanonendonner der Front an- und abschwellen hörten, immer wieder selbst von Tieffliegern angegriffen wurden, ohne Verluste zu erleiden – glücklicherweise –, kam plötzlich der Befehl: Einsteigen und abfahren. Die Töpfe und Pfannen wurden eilig in die Waggons gebracht, und im Handumdrehen rollte der Zug an. Jetzt stehen wir in einem herrlichen Wald, ohne Lebensmittel, außer 1 kg Kartoffeln heute morgen, 1 Löffel Salz und 900 Eiern heute abend; die Eier wurden durchs Los verteilt, während ein Rest an die Kranken ausgegeben wurde. Man munkelte natürlich etwas von Schiebung. Wir bekamen drei Eier (eines auf Grund der Krankenliste) und verkauften eines davon gegen 20 Kartoffeln. In der Umgebung wurde viel eingekauft. Die Bauern sind sehr entgegenkommend und nazifeindlich. Jetzt zumindest. Wie sie früher waren, weiß ich nicht.

Das „Organisieren“ von Lebensmitteln ist verboten, aber man tut es doch. Die aufgestellten Wachposten werden umgangen. Man kehrt zurück mit Fleisch, Schinken, Huhn, aber vor allem mit Kartoffeln. Ich kann nicht mehr weggehen,

---

[1]) bekannter Ausspruch von Napoleons Mutter Lätizia: Wenn es nur so weitergeht!

denn meine Beine sind so dick, daß ich meine Schuhe nicht mehr anziehen kann. Ich gehe in Galoschen, habe heftige Krämpfe in den Waden und ein steifes Kniegelenk. Wir leben also von Kartoffeln. Wir kochen fast den ganzen Tag und sehen deshalb aus wie Köhler.

Heute mittag ist das Wetter umgeschlagen. Es regnet – und dadurch verändert sich unser Leben vollständig. Wir sind auf den Zug angewiesen. Das Abkochen wird unmöglich – das Holz ist naß. T. ist krank und fiebert.

Wir haben eine amerikanische Zeitung vom 17. April gefunden. Wir atmen erleichtert auf, denn etwas Sicheres wußten wir bisher eigentlich überhaupt nicht. Wir befinden uns jetzt in der Nähe von Dresden. Es kann unsere letzte Station auf dieser Reise sein – es kann aber auch noch eine lange Zeit dauern. Gott sei uns gnädig, denn das Leben wird mühsam. Das Schlafen, sitzenderweise auf der Bank, wird eine immer schlimmere Quälerei. Heute nacht habe ich versucht, im Freien zu übernachten, aber es fing an zu regnen.

Holland wird wahrscheinlich noch später befreit werden als wir. Aber am 1. Mai wird wohl alles zu Ende sein.

Für die Romantiker: Heute morgen hat S. seiner Frau coram publico eine Ohrfeige gegeben.

Man hat wieder Geld gesammelt, um damit Lebensmittel zu kaufen. Viele Todesfälle. S. ist an Erschöpfung gestorben, und so geht es weiter. Totenzug.

26. 4. 1945:

„Alle marschfähigen Männer, Frauen und Kinder sofort mit Bagage antreten!" Da haben wir die Bescherung! Marschfähig schien fast niemand zu sein. 200 Mann von den 2400 waren bereit, zu gehen; sonst hielt sich kein Mensch an den Befehl. Aber eine große Freude überkam uns: Offenkundig war, daß der Zug nicht weiterfahren würde, das war für uns die Hauptsache. Ende in Sicht! Wie wird dieses Ende aussehen? – das war die nächste Frage, aber darauf kam es weniger an. Wird gekämpft werden? Wird der Zug beschossen werden? Fast mußte man annehmen, daß das geschehen würde, denn unser Zug sah äußerlich nicht anders aus als ein Militärzug – allerdings war er über und über mit weißen Tüchern behängt, auf die wir unsere Hoffnung gesetzt hatten, die uns jedoch keinen Schutz gegen die andauernden Fliegerangriffe geboten hatten.

Wir machten uns also an jene Arbeit, die wir die ganze Zeit hindurch betrieben haben: Abkochen am Bahndamm. Plötzlich: „Alles in die Waggons, wir fahren ab." Kein Abendessen also. Es hieß, wir könnten vielleicht alle zusammenbleiben. Und dann geschah nichts. Und danach geschah nochmal nichts. Und nach dem Nichts geschah wieder nichts. Wir warteten. Im Zug wurde überall gesungen. Jeder hatte das Gefühl, den Vorabend eines Festtages zu erleben. Er konnte den Tod bringen oder die Freiheit. Stundenlang saßen wir. Dann kam eine kleine Lokomotive. Der Zug wurde in der Mitte auseinandergekuppelt, weil die Lokomotive nicht den ganzen Zug auf einmal ziehen konnte. Tiefe Enttäuschung. Mitteilung, wir müßten hier weg, weil unser Wald Kampfgebiet werde. Wir würden 4 km von hier entfernt wieder abgestellt. Seltsam genug hörte sich diese Nachricht an. Wir wurden tatsächlich irgendwo abgestellt, wo ein Weg nach einem Dorf vorbeiführte, das angeblich Tröbitz-Niederlausitz heißt. Linker Hand befand sich eine dünne Baumreihe, rechter Hand ein Wald. Es war Abend. Totenstille. Nichts geschah. Wir gingen auf Lebensmittelsuche, und ich kam mit einem dicken Pfannkuchen und etwas Brot zurück. Wir hatten schon so lange nichts mehr gegessen!

Und dann ereignete sich wieder nichts. Die Nacht senkte sich auf uns nieder, es wurde neblig. Ein bleicher Mond schien. Schlaflos krochen die Stunden dahin. Stille, Stille, nur hin und wieder das Gekläff von Flakfeuer und das Knallen der Explosionen. Und einige Male das Knattern von Gewehrfeuer. Wir saßen und warteten darauf, beschossen zu werden. Aber nichts dergleichen geschah. Die russischen Panzer seien bereits im Dorf gewesen, hieß es.

Und früh am Morgen, sehr früh – standen weiter oben am Weg einige Wachposten: Freiheit! Towaristschi swoboda – Kameraden, Freiheit! Sie gaben uns Zigaretten. Aber bis heute, 26. 4., haben sie sich unseretwegen nicht den Kopf zerbrochen. Sie nehmen sich unserer nicht an, sie haben uns nur Plünderungsfreiheit erteilt. Und diese Plünderung geschah gründlich und schonungslos.

Wir besitzen nichts. Wir sind krank. Wir sind bei den Bauern einquartiert, der Zug ist leer. Meine Beine sind aufgedunsen und entzündet. T. hat Bronchitis, Durchfall und Fieber. Es passiert nichts.

Wir wohnen mit neun anderen Menschen in einem Haus, wir haben ein Zimmer im ersten Stock. Eine Frau wartet uns auf gegen Vergütung des Essens (wir haben zwei Ferkel geschlachtet), sie ist eine gute, katholische Deutsche aus dem polnischen Gebiet. Ein Wunder von Frau, 62 Jahre, voll Demut und Gottesglaube. Im Stockwerk unter uns hat u. a. Dr. F. gewohnt, ein Ungar, ein Schurke. Er ist umgezogen und hat ein Ferkel und ein Kalb mitlaufen lassen. Wir sind krank, müde. Wie sieht es jetzt in Holland aus? Draußen zwitschern die Vögel. In der Nacht liege ich wach und zähle die Glockenschläge. Ist das die Freiheit?

Anhang

Exkurs I
(zu dem im I. Kapitel behandelten Problemkreis, bes. S. 31 f.)

Die Feldscher-Aktion 1943-44

Mit dem Ausdruck „Feldscher-Aktion" oder „Feldscher-Angelegenheit" bezeichnete man im internen Sprachgebrauch des AA eine Reihe von Vorgängen, die 1943 durch die Interventionen verschiedener Staaten bei der deutschen Regierung entstanden waren; diese Interventionen bezweckten die Erteilung einer Ausreiseerlaubnis seitens der deutschen Regierung für eine bestimmte Anzahl Juden aus dem deutschen Herrschafts- und Einflußbereich. Den wichtigsten dieser Vorstöße unternahm der Schweizer Gesandte in Berlin, Feldscher, der seine Anfrage im Auftrag der britischen Regierung dem AA unterbreitete (die Schweiz nahm während des Krieges die Schutzmachtinteressen Englands gegenüber der deutschen Regierung wahr) und dessen Name dann im AA als Kennwort für den gesamten Komplex verwendet wurde.

Diese sogenannte Feldscher-Aktion ist die aktenmäßig am besten belegte Dokumentation jener stereotypen Grundposition, die die führenden Beamten des AA in der Frage einer Ausreise von Juden aus dem deutschen Machtbereich einnahmen. Der Verlauf der Verhandlungen gewährt darüber hinaus aufschlußreiche Einblicke in das Verfahren, mit dem man im AA 1943/44 bedeutsame diplomatische Interventionen behandelte, bei denen es – wie jedem der Beteiligten klar sein mußte – um das Leben von vielen tausend Menschen ging. Diese Verhandlungen sind daher – über den konkreten Verhandlungsgegenstand hinaus – von wesentlicher Bedeutung für das Verständnis der nationalsozialistischen Judenpolitik der Jahre 1943/44. Gerade im Zusammenhang der uns beschäftigenden Frage – Austausch von Juden gegen deutsche Internierte und Ausreise von Juden „ohne Gegenleistung" – ist eine Behandlung der Feldscher-Aktion notwendig, zumal diese bisher noch nie auf Grund der Akten detailliert dargestellt wurde [1]).

Im Lauf des Jahres 1942 waren zahlreiche Nachrichten und Einzelheiten über das grausige Geschehen in den Ghettos und den Vernichtungslagern des Ostens in die westliche Welt durchgesickert; man konnte daher seit Ende 1942 in England, in Amerika und in den neutralen Staaten nicht mehr darüber im Zweifel sein, daß sich im Osten des deutschen Macht-

[1]) Ein Überblick über die Feldscher-Aktion findet sich im „Urteil im Wilhelmstraßenprozeß", Schwäbisch-Gmünd 1950, S. 102 f., einige Andeutungen ferner bei Reitlinger, S. 462 f. Die über 20 Aktenstücke zur Feldscher-Aktion sind, durcheinandergemengt, in zwei Gruppen zusammengefaßt: NG–1794 und NG–5049.

bereichs die Vernichtung des europäischen Judentums vollzog. Die jüdischen Organisationen und die Regierungen der alliierten Länder waren sich darüber im klaren, daß es nur einen einzigen erfolgversprechenden Weg gab, wenigstens einen Teil der europäischen Judenheit vor der Vernichtung durch den Nationalsozialismus zu retten: es galt, möglichst viele Juden, vor allem jüdische Kinder, aus dem deutschen Machtbereich herauszuschaffen. Aus diesem Grunde traten in den ersten Monaten des Jahres 1943 mehrere Regierungen an das AA und an die Regierungen einiger mit Deutschland verbündeter Staaten heran und ersuchten sie, einzelnen Gruppen von Juden die Ausreisegenehmigung zu erteilen.

Bereits im Dezember 1942 war das AA durch den deutschen Gesandten in Bukarest, v. Killinger, informiert worden, daß die rumänische Regierung die Absicht habe, 70 000 rumänische Juden nach Palästina und Syrien auszusiedeln; das AA wies den Gesandten v. Killinger daraufhin an, diesen Plan „mit allen Mitteln zu verhindern" [2]). Im April 1943 wurde die Schweiz im Auftrag der britischen Regierung in Sofia wegen der Ausreise von 5000 bulgarischen Juden nach Palästina vorstellig [3]). Anfang Mai 1943 intervenierte der Schweizer Gesandte in Berlin, Feldscher, beim Leiter der Rechtsabteilung des AA, Albrecht, und unterbreitete eine Anfrage der britischen Regierung wegen der Ausreise von 5000 Judenkindern aus den besetzten Ostgebieten nach Palästina; gleichzeitig erkundigte er sich über die grundsätzliche Stellungnahme der Reichsregierung zur Ausreise von Juden aus den besetzten Westgebieten [4]). Reichsaußenminister v. Ribbentrop ordnete am 12. 5. 1943 an, die Stellungnahme Eichmanns zu der Anfrage des Gesandten Feldscher einzuholen. Eichmann teilte am 14. 5. 1943 dem AA mit – er bezeichnete seine Stellungnahme als „abschließend" –, daß die Ausreise von jüdischen Kindern grundsätzlich abzulehnen sei, daß jedoch der Ausreise von 5000 Judenkindern aus den besetzten Ostgebieten dann zugestimmt würde, wenn als Gegenleistung internierte Deutsche aus dem Ausland im Schlüssel 4:1, insgesamt also 20 000, die Genehmigung zur Rückkehr ins Reich erhielten; es müßten allerdings „noch fortpflanzungsfähige Deutsche im Alter unter 40 Jahren sein". Eichmann fügte hinzu: „Im übrigen müßten die Verhandlungen jedoch schnell geführt werden, da sich der Zeitpunkt nähere, wo wegen der Durchführung unserer Judenmaßnahmen die Ausreise von 5000 Judenkindern aus den Ostgebieten sich technisch nicht mehr werde bewerkstelligen lassen."

In den folgenden Tagen nahmen auch die einzelnen Abteilungen des AA zur Anfrage des Gesandten Feldscher Stellung (Vortragsnotiz vom 21. 5. 1943): Die Abteilung Recht schlug vor, die britische Anfrage zu benutzen, um das Gespräch über die beabsichtigte Heimschaffung internierter Deutscher aus Palästina und Australien wieder in Gang zu bringen, das Freigeleit für die Rückkehr der Deutschen aus den neutralen Gebieten zu erwirken und gegebenenfalls Volks- und Reichsdeutschen aus Paraguay und Uruguay die Heimkehr zu ermöglichen. Gruppe Inland II vertrat denselben Standpunkt wie Eichmann: Eine einfache Ausreise jüdischer Kinder komme aus grundsätzlichen Erwägungen auf keinen Fall in Frage, man müsse jedoch den Versuch machen, wertvolle deutsche Kräfte aus dem Ausland heimzuschaffen, und deshalb der britischen Regierung die Gegenfrage stellen, ob sie bereit sei, „internierte Deutsche unter Gewährung von Freigeleit im Austausch gegen Judenkinder zurückkehren zu lassen".

Ehe das AA aber seine Antwort formuliert hatte, waren bereits weitere Anfragen eingegan-

---

[2]) NG–2200: Schreiben AA (gez. Luther) an Ges. Killinger v. 9. 1. 1943. Später stellte sich heraus, daß die Zahl 70 000 nicht stimmte, sondern auf einem Übermittlungsfehler beruhte; es handelte sich um 7000 Juden.

[3]) NG–4144: Bericht Gesandtschaft Sofia an RSHA v. 5. 4. 1943.

[4]) NG–5049: Vortragsnotiz AA (gez. Wagner) v. 21. 5. 1943; Vortragsnotiz AA (gez. Wagner) v. 21. 7. 1943; für das folgende s. ebenfalls die Aktengruppe NG–5049 und NG–1794.

gen: Das Internationale Rote Kreuz ersuchte die deutsche Botschaft in Ankara um Freigeleit für 1000 bulgarische Juden von einem bulgarischen Hafen nach Haifa; die schwedische Gesandtschaft fragte im Auftrag der niederländischen Exilregierung wegen der Ausreise von 500 niederländischen Juden nach Palästina an; die französische Regierung erbat die Stellungnahme der Reichsregierung zur Ausreise von 2000 jüdischen Kindern aus Frankreich, 500 aus Holland, 500 aus Belgien und zur Durchreise von einigen hundert aus der Schweiz über Portugal nach Palästina. Auf Grund der Vielzahl von Anfragen nahmen die Beamten im Judenreferat des AA an, man habe es bei diesen Vorstößen mit einer zentral gesteuerten Aktion zu tun; in einer Vortragsnotiz vom 21. 7. 1943 heißt es: Die Action Juive sei, „wie aus zahlreichen Meldungen hervorgeht, bemüht, mit Unterstützung der Feindstaatregierungen 30 000 bis 50 000 Juden aus dem deutschen Machtbereich herauszuziehen". Man beschloß daher im AA, die Beantwortung der einzelnen Anfragen aufzuschieben, zunächst nur die Anfrage des Gesandten Feldscher zu behandeln und dann die anderen Fälle analog zu entscheiden.

Ende Juni 1943 kam eine Vereinbarung zwischen Himmler und Ribbentrop zustande (Vortragsnotiz vom 25. 6. 1943): Das AA sollte der britischen Regierung durch den Gesandten Feldscher mitteilen, daß auf deutscher Seite eine grundsätzliche Verhandlungsbereitschaft bestehe, sofern die Engländer die Juden statt in Palästina in England aufnehmen würden. Man rechnete allerdings fest damit, daß die Engländer diese Forderung nicht akzeptieren würden; wenn sie sie wider Erwarten doch annahmen, dann war beabsichtigt, die Frage eines Austausches der Juden gegen internierte Deutsche ins Spiel zu bringen. In diesem Sinne wurde die Antwortnote im AA formuliert und am 21. 7. 1943 Außenminister v. Ribbentrop zur Unterzeichnung vorgelegt – und nun setzte eine hartnäckige Verzögerungstaktik Ribbentrops ein, die praktisch einer glatten Obstruktion gleichkam. Ribbentrop konnte sich nicht entschließen, die Antwortnote abgehen zu lassen, und ordnete Wiedervorlage in acht Tagen an; aber auch nach acht Tagen war er nicht bereit, die Note zu unterzeichnen, und auch nicht nach mehreren Monaten. Im Oktober entwarf Staatssekretär v. Steengracht eine neue Vorlage, die schließlich im Januar 1944 dem Gesandten Feldscher überreicht wurde – also genau acht Monate, nachdem dieser im Auftrag der britischen Regierung seine Anfrage gestellt hatte. Bereits wenige Wochen später, am 8. 3. 1944 ,übergab Feldscher im AA die englische Antwortnote und präzisierte die britische Anfrage: Dem deutschen Ersuchen wurde – entgegen den Erwartungen des AA – stattgegeben, die jüdischen Kinder sollten in England Aufnahme finden. Einen Austausch jedoch lehnten die Engländer ab, da deutsche Staatsangehörige nur gegen Angehörige des britischen Reichs ausgetauscht werden könnten. Die Gruppe Inland II erklärte sofort, diese Präzisierung sei als Ablehnung eines Eingehens auf die deutsche Anregung zu betrachten; man solle die Verhandlungen aber nicht ausdrücklich abbrechen, sondern sie einfach stillschweigend ruhen lassen – ein Vorschlag, der von Ribbentrop akzeptiert wurde. Feldscher sah sich daher gezwungen, mehrfach schriftlich und mündlich um eine Stellungnahme des AA zu ersuchen, erhielt jedoch keine Antwortnote. Die ausgearbeiteten Vorschläge wurden von Ribbentrop immer wieder abgelehnt; im Mai 1944 verfügte Ribbentrop schließlich, in der Feldscher-Angelegenheit solle nichts mehr unternommen werden, wenn die englische Regierung die Sache nicht erneut aufgreife. Im Juni 1944 fragte der Schweizer Gesandte jedoch im Auftrag der britischen Regierung wiederum an, erhielt aber auch diesmal keine Antwort. Ende Juli 1944 wurde in einem dem Außenminister vorgelegten und von ihm gebilligten Memorandum die „Weiterverfolgung der Feldscher-Angelegenheit für unzweckmäßig" erklärt. Damit war die britische Intervention zur Rettung von 5000 jüdischen Kindern aus Osteuropa im Sande verlaufen und mit ihr die ähnlichen Anfragen der anderen Staaten.

Der Verlauf der Feldscher-Aktion zeigt in bestürzender Weise, mit welcher Methode und in welcher Geisteshaltung die führenden Beamten des AA in dieser wichtigen Angelegenheit tätig geworden sind. Die Akten lassen keinen Zweifel daran, daß das AA und insbesondere der Außenminister selbst der Realisierung der Ausreisepläne starke Widerstände entgegengestellt haben; die von den Beamten des AA angewandte Obstruktionstaktik wird durch die Akten bis ins Detail belegt. Zwar hat Staatssekretär v. Steengracht später darauf hingewiesen [5]), die Aktion habe trotz ihres Scheiterns immerhin den Erfolg gehabt, daß 30 000 bis 50 000 Juden in den Jahren 1943/44 vom Abtransport in den Osten freigestellt worden seien – aber diese Behauptung ist nur eine leere Beschönigung, die den wirklichen Sachverhalt verfälscht. Man wird in der Bewertung der Feldscher-Aktion vielmehr dem Urteil im Wilhelmstraßenprozeß zustimmen müssen, in dem erklärt wird: „In den geschilderten Verhandlungen hat sich die krasseste Perfidie offenbart, die man sich vorstellen kann. Wir haben es hier mit einem der seltenen Fälle zu tun, in denen Ribbentrop sich in seiner Eigenschaft als Außenminister an sein Außenamt um Rat gewandt hat ... Doch alle vom AA unternommenen Schritte, alle seine Ratschläge hatten das Ziel, die Bemühungen angesehener neutraler und feindlicher Länder zunichte zu machen“ [6]).

---

[5]) Protokoll F. XI, S. 10 342 ff. (Steengracht).

[6]) Urteil im Wilhelmstraßenprozeß, S. 104.

Exkurs II
(zu dem im 7. Kapitel behandelten Problemkreis, bes. S. 126 ff.)

Der sogenannte „A-Fall" und die Evakuierung der KL

Im Verlauf der Evakuierung der KL und durch die Auswirkungen der Evakuierungstransporte verloren noch in den letzten Kriegsmonaten Zehntausende von Häftlingen das Leben, ja wahrscheinlich geht die Zahl dieser Opfer sogar in die Hunderttausende. Angesichts dieses Tatbestandes ist es erstaunlich, daß bisher kaum ein Versuch gemacht wurde, die Verantwortlichkeiten für die Räumungsbefehle und für die Durchführung und Lenkung der Evakuierungstransporte historisch aufzuhellen und die widersprüchlichen Aussagen über diesen Fragenkomplex kritisch zu sichten. Da die Evakuierung der KL von so schicksalhafter Bedeutung für das Leben und Sterben der Menschen in BB war, ist eine Untersuchung dieses Fragenkomplexes im Rahmen einer Geschichte des Lagers BB nicht zu umgehen.
Bevor jedoch die Durchführung der ausgesprochenen Evakuierungstransporte untersucht werden kann, muß kurz dargelegt werden, wie im Normalfall ein Häftlingstransport von einem KL zu einem anderen abgewickelt wurde. Diese sogenannten „Häftlingsüberstellungen" wurden *grundsätzlich* von der Amtsgruppe D in Oranienburg angeordnet, und zwar vom Amtsgruppenchef Glücks selbst; Glücks' Stellvertreter (bis 1943 Liebehenschel, seit 1943 Maurer) konnte zwar die „Überstellungsverfügungen" unterschreiben, Glücks wollte aber immer befragt werden [1]). Innerhalb der Amtsgruppe D erfolgte die Vorbereitung einer solchen „Überstellungsverfügung" – d. h. die büromäßige Bearbeitung des Vorgangs – ursprünglich im Amt D I (Zentralamt). Da es bei der Durchführung der Transporte oft zu Pannen kam, weil die Lagerkommandanten keine arbeitsfähigen Häftlinge überstellten oder sie schlecht einkleideten, ordnete Glücks an, in die Überstellungsverfügung die Bestimmungen aufzunehmen, daß der Kommandant des „abgebenden KL" für die Überstellung gesunder Häftlinge, für Bekleidung und Marschverpflegung verantwortlich sei; ferner wurde darin festgelegt, wer die Wachmannschaften und den Transportführer stellen mußte, die für den Transport auf der Bahn die Verantwortung trugen. Das Formblatt für eine solche Überstellungsverfügung wurde (etwa Mitte 1943) im Amt D II (Häftlingseinsatz) entworfen und von Glücks gebilligt [2]). Von diesem Zeitpunkt an arbeitete D II alle Überstellungsverfügungen aus, die mit dem *Arbeitseinsatz der Häftlinge* zu tun hatten; die Transportbefehle gingen

---

[1]) Protokoll F. IV, S. 3752 (Sommer); F. IV: V. Dok. Sommer Nr. A/1 (Aff. G. Maurer, 22. 5. 1947).
[2]) Protokoll F. IV, S. 3752 f. (Sommer).

dem Arbeitseinsatzführer des betreffenden KL zu, der den Transport zusammenstellte, während die Wachmannschaften und die Transportmittel von der Adjutantur zur Verfügung gestellt wurden. Die Überstellungsverfügungen für *alle anderen* Transporte (z. B. Transporte nach Haftarten: NN-Häftlinge, Priester, Jugendliche) wurden vom Amt D I bearbeitet, die Transportbefehle gingen in diesen Fällen direkt an den Schutzhaftlagerführer des betreffenden KL, der für die Zusammenstellung und Durchführung dieser Transporte verantwortlich war[3]). Das Amt D I war es auch, das dem RSHA meldete, in welchen KL noch Platz vorhanden war, damit das RSHA größere Kontingente von Häftlingen in diese Lager einweisen konnte[4]).

Daß die Transportbefehle für Häftlingstransporte von einem KL zu einem anderen von der Amtsgruppe D im WVHA ausgefertigt wurden, ist ein eindeutiger, von niemand bestrittener Sachverhalt. Als die führenden Funktionäre des WVHA nach 1945 zur Rechenschaft gezogen wurden, war es daher naheliegend, daß die Anklagevertretung diesen Funktionären auch die Verantwortung für die Evakuierungstransporte anzulasten versuchte – und es war ebenso naheliegend, daß die Funktionäre des WVHA peinlich bemüht sein mußten, die Verantwortung für die Auslösung der Räumungsbefehle und für die Durchführung der Evakuierungstransporte von sich abzuwälzen, denn diese Evakuierung der KL, die Heere von Toten im Gefolge hatte, stellte eine ungeheure Belastung dar. Im Zusammenhang mit diesen Bemühungen, die Verantwortlichkeit für die Evakuierung zu verschleiern, müssen auch die Erörterungen über den sogenannten „A-Fall“ gesehen werden, die im Prozeß gegen die Funktionäre des WVHA (Fall IV) eine gewisse Rolle spielten.

Bereits vor Prozeßbeginn erklärte Pohl, Chef des WVHA, in einer eidesstattlichen Erklärung: „Ich war unmittelbar an den Sicherungsmaßnahmen des Lagers Auschwitz beteiligt, die für den A-Fall getroffen waren. Unter diesem verstand man die Sicherung des Lagers beim Herannahen der feindlichen Front“[5]). Damit war die Chiffre „A-Fall“ in die Auseinandersetzung eingeführt und sofort gedeutet: Lagersicherung bei Herannahen der feindlichen Front. In derselben eidesstattlichen Erklärung stritt Pohl die Verantwortung des WVHA für die Evakuierung der KL ab, indem er behauptete: „Durch Himmlers schriftlichen Befehl wurde angeordnet, daß die KL, die von den alliierten Truppen bedroht waren, den örtlichen Höheren SS- und Polizeiführern (HSSuPF) unterstellt werden sollten. Die Verfügung über die Insassen wurde ihrer alleinigen Entscheidung überlassen. Dieser Befehl wurde ausgeführt und ist nie widerrufen worden“[6]). In gleichem Sinne sagte der Amtschef D II und Vertreter des Amtsgruppenchefs Glücks, Maurer, aus: „Ich erinnere mich, daß Himmler Mitte 1944 einen Befehl an die HSSuPF erließ, wonach im A-Fall den HSSuPF die KL und Arbeitslager, die in ihrem Befehlsbereich lagen, automatisch unterstellt wurden. Nach dem Erhalt dieses Befehls mußten die HSSuPF sofort mit den Kommandanten der Lager Fühlung nehmen, um die Übernahme der Lager im A-Fall vorzubereiten“[7]). Und in einer anderen eidesstattlichen Erklärung versicherte Maurer, er wisse nicht, wer die Evakuierungstransporte veranlaßt habe und für ihre Durchführung verantwortlich gewesen sei[8]) – für den Stellvertreter des Amtsgruppenchefs Glücks eine einigermaßen erstaunliche Behauptung! Auch ein Ordonnanzoffizier Pohls erklärte, für die Evakuierung der KL sei nicht das WVHA verantwortlich gewesen,

---

[3]) NO–2125: Aff. Rud. Schwartz (Arbeitseinsatzführer im KL Buchenwald, 1942–1945), 19. 2. 1947; F. IV: V. Dok. Sommer, Nr. A/1 (Aff. Maurer, 22. 5. 1947).

[4]) NO–1578: Aff. Sommer, 22. 1. 1947.

[5]) NO–2736: Aff. Pohl, 3. 4. 1947 (Pkt. 23).

[6]) ebd. (Pkt. 30).

[7]) F. IV: V. Dok. Pohl, Nr. 16 (Aff. Maurer, 3. 7. 1947).

[8]) F. IV: V. Dok. Sommer, Nr. A/1 (Aff. Maurer, 22. 5. 1947).

sondern die HSSuPF[9]); er wisse sicher, daß ein entsprechender Befehl Himmlers existiert habe, der die HSSuPF auch dafür verantwortlich machte, daß in jedem Fall die Evakuierung der KL rechtzeitig und in guter Ordnung erfolgte.
Auf Grund dieser Aussagen stellte der Verteidiger Pohls, Dr. Seidl, bereits in seiner Eröffnungsrede fest[10]), Pohl und das von ihm geleitete Amt könnten für die Verschlechterung der Lebensbedingungen in den Lagern nicht verantwortlich gemacht werden. „Auf Grund eines Befehles des RF-SS kamen im sogenannten A-Fall – nämlich bei Feindbedrohung – die KL unter die Befehlsgewalt des jeweilig zuständigen HSSuPF, in dessen Bezirk sich das Lager befand. Er allein hatte zu entscheiden, ob die Insassen des Lagers evakuiert wurden oder ob das Lager mit allen Gefangenen den herannahenden alliierten Truppen übergeben wurde." Auf dieser Linie operierte Dr. Seidl auch in den Zeugenverhören. Der als Entlastungszeuge für Pohl erschienene ehemalige Gerichtsoffizier im WVHA, Dr. Schmidt-Klevenow, erklärte auf die Frage Dr. Seidls[11]): Er wisse zwar nicht, was A-Fall bedeute, er nehme aber an, daß es „Angriff des Feindes" bedeutete; dieser Befehl Himmlers habe zur Folge gehabt, daß die HSSuPF entscheiden mußten, ob die Insassen der Lager evakuiert und in weiter zurückliegende Lager gebracht werden sollten. Schmidt-Klevenow fügte hinzu – ohne daß der Anklagevertreter durch diesen Satz stutzig wurde –, er erinnere sich genau, daß Anfang 1945 der SS-Obergruppenführer Schmauser (HSSuPF in Schlesien) in Berlin bei Pohl angerufen und gefragt habe, was er tun solle, da die Russen vor Auschwitz stünden. Auf die Frage von Anklagevertreter Higgins betonte Schmidt-Klevenow hingegen nochmals[12]), er habe einen Befehl gelesen, in dem gestanden habe, daß im A-Fall die KL unter den Befehl des HSSuPF kämen; er nehme an, daß A-Fall die Annäherung feindlicher Truppen bedeute. Pohl selbst unterstrich alle diese Bekundungen im Zeugenstand nochmals[13]): Im Herbst 1944 sei es bei der Räumung des KL Stutthof zu Komplikationen gekommen, weil Pohl von Berlin aus nicht in das militärische Gefüge eingreifen konnte; daraufhin habe Himmler persönlich durch einen Befehl im Herbst 1944 veranlaßt, daß die KL im A-Falle (d. h. bei Annäherung der feindlichen Front) automatisch in die Befehlsgewalt der HSSuPF übergingen, in deren Befehlsbereich das Lager gelegen war, „und so ist es auch geschehen". Von diesem Augenblick an sei Pohl als Chef des WVHA jeweils ausgeschaltet gewesen (in Stutthof etwa ab Oktober 1944, in Auschwitz und Groß-Rosen im Januar 1945, in Natzweiler ab Herbst 1944, genaue Termine seien ihm nicht mehr in Erinnerung). Und dann ging Pohl in seiner Aussage noch einen Schritt weiter und behauptete, auch die vorbereitenden Maßnahmen für die Verlagerung seien Sache der zuständigen HSSuPF gewesen, so daß die tatsächliche Übernahme des Lagers durch den HSSuPF immer zwei bis drei Monate vor der Evakuierung erfolgt sei.
Das war nun allerdings eine überraschende Perspektive: Bereits zwei bis drei Monate vor dem definitiven Evakuierungstermin wechselten die KL aus der Befehlsgewalt des WVHA in die der zuständigen HSSuPF über! Das Gericht hat sich anscheinend mit dieser Erklärung zufriedengegeben, auf jeden Fall wurde auf den Evakuierungskomplex nicht mehr näher eingegangen. Es ist erstaunlich, daß Angeklagte, Entlastungszeugen und Verteidigung den „A-Fall" in dieser Weise als „Evakuierung der KL beim Herannahen der feindlichen Front" ausdeuten konnten, denn dem Gericht und der Anklagevertretung lag ein Dokument aus dem Jahre 1944 vor, das einer solchen Deutung des Terminus „A-Fall" entgegenstand – und dieses Dokument ist überhaupt das einzige amtliche Schriftstück aus diesen Monaten, in dem

---

[9]) NO–1565: Aff. G. Witt, 11. 1. 1947.
[10]) Protokoll F. IV, S. 1126 (Dr. Seidl).
[11]) Protokoll F. IV, S. 2066 f. (Schmidt-Klevenow).
[12]) ebd., S. 2093 f. (Schmidt-Klevenow).
[13]) Protokoll F. IV, S. 1352 ff. (Pohl).

der Terminus „A-Fall" auftaucht, alle anderen Erwähnungen des A-Falls sind nachträgliche Aussagen der Beteiligten.

Bei diesem Dokument handelt es sich um ein längeres Schreiben des Chefs des WVHA (DII/1, gez. Pohl) an Himmler vom 5. 4. 1944, betr. Sicherungsmaßnahmen in Auschwitz [14]); unter Bezugnahme auf eine Anfrage Himmlers vom 24. 3. 1944 berichtete Pohl „über die für den ‚A-Fall' getroffenen Sicherungsmaßnahmen": Das Lager Auschwitz I (Männerlager mit z. Z. 16 000 Häftlingen) sei mit elektrisch geladenen Drahthindernissen umzäunt und durch Postentürme mit Maschinengewehren gesichert; das Lager Auschwitz II (ca. 15 000 männliche und 21 000 weibliche Häftlinge, insgesamt ca. 15 000 nicht einsatzfähig) sei ebenfalls von elektrischen Zäunen und Postentürmen umgeben; das Lager Auschwitz III umfasse alle in Oberschlesien bestehenden Außenlager bei Industriebetrieben (z. Z. 14 mit insgesamt 15 000 Mann), die räumlich weit voneinander entfernt seien. Von der Gesamthäftlingszahl von Auschwitz mit 67 000 seien die in den Außenlagern befindlichen und stationärkranken Häftlinge abzusetzen, „wenn die Frage der Gefährdung durch einen etwaigen Aufstand oder Ausbruch für Oberschlesien betrachtet werden soll". Nach Subtraktion der 15 000 in Außenlagern befindlichen Häftlinge und der 18 000 Stationärkranken und Invaliden kam Pohl zu einer Zahl von 34 000: „Diese würden für Auschwitz für den A-Fall eine Gefährdung bedeuten können, wenn die Sicherungsmaßnahmen ungenügend wären." Diese Sicherungsmaßnahmen legte Pohl dann im einzelnen dar: Zur Häftlingsbewachung in Auschwitz I und II seien einschließlich der Kommandanturangehörigen, „die im A-Fall mit eingesetzt werden", 2300 SS-Angehörige vorhanden, für die Außenlager von Auschwitz III 650 Wachmannschaften; SS-Obergruppenführer Schmauser werde bis Mitte des Monats eine Polizeikompagnie von 130 Mann abstellen, die zur Sicherung von Auschwitz II mit eingesetzt werden könne. Neben der unmittelbaren Sicherung der Lager I und II durch Postentürme und elektrische Drahtumzäunung sei als innerer Ring eine Bunkerlinie geschaffen, die von SS-Angehörigen besetzt werde. Im A-Fall werde als weitere Sicherung der äußere Ring gebildet, der von Wehrmacht besetzt werde. Dieser Einsatz der Wehrmacht sei vor einigen Wochen in Auschwitz zwischen SS-Obergruppenführer Schmauser und dem Kommandierenden General des VIII. A. K., von Koch-Erbach, festgelegt worden. Pohl schloß sein Schreiben mit dem Satz: „Ich glaube, Reichsführer, daß die getroffenen Vorkehrungen und Sicherungsmaßnahmen im A-Falle ausreichen werden."

Wir haben dieses Schreiben Pohls deshalb so ausführlich zitiert, um deutlich zu machen, in welchem Zusammenhang der Terminus A-Fall in dem einzigen Aktenstück, in dem er 1944 auftaucht, verwendet wird. Zwar folgt ein so guter Kenner wie Tenenbaum Pohls Interpretation und versteht A-Fall in diesem Schriftstück als Annäherung der Alliierten (approach of the allies) [15]) – aber eine solche Deutung des Textes ist mehr als fragwürdig: Im März 1944, als Himmler anfragte, und Anfang April, als Pohl antwortete, stand die russische Front noch östlich von Lemberg; eine Vorsorge für den Fall einer unmittelbaren Feindbedrohung und die Vorbereitung der Lagerevakuierung waren zu diesem Zeitpunkt noch keine aktuellen Probleme, der Text bietet auch nicht den geringsten Anhaltspunkt für eine solche Deutung des Terminus „A-Fall". „A-Fall" kann hier nur schlicht und einfach „Aufstand" bedeuten, an einer Stelle ist sogar ausdrücklich von „Aufstand oder Ausbruch" die Rede. Dabei ist selbstverständlich zu berücksichtigen, daß die Gefahr eines Häftlingsaufstandes mit dem Näherrücken der feindlichen Front zunahm, aber „A-Fall" ist hier trotzdem die Chiffre für Aufstand, denn bei den für den A-Fall getroffenen Sicherungsmaßnahmen handelte es sich ausschließlich um Maßnahmen zur raschen Niederwerfung eines Aufstandsversuchs der Häft-

---

[14]) NI-317: Schreiben Chef WVHA (D II/1, gez. Pohl) an Himmler, 5. 4. 1944.

[15]) Tenenbaum, S. 178 f.

linge. Auch die Unterstellung des Lagers unter den zuständigen HSSuPF, den höchsten Polizeibefehlshaber des Bereichs, war im Aufstandsfall eine strategische Notwendigkeit. Diese Sicherungsmaßnahmen gegen einen eventuellen Aufstandsversuch waren keine überflüssige Vorsichtsmaßnahme, sondern Anfang 1944 für Auschwitz aktueller als eine „Lagersicherung bei Annäherung der feindlichen Front“, denn im Raum Auschwitz waren Zehntausende von Häftlingen, Todfeinde des Regimes, auf engem Raum zusammengeballt. Bereits im Dezember 1942 hatte es beim Sonderkommando des Krematoriums eine Meuterei gegeben, die mit Waffengewalt niedergeschlagen werden mußte, zu einem weiteren Befreiungsversuch kam es dann im Oktober 1944 [16]). Auch Ausbruchsversuche kleinerer oder größerer Gruppen kamen immer wieder vor.

Der Terminus „A-Fall“ taucht übrigens bereits 1936 in einem Schreiben des damaligen Inspekteur KL, Eicke, an den Gauleiter und Reichsstatthalter von Thüringen, Sauckel, auf; in diesem Schreiben suchte Eicke den Gauleiter Sauckel für die Errichtung eines KL in seinem Land zu gewinnen und schrieb: „Ich darf noch darauf hinweisen, daß ein K-Lager in Thüringen nicht nur im A-Falle, sondern aus Gründen der Staatssicherheit unumgänglich ist“ [17]). Uns braucht hier nicht zu beschäftigen, welche genaue Bedeutung die Chiffre „A-Fall“ in diesem Schreiben besitzt, für uns ist hier nur wesentlich, daß sie keinesfalls „Annäherung der feindlichen Front“ bedeuten kann.

Es ist nicht vorstellbar, daß der Terminus „A-Fall“ – im Frühjahr 1944 noch die Chiffre für „Aufstand“ – im Herbst 1944 plötzlich als Chiffre für „Evakuierung der KL“ verwendet wurde, es gibt auch keinen dokumentarischen Anhaltspunkt dafür; sondern Pohl hat dem im Anklagedokument auftauchenden Ausdruck „A-Fall“ sehr geschickt die alleinige Bedeutung „Annäherung der feindlichen Front“ untergeschoben, um auf diese Weise ein wirkungsvolles Verteidigungsargument zu gewinnen, das ihm tatsächlich abgenommen worden ist. Unsere Analyse hingegen führt zu dem Ergebnis, daß der sogenannte „A-Fall“ *nichts* mit der Evakuierung der KL zu tun hat und daß deshalb alle Verteidigungsargumente, die die ausschließliche Verantwortung für die Evakuierung der KL unter Berufung auf Himmlers Befehl für den A-Fall auf die HSSuPF abschieben, gegenstandslos sind.

Heißt das, daß Pohls und der anderen Angaben über die Verantwortlichkeit der HSSuPF für die Evakuierung der KL also nichts weiter als eine Mystifikation darstellen, mit deren Hilfe sie sich ihre Verteidigung erleichtern wollten? Nein – als Mystifikation kann man wohl die Identifizierung des A-Falls mit der Evakuierung der KL abtun, nicht aber den Hinweis auf die Einschaltung der HSSuPF in die Maßnahmen bei der Evakuierung der KL. Es ist nämlich ein weiteres Dokument vorhanden, aus dem sich zweifelsfrei ergibt, daß tatsächlich ein Befehl des RF-SS existiert hat, durch den die HSSuPF – nicht näher bekannte – Befugnisse bei der Räumung der KL erhielten. Der einzige erhalten gebliebene Evakuierungsbefehl für ein KL ist der für das KL Stutthof bei Danzig, datiert vom 22. 1. 1945 (also nicht vom Herbst 1944, wie Pohl behauptete, womit sich auch seine Argumentation erledigt, der RF-SS habe die Einschaltung der HSSuPF auf Grund der Vorgänge bei der Räumung Stutthofs befohlen: Bei der Räumung Stutthofs existierte eine entsprechende Anweisung Himmlers bereits).

In diesem „Einsatzbefehl Nr. 3“ des Lagerkommandanten von Stutthof hieß es: „Gemäß Befehl des HSSuPF Weichsel, SS-Gruppenführer und Generalleutnant der Waffen-SS Katzmann, werden sämtliche männlichen und weiblichen Häftlinge, beginnend ab 25. 1. 1945, im Fußmarsch zurückgeführt ... Im Lager verbleiben nur noch die kranken sowie nicht marschfähigen Häftlinge und die für den Abbau des Lagers notwendigen Kräfte, die auf ein

---

[16]) Reitlinger, S. 518 f.

[17]) Buchenwald, S. 33.

Mindestmaß beschränkt werden müssen, vorwiegend sind Germanenhäftlinge einzusetzen" [18]). Weitere Punkte des Einsatzbefehls befaßten sich mit Transportleitung, Marschweg (in sieben Tagen Marsch nach Lauenburg/Pomm.), Marschordnung, Bewachungsmannschaft, Verpflegung und ärztliche Versorgung. Dies ist – meines Wissens – der einzige aktenkundige Nachweis, daß ein entsprechender Befehl Himmlers vorlag. Dieser Nachweis ist deshalb von großer Bedeutung, weil die nachträglichen Aussagen der Beteiligten wegen ihres starken persönlichen Interesses an einer Entlastung sehr kritisch zu werten sind. Das Wichtigste geht aus diesem Schriftstück allerdings nicht hervor: welche Befugnisse dem HSSuPF bei der Evakuierung der KL zustanden und wie weit seine Verantwortung für die Durchführung der Transporte ging.

Immerhin ist die Tatsache, daß die Räumung der KL auf Befehl Himmlers erfolgte und daß die HSSuPF auf seine Anordnung hin bei der Evakuierung der KL eine wichtige Rolle spielten, nicht zu bestreiten, obwohl Himmlers Befehl nicht im Wortlaut erhalten geblieben ist. Durch diesen Grundbefehl zur Räumung aller KL vor der heranrückenden feindlichen Front ist Himmler der Hauptverantwortliche für die Evakuierung der KL mit allen ihren Folgen. Höß datierte den Befehl Himmlers auf den „Beginn des Jahres 1945" [19]), man wird Broszat zustimmen dürfen, der zu der Feststellung gelangt: „Dieser Befehl scheint Mitte Januar 1945 ergangen zu sein" [20]). Welche Funktion jedoch wies Himmlers Befehl dem zuständigen HSSuPF bei der Räumung der KL zu? Wurde ihm das Lager tatsächlich „unterstellt", wie Pohl und Maurer behaupteten, ging die „Befehlsgewalt" auf ihn über, wie Dr. Seidl und Pohl erklärten – womöglich schon zwei bis drei Monate vor der Räumung des Lagers, wie Pohl schließlich aussagte?

Diese Fragen sind von entscheidender Bedeutung, wenn man klären will, welche Dienststellen verantwortlich waren für die Vorbereitung und Durchführung der Transporte, für die Bereitstellung von Transportmitteln, Verpflegung, Medikamenten, für die Instruktionen, die den Wachmannschaften mitgegeben wurden: Immerhin wurden auf den Evakuierungsmärschen Tausende von Menschen durch die Wachmannschaften erschossen, es handelt sich bei diesen Fragen also nicht um eine Bagatellsache.

Leider besitzen wir keine dokumentarischen Unterlagen, die uns zu einer eindeutigen Antwort auf diese Fragen verhelfen könnten. Vor allem für die Räumung von Auschwitz – dem größten der östlichen KL – fehlen derartige Dokumente. Aufschlußreich ist jedoch die Aussage des „Kommandeurs der Kriegsgefangenen im Wehrkreis VIII" (Schlesien) – wobei zu bemerken ist, daß das gesamte Kriegsgefangenenwesen seit Oktober 1944 Himmler unterstellt war. Dieser Kommandeur der Kriegsgefangenen im Wehrkreis VIII, Detmering, der im Januar/Februar 1945 200 000 Kriegsgefangene aus Schlesien evakuieren mußte, sagte in einer eidesstattlichen Erklärung aus [21]), er habe den ersten Befehl zur Evakuierung der Kriegsgefangenenlager am 18. 1. 1945 telefonisch vom Stab des HSSuPF im Wehrkreis VIII, SS-Obergruppenführer Schmauser, erhalten; der HSSuPF wiederum habe den Räumungsbefehl von Reichsverteidigungskommissar Hanke (Gauleiter von Schlesien) bekommen. „Die Verantwortung für die Auslösung des Befehls zur Räumung hatte auf Grund der örtlichen militärischen Lage der Reichsverteidigungskommissar. Der Chef des Kriegsgefangenenwesens, SS-Obergruppenführer Berger, und sein Chef des Stabes für das Kriegsgefangenenwesen, Oberst Meurer, waren verantwortlich für die Organisation und Durchführung der Evakuierung, also für die Entscheidung, wohin die Kriegsgefangenen zu bringen seien, für die

---

[18]) NO–3796: Komm. KL Stutthof, Einsatzbefehl Nr. 3 (gez. Hoppe, SS-Sturmbannführer und Lagerkommandant), 22. 1. 1945.

[19]) IMT XI, S. 449 f. (Höß).

[20]) Höß, S. 140, Anm. 1.

[21]) NO–4360: Aff. Rolf Detmering, 15. 7. 1947.

Bereitstellung der Transportmöglichkeiten, für die Verpflegung, Unterbringung und gesundheitliche Betreuung der Kriegsgefangenen während der Verlegung."

Am 18. 1. 1945 befahl SS-Obergruppenführer Schmauser nicht nur die Räumung der Kriegsgefangenenlager in Schlesien, sondern auch die Evakuierung des KL Auschwitz. Wenn die Evakuierung der KL in administrativer Hinsicht analog der Räumung der Kriegsgefangenenlager organisiert war – was man allerdings nicht beweisen kann, aber doch mit einigem Recht vermuten darf –, dann würde das bedeuten, daß der HSSuPF Schmauser auch bei der Evakuierung des KL Auschwitz lediglich den Zeitpunkt der Räumung festsetzte, daß jedoch für die „Organisation und Durchführung" der Evakuierung, für die Bereitstellung von Transportmitteln und Wachmannschaften, für die Verpflegung und gesundheitliche Betreuung und für die Festsetzung der Marsch- und Fahrtziele der Chef des WVHA, Pohl, und die Amtsgruppe D verantwortlich waren – entsprechend der Verantwortlichkeit des Chefs des Kriegsgefangenenwesens bei der Räumung der Kriegsgefangenenlager. Der Evakuierungsbefehl für das KL Stutthof läßt sich mit einer derartigen Abgrenzung der Zuständigkeiten durchaus vereinbaren! Den Befehl zur Räumung des Lagers gab der HSSuPF Katzmann, den Einsatzbefehl unterzeichnete der Lagerkommandant, der die Einzelheiten der Räumung und der Rückführung von sich aus anordnete.

Auch aus inneren Gründen ist diese Abgrenzung der Kompetenzen wahrscheinlich: Welche Lager im Reich die Evakuierungstransporte aufnehmen konnten, das wußte der HSSuPF in Schlesien nicht, das wußten nur die Funktionäre der Amtsgruppe D und der Chef des WVHA, Pohl; ebenso war nur die Amtsgruppe D in der Lage, das Bewachungspersonal zur Verfügung zu stellen und zu instruieren. Unter diesen Voraussetzungen gewinnt eine Bemerkung von Pohl an Gewicht; in seiner eidesstattlichen Erklärung vor Prozeßbeginn versicherte er: „Bei meinem Besuch in Auschwitz im Herbst 1944 zeigte mir SS-Sturmbannführer Baer Pläne für die Evakuierung von Auschwitz, welche zusammen mit SS-Obergruppenführer Schmauser ausgearbeitet worden waren. Er befaßte sich mit den Problemen des Transportes der Insassen von Auschwitz in das Innere des Reiches" [22]). Hat es sich bei dieser Besprechung nur um ein harmloses „Vorzeigen" bereits fertiger Pläne gehandelt? Ist es nicht naheliegend, anzunehmen, daß bei diesem Besuch Pohls die Maßnahmen für den Evakuierungsfall erörtert und festgelegt wurden? Den Transport in das „Innere des Reiches" konnte nicht ein KL-Kommandant allein organisieren, sondern das war nur möglich im Einvernehmen mit den zentralen Dienststellen, nämlich mit der Amtsgruppe D in Oranienburg und mit dem Chef des WVHA, Pohl.

Daß die historische Wahrheit über die Zuständigkeiten bei der Räumung der KL in dieser Richtung zu suchen ist, zeigen die Aussagen einiger Lagerkommandanten. Aus diesen Aussagen ergibt sich ein wesentlich anderes Bild als aus den Erklärungen von Pohl, Maurer, Höß u. a., die die Verantwortung der Zentrale für die Evakuierungstransporte abzustreiten versuchten. Der Lagerkommandant von Buchenwald, Pister, stellte fest [23]), die Transporte aus den östlichen KL seien auf Befehl der Amtsgruppe D ins Lager Buchenwald eingewiesen worden, und als die Lagerkommandantur nach Oranienburg gemeldet habe, weitere Transporte könnten wegen Überfüllung nicht mehr aufgenommen werden, habe die Amtsgruppe D erklärt, die Transporte müßten trotzdem ins Lager hereingelassen werden. In den meisten Fällen seien diese Transporte durch die Amtsgruppe D nicht einmal vorangemeldet worden. Der Lagerkommandant von Ravensbrück, Suhren, berichtete [24]), er habe Anfang 1945 von Amtsgruppenchef Glücks mündlich den Befehl erhalten, einige östlich und westlich der Oder

[22]) NO–2736: Aff. Pohl, 3. 4. 1947 (Pkt. 31).

[23]) NO–2327: Aff. Pister, 3. 3. 1947; in gleichem Sinne: NO–2125: Aff. Schwartz, 19. 2. 1947.

[24]) NO–3648: Aff. Suhren, April 1946.

gelegene Lager (Stargard, Eberswalde, Finow, Grüneberg u. a.) nach Ravensbrück zu überführen. Und der Lagerkommandant des KL Sachsenhausen, Kaindl, sagte in einer eidesstattlichen Erklärung aus[25]): er, Kaindl, habe am 4. 4. 1945 Himmler den Vorschlag gemacht, das KL Sachsenhausen bei Feindannäherung dem Roten Kreuz zu übergeben. Himmler habe diesen Vorschlag abgelehnt. Glücks habe ihm statt dessen am 18. 4. 1945 den mündlichen Befehl erteilt, im Westhafen von Berlin die dort liegenden Schiffe und Schleppkähne zu beschlagnahmen, sie über den Hohenzollernkanal an den Lohnitsee zu bringen, dort die Häftlinge des KL Sachsenhausen auf die Schiffe zu verladen und auf dem Kanalsystem in die Nord- und Ostsee zu schaffen. Kaindl lehnte – nach eigener Aussage – die Ausführung dieses Befehls ab und machte nochmals den Vorschlag, das Lager dem IRK zu übergeben. Glücks sei über Kaindls Befehlsverweigerung sehr aufgebracht gewesen und habe mit einer Meldung an Himmler gedroht. In den letzten Kriegstagen nahm jedoch niemand mehr zur Kenntnis, daß Kaindl die Beschlagnahme der Schiffe nicht durchführte und der Plan damit ins Wasser fiel.

Weder Suhren (Ravensbrück) noch Kaindl (Sachsenhausen) behaupten in ihren Aussagen, daß der Räumungsbefehl von dem für ihren Bereich zuständigen HSSuPF ausging, sie erwähnen den HSSuPF überhaupt nicht, derartige Kompetenzen des HSSuPF waren ihnen anscheinend nicht bekannt; sie erhielten die Räumungsbefehle unmittelbar von der Amtsgruppe D, die über die katastrophalen Zustände in den Lagern durch tägliche Berichte genau informiert war[26]).

Aber auch dort, wo die zuständigen HSSuPF eingeschaltet wurden, wie bei der Räumung der KL Stutthof, Auschwitz, Groß-Rosen[27]), scheint sich ihre Funktion darauf beschränkt zu haben, den Zeitpunkt für die Evakuierung festzusetzen und höchstens noch das Ausmaß zu bestimmen, in welchem die Lager geräumt werden mußten – das ist jedoch etwas wesentlich anderes als die von Pohl u. a. behauptete „Übernahme der Befehlsgewalt" über die KL, womöglich schon zwei bis drei Monate vor der wirklichen Räumung. Das heißt: Die Verantwortung für die Durchführung der Transporte lag bei der Amtsgruppe D in Oranienburg[28]) und beim Kommandantur- und Bewachungspersonal der zu evakuierenden KL; sie setzten Himmlers irrsinnigen Befehl zur Räumung der KL mit fanatischer Rücksichtslosigkeit, Brutalität und Bedenkenlosigkeit in die Wirklichkeit um und führten die restlose Evakuierung der KL auch dann mit aller Energie durch, als völlig offenkundig war, daß eine geordnete Durchführung und Unterbringung der Transporte nicht mehr möglich war und deshalb einem Massenmord gleichkam; so jagten sie die Häftlinge – tagelang ohne Verpflegung – über verschneite Landstraßen und erschossen diejenigen, die nicht mehr weiterkonnten – wobei

---

[25]) F. IV: V. Dok. Scheide, Nr. 33 (Aff. Kaindl, 16. 7. 1946). In seiner Aussage im Sachsenhausen-Prozeß fügte Kaindl hinzu, Glücks habe ihm befohlen, die Häftlinge in den Schleppkähnen aufs Meer zu fahren und dort die Kähne zu versenken (zit. Todeslager Sachsenhausen, S. 55).

[26]) NO–1202: Aff. Moser (1945 kommiss. Leiter von D II), 1. 9. 1946.

[27]) Höß, S. 142.

[28]) Da die Evakuierungstransporte nicht im Zusammenhang mit dem Arbeitseinsatz der Häftlinge standen, war für diese Transporte innerhalb der Amtsgruppe D wohl das Amt D I (Amtschef: Höß) zuständig, ohne daß diese Zuständigkeit bis jetzt aktenkundig nachgewiesen werden könnte; Höß – in seinen Memoiren sonst sehr redselig – begnügt sich in diesem Punkt mit auffallend vagen Andeutungen. Auf einer Konferenz der Leiter der Politischen Abteilungen aller KL am 23. 3. 1944 hatte Höß die Direktive ausgegeben: Verlegungen in andere Lager werden grundsätzlich von D I verfügt (NO–1553).

sie sich bei diesen Erschießungen nicht einmal auf einen entsprechenden Befehl Himmlers berufen konnten.

Damit wollen wir die Untersuchung der einander in vielen Punkten widersprechenden Zeugnisse über die Evakuierung der KL beenden. Diese Erörterungen sind alles andere als abschließend, sie sind vielmehr ein erster Versuch, die diffusen Quellenzeugnisse zu sichten und zu ordnen und ihnen einige Ergebnisse abzugewinnen. Letzte Klarheit konnte in unserer Analyse nicht gewonnen werden, in manchen Punkten mußten begründete Vermutungen an die Stelle schlüssiger Nachweise treten. Trotzdem ist der Versuch einer Klärung dieses Problemkomplexes notwendig, um einer Legendenbildung entgegenzutreten (zu der im WVHA-Prozeß der Ansatz geschaffen wurde) und um zu verhindern, daß die Frage nach der historischen Verantwortung für die Durchführung der Evakuierungstransporte stillschweigend zu den Akten gelegt wird.

Exkurs III
(zu dem im 7. Kapitel behandelten Problemkreis, bes. S. 136 ff.)

Die Zahl der Opfer von Bergen-Belsen

Weder die historische noch die moralische Bewertung des Nationalsozialismus und seiner Taten ist abhängig von einer genauen Fixierung der Zahl seiner Opfer. Allen Bemühungen um präzise Zahlen darf deshalb nur sekundäre Bedeutung zukommen – sekundär gegenüber einer angemessenen Darstellung und Würdigung des furchtbaren Leidens und Sterbens zahlloser Menschen und des Übermaßes an Erniedrigung und Qual, das alle jene erleiden mußten, die dem nationalsozialistischen Terror ausgeliefert waren. Dieser inneren Rangordnung der Fragestellungen hat jeder eingedenk zu sein, der sich an der Diskussion über die Zahl der Opfer des NS beteiligt, und sie sollte aus diesem Grunde klar herausgestellt werden, ehe im folgenden der Versuch unternommen wird, für den Bereich des Lagers BB die Zahl der Opfer einigermaßen genau zu bestimmen.

Dieser Versuch ist vor allem auch deshalb notwendig, weil angesichts der bruchstückhaften Unterlagen die bisher über BB vorliegenden Äußerungen in ihren Zahlenangaben sehr stark voneinander differieren [1]), so daß die Skeptiker und die Unverbesserlichen sich für berechtigt halten, unter Hinweis auf die Widersprüche zwischen den einzelnen Angaben alle Angaben über die Zahl der Opfer schlechthin als zweifelhaft, tendenziös und unglaubwürdig abzutun und die Eruierung einer einwandfreien Zahl für unmöglich zu erklären.

Im Interesse einer grundsätzlichen Klärung der Frage, wie viele Menschen in BB den Tod gefunden haben, ist es deshalb notwendig, alle erhalten gebliebenen und erreichbaren Unterlagen heranzuziehen, miteinander zu vergleichen und auf ihre Zuverlässigkeit zu prüfen, so daß im Rahmen des Möglichen eine einigermaßen präzise Antwort auf die Frage nach der Zahl der Opfer gegeben werden kann. Da die Unterlagen jedoch nicht für alle Perioden der Lagergeschichte gleich zuverlässig sind, für einige Monate sogar nahezu ganz fehlen, kann diese Antwort nicht in Form einer einzigen Zahl gegeben werden, sondern die zur Verfügung stehenden Unterlagen müssen im einzelnen untersucht und diskutiert werden.

1. Für die Sterbefälle in den Jahren 1943 und 1944 liegen einwandfreie Unterlagen vor: die Sterbebücher. Während die Sterbefall-Erstbücher der Jahre 1943 und 1944 wohl im Frühjahr 1945 mit der übrigen Registratur im Lager vernichtet worden sind, wurden die Sterbefall-Zweitbücher (die Eintragungen in den Erst- und Zweitbüchern sind völlig gleichlautend)

[1]) Zwei Beispiele: das Sonderstandesamt Arolsen beziffert die „Gesamtzahl der Sterbefälle im KL BB" mit 13 140 (Schreiben an Kreisoberinspektor Becker, Soltau, v. 24. 9. 1958), der Zentralrat der Juden in Deutschland mit „über 70 000" (Kölnische Rundschau v. 11. 2. 1960, WL 96 F [2]).

zu diesem Zeitpunkt bereits bei der zuständigen Verwaltungsinstanz (Landkreis Fallingbostel) aufbewahrt und sind daher erhalten geblieben; sie lagerten 1945–1949 im Landratsamt Fallingbostel, bis sie aufgefunden und am 31. 10. 1949 dem Sonderstandesamt Arolsen übersandt wurden [2]), wo sie sich jetzt befinden [3]).

Die ersten Eintragungen ins Sterbebuch 1943 wurden im Juli 1943 vorgenommen, weil erst im Juni 1943 ein ausschließlich für das Lager BB zuständiger Standesamtsbezirk gebildet wurde. In einer Verfügung vom 4. 6. 1943 bestimmte der Regierungspräsident Lüneburg, Backhaus: „Das Zivilinterniertenlager der Waffen-SS in BB wird von dem Standesamtsbezirk Bergen, Kreis Celle, abgetrennt und als selbständiger innerhalb des Heeresgutsbezirks Bergen liegender Standesamtsbezirk mit der Bezeichnung ‚Standesamtsbezirk Bergen-Belsen' neu gebildet, jedoch lediglich für die Beurkundungsfälle der in diesem Lager befindlichen Häftlinge" [4]). Infolgedessen sind die vor der Bildung eines selbständigen Standesamtsbezirks im Lager BB erfolgten Sterbefälle im Sterbebuch der Stadt Bergen 1943 verzeichnet; es handelt sich um vier Sterbefälle im Mai, um zwei im Juni 1943; testierender Arzt bei diesen sechs Sterbefällen war der SS-Sturmbannführer Dr. Krieger, die Meldung beim Standesamt Bergen erstattete der Kriminalsekretär SS-Sturmscharführer Fritz Schultes [5]).

Daß die Eintragungen in den Sterbebüchern 1943 und 1944 korrekt und vollständig erfolgt sind, ergibt ein Vergleich mit einer anderen Sterbeliste, die unabhängig von den Sterbebüchern zustande gekommen ist: Der Judenälteste Joseph Weiß trug die Sterbefälle des Sternlagers in seine Insassenliste ein, die 1945 gerettet werden konnte; auf ihr basiert die vom Holländischen Roten Kreuz herausgegebene „Lijst van Overledenen van het Sternlager te Bergen-Belsen" [6]). Die Sterbefälle von Insassen des Sternlagers finden sich ohne Ausnahme auch in den Sterbebüchern 1943 und 1944 des Lagers verzeichnet, deren Eintragungen somit als zuverlässig anzusehen sind.

Übersicht 1: Sterbefälle im Lager BB 1943/1944 auf Grund der Sterbebücher:

	Jan.	Febr.	März	April	Mai	Juni	Juli	Aug.	Sept.	Okt.	Nov.	Dez.	Ges.
1943	–	–	–	–	4	2	7	4	4	7	10	9	47
1944	8	10	32	390	217	186	127	93	126	171	338	350	2048

Von den 2048 Sterbefällen des Jahres 1944 entfielen 307 auf das Sternlager, der weitaus größte Teil der restlichen 1741 Sterbefälle auf das „Häftlingslager" (also auf den Lagerteil mit den meist nichtjüdischen KL-Häftlingen). Aus diesem Grund ergibt eine Aufschlüsselung der Sterbefälle des Jahres 1944 nach Religionsbekenntnissen folgendes Bild: katholisch 1239, israelitisch 418, evangelisch 198, griech.-orthodox 73, mohammedanisch 51, ohne/unbekannt 59, gottgläubig 9, buddhistisch 1.

2. Da vom Sterbebuch 1945 nur einige Reste erhalten sind, fehlt die wichtigste Unterlage für die Feststellung der Sterbefälle im Frühjahr 1945, also gerade für die Zeit, in der sich in BB das große Massensterben vollzog. Zwar befand sich der Standesbeamte bis zum 5. 4. 1945 im Lager und stellte Sterbeurkunden aus, bei der großen Zahl der Toten konnte jedoch nur ein Bruchteil der Sterbefälle beurkundet werden; schon Ende Januar fand keine regelmäßige Aus-

---

2) Schreiben Oberkreisdirektor des Landkreises Celle an Sonderstandesamt Arolsen vom 25. 1. 1960.

3) Sonderstandesamt Arolsen; ferner: ISD GCC/1/1/c–e (Fotokopie).

4) ISD GCC 1/1/c–e. (Schreiben Landrat Fallingbostel v. 11. 6. 1943).

5) Eintragungen im Sterbebuch der Stadt Bergen 1943.

6) RvO c (11); ISD GCC 1/1/c–e.

stellung von Sterbeurkunden mehr statt [7]). Es nützt deshalb wenig, daß mit Hilfe der Registriernummern der erhaltenen Sterbeurkunden die Zahl *aller ausgestellten* (auch der in Verlust geratenen) Todeszertifikate berechnet werden kann [8]); da völlig unklar ist, für welchen Prozentsatz der Sterbefälle in den einzelnen Wochen und Tagen der Monate Januar bis April 1945 überhaupt Urkunden ausgestellt wurden, führt dieser Weg nicht zum Ziel [9]).

3. Den Ausgangspunkt für die Berechnung der Sterbefälle im Lager BB in den Monaten Januar bis April 1945 müssen zwei offizielle, vom Lagerkommandanten Kramer unterzeichnete Aufstellungen bilden, die durch einen Zufall gerettet werden konnten: „Übersicht über Anzahl und Einsatz der weiblichen Häftlinge des AL BB am 15. 3. 1945" und „Übersicht über Anzahl und Einsatz der männlichen Häftlinge des AL BB am 31. 3. 1945" [10]).

Diese Aufstellungen wurden gerettet von Erich Marx, der im Büro des Arbeitsdienstführers beschäftigt war, wo die Statistiken über die Anzahl der zum Arbeitseinsatz abkommandierten Häftlinge aufgestellt wurden; diese Stärkemeldungen gingen 14tägig, an jedem 15. und letzten Monatstag, direkt durch Kurier ans WVHA (Amtsgruppe D) nach Oranienburg [11]). Als Anfang April der Befehl zur Vernichtung sämtlicher Kartotheken kam und alle Papiere in Körbe verpackt und zum Krematorium gebracht wurden, konnte Marx die in der Lagerregistratur verbliebenen Duplikate zweier Listen der Arbeitsstatistik wegnehmen, verstecken und sie einige Tage später bei der Evakuierung des Sternlagers mit sich nehmen [12]).

Übersicht 2: Auszug aus der „Übersicht... der weiblichen Häftlinge", 15. 3.:

Zahl der (weibl.) Häftlinge am 28. 2. 1945			26 723
Zugänge (weibl.) insgesamt			5 481
			insgesamt 32 204
Abgänge durch	Entlassungen	63	
	Überstellung zum KL Dachau	498	
	KL Mittelbau	26	
	KL Buchenwald	5	
	flüchtig	2	
	verstorben vom 1. bis 15. 3.	1223	1 817
Zahl der Häftlinge am 15. 3. 1945 (weibl.)			30 387

[7]) Schreiben von Dr. de Vries, Amsterdam, an den Verfasser v. 28. 11. 1960 (Dr. de Vries war seinerzeit als Häftling in der Registratur tätig); über die Schwierigkeiten der Totenregistrierung s. auch den Bericht de Heers (RvO c [11] 09).

[8]) Die Anweisung für das Registrierungsverfahren bei Sterbeurkunden in den KL befindet sich im Rundschreiben des WVHA v. 28. 5. 1943 (NO-1241). Danach sind vom 1. 1. bis 22. 3. 1945 in BB rund 2735 Todeszertifikate ausgestellt worden (davon vorhanden: 1638); sie verteilen sich folgendermaßen auf die Monate: Januar 621, Februar 1030, März 1084. Ab 22. 3. 1945 wurden die Urkunden nicht mehr numeriert (vorhanden: 31).

[9]) Auf Grund dieses Verfahrens wurde vom Sonderstandesamt Arolsen die Zahl der Toten vom 1. 1. bis 5. 4. 1945 mit 3032 beziffert; da dieses Verfahren jedoch aus den oben dargelegten Gründen unzureichend ist, kann auf diese Weise keine Gesamtzahl errechnet werden.

[10]) RvO c (11).

[11]) s. NO-1923: Runderlaß des WVHA (gez. Glücks) v. 13. 1. 1944; Protokoll F. IV, S. 3676 ff. (Sommer).

[12]) RvO c (11) 09 (Protokoll Marx v. 11. 9. 1945, ferner Brief von Marx an RvO v. 16. 7. 1946). Die Fotokopie der Listen befindet sich im RvO. Das Original wurde von Marx nach Anfertigung von Fotokopien im Juli 1945 dem holländischen „Büro für nationale Sicherheit" (Col. Einthoven) übergeben, von wo es an die vorbereitende Kommission für den Belsen-Prozeß weitergeleitet wurde. Es wurde als Exh. Nr. 122 in den Prozeß eingeführt (s. BT, S. 176 f.) und befindet sich heute vermutlich bei den Prozeßakten.

Übersicht 3: Auszug aus der „Übersicht ... der männlichen Häftlinge" am 31. 3.:

Zahl der (männl.) Häftlinge am 15. 3. 1945		14 730
Zugänge (männl.) insgesamt		6 958
		insgesamt 21 688
Abgänge durch Entlassungen	–	
Überstellung nach KL Sachsenhausen	3	
KL Neuengamme	12	
verstorben vom 15. bis 31. 3. 1945	8335	8 350
Zahl der (männl.) Häftlinge am 31. 3. 1945		13 338

Diese Dokumente belegen also einwandfrei, daß in BB in der ersten Märzhälfte 1945 1223 Frauen, in der zweiten Märzhälfte 8335 Männer den Tod gefunden haben.

4. Von noch größerer Bedeutung sind zwei Listen, die auf ganz ähnliche Weise wie die Marx-Listen durch den bei der Politischen Abteilung des Lagers tätigen Insassen des Sternlagers, Jacob de Heer, vor der Vernichtung bewahrt werden konnten: Auf diesen Listen ist für die Zeit vom 1. bis 31. 3. 1945 und vom 1. bis 6. 4. 1945 die tägliche Zahl der Toten der einzelnen Lagerabteilungen und die Lagerstärke jedes Tages verzeichnet[13]). Es handelt sich um inoffizielle Listen, die von der internen Lagerverwaltung erstellt wurden, um die tägliche Verpflegungszahl der einzelnen Lagerabteilungen errechnen zu können, und diese Listen kamen dadurch zustande, daß der verantwortliche Schreiber jeder Lagerabteilung täglich die Insassenzahl und die Zahl der Verstorbenen seines Lagerteils an das Zentralbüro meldete.

Beim Vergleich dieser Listen mit den offiziellen „Übersichten..." der Arbeitsstatistik ergibt sich, daß die von de Heer gerettete Aufstellung der täglichen Totenzahl als zuverlässig zu betrachten ist: Vom 1. bis 14. 3. 1945 gab es im Frauenlager nach dieser Aufstellung 1148 Sterbefälle[14]), in den übrigen Lagerteilen, wo sich Frauen und Männer befanden, insgesamt 142, wobei die Sterblichkeit bei den Männern größer war, so daß aus dieser Aufstellung sich ungefähr dieselbe Zahl ergeben dürfte wie die in der „Übersicht" genannte Zahl von 1223 verstorbenen weiblichen Häftlingen. Gleiche Übereinstimmung zwischen den beiden Quellen ergibt sich bei der Zahl der in der zweiten Märzhälfte verstorbenen männlichen Häftlinge: die „Übersicht" gibt die Zahl 8335; aus der De-Heer-Liste ergibt sich: In den beiden reinen Männerlagern (Häftlingslager I und II) gab es im Zeitraum 15. bis 30. 3. 1945 8178 Tote, in den gemischten Lagern zusammen 164 Tote (Männer und Frauen), dabei wesentlich stärkere Sterblichkeit der Männer[15]).

Auf Grund dieses Nachweises der Übereinstimmung darf die von de Heer gerettete Aufstel-

---

[13]) RvO c (11): Listen de Heers, mit Schreibmaschine geschrieben.

[14]) Die „Übersichten" wurden jeweils am 15. bzw. Monatsletzten vormittags erstellt, berücksichtigten also die Häftlingsbewegung des betr. Tages nicht – vgl. Protokoll F. IV, S. 3676 ff. (Sommer).

[15]) In mehreren Zeugenaussagen wird betont (Zwart, WL P III h, Nr. 780; Weiß, RvO c [11], 30. 9. 1945 u. a.), daß mit der Zahl der an jedem Tag Gestorbenen bei der Meldung ans Zentralbüro manipuliert wurde, meist in der Art, daß man die Toten mit einem oder mehreren Tagen Verspätung meldete, um inzwischen die Essensrationen auch für diese bereits Verstorbenen zu erhalten, die dann den Lebenden zugute kamen. Diese Manipulationen waren jedoch erst in den letzten Wochen möglich und beeinträchtigten außerdem nicht die Zuverlässigkeit der Liste hinsichtlich der Gesamtzahl für den Monat (höchstens hinsichtlich der jeweiligen Zahl für die einzelnen Tage), da ja die Toten mit einem Tag, spätestens einigen Tagen Verzögerung gemeldet wurden.

lung als einwandfrei betrachtet werden, und wir besitzen somit für den Monat März 1945 und für die erste Aprilwoche eine zuverlässige Statistik über die Zahl der täglichen Sterbefälle in den einzelnen Lagerabteilungen sowie eine Gesamtzahl für den Monat März (18 168 Tote) und für die erste Aprilwoche (3913).

Übersicht 4: Aufstellung der Sterbefälle März/Anfang April (De-Heer-Liste):
(HL = Häftlingslager, FL = Frauenlager, UL = Ungarnlager, SL = Sternlager)

Monat	Tag	HL I	HL II	FL	UL	SL	sonst. Lager	ges.	Lagerstärke
März	1.	72	91	73	1	7	1	245	41 520
	2.	98	117	68	3	5	2	293	41 972
	3.	99	221	67	3	13	–	403	44 964
	4.	99	280	64	3	7	–	453	45 815
	5.	90	164	81	5	5	–	345	45 233
	6.	86	114	86	5	9	–	300	44 872
	7.	100	104	70	4	7	1	286	45 054
	8.	93	469	78	4	3	–	647	44 872
	9.	87	200	85	3	5	1	381	45 166
	10.	84	150	86	4	7	–	331	44 785
	11.	105	177	89	6	4	1	382	44 457
	12.	98	500	92	4	4	–	698	44 649
	13.	88	460	116	5	4	–	673	45 958
	14.	89	533	93	4	3	1	723	47 834
	15.	68	672	121	7	10	–	878	45 117
	16.	75	380	112	3	6	–	576	47 313
	17.	101	581	152	3	2	–	839	46 742
	18.	94	517	153	6	7	–	777	46 608
	19.	80	613	131	6	6	–	836	46 504
	20.	74	456	165	3	6	–	704	46 176
	21.	78	287	160	4	2	–	531	45 478
	22.	85	661	168	7	6	–	927	46 804
	23.	86	442	166	3	4	–	701	46 336
	24.	75	126	191	4	6	1	403	45 638
	25.	74	227	187	2	4	–	494	46 806
	26.	69	891	181	6	2	–	1 149	46 819
	27.	86	231	189	4	5	–	515	45 732
	28.	75	344	170	3	4	–	596	45 266
	29.	78	434	177	8	12	–	709	45 097
	30.	73	65	184	4	8	–	334	44 394
	31.	73	728	225	3	10	–	1 039	44 060
		2 632	11 235	3 980	130	183	8	18 168	45 485 (Durchschnitt)
April	1.	74	330	174	4	8	–	590	43 042
	2.	68	445	173	3	5	–	696	42 452
	3.	81	317	284	1	9	1	693	41 762
	4.	59	278	216	4	15	–	572	41 080
	5.	73	427	213	3	3	–	719	40 506
	6.	54	308	273	1	7	–	643	39 789

In diesen Ziffern ist jeweils die Zahl jener Menschen eingeschlossen, die mit den Transporten bereits tot in BB ankamen oder durch den Transport so geschwächt waren, daß sie in den ersten Stunden nach ihrer Ankunft im Lager BB verstarben. Die ankommenden Männertransporte wurden im März größtenteils ins Häftlingslager II eingewiesen, und an den Totenziffern des Häftlingslagers II, die an einzelnen Tagen in furchtbare Höhe emporschnellen, vermeint man ablesen zu können, wann ein derartiger Transport im Lager eingetroffen ist; die Zahl jener, die bereits tot in BB ankamen, war hoch, in einzelnen Fällen soll sie bis zu einem Drittel des ganzen Transportes betragen haben[16]). In der Sterbestatistik kann jedoch beim Zustand unserer Unterlagen eine diesbezügliche Differenzierung nicht vorgenommen werden; unsere Ziffern geben also die Zahl der im Lager BB gestorbenen und mit Transporten tot angekommenen Menschen.

5. Nachdem damit die Zahlen für März und Anfang April 1945 gesichert sind, muß versucht werden, die Lücke zwischen Ende Dezember 1944 und März 1945 zu schließen. Da dafür keine Unterlagen zur Verfügung stehen, die den obigen vergleichbar wären, bleibt nur der Weg, die bekanntgewordenen Äußerungen über die Zahl der Toten in diesen Monaten miteinander zu vergleichen, auf ihre Stichhaltigkeit zu prüfen, mit den Fakten der Lagerentwicklung zu kombinieren, um so zu einer einigermaßen verläßlichen Schätzung zu kommen.

Als Ausgangspunkt muß eine Äußerung des Judenältesten Joseph Weiß dienen, der vom 23. 12. 1944 bis Anfang April 1945 die interne Lagerverwaltung leitete; er schrieb 1957 dem Holländischen Roten Kreuz[17]): „Außer diesen Aufzeichnungen der Verstorbenen des Sternlagers hatten wir die Totenlisten mit *ca. 30 000* Namen ab 23. 12. 1944 von allen neun Lagern von Bergen-Belsen. Die Mappe mit diesen Listen ist durch unseren Abtransport im April 1945 verlorengegangen.“ Es muß betont werden, daß es sich bei dieser Zahl von ca. 30 000 nicht um eine Schätzung von Weiß, sondern um die gedächtnismäßige Reproduzierung der in den Unterlagen genannten Zahl handelt. Da die Angaben von Joseph Weiß in allen Fällen, wo die Möglichkeit der Nachprüfung besteht, sich als zuverlässig und korrekt erweisen, sind wir berechtigt, diese von Weiß aus der Erinnerung genannte Zahl als in etwa zutreffend zu akzeptieren und den weiteren Überlegungen zugrunde zu legen[18]).

Nach Abzug der uns bekannten Zahlen für März (18 168) und Anfang April (3913) von der Zahl 30 000 bliebe für den Zeitraum vom 23. 12. 1944 bis 28. 2. 1945 eine Gesamtzahl von ca. 8000 Toten (7919) – fügt sich diese Zahl mit dem zusammen, was wir sonst über die Sterblichkeit im Lager in diesen Monaten wissen? Das ist durchaus der Fall. Die Sterbefälle der letzten Dezemberwoche dürfen hier unberücksichtigt bleiben, da sie noch im Sterbebuch 1944 miterfaßt sind und ihre Zahl (ca. 60) – gemessen an den apokalyptischen Todesziffern der folgenden Monate – relativ niedrig war. Zweifellos entfällt der Großteil der somit ca. 8000 Sterbefälle der Monate Januar und Februar 1945 auf den Februar:

a) Seit Anfang Februar trafen die Krankentransporte aus Sachsenhausen in BB ein, die zu einer starken Erhöhung der Lagerstärke führten (schon am 7./8. 2. mußte das Häftlingslager II

---

16) BT, S. 125 (Leo); WL P III h, Nr. 842 (Weiß, 20. 6. 1945): „meist 20 bis 25 Prozent Tote“. Diese Angaben bezeichnen wohl Höchstwerte. Die Zahlenangaben über den Prozentsatz der Toten bei ankommenden Transporten differieren (natürlich war der Prozentsatz bei den einzelnen Transporten auch sehr verschieden, je nach Transportdauer, Herkunftslager etc.), vgl. dazu BT, S. 162 (Kramer), 366 (Zoddel), 695 (Wiesner); RvO c (11) 09 (de Heer); Küstermeier, S. 97; Herzberg, Tweestromenland, S. 227 (16. 3.)

17) ISD II G/1 (Schreiben Niederländisches Rotes Kreuz an Sonderstandesamt Arolsen vom 5. 6. 1957).

18) Der Arzt Dr. Wiesner schätzte die Zahl der in den letzten drei Monaten Umgekommenen auf ca. 25 000, hielt diese Schätzung aber eher für zu niedrig als zu hoch (BT, S. 695); Dr. de Vries schätzt die Zahl der Toten von Januar bis April auf 30 000 bis 40 000 (Schreiben Dr. de Vries an den Verfasser v. 28. 11. 1960).

eröffnet werden): Lagerstärke am 1. 2.: 22 000, am 1. 3.: 41 520. Da es sich vorwiegend um kranke und schwache Menschen handelte, die durch den Transport noch zusätzlich mitgenommen waren und im Lager unbeschreibliche sanitäre Verhältnisse und elende Unterkünfte antrafen, nahm die Sterblichkeit in diesem Monat in erschreckender Weise zu.

b) Im Februar breitete sich mit Windeseile die Fleckfieber-Epidemie aus und ergriff alle Lagerteile; sie bewirkte eine weitere Zunahme der Sterblichkeit.

c) Da bis gegen Ende Januar die Totenregistrierung noch einigermaßen funktionierte, dürfte die Zahl der im Januar Verstorbenen die Zahl der ausgestellten Sterbeurkunden um nicht allzuviel überstiegen haben; ausgestellt wurden 621 Sterbeurkunden, eine Schätzung von 800 bis 1000 Sterbefällen im Januar 1945 ist deshalb wohl nicht zu niedrig.

d) Damit bliebe für den Februar eine Ziffer von 6000 bis 7000 Verstorbenen – ist diese Zahl als einigermaßen zutreffend anzusehen? Kramer hat in seinem Schreiben an Glücks vom 1. 3. 1945 [19]) die tägliche Sterbeziffer für Anfang Februar 1945 mit 60–70, für Ende Februar mit 250–300 beziffert; nimmt man auf Grund dieser Angabe für Februar eine durchschnittliche tägliche Sterbeziffer von 160 an, dann ergäbe das 4480 Sterbefälle im Monat; diese Zahl ist jedoch entschieden zu niedrig, weil die starke Zunahme der Sterblichkeit etwa nach der ersten Februarwoche einsetzte, die von Kramer für Anfang Februar genannte Durchschnittszahl also nur für die ersten Februartage zutrifft, für den übrigen Teil des Monats die Durchschnittszahl 250–300. Man wird daher nicht fehlgehen, wenn man die Zahl der Sterbefälle mit 6000–7000 beziffert.

6. Die Zahl der Sterbefälle in der Zeit vom 6. 4. bis 15. 4. 1945 kann ebenfalls nur geschätzt werden. Die durchschnittliche tägliche Sterblichkeit in der zweiten Märzhälfte (errechnet auf Grund der Liste de Heers) betrug 695, in der ersten Aprilwoche 650; in der zweiten Aprilwoche dürfte sie etwas niedriger gelegen haben, da – wie sich aus dem Verhältnis Sterbefälle: Lagerstärke ergibt – seit 31. 3. keine nennenswerten Zugänge mehr erfolgten und somit das Hochschnellen der Sterbeziffern bei ankommenden Transporten ausblieb (Lagerstärke am 31. 3.: 44 060; am 6. 4.: 39 789); durch die Evakuierung des Sternlagers und des Ungarnlagers ab 8. 4. 1945 ging die Lagerstärke noch etwas weiter zurück. Bei einer aus diesem Grund angenommenen durchschnittlichen täglichen Sterblichkeit von 600 ergibt sich für den Zeitraum vom 7. bis 15. 4. 1945 die Zahl von ca. 5400 Toten.

7. Stellt man nunmehr die einwandfrei gesicherten und die durch Schätzung gewonnenen Zahlen zusammen, dann ergibt sich folgende Gesamtzahl der Opfer von BB bis zum 15. 4. 1945, dem Tag der Befreiung des Lagers durch die Engländer (geschätzte Zahlen in Klammern):

1943				47
1944				2 048
1945	Januar		(800–1000)	
	Februar		(6000–7000)	
	März		18 168	
	April	1.–6.	3 913	
		7.–15.	(5 400)	(34 300–35 500)
				ca. 36 400–37 600

8. Die Engländer fanden bei der Übernahme des Lagers unbeschreibliche Zustände vor, deren Sanierung mehrere Wochen in Anspruch nahm, so daß trotz der großen Anstrengungen der Engländer, die Befreiten am Leben zu erhalten, die Sterbeziffer in den Tagen unmittelbar nach der Befreiung infolge Krankheit und allgemeiner Schwächung unverändert hoch blieb, in der zweiten Aprilhälfte an einigen Tagen auf über 1000 anstieg. Es mag zunächst überraschend klingen, daß die Unterlagen über die Sterbefälle nach dem 15. 4. keineswegs besser

[19]) BT, S. 163 f. (Schreiben Kramer an Glücks v. 1. 3. 1945).

sind als die für die Zeit vorher, sondern noch sehr viel problematischer[20]). Wenn man jedoch berücksichtigt, welche chaotischen Zustände in den Apriltagen im Lager herrschten, wenn man ferner bedenkt, daß die Engländer keinerlei Kartothek vorfanden und daß schon Ende April mit der Räumung des Lagers (Horror-Camp) begonnen wurde, ist diese Tatsache weniger erstaunlich. Es ist allerdings möglich, daß aus den Akten der seinerzeitigen englischen Lagerkommandanten eines Tages noch genauere Listen ans Licht kommen, wenn diese Aussichten auch nicht gerade groß sind[21]). Bisher liegen englischerseits lediglich einige pauschale Angaben vor, in denen die Zahl der nach dem 15. 4. verstorbenen Lagerinsassen mit ca. 13 000 beziffert wird[22]). Es ist nur eine einzige differenzierte Aufstellung vorhanden, in der vom 19. 4. 1945 an die tägliche Sterbeziffer und die tägliche Lagerstärke vermerkt ist[23]). Nach dieser Aufstellung betrug die Zahl der Toten vom 19. bis 30. 4. 1945 8992[24]), im Monat Mai 4531, vom 1. bis 20. Juni 421 (vom 19. 4. bis 20. 6. 1945 also insgesamt 13 944).

Übersicht 5: Aufstellung über die Sterbefälle nach dem 15. 4.:

Monat	Tag	Sterbefälle	evakuiert	Lagerstärke (Nr. 1 u. 2)
April	19.	825	–	60 985
	20.	696	–	60 289
	21.	400	–	59 889
	22.	1250	–	58 639
	23.	1700	–	56 939
	24.	1200	–	55 739
	25.	785	–	54 954
	26.	343	–	54 611
	27.	496	–	54 115
	28.	421	–	53 694
	29.	326	–	53 368
	30.	600	–	52 768
Mai	1.	410	–	52 358
	2.	449	4177	47 732
	3.	373	733	46 626
	4.	317	98	46 211
	5.	209	9559	36 443

[20]) Die beim ISD vorhandenen Totenlisten für die Zeit nach der Befreiung, geordnet nach Nationalitäten, sind unvollständig und geben eindeutig zu niedrige Zahlen, vor allem für die zweite Aprilhälfte. Sie sind infolgedessen ungeeignet für eine Berechnung der Sterbefälle nach dem 15. 4. 1945.

[21]) Lieut. H. J. L. Hartford kam auf der Suche nach seinem Vater am 1. 8. 1945 nach BB und sagte in seinem Bericht an das RvO (RvO c [11]: der Leiter des britischen Rotkreuzteams habe ihm erzählt, vom Tag der Befreiung bis dato seien ca. 13 000 Menschen gestorben, der Großteil in den ersten Tagen nach der Befreiung. Angesichts der Zustände sei es damals unmöglich gewesen, eine Registrierung aller neuen Todesfälle vorzunehmen; in der Zeit danach wechselten die Truppen dreimal, bei der Übergabe der Dokumente und Papiere seien auch zahlreiche Schriftstücke verlorengegangen. Erst seit ungefähr Mitte Juni 1945 seien zuverlässige und komplette Listen vorhanden.

[22]) BT, S. 47 (Johnston); Collis (Belsen Camp in: Brit. Medic. Journal 1945/1), S. 815.

(Fußnote [23]) und [24]) siehe Seite 316)

9. Rechnet man diese den Unterlagen der Engländer entnommene Zahl der zwischen dem 15. 4. und 20. 6. 1945 in BB Verstorbenen (13 944) der errechneten Zahl der Opfer bis zum 15. 4. 1945 zu, so ergibt sich als ungefähre Gesamtzahl der Opfer von Bergen-Belsen eine Zahl von etwas über 50 000 Menschen.

Übersicht 6: Gesamtzahl der Opfer von Bergen-Belsen:

ungefähre Zahl der Opfer bis 15. 4. 1945	36 400 bis 37 600
Zahl der nach dem 15. 4. 1945 Verstorbenen	13 944
ungefähre Gesamtzahl der Opfer von BB	ca. 50 344 bis 51 544

Die aus den verschiedenen Quellen eruierten Angaben ermöglichen es, die Gesamtzahl der Opfer von BB wenigstens ungefähr zu bestimmen. Diese Aufstellung ist eine grauenvolle und entsetzliche Statistik, in der Zehntausende von menschlichen Schicksalen auf einige dürre Ziffern reduziert sind; diese Ziffern lassen nichts mehr verspüren von der Summe menschlichen Leidens, das unsichtbar hinter diesen Zahlen steht, sie lassen nichts mehr verspüren von der Furchtbarkeit eines Todes kurz vor dem so lang herbeigesehnten Tag der Befreiung oder sogar, nachdem dieser Tag bereits angebrochen war. Deshalb kann eine solche Statistik nur Sinn haben, wenn sie dazu beiträgt, das Geschehene zu konkretisieren und ihm dadurch das rechte Gewicht zu geben.

(Fortsetzung der Fußnoten von Seite 315)

[23]) WL o. S. Diese Aufstellung ist angeheftet einem Durchschlag einer v. 18. 5. 1945 datierten Zusammenstellung einiger Fakten über BB (2 S., Unterschrift unleserlich, Colonel, Command. 102 Control Section 2. Armee); es handelt sich vermutlich um eine Notiz für Ausführungen bei Besichtigungen oder für Presseverlautbarungen. Da Vergleichsmaterial fehlt, kann über die Zuverlässigkeit dieser Aufstellung nicht definitiv geurteilt werden, sie scheint jedoch die Größenordnungen einigermaßen richtig zu geben.

[24]) Es muß unbedingt angenommen werden, daß es sich bei den Ziffern für die Tage 19. bis ca. 24. 4. nicht um die Zahl der am jeweiligen Tag Verstorbenen handelt (die war in diesen Tagen überhaupt nicht feststellbar und betrug am 22., 23., 24. 4. auch nicht mehr über 1000), sondern um die Zahl der am jeweiligen Tag Begrabenen, so daß in diesen Zahlen also auch die vom 15. bis 19. 4. Verstorbenen miterfaßt sind.

Übersicht über die Abgänge aus dem Sternlager

(Diese Übersicht basiert auf einer Aufstellung von Joseph Weiß, RvO c (11), in die sonstige Angaben eingearbeitet wurden; eine entsprechende Übersicht über die *Zugänge* im Sternlager zu erstellen, ist angesichts der fehlenden Unterlagen nicht möglich.)

I. Aus dem Sternlager abgehende Transporte:

(Abgänge von Einzelpersonen und von Gruppen mit weniger als fünf Personen bleiben unberücksichtigt.)

Datum	Zahl der Transportteilnehmer	Zielort	Zusammensetzung des Transports
25. 1. 1944	283	Theresienstadt	Angehörige des am 14. 9. 1943 aus Westerbork angekommenen sog. „Theresienstadt-Transportes"; 191 Staatenlose (188 DR, 3 CSR), 92 Holland.
18. 2. 1944	83	unbekannt	nordafrikanische Juden mit englischer Staatsangehörigkeit.
17. 5. 1944	34	unbekannt	Ungarn (Ankunft: 14 am 21. 4. aus Mecheln, 5 am 28. 4. aus Radom, 11 am 31. 3. aus dem Schneebaumlager, 2 am 15. 4. aus dem DR, 2 am 15. 4. aus Athen).
24. 5. 1944	20	unbekannt	17 Staatenlose (aus Deutschland), 3 Argentinier (aus Krakau).
9. 6. 1944	15	unbekannt	15 Ungarn.
28. 6. 1944	70	unbekannt	nordafrikanische Juden mit englischer Staatsangehörigkeit.
29. 6. 1944	222	Palästina	Angehörige der „Palästina-Liste" a. Holland.
11. 7. 1944	4	Theresienstadt	3 Franzosen, 1 Staatenloser.
9. 10. 1944	108	(angeblich Auschwitz)	Doppelstaatler und zweifelhafte Fälle von „Abstammungsjuden" (Kallmeyer-Liste); 58 Holl.-Engl., 29 Holländer, 17 Holländer, 4 Staatenlose.
16. 11. 1944	75	unbekannt	nordafrikanische Juden mit englischer Staatsangehörigkeit.
17. 11 1944	74	unbekannt	nordafrikanische Juden mit englischer Staatsangehörigkeit.
17. 11. 1944	51	unbekannt	Waisenkinder.
17. 11. 1944	69	unbekannt	Doppelstaatler.
4. 12. 1944	175	Sachsenhausen	Diamantarbeiter.
5. 12. 1944	165	Magdeburg	Frauen und Kinder der Diamantarbeiter.
16. 12. 1944	56	unbekannt	Holländer, einige Staatenlose.
19. 12. 1944	43	unbekannt	vorwiegend Holländer, einige Staatenlose und Doppelstaatler.
21. 1. 1945	301	Schweiz, bzw. Intern.-Lager	Deutsch-amerikanischer Austausch: Inhaber von süd- und mittelamerikanischen Pässen.
7. 4. 1945	179	Farsleben bei Magdeburg	Sternlagerinsassen, die dem 1. Evakuierungstransport (vorwiegend Ungarn) angeschlossen wurden.

(Forts. s. S. 320)

HSSuPF

Höhere SS- und Polizeiführer der einzelnen SS-Oberabschnitte (Wehrkreis; Land-, bzw. Reichsgau)

Himmler

Reichsführer-SS (1929)
und Chef der deutschen Polizei (1936
Reichskommissar
für die Festigung deutschen Volkstums
(1939),
Reichsminister des Innern (1943),
Befehlshaber des Ersatzheeres (1944)

Organisations-Skizze

━━━━━▶ Ordentlicher Dienstweg in Angelegenheiten der KL

■■■■■■■▶ Daneben in der Praxis nachweisbare Befehlswege

WVHA	SS-Wirtschaftsverwaltungshauptamt Berlin		
Amtsgruppe W Wirtschaftliche Unternehmungen	Amtsgruppe A Truppenverwaltung	Amtsgruppe B Truppenwirtschaft	Amtsgruppe Bauwesen
Chef der Amtsgruppe W: SS-OGRUF Pohl Vertreter: SS-BRIF Gg. Loerner	Chef der Amtsgruppe A: SS-BRIF Fanslau Vertreter: SS-Oberf. H. Loerner	Chef der Amtsgruppe B: SS-GRUF Gg. Loerner Vertreter: SS-STAF Köberlein	Chef der Amtsgr SS-OGRUF Dr. K Vertreter: SS-STAF Schl
8 Ämter (W I — W VIII)	5 Ämter (A I — A V)	5 Ämter (B I — B V)	6 Ämter (C I —

Diese Übersicht basiert auf folgenden Dokumenten:
219 L (IMT XXXVIII, S. 60), NO-093, NO-498; sie gibt im wesentlichen den Stand des Jahres 1944;
(bei den SS-Führern ist jeweils der letzte bekannte SS-Dienstgrad vor Kriegsende angegeben)

RSHA

Reichssicherheitshauptamt

Chef der Sicherheitspolizei (Sipo) und des SD:
SS-OGRUF Kaltenbrunner (ab 1943)

Amt I	Amt II	Amt III	Amt IV	Amt V	Amt VI	Amt VII
Personal	Organisation, Verwaltung und Recht	Deutsche Lebensbereiche (SD) (Inlandsnachrichtendienst)	Gegnererforschung und -bekämpfung (Gestapo) Amtschef SS-GRUF Müller	Verbrechensbekämpfung (Kripo)	Ausland (SD) (Auslandsnachrichtendienst) Amtschef Schellenberg	Weltanschauliche Forschung und Auswertung
			3 Hauptgruppen innerhalb des Amtes IV (A, B, G) mit jeweils mehreren Referaten			
			Referat A 4 b* Judenangelegenheiten SS-OSTUBAF Eichmann			

* Abgekürzte Bezeichnung des Referates: RSHA IV A 4 b (bis 1944 hatte das Referat die Bezeichnung IV B 4)

Chef des WVHA: SS-OGRUF Pohl

Amtsgruppe D (= Inspektion KL), Oranienburg

Konzentrationslager

Chef der Amtsgruppe D: SS-GRUF Glücks (Inspekteur KL)

Vertreter: SS-STAF Maurer

…I (Zentralamt) …mtschef: …TUBAF Höss	Amt D II (Arbeitseinsatz) Amtschef: SS-STAF Maurer	Amt D III (Sanitätswesen) Amtschef: SS-STAF Dr. Lolling	Amt D IV (Verwaltung) Amtschef: SS-STUBAF Burger

Lagerkommandanturen der einzelnen KL

…, Sachsenhausen, Buchenwald, Mauthausen, Flossenbürg, Neuengamme, …uschwitz I bis III, Groß-Rosen, Natzweiler, Stutthof, Ravensbrück, Herzogenbusch, Lublin

Aufenthaltslager Bergen-Belsen

Lagerkommandant	Politische Abteilung

II. Überstellungen aus dem Sternlager in andere Lagerteile von BB:

(ALB = Aufenthaltslager Benadon, Neutralenlager)

Datum	Zahl der Überstellten	in Lagerteil	Nationalität der Überstellten
7. 6. 1944	46	ALB	35 Türken, 9 Argentinier, 2 Schweizer.
26. 7. 1944	3	ALB	3 Türken.
7. 8. 1944	1	ALB	1 Holländer.
21. 8. 1944	14	ALB	13 Türken (aus Fossoli), 1 Argentinier.
16. 9. 1944	12	ALB	(nordafrikanische Juden m. englischer Staatsangehörigkeit?)
18. 9. 1944	2	ALB	2 Spanier.
8. 10. 1944	49	ALB	40 Türken, 4 Argentinier, 3 Holländer, 2 Spanier.
14. 11. 1944	25	ALB	4 Rumänen, 4 Bulgaren, 13 Türken, 4 Argentinier.
14. 11. 1944	2	ALB	2 Franzosen.
17. 1. 1945	19	Ungarnlager	(Ungarn).
3. 2. 1945	37	ALB	35 Holländer, 1 Holl.-USA, 1 Staatenloser.
13. 2. 1945	3	Frauenlager	
26. 2. 1945	1	ALB	1 Holländer.
insgesamt	214		

Quellen- und Literaturverzeichnis

I. Bemerkungen über die Quellenlage und die benutzten Materialien:

Im Vorwort und an mehreren Stellen der Darstellung wurde hervorgehoben, daß für eine historische Untersuchung über das Lager BB eine besonders ungünstige Quellensituation besteht. Während in den KL Buchenwald, Dachau, Auschwitz, aber auch in den weniger bekannten kleineren KL, zumindest einzelne Teile der jeweiligen Lagerregistratur den alliierten Truppen in die Hände fielen, ist in BB der Befehl, sämtliche Akten zu vernichten, radikal durchgeführt worden, so daß von der ganzen Lagerregistratur kaum ein halbes Dutzend von Dokumenten – und dieses nur durch Zufall – übriggeblieben ist. Mit der Lagerregistratur war jener Aktenbestand vernichtet, der für eine Erforschung der Lagergeschichte die Hauptquelle darstellen müßte: der gesamte Schriftwechsel der Lagerkommandantur, vor allem derjenige mit RSHA und WVHA, ferner die gesamten Unterlagen der Politischen Abteilung und der Lagerverwaltung (Häftlingskartei, Transportlisten, Lagerstärkemeldungen, Kranken- und Arbeitsstatistik, Nachweise der Lebensmittellieferungen, Sterbebücher u. a.). So kommt es, daß im Repertorium des Internationalen Suchdienstes (ISD) die Angaben über BB nur drei Seiten füllen, dagegen z. B. diejenigen über Buchenwald 54 Seiten, die über Dachau 23 Seiten; in der Rubrik „KL-Dokumente“ (Personal-, Effekten-, Postkontroll-, Revierkarten, Fragebogen, Krankenblätter) fehlt BB ganz, während aus den KL Buchenwald, Dachau, Groß-Rosen, Mauthausen, Mittelbau, Natzweiler, Ravensbrück u. a. zahlreiche Dokumente vorhanden sind. In den für die Nürnberger Prozesse bereitgestellten Aktenmassen befinden sich nur wenige Stücke, die sich direkt mit BB befassen, während für die anderen KL (besonders für Buchenwald, Auschwitz und Dachau) Hunderte von Akten und anderen Quellenstücken (eidesstattliche Erklärungen u. a.) vorhanden sind.

Da die Akten der Lagerregistratur *erwiesenermaßen* und *unwiederbringlich* verloren sind (also *nicht* etwa nur vermißt oder nach England oder Amerika verbracht und somit nur vorübergehend der Forschung entzogen), mußte versucht werden, *trotz dieses Verlustes* eine ausreichende Quellenbasis für eine wissenschaftliche Untersuchung über das Lager BB zu gewinnen. In mehreren Archiven und Instituten wurden deshalb zahlreiche, ihrer Provenienz nach sehr verschiedenartige Quellenstücke gesammelt, durch die jeweils einzelne Aspekte der Lagerentwicklung aufgehellt werden konnten. So wurde es möglich, trotz des Fehlens der Akten der Lagerregistratur und der geschlossenen Quellenkomplexe über BB, die einzelnen Etappen der Lagerentwicklung herauszuarbeiten und ein – wenigstens einigermaßen – abgerundetes Bild von „Aufenthaltslager Bergen-Belsen“ zu zeichnen. Die für diese Untersuchung des Lagers BB wichtigsten Quellenbestände sollen kurz angeführt werden.

Die maßgeblichen Quellenstücke über die „Voraussetzungen und Hintergründe der Schaffung eines Aufenthaltslagers", über den Austauschplan und die damit zusammenhängenden Probleme, befinden sich in den Nürnberger Dokumenten, und zwar in der *NG*-Serie (Nazi Government); die für unsere Untersuchung wichtigen Stücke stammen größtenteils aus den von den Alliierten 1945 erbeuteten Aktenbeständen des AA. In der *NO*-Serie der Nürnberger Dokumente (Nazi Organisations) befinden sich die Dokumente und die eidesstattlichen Erklärungen über das KL-Wesen, über Verwaltungsorganisation und Funktionieren des WVHA, insbesondere der Amtsgruppe D; diese Dokumente wurden in einzelnen KL von den Alliierten erbeutet. Es ist bisher nicht bekannt, ob auch Dokumente aus der Zentrale des WVHA (Berlin) bzw. der Amtsgruppe D (Oranienburg) erhalten geblieben sind. Die Dokumente der NG- und NO-Serie sind ungedruckt, benutzt wurden die Umdrucke in der zeitgeschichtlichen Abteilung des Staatlichen Archivlagers Göttingen (StALG). Da die NO- und NG-Dokumente praktisch als Anklagedokumente in die verschiedenen Nürnberger Kriegsverbrecherprozesse eingeführt wurden, muß eine um Sachlichkeit bemühte Geschichtsforschung auch die (ebenfalls ungedruckten) Verteidigungsdokumente (V.Dok.) heranziehen, die zum weitaus größten Teil aus eidesstattlichen Erklärungen, Affidavits (Aff.), bestehen, jedoch teilweise wichtige Angaben enthalten, die bisher fast noch nie ausgewertet wurden. Umdrucke der V.Dok. sind in der zeitgeschichtlichen Abteilung des StALG vorhanden, ebenso die Protokolle der verschiedenen Nürnberger Kriegsverbrecherprozesse, von denen in unserem Zusammenhang vor allem zwei interessieren: Fall IV (F. IV) = Prozeß gegen die Funktionäre des WVHA (Pohl u. Gen.), zit. Prot. F. IV, und der Fall XI (F. XI) = Wilhelmstraßenprozeß (v. Weizsäcker und mehrere andere führende Beamte des AA u. a.), zit. Prot. F. XI.
Auf Grund dieser Materialien lassen sich die allgemeineren Umrisse der nationalsozialistischen Judenpolitik und des KL-Wesens herausstellen und einzelne Detailfragen klären; auch für das Lager BB speziell sind wesentliche Angaben in diesen Materialien enthalten. Sehr wichtige Quellen für das Lager BB und für das Leben im Lager sind ferner die zahlreichen Erlebnisberichte, die von mehreren Instituten gesammelt wurden: Wiener Library (London); Yad Washem (Jerusalem); Rijksinstituut voor Oorlogsdocumentatie (Amsterdam). Im Rijksinstituut befindet sich außerdem jener Aktenbestand, der für BB mit der wichtigste ist: die Akten des Befehlshabers der Sicherheitspolizei und des SD (BdS) Den Haag, Abteilung IV B, der für die Niederlande zuständigen Gestapostelle. Dieser Aktenbestand ist deshalb so wichtig, weil die Akten der Zentrale, des RSHA in Berlin, nach den bisherigen Feststellungen als vernichtet gelten müssen; die Akten der „Außenstelle" Den Haag geben daher einen Einblick in die Arbeitsweise einer Gestapodienststelle und enthalten eine Fülle von Material über die nationalsozialistische Judenpolitik in Holland. Da zahlreiche holländische Juden für BB bestimmt waren, befinden sich unter den Akten des BdS Den Haag viele für die Lagergeschichte von BB bedeutsame Informationen, vor allem für die erste Lagerphase 1943/44, für die Zeit des eigentlichen „Aufenthaltslagers".
Die grundlegende Quelle für die letzte Lagerphase, für das „Inferno von BB", ist – abgesehen von den Augenzeugenberichten und einigen Publikationen – das Protokoll des Belsen-Prozesses gegen Kramer u. a. (Belsen Trial, ed. Raymond Phillips, London etc. 1949, zit.: BT).
Neben diese hauptsächlichen Quellenbestände treten ergänzend weitere Dokumente, vor allem die Unterlagen des Internationalen Suchdienstes (ISD), die SS-Personalpapiere der Lagerkommandanten aus dem Document Center in Berlin (DC) und die Materialien im Institut für Zeitgeschichte, München (IfZ), hier besonders der Aktenbestand „Himmler, Persönlicher Stab".

ABKÜRZUNGEN IN DEN ANMERKUNGEN:

DC	Document Center, Berlin
IfZ	Institut für Zeitgeschichte, München
ISD	Internationaler Suchdienst, Arolsen
RvO	Rijksinstituut voor Oorlogsdocumentatie, Amsterdam
StALG	Staatl. Archivlager Göttingen (zeitgesch. Abteilung)
WL	Wiener Library, London
YW	Yad Washem, Jerusalem

Aff.	Affidavit
F. IV	Fall IV
F. XI	Fall XI
Prot.	Protokoll
V. Dok.	Verteidigungsdokument
NG NO NI	Ungedruckte Nürnberger Dokumente
Dok. m. and. Buchstaben (PS, R u. a.)	Nürnberger Dokumente, veröffentlicht in den Bänden des IMT
IMT	Der Prozeß gegen die Hauptkriegsverbrecher vor dem Internationalen Militärgerichtshof, Nürnberg, 42 Bde. (1947–49)
BT	Belsen Trial (s. unter 11)

II. Publikationen mit Beiträgen zur Geschichte des Lagers BB:

(Berichte u. ä., in denen das Lager BB nur erwähnt wird oder in denen nur wenige unwesentliche Angaben über BB gemacht werden, sind in diese Bibliographie nicht aufgenommen.)

ASSCHER-PINKHOF, Clara: Sterrekinderen, Den Haag 1946, 245 S.
(Sternkinder – ein Bericht über das Schicksal der jüdischen Kinder in Holland unter der NS-Judenverfolgung. Alltägliche Erlebnisse und Atmosphäre in Amsterdam, Westerbork und BB. Die Verfasserin verließ BB mit dem Palästina-Austausch.)

BELSEN TRIAL: Trial of Josef Kramer and forty-four others (The Belsen Trial), ed. by Raymond Phillips, London-Edinburgh-Glasgow 1949, 749 S. (zit.: BT).
(Das – unwesentlich – gekürzte Protokoll des Belsen-Prozesses.)
Law Reports of War Criminals, ed. UN War Crime Commission, vol. 2, Belsen-Trial London 1947, 156 S.
(Kurze Auszüge aus dem Prozeßprotokoll, enthält aber auch einige in Raymonds Ausgabe des Prozeßprotokolls fehlende Materialien, z. B. Mitigations of Punishment, Notes on the Case, ergänzt deshalb diese Ausgabe des Prozeßprotokolls.)

BELSEN – Tel Aviv: Irgun Sheerit Hapleita; Me'haezor Habriti 1957, 203 S.
(Sammelband der Belsen-Vereinigung jüdischer Überlebender, 26 Beiträge, fast alle über die Jahre 1945–1950, als BB ein großes jüdisches DP-Lager war.)

BERNDORFF, H. R., und TÜNGEL, Rudolf: Auf dem Bauche sollst du kriechen. Deutschland unter den Besatzungsmächten. Hamburg 1958.
(Einige Kapitel über den Belsen-Prozeß; oberflächliche Reportage Berndorffs, der als einziger deutscher Journalist im Auftrag einer englischen Nachrichtenagentur am Belsen-Prozeß teilnahm.)

COLLIS, W. R. F.: Belsen Camp. A preliminary Report. In: British Medical Journal 1945/1, S. 814–816.
(Der erste Bericht eines englischen Arztes über die Zustände in BB bei Ankunft der Engländer; veröffentlicht in der führenden englischen medizinischen Zeitschrift.)

— The Ultimate Value, London 1951, 181 S.
(Bericht des Arztes Dr. Collis, der nach der Befreiung des Lagers die Kinder betreute, über das Schicksal zweier ungarisch-slowakischer Judenkinder in der Verfolgungszeit und über ihre allmähliche physische und psychische Wiederherstellung.)

COLLIS und H. HOGERZEIL: Straight on, London 1947, 178 S.
(Bericht des Arztes Dr. Collis über die Errichtung eines Kinderhospitals im befreiten Belsen.)

DAGBOEK FRAGMENTEN 1940–45, hrsg. v. Rijksinstituut voor Oorlogsdocumentatie Amsterdam, Den Haag 1954.
(Enthält anonyme Tagebuchauszüge über die Zeit der deutschen Besetzung Hollands, auch einige Stücke über Westerbork und Bergen-Belsen; die Tagebuchnotizen über BB sind von Renata Laqueur.)

DELARBRE, Leon: Auschwitz, Buchenwald, Bergen-Belsen, Dora; Paris 1945.
(Zeichnungen aus mehreren KL, darunter sieben aus BB, April 1945.)

ECK, Nathan, The Rescue of Jews with the Aid of Passports and Citizenship Papers of Latin American States. In: Yad Washem Studies I (1957), S. 125–152.
(Wichtiger Aufsatz über Gefälligkeitspässe und polnische „Amerika-Juden“ in BB.)

FREJAFON, Dr. G.-L.: Bergen-Belsen, Bagne Sanatorium, Paris 1947, 98 S.
(F. französischer Arzt, seit August 1944 in BB, berichtet über die Zustände vor allem im „Häftlingslager“.)

FRIED, Erich: Ein Soldat und ein Mädchen, Hamburg o. J. (1960).
(Roman. F. knüpft an die Person Irma Greses an [im Roman *Helga* genannt] und spinnt eine phantastische Geschichte um die Nacht vor ihrer Hinrichtung.)

GODERIE, Jan: De Berechting van Oorlogsmisdadigers. Een karakterschets uit het proces te Lueneburg. Gouda, 1946, 99 S.
(Bericht eines holländischen Journalisten vom Belsen-Prozeß; informativ und sachlich.)

HAKKERT, Max: The horrors of Bergen-Belsen o. O., o. J. (1945), 28 S. mim.
(Bericht eines holländischen Juden über seine Schicksale.)

HARARI, Jacob: Die Ausrottung der Juden im besetzten Holland. Ein Tatsachenbericht. Tel Aviv 1944, 100 S.
(Sachliche, mit viel konkretem Einzelmaterial belegte Darstellung der Judenverfolgung in Holland.)

HARDMAN, Leslie H.: The survivors. The story of the Belsen remnant, told by L. H. Hardman and written by C. Goodman. London 1958, 113 S.
(H. kam als Rabbiner in englischer Offiziersuniform zwei Tage nach der Befreiung des Lagers nach BB, berichtet über seine Hilfsmaßnahmen für die Lagerinsassen.)

HERRMANN, Simon Heinrich: Austauschlager Bergen-Belsen. Die Geschichte eines Austauschtransportes. Tel Aviv 1944, 96 S.
(Wichtiger, materialreicher Bericht über BB; H. verließ BB mit dem Palästina-Austausch.)

HERZBERG, Abel J.: Amor fati. Zeven opstellen uit Bergen-Belsen. Amsterdam 1947, 95 S.
(Reihe von Skizzen, bei denen das Erlebnis des KL im Mittelpunkt steht; interessante psychologische Analyse der „Ausführungsorgane“, der kleinen SS-Leute und Kapos.)

— Tweestromenland. Dagboek uit Bergen-Belsen. Arnhem 1950.
(Tagebuch. Eines der wesentlichsten Dokumente über das Leben in BB.)

— Kroniek der Jodenvervolging, Arnhem 1956, 254 S.
(Separatdruck von H.s Beitrag im Sammelwerk „Onderdrukking en verzet. Nederland en oorlogstijd“, 4 Bde., hrsg. von J. J. van Bolhuis; in der „Kroniek“ die in der bisherigen gedruckten Literatur umfangreichste und informativste Darstellung des Lagers BB, S. 220–238.)

HOGERZEIL, H.: s. Collis

JUDENAUSROTTUNG: Die Judenausrottung in deutschen Lagern. Augenzeugenberichte. Genf 1945, 80 S. mim.
(Enthält auf S. 35–42 einen wichtigen Bericht über BB.)

KASTNER, Dr. Rudolf (Rezsö): Der Bericht des jüdischen Rettungskomitees aus Budapest 1942–1945, o. J. (1946), 188 S. Maschinenschrift.
Buchausgabe: Der KASTNER-Bericht über Eichmanns Menschenhandel in Ungarn, München 1961, 368 S.

(Aus Kastners Bericht sind für die Lagergeschichte von BB von großer Bedeutung die Partien über die beiden Ungarntransporte und über den Abschluß des Waffenstillstands von Belsen.)

KLAPPROTH, Willy: Kriegschronik 1945 der Stadt Soltau und Umgebung, Soltau 1955, 234 S.
(Darin S. 59–64 der Bericht über den Abschluß des Waffenstillstandes von Belsen und die deutsche Textfassung des Abkommens.)

KÜSTERMEIER, Rudolf: Wie wir in Belsen lebten. In: D. SINGTON, Die Tore öffnen sich, Hamburg, 1948, S. 87–124.
(Einer der wichtigsten Berichte über das Inferno von BB.)

LEVY, Dr. Rudolf: Das Neutralenlager Bergen-Belsen, Istanbul 1945, 22 S. Maschinenschrift.
(Die maßgebliche Darstellung des Neutralenlagers oder Schneebaumlagers innerhalb des „Aufenthaltslagers BB".)

MARTIN-CHAUFFIER, Louis: L'homme et la bête, Paris 1948, 248 S.
(M.-Ch. kam Anfang April 1945 von Neuengamme nach BB, sein Bericht über BB [S. 225 bis 240] behandelt „Die Hölle von BB".)

MOLHO, Rabbiner Michael: In Memoriam. Hommage aux Victimes juives en Grèce, Saloniki 1948.
(Darin S. 95–98 ein Kapitel über die Spagniolen aus Saloniki.)

MOOREHEAD, Alan: Belsen. In: The Golden Horizon, ed. by Cyril Connolly, London 1953, S. 103–112.
(Wesentlicher Bericht des englischen Publizisten M. über seine Eindrücke von einer Besichtigung des Lagers im Mai 1945 und Reflexionen über die Ursachen der Katastrophe von BB.)

PELISSIER, Jean: Camps de la mort, Paris 1946, 143 S.
(Darin S. 41–50 ein übertreibender Bericht über BB, in vielem charakteristisch für einen Großteil der 1945/46 gedruckten Erlebnisberichte.)

PINKHOF, Sallie: Bergen-Belsen, Amsterdam 1946, 30 S.
(Gedichte des niederl.-jüdischen Dichters, der im Januar 1944 von Westerbork nach BB kam und am 5. 12. 44 nach Sachsenhausen weiterdeportiert wurde.)

PLAYFAIR, Giles, u. SINGTON, Derick: The Offenders. Society and the Atrocious Crime, London 1957, 278 S.
(Das Werk agitiert gegen die Todesstrafe; Kapitel über Irma Grese mit Darstellung über die Hinrichtung der im Belsen-Prozeß zum Tode Verurteilten.)

RAPPORT van de Commissie van Onderzoek inzaka het verstrekken van Pakketen door het Roode Kruis en andere Instanties aan Nederlandse politieke Gefangenen in het buitenland etc. . . ., hrsg. v. Nederl. Roode Kruis 1947, 175 S.
(Im Rapport der „Paketkommission" auch Untersuchung der Vorwürfe wegen mangelnder Aktivität der niederl. Exilregierung in London, die Versuche zur Befreiung von Holländern aus BB zu unterstützen.)

ROSANE, F.: Terre de Cendres. Ravensbruck et Belsen 1943–1945, Paris 1946, 183 S.
(R. kam Anfang März 1945 von Ravensbrück nach BB, berichtet über die letzten, schlimmsten Wochen im Lager.)

ROY, Claude: Saison Violente, Paris 1945, 237 S.
(Vorgeblich Tagebuchnotizen; Darstellung der Zustände in BB nach der Befreiung, als der franz. Kriegskorrespondent R. das Lager besuchte.)

SCHNABEL, Ernst: Anne Frank. Spur eines Kindes. Frankfurt a. M. 1958.
(Darin S. 139–152 einige Mitteilungen über Anne Franks Leben und Sterben in BB.)

SINGTON, Derick: Die Tore öffnen sich, Hamburg 1948, 183 S. (mit einem Rückblick von Rudolf Küstermeier); engl. Ausgabe: Belsen Uncovered, London 1946.

(Wichtiger Bericht des englischen Offiziers, der vom 15. 4. 1945 an im Lager tätig war, über die Tage nach der Befreiung und über die Sanierung des Lagers.)

SMITH, Z. L.: Buchenwald, Dachau, Belsen, Ghent 1945, 112 S.

(Bericht eines Angehörigen der Transporte von Dora nach BB über die letzten Tage vor der Ankunft der Engländer, S. 104–109; nicht sehr materialreich.)

TAUBES, Israel: Persecution of the Jews in Holland 1940–1944. Westerbork and Bergen-Belsen. London 1945 (Jewish Central Information Office), 35 S.

(Parallelbericht zu HERRMANN, kaum über ihn hinausgehende Einzelheiten, aber gute Kontrolle: T. verließ mit demselben Austauschtransport wie Herrmann das Lager BB.)

TIDY, Sir Henry Letheby (Ed.): Inter-allied Conferences on War Medicine 1942–1945, London 1947.

(Auf der Konferenz vom 4. 6. 1945 wurden verschiedene Referate über die Krankheitsbekämpfung in BB gehalten [S. 455–474]: Glyn Hughes, Early Measures at Belsen; Johnston, Early Measures at Belsen; Lipscomb, Diseases encountered at Belsen; Vaugham, Hydrolysate in the Treatment of severe Starvation at Belsen.)

TÜNGEL, Rudolf: s. Berndorff.

VOGEL, Loden: Dagboek uit een kamp, Den Haag 1946, 88 S.

(Bedeutendes Tagebuch aus dem Lager BB, umfaßt den Zeitraum vom 25. 4. 44 bis 7. 4. 45.)

WIELEK, H.: De Oorlog, die Hitler won. Amsterdam 1947, 418 S.

(Informative Chronik über die deutsche Herrschaft in Holland und besonders über die Judenverfolgung, mit Wiedergabe von Originaldokumenten; S. 404–416 ein Kapitel über BB, basierend auf den Angaben von Mr. I. S. de Vries.)

WORMSER, Olga, et MICHEL, Henri: Tragédie de la Déportation 1940–1945, Paris 1954.

(Eine Anthologie aus der französischen KL-Literatur, mit einigen Stücken über BB, aus der Feder von Fréjafon, Fliecx und Francis.)

III. Wichtige Arbeiten und Erlebnisberichte zur nationalsozialistischen Judenpolitik und zum KL-System

(Hier sind alle Werke aufgeführt, aus denen mehr als einmal in den Anmerkungen zitiert wird (soweit sie nicht unter II. genannt sind), darüber hinaus werden hier auch Erlebnisberichte und wissenschaftliche Untersuchungen angeführt, auf die in den Anmerkungen nicht Bezug genommen wird; bei der Fülle dieser Arbeiten kann jedoch nur eine kleine Auswahl geboten werden.)

ADELSBERGER, Lucie: Auschwitz. Ein Tatsachenbericht. Berlin 1956, 176 S.

ADLER, H. G.: Theresienstadt 1941–1945. Das Antlitz einer Zwangsgemeinschaft. Geschichte – Soziologie – Psychologie. Tübingen 1955, 1960, 773 S.

— Die verheimlichte Wahrheit. Theresienstädter Dokumente. Tübingen 1958, 372 S.

— Der Kampf gegen die „Endlösung der Judenfrage", herausgegeben von der Bundeszentrale für Heimatdienst, 1. Auflage 1958.

ADLER-RUDEL, S.: Ostjuden in Deutschland 1880–1940, Tübingen 1959.

ARENDT, Hannah: Social science techniques and the study of concentration camps. In: Jew. Social Std. 12 (1950), S. 49 ff.

ARNOLDSSON, Hans: Aux portes des enfers. Paris 1947, 197 S. (Übersetzung aus dem Schwedischen.)

AUSCHWITZ: s. unter: Nederlandse Roode Kruis.

BERG, Mary: Warsaw Ghetto. A. Diary. New York 1945.

BERNADOTTE, Folke Graf: Das Ende. Meine Verhandlungen in Deutschland im Frühjahr 1945 und ihre politischen Folgen. Zürich 1945. (Englische Ausgabe: The Curtain Falls, New York 1945.)

BESGEN, Achim: Der stille Befehl. Medizinalrat Kersten, Himmler und das Dritte Reich. München 1960.

BLAU, Bruno: Das Ausnahmerecht für die Juden in Deutschland 1933–1945, Düsseldorf 1954, 125 S.

BUCHENWALD. Mahnung und Verpflichtung. Hrsg. im Auftrag der Fédération Internationale des Résistants (FIR) von dem Internationalen Buchenwaldkomitee und dem Komitee der Antifaschistischen Widerstandskämpfer in der DDR. Redaktion: Prof. Dr. W. Barthel u. a. Berlin (Ost) 1960, 621 S.

BUCHHEIM, Hans: Die SS in der Verfassung des Dritten Reiches. In: Vierteljahrshefte für Zeitgeschichte 3 (1955), S. 127–157.

BURNEY, Christopher: The Dungeon Democracy, London-Toronto 1945, 100 S.

CATALOGUE of Camps and Prisons in Germany and German occupied Territories, prepared by International Tracing Service (Records Branch) Arolsen, zwei Bände und ein Ergänzungsband, 1949–51.

CICR: siehe bei COMITE.

COHEN, Elie A.: Human Behavior in the concentration camp, New York 1953, 295 S. (Holländische Ausgabe: Het duitse concentratiekamp. Een medische en psychologische studie. Amsterdam-Paris 1952.)

COMITE International de la Croix Rouge: Documents sur l'activité du Comité Internationale de la Croix Rouge. Genf 1947, 156 S. (zit.: CICR).

FRANKL, E. V.: Ein Psychologe erlebt das Konzentrationslager. Wien 1947, 130 S.

FRIEDMANN, Filip: This was Oswiecim, London 1946.

GENSCHEL, Helmut: Die Verdrängung der Juden aus der deutschen Wirtschaft von 1933 bis zum Ausbruch des 2. Weltkrieges. (Schriftliche Hausarbeit zur fachwissenschaftlichen Prüfung; Maschinenschrift. Göttingen 1960.)

GEORG, Enno: Die wirtschaftlichen Unternehmungen der SS. Diss. phil. Göttingen 1959.

GLICKSMAN, W.: Social differentiation in the German concentration camp. In: Yivo Annual, vol. VIII (1953), S. 123–150.

GÜNTHER, Joachim: Die Stufen zum Satanismus. Umrisse einer Genealogie der KL-Idee. In: Deutsche Rundschau 76 (1950), S. 174–183.

GUTACHTEN des Instituts für Zeitgeschichte. München 1958.

HARARI, Jacob: s. unter II.

HERZBERG, Abel J.: s. unter II.

HILBERG, Raoul: The Role of the German Civil Service in the destruction of Jews. Unpublished master's thesis, Columbia University 1950.

HÖSS, Rudolf: Kommandant in Auschwitz. Autobiographische Aufzeichnungen von Rudolf Höß. Eingeleitet und kommentiert von Martin Broszat. Stuttgart 1958.

JÜDISCHES HISTORISCHES INSTITUT WARSCHAU (Hrsg.): Faschismus – Ghetto – Massenmord. Dokumentation über Ausrottung und Widerstand der Juden in Polen während des zweiten Weltkrieges. Frankfurt a. M. 1960.

KASTNER, Dr. Rudolf: s. unter II.

KAUTSKY, Benedikt: Teufel und Verdammte. Erfahrungen und Bekenntnisse aus sieben Jahren in deutschen Konzentrationslagern. Zürich 1946, 328 S.

KERSTEN, Felix: Totenkopf und Treue. Heinrich Himmler ohne Uniform. Hamburg o. J., 407 S.

KOGON, Eugen: Der SS-Staat. Das System der deutschen Konzentrationslager. Frankfurt a. M. 1946, 1958 (4. Aufl.).

KRAUS, Ota, und KULKA, Erich: Die Todesfabrik, Berlin (Ost) 1958.

KUPFER-KOBERWITZ, E.: Die Mächtigen und die Hilflosen. Als Häftling in Dachau. Stuttgart 1957, 432 S.; 2. Band Stuttgart 1960, 263 S.

LAMM, Hans: Über die innere und äußere Entwicklung des deutschen Judentums im Dritten Reich. Diss. phil. Erlangen 1951, 369 S.

LINGENS-REINER, Dr. Ella: Prisoners of Fear, London 1948.

MARCH, Hans (Hrsg.): Verfolgung und Angst in ihren leibseelischen Auswirkungen. Dokumente, Stuttgart 1960.

MAUREL, Micheline: Kein Ort für Tränen, Hamburg 1960.

MICHELET, Edmond: Die Freiheitsstraße (Dachau 1943–1945), Stuttgart o. J. (1960).

MITSCHERLICH, Alexander, und MIELKE, Fred: Medizin ohne Menschlichkeit. Dokumente des Nürnberger Ärzteprozesses. Frankfurt a. M. 1960, 296 S.

MONDE JUIF, Le: 15. Jg., Nr. 21–22 (Juni 1960, Eichmann-Sonderheft).

NATZWEILER TRIAL: ed. by A. M. Webb, London-Edinburgh-Glasgow 1949, 233 S.

NEDERLANDSE ROODE KRUIS: Auschwitz – Deel VI (Transporte aus Auschwitz nach N und W bei der Evakuierung), herausgegeben v. Niederländischen Roten Kreuz 1952, 125 S.

NEURATH, Paul M.: Social life in the concentration camps Dachau und Buchenwald. New York (Columbia) Diss. phil. 1951.

NEUSÜSS-HUNKEL: Die SS, Hannover-Frankfurt a. M. 1956, 143 S.
POLIAKOV, Léon: Bréviaire de la Haine, Paris 1951.
POLIAKOV, Léon, und WULF, Josef: Das Dritte Reich und die Juden. Dokumente und Aufsätze. Berlin o. J. (1955).
— Das Dritte Reich und seine Diener. Dokumente. Berlin o. J. (1956).
— Das Dritte Reich und seine Denker. Dokumente. Berlin 1959.
POLLER. Walter: Arztschreiber in Buchenwald. Bericht des Häftlings 996 aus Block 36. Hamburg 1947, Offenbach 1960, 302 S.
REITLINGER, Gerald: Die Endlösung. Hitlers Versuch der Ausrottung der Juden Europas 1939–1945. Berlin 1960 (3. Aufl.).
ROST, Nico: Goethe in Dachau. Literatur und Wirklichkeit. München o. J.
ROUSSET, David: L'univers concentrationnaire, Paris 1946, 190 S.
SCHEFFLER, Wolfgang: Judenverfolgung im Dritten Reich 1933–1945. Berlin (West) 1960, 125 S.
SCHELLENBERG, Walter: Memoiren, Köln 1959, 415 S.
SEABURY, Paul: The Wilhelmstraße, Berkeley 1954 (deutsche Ausgabe: Die Wilhelmstraße, Frankfurt a. M. 1956).
TEMOINGNAGES STRASBOURGEOIS, Paris 1947.
TENENBAUM, Josef: Race and Reich. The story of an epoch. New York 1956, 554 S.
TODESLAGER SACHSENHAUSEN. Ein Dokumentarbericht vom Sachsenhausen-Prozeß (23. 10. bis 1. 11. 1947). Berlin 1948.
TREVOR-ROPER, H. R.: Himmlers Leibarzt Felix Kersten. In: Monat 9 (1956/57), Heft 98, S. 69–77.
URTEIL IM WILHELMSTRASSENPROZESS, Das: Schwäbisch-Gmünd 1950.
WEISS-RÜTHEL, A.: Nacht und Nebel. Aufzeichnungen aus fünf Jahren Schutzhaft. München 1946, 157 S.
WEISSBERG, Alex: Die Geschichte von Joel Brand, Köln-Berlin 1956.
WELICZKER, Leon, u. a.: Im Feuer vergangen. Tagebücher aus dem Ghetto, Berlin 1960.
WULF, Josef: s. Poliakov.

Register und Karten

Personenregister

(Bei Angehörigen der SS ist – soweit feststellbar – jeweils der letzte Dienstgrad vor Kriegsende angeführt.)

Register der Länder-, Orts- und Lagernamen

(Der Name BB ist nicht ins Register aufgenommen. Erwähnungen von Länder- und Ortsnamen werden im Register nur dann aufgeführt, wenn sie für den Problemkreis der Judenverfolgung und des KL-Wesens von Bedeutung sind; unter den Ländernamen werden auch wichtige adjektivische Erwähnungen des betr. Landes verzeichnet, z. B.: ungarische Juden unter „Ungarn".)

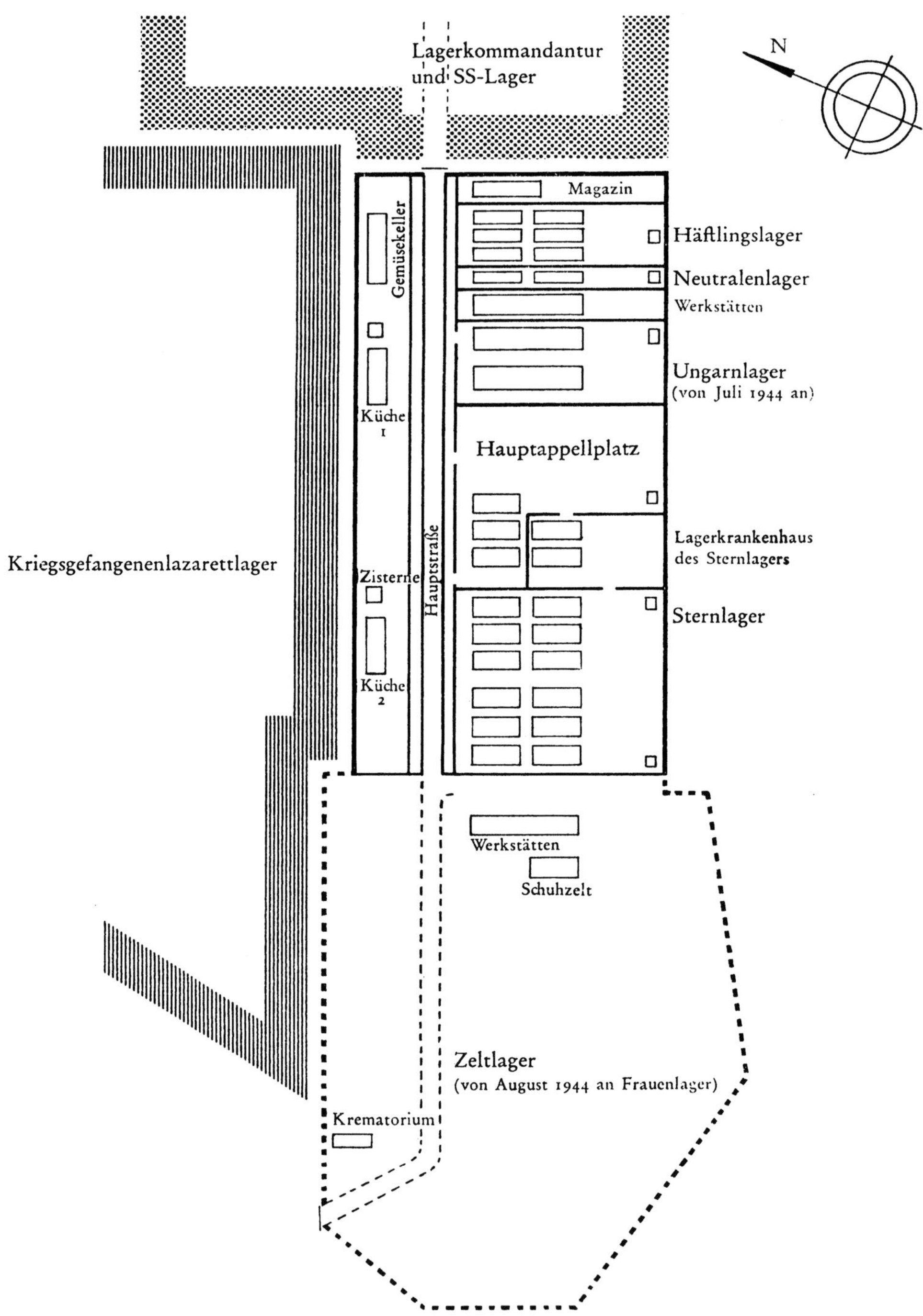

Gliederung des „Aufenthaltslagers“ bis Herbst 1944

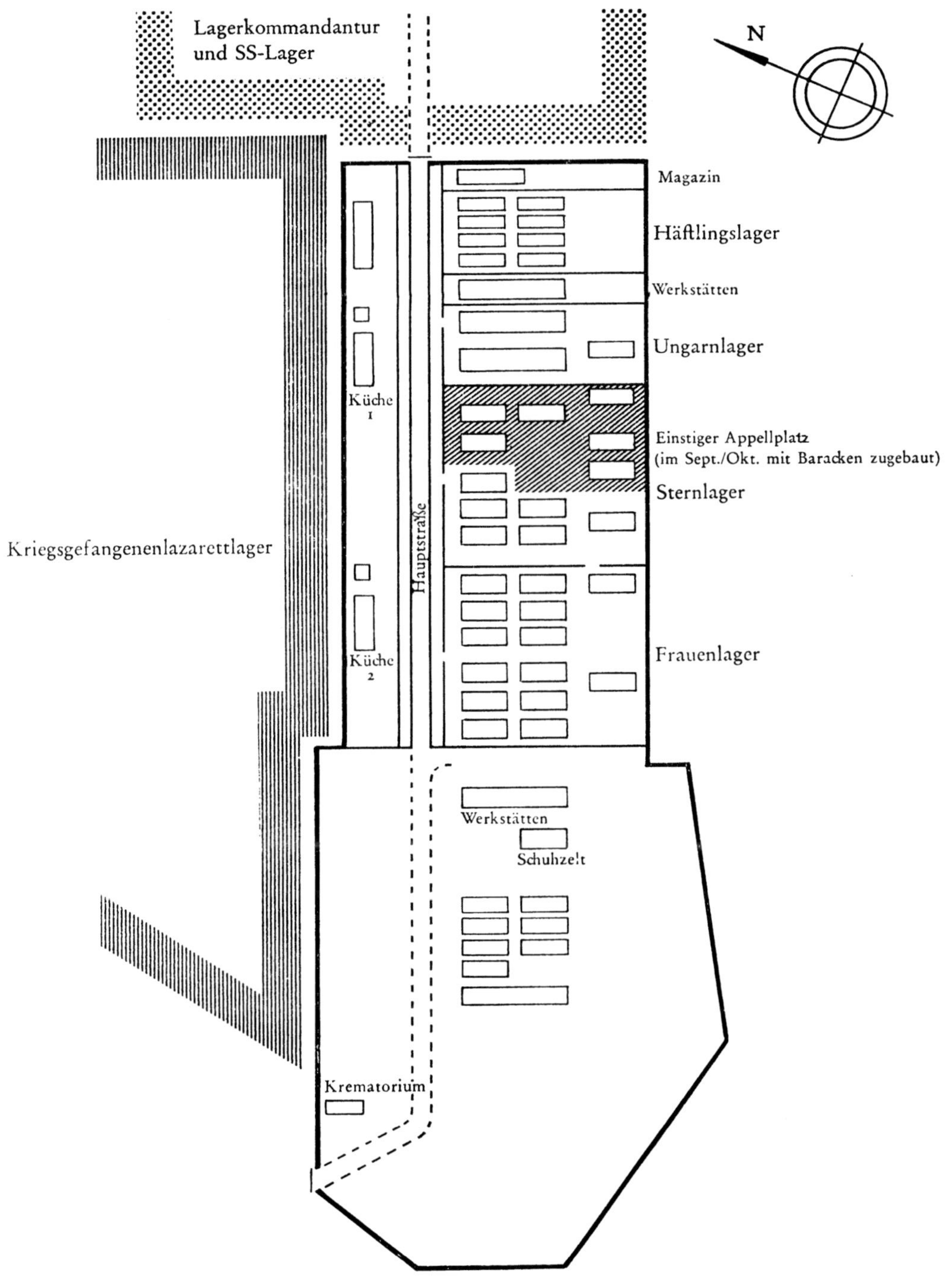

Skizze der Lagergliederung von November 1944 bis Ende Januar 1945

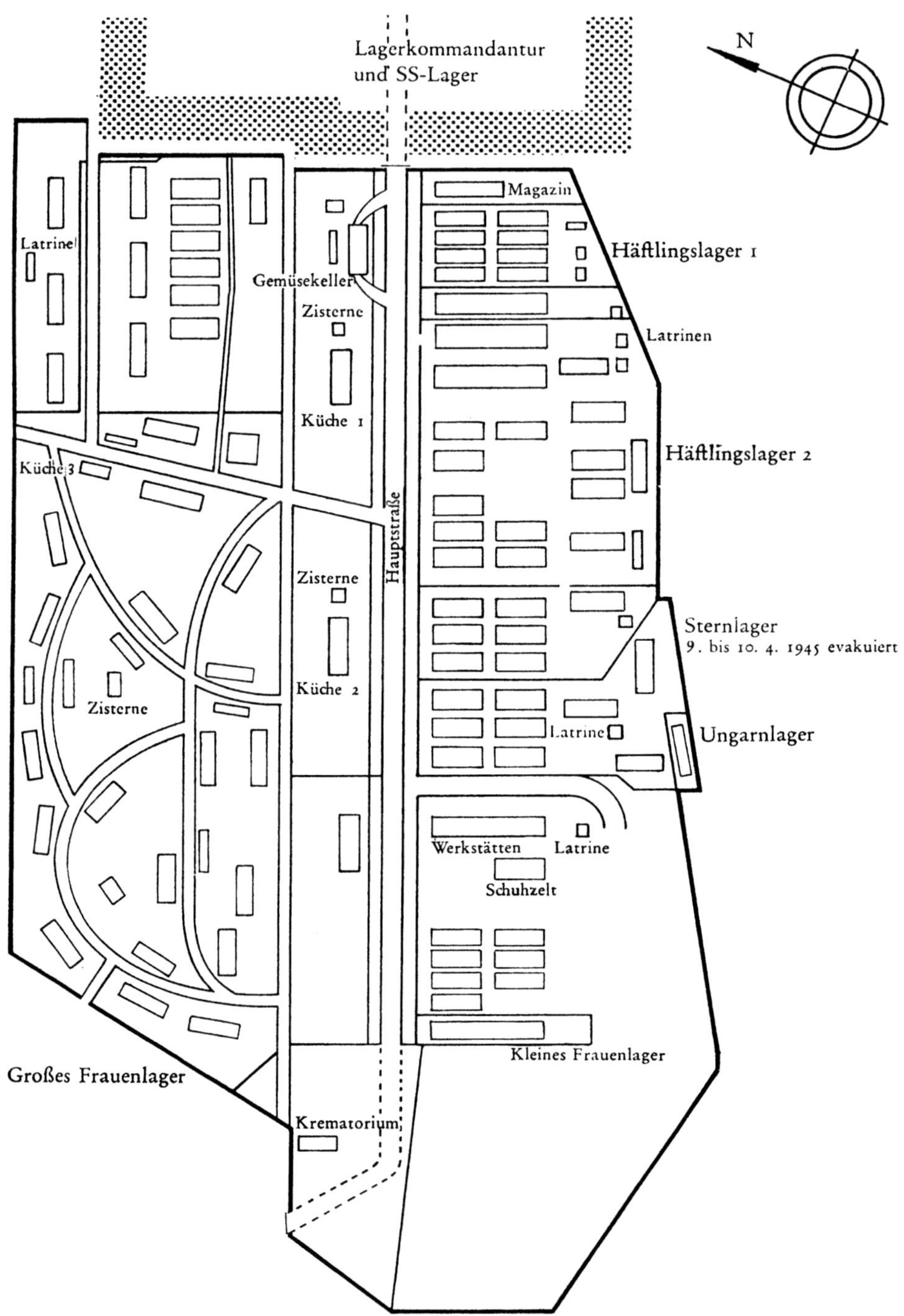

Skizze der Lagergliederung von Februar bis April 1945

Nachwort

Soll man ein Buch erneut vorlegen, das vor fünfzig Jahren geschrieben wurde, ein Buch zudem, das ganz am Anfang einer Forschung stand, die seit den verflossenen Jahrzehnten mit besonderer Intensität betrieben wurde und weiter betrieben wird? Die 1962 erschienene Monographie über das Lager Bergen-Belsen – damals die erste wissenschaftliche Gesamtgeschichte eines Konzentrationslagers – ist bisher die einzige Darstellung geblieben, in der die Lagerentwicklung von der Errichtung des Lagers und den dabei maßgebenden Überlegungen bis zum großen Massensterben in den letzten Kriegsmonaten eingehend geschildert und im Zusammenhang der nationalsozialistischen Vernichtungspolitik analysiert wird. Wenn in den vergangenen Jahrzehnten auch manche Aspekte der Lagergeschichte weiter aufgehellt worden sind, so haben doch – wie immer wieder betont wird – die Ergebnisse der Untersuchung von 1962 Bestand. Daher dürfte das Vorhaben gerechtfertigt sein, das längst vergriffene Buch, das oft nachgefragt wird, aber antiquarisch kaum einmal aufzutreiben ist, wieder zugänglich zu machen.
Da es sich bei der Monographie um ein historisches Dokument handelt, wäre es nicht sinnvoll, an dieser oder jener Stelle in den Text einzugreifen, zu ergänzen, zu verbessern oder zu akzentuieren. Die Textfassung von 1962 wird deshalb ohne jede Veränderung wieder abgedruckt. Lediglich drei Druckfehler sind berichtigt, außerdem ist eine einzige inhaltliche Korrektur vorgenommen (S. 156 wird statt der seinerzeitigen Angabe, vom Schicksal des zweiten Ungarntransportes sei nichts bekannt, die Feststellung getroffen, daß dieser Transport am 17. April in Theresienstadt ankam).
Den Zugang zu Quellentexten und wissenschaftlichen Untersuchungen, die seit 1962 erschienen und für das Thema Bergen-Belsen besonders relevant sind, sollen die folgenden Literaturhinweise erleichtern.

Bad Kreuznach, im Dezember 2010 — Eberhard Kolb

Literaturhinweise

In der Dokumentation der Monographie von 1962 sind Auszüge aus drei Tagebüchern von Insassen des „Sternlagers“ abgedruckt, die ich aus dem Holländischen übersetzt habe. Eines dieser Tagebücher war damals ungedruckt, zwei in den Niederlanden als Buch publiziert. Diese drei Tagebücher liegen inzwischen komplett in deutscher Übersetzung vor:

Abel, J. Herzberg: Zweistromland. Tagebuch aus Bergen-Belsen, Wittingen 1997 (von Herzberg auch: Amor fati. Schicksalstreue. Sieben Aufsätze über Bergen-Belsen, Wittingen 1997).

Renata Laqueur: Bergen-Belsen Tagebuch 1944/45, Hannover [2]1989 (von Laqueur auch: Schreiben im KZ.Tagebücher 1940-1945, Bremen/Hannover 1991).

Loden Vogel d. i. Louis Tas: Tagebuch aus einem Lager, Göttingen 2002.

Inzwischen sind weitere Tagebücher gedruckt worden, von denen genannt sei:

Hanna Levy-Hass: Villeicht war das alles erst der Anfang. Tagebuch aus dem KZ Bergen-Belsen 1944-1945, hrsg. von Eike Geisel, Berlin [3]1983.

Aus der großen Zahl von Erinnerungsberichten sind hervorzuheben:

Anita Lasker-Wallfisch: Ihr sollt die Wahrheit erben. Breslau-Auschwitz-Bergen-Belsen. Mit einem Vorwort von Klaus Harpprecht, Bonn 1997.

Fritz Lettow [Leo]: Arzt in den Höllen. Erinnerungen an vier Konzentrationslager. Nachwort von Gerhard Leo, Berlin 1997.

Shlomo Samson: Zwischen Finsternis und Licht. 50 Jahre nach Bergen-Belsen. Erinnerungen eines Leipziger Juden, Jerusalem 1995.

Elisabeth Sommer-Lefkovits: Ihr seid auch hier in dieser Hölle? Erinnerungen an die unheilvollen Zeiten 1944-1945, Zürich 1994.

Werner Weinberg: Wunden die nicht heilen dürfen – die Botschaft eines Überlebenden, Freiburg 1988.

Der wichtige Bericht des britischen Offiziers, der bei der Befreiung mitwirkte, liegt in einer Neuauflage vor:

Derick Sington: Die Töre öffnen sich, Münster 1995.

Im Zusammenhang mit Bergen-Belsen konzentriert sich ein besonders lebhaftes Interesse auf Anne Frank, die – im Oktober 1944 von Auschwitz nach Bergen-Belsen deportiert – im März 1945 im Lager an Typhus gestorben ist (ebenso ihre Schwester Margot). In vielen Millionen Exemplaren ist Anne Franks Tagebuch weltweit verbreitet (die erste deutsche Übersetzung stammte von Anneliese Schütz). Maßgebend ist jetzt die sorgfältige kritische Ausgabe des Tagebuchs:

Rijksinstituut voor Oorlogsdocumentatie (Hrsg.): De dagboeken van Anne Frank, Den Haag/Amsterdam 1986; die deutsche Ausgabe (Übersetzung von Mirjam Pressler): Anne Frank Tagebuch, Frankfurt/M. 1992.

Mirjam Pressler, die Übersetzerin des Tagebuchs, hat auch ein einfühlsam geschriebenes Lebensbild von Anne Frank verfaßt:

Mirjam Pressler: Ich sehne mich so. Die Lebensgeschichte der Anne Frank, Weinheim und Basel 1992. Von Pressler stammt auch – auf der Grundlage erst neuerdings aufgefundener Familienbriefe –: „Grüße und Küsse an alle". Die Geschichte der Familie Anne Frank, Frankfurt/M. 2009.

Von den zahlreichen Publikationen zu Anne Frank seien noch folgende genannt:

Miep Gies: Meine Zeit mit Anne Frank, München 1991.
Willy Lindwer: Anne Frank. Die letzten Monate. Augenzeuginnen berichten, Frankfurt/M. 1990
Melissa Müller: Das Mädchen Anne Frank. Die Biographie. Mit einem Nachwort von Miep Gries, München 1998.

Die wissenschaftliche Literatur zu Holocaust und Konzentrationslagersystem ist inzwischen uferlos. Es können und sollen hier nur wenige besonders wichtige Titel angeführt werden.
Das Standardwerk über den Mord an den europäischen Juden ist nach wie vor:

Paul Hilberg: Die Vernichtung der europäischen Juden, 3 Bde., Frankfurt/M. 1990 (die amerikanische Erstausgabe des Werkes erschien etwa gleichzeitig mit meiner Bergen-Belsen Monographie: The Destruction of the European Jews, Chicago/London 1961).

Ferner:

Wolfgang Benz (Hrsg.): Dimension des Völkermords. Die Zahl der jüdischen Opfer des Nationalsozialismus, München 1991.

Enzyklopädie des Holocaust. Die Verfolgung und Ermordung der europäischen Juden, 3 Bde., Berlin 1993.
Saul Friedländer: Die Jahre der Vernichtung. Das Dritte Reich und die Juden 1939-1945, München 1006.
Michael R. Marrus: The Holocaust in History, London 1988.

Als Dokumentation:

Peter Longerich (Hrsg.): Die Ermordung der europäischen Juden, München 1989.

Zur Haltung der britischen und der amerikanischen Regierung hinsichtlich einer Aufnahme von Juden aus dem deutschen Machtbereich (von Relevanz für die „Austauschjuden" in Bergen-Belsen):

Bernard Wasserstein: Britain and the Jews of Europe 1939-1945, London/Oxford 1979.
David S. Wyman: Das unerwünschte Volk. Amerika und die Vernichtung der europäischen Juden, München 1986.

Ende 1944 wurde über Bergen-Belsen 1.685 ungarischen Juden die Ausreise in die Schweiz möglich. Wie es dazu kam, wird eingehend und im Kontext untersucht von

Yehuda Bauer: Freikauf von Juden? Verhandlungen zwischen dem nationalsozialistischen Deutschland und jüdischen Repräsentanten von 1933-1945, Frankfurt/M. 1994.

Über Entwicklung und Struktur des nationalsozialistischen Konzentrationslagersystems orientiert auf dem Stand der Forschung:

Ulrich Herbert/Karin Orth/Christoph Dieckmann (Hrsg.): Die nationalsozialistischen Konzentrationslager. Entwicklung und Struktur, 2 Bde., Göttingen 1998.

Ein weiteres Standardwerk über die Konzentrationslager:

Wolfgang Benz/Barbara Distel (Hrsg.): Der Ort des Terrors. Geschichte der nationalsozialistischen Konzentrationslager, 9 Bde., München 2005 ff. (in Bd. 7 ein Beitrag von Thomas Rahe über Bergen-Belsen).

Instruktive Informationen und viel Bildmaterial über das Lager Bergen-Belsen findet man im Katalog der neuen Dauerausstellung:

Stiftung niedersächsischer Gedenkstätten (Hrsg.): Bergen-Belsen, Göttingen 2009.

Eine umfassende Verzeichnung der Literatur zu den Konzentrationslagern findet man in dem sachkundigen Forschungsbericht von Karin Orth: Die Historiografie der Konzentrationslager und die neuere KZ-Forschung, in: Archiv für Sozialgeschichte 47 (2007), S. 579-598.